Alan Palmer

Verfall und Untergang des Osmanischen Reiches

Aus dem Englischen
von Maria Rosken und Ilse Strasmann

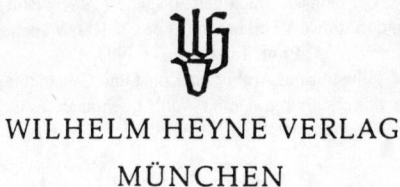

WILHELM HEYNE VERLAG
MÜNCHEN

HEYNE SACHBUCH
Nr. 19/474

Titel der englischen Originalausgabe
THE DECLINE AND FALL OF THE OTTOMAN EMPIRE
Erschienen 1992 bei John Murray Ltd., London

Ungekürzte Taschenbuchausgabe
im Wilhelm Heyne Verlag GmbH & Co. KG, München
Copyright © 1992 by Alan Palmer
Copyright © der deutschsprachigen Ausgabe 1994 by Paul List Verlag
in der Südwest Verlag GmbH & Co. KG, München
Printed in Germany 1997
Umschlagillustration: Archiv für Kunst und Geschichte, Berlin
Umschlaggestaltung: Atelier Adolf Bachmann, Reischach
Gesamtherstellung: Presse-Druck Augsburg

ISBN 3-453-11768-9

E. R. P. mit Liebe und Dank gewidmet

INHALT

Vorbemerkung

Der größte Historiker, der je den Niedergang und Zusammenbruch eines Weltreichs beschrieben hat, entschied sich für das ungeheure Thema seines Lebenswerks, als er ‹sinnend auf dem Kapitol saß, während im Jupitertempel barfüßige Mönche ihre Litaneien sangen›. Ein bescheideneres Unterfangen nahm seinen Anfang an einem ähnlich geschichtsträchtigen Ort, wie ihn sich Edward Gibbon ausgesucht hatte, aber vor dem Hintergrund weniger beschaulichen Flehens: Ich saß hoch über dem Bosporus auf der Terrasse des Alten Sarayı, und um mich herum bestellten sandalentragende Touristen ihre Mittagsmahlzeiten.

Als ich von diesem historischen Palast auf die lange, weiße Fassade des Dolmabahçe und die sich dahinter erstreckende grüne Parklandschaft von Yıldız blickte, glaubte ich, daß ich fast ausschließlich über die Sultane selbst schreiben würde. Doch als ich Istanbul verließ, wurde mir bald klar, daß das nicht der richtige Ansatz wäre. Im Rückblick ist der faszinierendste Aspekt der osmanischen Vergangenheit nicht die Reihe der Herrscher, die nur selten bemerkenswert sind, sondern die geographische Ausdehnung des Reiches und die Art und Weise, wie eine erstaunlich kleine Führungsschicht ihren Willen Völkern aufzwang, die die Länder vom Donaubecken bis zu den Bergen des Kaukasus, dem Persischen Golf und den Wüsten Südarabiens und Nordafrikas bewohnten. Obwohl das Osmanische Reich mehr als sechs Jahrhunderte auf dem Balkan wie im Nahen Osten die beherrschende Rolle spielte, war niemand überrascht, als es nach dem Ersten Weltkrieg verschwand: Schon lange bevor im 19. Jahrhundert Zar Nikolaus I. sich über den ‹kranken Mann am Bosporus› beklagte, hatten viele ausländische Beobachter den bevorstehenden Un-

9

tergang dieses unförmigen Gebildes vorhergesagt. Aber warum überlebte es überhaupt so lange? Der Niedergang zog sich über Jahrhunderte hin, und er ging auch nicht gleichmäßig, in einer ständigen Abwärtsbewegung vor sich, seit es im Herbst 1683 der osmanischen Armee zum zweiten Mal nicht gelungen war, Wien einzunehmen. Die Reformen, die den Niedergang hinauszögerten, können ein ganz eigenes historisches Interesse beanspruchen, und ebenso die Reformer, die sie zu verwirklichen suchten.

Die moderne Geschichtsschreibung bevorzugt die strukturgeschichtliche Analyse auf Kosten des Berichts, der Ereignisgeschichte. Während der zweieinhalb Jahrhunderte, die dieses Buch in der Hauptsache behandelt, sah sich das Osmanische Reich mit ständig wiederkehrenden Problemen konfrontiert: dem Widerspruch von weltlicher und geistlicher Macht, der Unvollkommenheit seines militärischen Feudalsystems, das für sich genommen einzigartig war, den Bevölkerungswanderungen, der Gier mächtiger Nachbarn und vor allem der Ungewißheit, ob es vorteilhafter sei, Neues vom Westen zu entlehnen oder Inspiration aus den osmanischen Ursprüngen in Nordwestanatolien zu erwarten. Wer sich mit diesen Jahrhunderten beschäftigt, entdeckt leicht H. A. L. Fishers berühmtes Bild ‹einer Krise, die auf die andere folgt, wie eine Welle auf die andere›; deshalb habe ich das Buch vor allem als ein Werk erzählter Geschichte angelegt, das jene personengebundene Autokratie spiegelt, die das Osmanische Reich charakterisiert.

Ich gebe zu, als ich das Material für dieses Buch zu erforschen begann, schien das Osmanische Reich ohne Bedeutung für das, was um uns herum vorging. Nur der Libanon erregte Aufmerksamkeit durch seine lange und traurige Geschichte kriegerischer Auseinandersetzungen. Inzwischen ist die osmanische Vergangenheit weniger weit entfernt. Die Dynastie ist verschwunden, aber viele der Probleme, die die späteren Sultane plagten, liefern abermals Schlagzeilen. Seit einigen Jahren dreht sich das Rad der Geschichte schneller. Fast vergessene Ortsnamen stehen wieder fettgedruckt auf den ersten Seiten der Zeitungen: Städte wie Basra, Mosul, Damaskus oder

Diyarbakır im Nahen Osten, islamische Siedlungen in Bosnien-Herzegowina oder Albanien oder in den Bergen des Kaukasus. Abermals hören wir vom Überlebenskampf der Kurden und von armenischen Hoffnungen auf Unabhängigkeit. Wir werden daran erinnert, daß Sarajevo im Grunde muslimisch ist – der Name dieses Ortes verband sich fünfundsiebzig Jahre lang mehr mit den Habsburgern als mit den Osmanen. Wir lesen von rivalisierenden Nationalitäten in Makedonien und vom Aufeinanderprallen sprachlicher Minderheiten in Bulgarien. Und nach und nach werden wir uns der neunzehn Turksprachen bewußt, die, nachdem sie die Sowjetunion überlebt haben, einem osmanischen Gespenst – oder doch dem Schatten Enver Paschas – gestatten, die frühen Jahre der neuen asiatischen Republiken zu bedrohen und zu beunruhigen. Durch den schnellen Zusammenbruch der Sowjetunion wird das Schicksal des einstigen Rivalen Rußlands am Schwarzen Meer wieder seltsam aktuell.

Jedem Leser der Bibliographie wird klar sein, wie sehr ich früheren Historikern verpflichtet bin. Ich möchte den Mitarbeitern der Bodleian Library in Oxford, der London Library, des Public Record Office und der British Library für ihre stete Hilfsbereitschaft danken. Beim Verlag John Murray habe ich von den guten Ratschlägen und den Hinweisen zur Edition von Grant McIntyre und Gail Prikis profitieren können, und ich bin auch Elizabeth Robinson für die aufmerksame Durchsicht des Manuskripts und der Korrekturfahnen dankbar. Meine Frau Veronica hat mir sehr geholfen: sie hat mich auf jeder Reise in ehemals osmanische Länder begleitet und den Index erstellt, und sie war eine anregende Kritikerin jedes einzelnen Kapitels dieses Werkes. Wieder einmal danke ich ihr von Herzen. Das Buch ist meiner Tante Elsie Perriam gewidmet; in der Gastlichkeit ihres Hauses in Devonshire wurden mehrere Kapitel entworfen.

Alan Palmer

Anmerkung zur Schreibweise

Ein Buch über ein Weltreich, das Teile dreier Kontinente umfaßt, stellt den Autor und auch die Übersetzerinnen vor Probleme der Nomenklatur. In der deutschen Ausgabe wurden Eigennamen, Ortsnamen und Begriffe, wenn sie als allgemein bekannt vorausgesetzt werden können, in der gebräuchlichen deutschen Form geschrieben, also Mohammed, Saloniki, Pascha. Im übrigen wurde bei allen türkischen Namen und Begriffen die türkische Schreibweise verwendet, auch wenn sich die Leser daran vielleicht erst gewöhnen müssen. Für Ortsnamen wurden, wie in der Originalausgabe, im allgemeinen die Namen der jeweiligen Zeit eingesetzt. So erscheint Istanbul fast das ganze Buch hindurch als Konstantinopel, Izmir als Smyrna. In Zweifelsfällen wurde die den Lesern vermutlich vertrautere Form gewählt, etwa Edirne, nicht Adrianopel. Am Schluß findet sich eine Liste aller Sultane sowie ein Glossar, in dem einige der türkischen Begriffe erklärt werden. Für Eigennamen und Ortsnamen nichttürkischer Herkunft wird die Schreibung benutzt, die am geläufigsten ist.

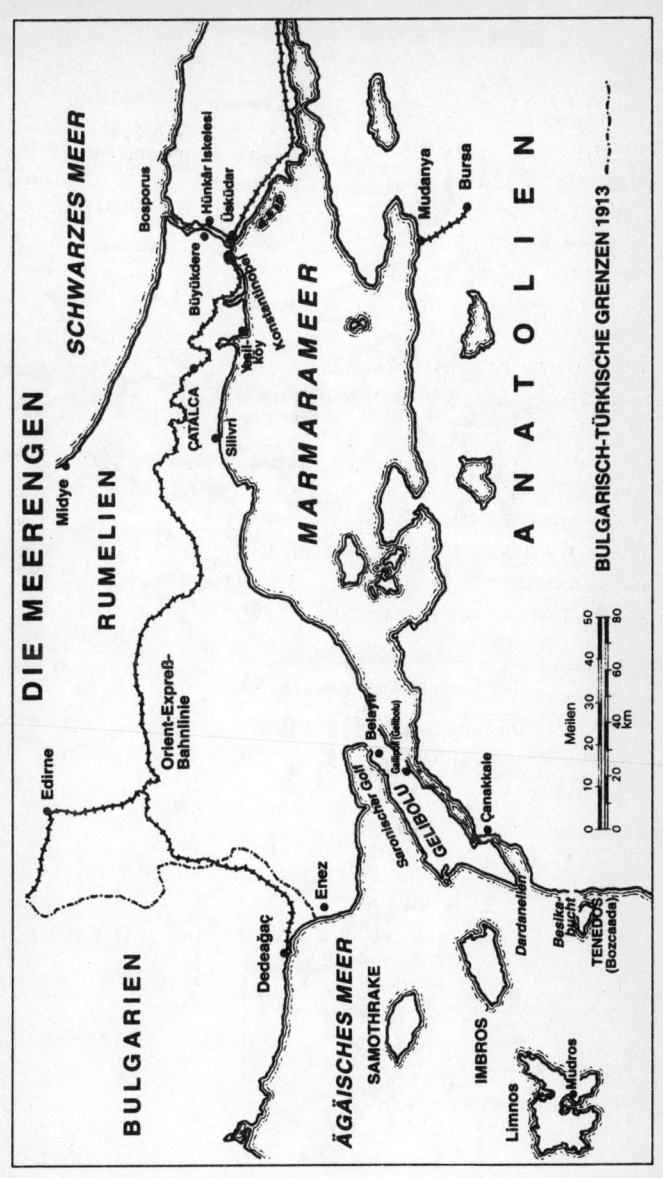

DIE MEERENGEN

SCHWARZES MEER

BULGARIEN

RUMELIEN

ANATOLIEN

MARMARAMEER

ÄGÄISCHES MEER

BULGARISCH-TÜRKISCHE GRENZEN 1913

Edirne
Midye
Bosporus
Hünkâr Iskelesi
Üsküdar
Büyükdere
Mudanya
Bursa
Konstantinopel
Yeşil-Köy
ÇATALCA
Silivri
Orient-Expreß-Bahnlinie
Dedeağaç
Enez
Belayır
Gelibolu
GELIBOLU
Saronischer Golf
Çanakkale
Dardanellen
Beşike-Bucht
TENEDOS (Bozcaada)
IMBROS
SAMOTHRAKE
Limnos
Mudros

Meilen
0 10 20 30 40 50
0 20 40 60 80
km

13

14

DAS OSMANISCHE REICH

R U S S L A N D

Dnjepr

Cherson
Asow

Krim

Sewastopol

SCHWARZES
MEER

KASPISCHES

Sinop

Samsun

Batum

Kars

Trapezunt (Trabzon)

GEORGIEN

Eriwan

MEER

Erzurum

Ankara

A R M E N I E N

Diyarbakir

Konya

Mosul

Teheran

Kirkuk

Iskenderun

Aleppo

SYRIEN

Tigris

Zypern

LIBANON

Beirut

Damaskus

Euphrat

Bagdad

Jaffa

Amman

Jerusalem

Kut el-Amara

Gaza

Basra

SUEZKANAL

Kuwait

PERSISCHER
GOLF

Suez

R O T E S   M E E R

Nil

Meilen

| 0 | 100 | 200 | 300 | 400 | 500 |

| 0 | 200 | 400 | 600 | 800 |

km

DIE TÜRKEI NACH
DEM VERTRAG
VON LAUSANNE

GRENZEN DES
OSMANISCHEN
REICHS 1683

H E D S C H A S

Medina

Dschidda

Mekka

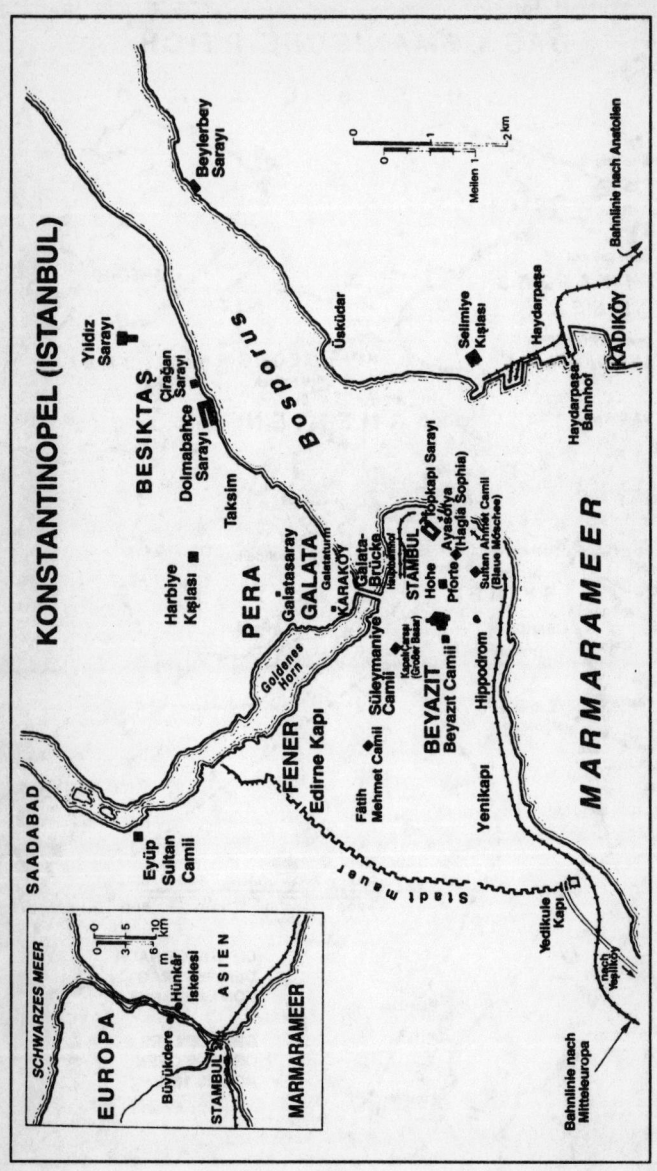

KONSTANTINOPEL (ISTANBUL)

Beylerbey Sarayı

Bahnlinie nach Anatolien

Yıldız Sarayı

BESIKTAŞ

Çırağan Sarayı

Dolmabahçe Sarayı

Taksim

Üsküdar

Selimiye Kışlası

Haydarpaşa

KADIKÖY

BOSPORUS

PERA

GALATA

Galatasaray

Galataturm

Karaköy

Galata-Brücke

Harbiye Kışlası

Goldenes Horn

STAMBUL

Topkapı Sarayı

Ayasofya (Hagia Sophia)

Hohe Pforte

Hydarpaşa Bahnhof

MARMARAMEER

FENER

Edirne Kapı

Süleymaniye Camii

Hoher Pasa (Große Bazar)

BEYAZIT

Beyazıt Camii

Sultan Ahmet Camii (Blaue Moschee)

Hippodrom

SAADABAD

Eyüp Sultan Camii

Fâtih Mehmet Camii

Yenikapı

Stadtmauer

Yedikule Kapı

Bahnlinie nach Mitteleuropa

SCHWARZES MEER

Büyükdere — Hünkâr İskelesi

ASIEN

EUROPA

STAMBUL

MARMARAMEER

PROLOG
Die siegreichen Osmanen

‹Ein schrecklicheres Ereignis hat sich nie zugetragen und wird sich nie wieder zutragen›, schrieb ein Mönch auf Kreta, als im Juni 1453 Berichte die Insel erreichten, daß Konstantinopel an die Türken gefallen sei. Sein Entsetzensschrei hallte im päpstlichen Rom und in der Republik Venedig wider, in Genua, Bologna, Florenz und Neapel und in den Handelsmetropolen Aragoniens und Kastiliens, als sich die Welle der Erschütterung über den Kontinent ausbreitete. Nur in England, wo der drohende Verlust von Bordeaux an die Franzosen von größerer Bedeutung zu sein schien, erregte die Nachricht wenig Aufsehen. Andernorts herrschte Bestürzung. Auch wenn Konstantinopel längst entvölkert und ausgeblutet war – bereits 1204 hatten es die Ritter des Vierten Kreuzzugs geplündert – und schließlich von den Türken eingeschlossen worden war, bestand doch in der mittelalterlichen Gesellschaft, die sich zunehmend ihres klassischen Erbes bewußt wurde, eine idealisierende Auffassung von Byzanz als der christlichen Erbin der griechisch-römischen Kultur fort. Die Bestürzung wurde durch Schuldgefühle verstärkt. Kaiser Konstantin XI. hatte Waffenhilfe gegen den muslimischen Feind gefordert, aber nur geringe Unterstützung und die wenig hilfreiche Aussicht auf eine mögliche Vereinigung der römisch-katholischen und der griechisch-orthodoxen Kirche erhalten.

Aber Konstantinopel mußte fallen. Nur ein massiver Entlastungsfeldzug mit gleichzeitigen Ablenkungsangriffen an den osmanischen Grenzen hätte die Stadt vielleicht retten können. Kurz nach Sonnenaufgang am Dienstag, dem 29. Mai 1453, drangen die Truppen des Sultans durch ein kleines Tor in den uneinnehmbaren Mauern an der Kerkoporta. Bei Sonnenun-

17

tergang lag, was von der geplünderten Stadt übrig war, in ihren Händen. Konstantin XI. Dragases, sechsundachtzigster byzantinischer Kaiser, war beim Kampf in den engen Straßen unterhalb der westlichen Mauern gefallen. Nach über elfhundert Jahren sollte es keine christlichen Kaiser mehr im Osten geben.

Als Sultan Mehmet II. an jenem Dienstagnachmittag mit seinem Grauschimmel in Konstantinopel einritt, begab er sich als erstes zur Hagia Sophia, der Kirche der Heiligen Weisheit, und stellte die Basilika unter seinen Schutz, ehe er ihre Umwandlung in eine Moschee anordnete. Fünfundsechzig Stunden später kehrte er zum rituellen Freitagmittagsgebet dorthin zurück. Die Umwandlung war ebenso ein Symbol für die Pläne des Eroberers wie seine Absicht, feierlich einen gelehrten orthodoxen Mönch mit dem freigewordenen Amt des Patriarchen zu bekleiden. Denn Mehmet II. strebte nach Kontinuität; das ‹schreckliche Ereignis› war für ihn weder das Ende eines Weltreichs noch ein neuer Anfang für das Sultanat.[1] Er sollte sich mehr als nur christliche Altäre für den islamischen Gottesdienst aneignen. Das Rechtssystem der byzantinischen Kaiser diente als Vorbild für die von ihm eingeführte Gesetzgebung. Bezeichnenderweise fügte er seinen Titeln den eines Rum Kayseri, eines Römischen Kaisers hinzu und erklärte sich zum Erben der kaiserlichen Tradition, die einst die Küsten des Mittelmeers und ihr Hinterland beherrscht hatte. Es hatte bereits arabische Reiche im Nahen Osten gegeben, aber sie hatten sich stets als kurzlebige Gebilde erwiesen. Im Bestreben, Konstantinopel seine alte Größe wiederzugeben, unterstrich Mehmet der Eroberer seinen Glauben an die Beständigkeit des Osmanischen Reichs, indem er den Türken eine Hauptstadt im europäischen ‹Rumelien› gab, die Meerenge und das anatolische Hochland, aus dem sie gekommen waren, im Blickfeld.

Ursprünglich waren die Türken nomadische Reiter aus Zentralasien, die sich im 9. Jahrhundert zum Islam bekannten. Unter dem Seldschukenführer Tuğrul eroberten sie 1055 Bagdad, den Sitz des ersten Kalifats. Der erste bedeutende Sieg seldschukischer Türken über Christen folgte 1071, als eine byzantinische Armee am Vansee geschlagen wurde. In der Folge errichteten die Seldschuken ein Sultanat mit der Hauptstadt Konya – dem griechischen Ikonion. Dieses Seldschukensultanat bestand bis ins frühe 14. Jahrhundert fort; dann wurde es von mongolischen Ungläubigen zerschlagen. Regionalfürsten bildeten Herrschaftsbezirke. Zu ihnen zählte Osman aus Söğüt, einer Ansiedlung in der Nähe des heutigen Eskişehir in Westanatolien. Seine Dynastie wurde im Türkischen ‹Osmanlı› und im Arabischen ‹Othman› genannt, was in den Sprachen Westeuropas zu ‹Ottomane› verfälscht wurde. Osman starb 1326, während sein Heer die byzantinische Stadt Brussa (heute Bursa) belagerte, die sein Sohn und Nachfolger Orhan einnahm. Brussa wurde so die erste wirkliche Hauptstadt des osmanischen Sultanats, das bis 1922 bestand; allerdings wurde sie als Hauptstadt 1364 von Adrianopel (heute Edirne) und neunzig Jahre später vom heutigen Istanbul abgelöst.

Die Osmanen überschritten 1354 die Meerenge der Dardanellen nach Europa auf Ersuchen von Kaiser Johannes V. Palaiologos, der gegen einen Usurpator ihre militärische Hilfe erbat. Die türkische Reiterei war so stark, daß sie schnell die Bulgaren und Serben unterwarf und ihre Eroberungen auf dem Balkan mit einem entscheidenden Sieg über die Südslawen im Juni 1389 auf dem Amselfeld festigte. Schon 1366 hatte der rasche Zuwachs islamischer Macht in Südosteuropa Papst Urban V. veranlaßt, zum Kreuzzug aufzurufen, aber das Vordringen der Osmanen schien unaufhaltsam. Die ‹Türken› – wie die den verschiedensten Rassen entstammenden Untertanen des Sultans fälschlich in Mittel- und Westeuropa genannt wurden – waren bald als ‹wilde Bestien› und ‹unmenschliche Barbaren› gefürchtet, so wie einst die ‹Nordmänner› im Zeitalter der Wikinger. Schon vor dem Fall Konstantinopels waren die Osmanen tief nach Europa vorgedrungen und hatten das bäuerliche Südungarn geplündert und verheert. 1442 wurden sie von János Hunyadi in Transsilvanien (Siebenbürgen) und 1456 vor Belgrad aufgehalten, aber siebzig Jahre später richtete sich die volle Wucht der osmanischen Streitmacht auf Mitteleuropa. Am 29. August 1526 bereitete Sultan Süleyman II. den

Ungarn eine furchtbare Niederlage bei Mohács: 24000 Gefallene wurden auf dem Schlachtfeld begraben, 2000 Gefangene massakriert, Tausende als Sklaven nach Konstantinopel gebracht.

Süleyman der Prächtige, zehnter osmanischer Sultan und der vierte, der in der eroberten Stadt residierte, ist der bekannteste aller türkischen Herrscher. Seine Regierungszeit – von 1520 bis 1566 – war die längste aller Sultane und steht für den Höhepunkt des Osmanischen Reichs. Er war ein glänzender, prunkliebender Fürst, ähnlich wie seine Zeitgenossen im Westen, Heinrich VIII. von England und Franz I. von Frankreich, der mit dem Sultan eine Allianz gegen Habsburg bildete. Die Türken gedenken Süleymans als eines Gesetzgebers, der zugleich Dichter, Gelehrter und Förderer der Künste war; an ihn erinnert vor allem die Süleymaniye-Moschee, die Koca Sinan, der herausragendste der osmanischen Architekten, auf einem Hügel in Konstantinopel mit Blick über das Goldene Horn erbaute. Vor allem war Süleyman ein Gazi-Krieger, ein am Tigris wie an der Donau siegreicher Soldat, der Eroberer von Belgrad, Buda und Rhodos. Er herrschte über weite Gebiete von Südrußland, über Transsilvanien, Ungarn und den Balkan, über Anatolien, Syrien, Palästina, Jordanien und den größten Teil des heutigen Irak, über Kuwait und das Westufer des Golfs. Er war Schirmherr von Jerusalem und der heiligen muslimischen Stätten im heutigen Saudi-Arabien sowie Oberherr über Aden, den Jemen und die gesamte nordafrikanische Küste vom Nildelta bis zu den Ausläufern des Atlasgebirges.

Süleyman war mehr als ein weltlicher Potentat. Als De-facto-Kalif hatte er den religiösen Primat unter den muslimischen Fürsten. Vielleicht war er auch De-jure-Kalif. Das Kalifat, das zunächst die Herrscher von Bagdad innegehabt hatten und das dann in Ägypten wieder eingeführt worden war, war seit längerer Zeit im Niedergang begriffen. Als Süleymans Vater, Sultan Selim I., 1517 Kairo eroberte, wurde der letzte Abbasiden-Kalif von den Osmanen abhängig, und er soll die Schattenwürde auf seinen neuen Herrn übertragen haben.[2] Dies mag eine Legende gewesen sein, denn bis zum Niedergang des Osmanischen Reichs erhob kein Sultan de jure Anspruch auf das Kalifat. Aber Süleyman und seine Thronerben besaßen gewiß Autorität in der muslimischen Welt; der Scherif von Mekka hatte Selim die Schlüssel von Medina und Mekka gesandt und die heiligen Städte – samt den Pilgerstraßen, die dorthin führten – unter seinen Schutz gestellt. Andererseits erkannten fanatische Schiiten in Persien und Mesopotamien die religiöse Autorität des Sultans nicht an. Ihre Führer beriefen sich auf die Abkunft von Ali ibn Abi Talib, dem Cousin und Schwiegersohn des Propheten (dessen Grabmal sich in der heutigen irakischen Stadt Najaf befindet).

Das Osmanische Reich war ursprünglich eine militärische Einrichtung, die sich der heiligen Pflicht widmete, das ‹Reich des Islam› durch Eroberung der Länder der Ungläubigen auszudehnen. Schon vor dem Fall Konstantinopels hatten die Krieger-Sultane begonnen, ihre persönliche Herrschaft dadurch zu stützen, daß sie ausgewählte, als Christen geborene und zum Islam bekehrte Sklaven für ihre Leibgarde rekrutierten. Aus dieser privilegierten Kaste wählten die Sultane die meisten ihrer Minister (Wesire) und militärischen Befehlshaber (Ağas) aus. Süleyman II. vervollkommnete das Werk Mehmets II., indem er den auf ständigen Grenzkrieg ausgerichteten Apparat in eine imperiale Verwaltung umwandelte, deren Armeen von Sklaven geführt wurden.

Weil die, ‹die den Herrscher umgeben... alle Sklaven und Abhängige sind, ist es um so schwerer, sie zu bestechen... Wer also den Türken angreifen will, muß sich darauf gefaßt machen, dessen Reich vollkommen einig zu finden›.[3] Diese neidvolle Bewunderung für die osmanische Herrschaft in Machiavellis *Der Fürst*, 1513, kurz vor Süleymans Thronbesteigung, verfaßt, verweist auf den eigentlichen Ursprung der Stärke der kaiserlichen Autokratie. Sie konnte ohne absolutes Vertrauen zu denen, ‹die den Herrscher umgeben›, nicht funktionieren. Mit der Verwaltung seines Reichs konnte ein mächtiger Sultan vertrauensvoll den Diwan (einen Ministerrat und Gerichtshof) und vor allem seinen obersten Minister, den Großwesir, beauftragen, den im allgemeinen privilegiertesten der kaiserlichen

Sklaven. Aber innerhalb dieses zentralisierten Staates war der Sultan auch von der Loyalität jedes Gouverneurs (Beylerbeyi, später Vali) abhängig, den er in einer Provinz (Beylik oder Vilâyet) einsetzte. Dem Gouverneur unterstanden mehrere Beys, Verwalter einzelner Provinzbezirke (Sandschaks). Gouverneure erhielten den Titel Pascha, und der Rang wurde durch die Verleihung zeremonieller Roßschweife symbolisiert: einer für einen Bey, zwei für einen Gouverneur, drei für den Großwesir, vier für den Sultan selbst.

Ein Sultan war mehr als ein allmächtiger Herrscher. Er war der größte Landbesitzer; jedes neu eroberte Gebiet ging in seinen Besitz über. In den Städten, insbesondere in der Hauptstadt, gehörte der meiste Grundbesitz den Evkaf (Singular Vakıf), frommen Stiftungen unter der Kontrolle einer religiösen Institution; doch als Süleyman den Thron bestieg, waren fast neunzig Prozent des Landes außerhalb der Städte faktisch Herrscherbesitz und somit Eigentum des Staates. Indem er diesen Besitz als Haupteinnahmequelle für seine Regierung nutzte, errichtete Süleyman ein islamisches Gegenstück zum westlichen Feudalismus, wobei er die Sklavenarbeit, die Basis seines Reichs, selbst auf der niedrigsten Gesellschaftsstufe ausbeutete. Auf dem Balkan und in Anatolien wurde ein Lehen (Tımar) einem Reitersoldaten (Sipahi) zugeteilt, der nicht Besitzer war, sondern der Vertreter des Sultans auf dem ihm zugewiesenen Gut. Der Sipahi war mit der Aufrechterhaltung der Ordnung betraut und mit der Förderung des Ackerbaus, um den Ernteertrag zu steigern; vor allem aber mußte er von den Bauern die vereinbarten Steuern eintreiben, die er – nach Abzug der Unterhaltskosten für sich, sein Pferd und seine Familie – an die Zentralregierung ablieferte. Es war ein schwerfälliges System, das der Aufrechterhaltung gleichbleibender Disziplin im ganzen Reich bedurfte, um die Vasallen einzuschüchtern. Unter Süleyman funktionierte dieses Tımar-System; als er starb, war die Staatskasse gefüllt.[4] Bei weniger fähigen Sultanen war das nicht der Fall.

Das Kalifat gewährleistete, daß Süleyman den Erfordernissen des Regierens eine Aura von Korrektheit verleihen konn-

22

te, die sich aus dem Koran ableitete. Wenn er eine Auslegung des heiligen islamischen Gesetzes Scharia (Şeriat) wünschte, konnte er sich an die kollektive Weisheit der muslimischen Geistlichkeit wenden, an den Stand der Rechts- und Gottesgelehrten (Ulema). Das heißt, er erhielt verläßlichen Rat von den religiösen Führern aus dem engeren Kreis der Ilmiye, deren oberster Sprecher der Şeyhülislâm (Obermufti) war. Die Ulema waren eine begünstigte, von der Steuer ausgenommene Gruppe der Gesellschaft; sie entschieden nicht nur streng religiöse Angelegenheiten, sondern auch Fragen der Rechtsprechung sowie der Erziehung. Wichtige Verfügungen wurden in Form eines sorgfältig erwogenen Rechtsgutachtens (Fetva) erlassen, in der Regel im Namen des Obermufti. Für Süleyman war die Scharia eine wertvolle Stärkung der Herrschaft, eine Instanz, gegen die es keinen Einspruch geben konnte.[5]

Fast unmerklich begannen diese religiösen Einrichtungen die osmanische Regierung einer verfassungsmäßigen Kontrolle zu unterwerfen, die die Autokratie des Sultans einschränkte. Die religiösen Führer waren so angesehen, daß sie sogar darüber beraten konnten, ob ein Sultan würdig sei, seinen Thron zu behalten. Nie allerdings stellten sie Süleymans Herrscherrechte in Frage, und auch nicht, was noch mehr verwundert, die seines Nachfolgers mit dem treffenden Namen ‹Selim der Trunkenbold›. Aber um 1610 war der Einfluß von Ulema und Ilmiye, Sultane ein- oder abzusetzen, groß; und so blieb es, solange das Reich bestand. Von den einundzwanzig Sultanen zwischen 1612 und 1922 wurden dreizehn durch eine Fetva abgesetzt: Reaktionen des Obermufti auf von politischen Feinden geäußerte Zweifel an der Einhaltung der Heiligen Gesetze durch den Sultan.[6]

Nach Süleymans Tod erreichte keiner der nachfolgenden Sultane mehr seine Qualitäten als Herrscher. Obwohl Selim so etwas wie ein Gelehrter war und sein Enkel Mehmet III. einen erfolgreichen Feldzug in Ungarn führte, erwiesen sich beide weder als gute Kriegführer noch als kluge Herrscher im Sinne der alten Tradition. Von den Sultanen, die nach 1595 antraten, hatte keiner vor der Thronbesteigung militärische Erfahrungen gesammelt. Murat IV., ein energischer Herrscher (1623–1640), operierte erfolgreich als militärischer Befehlshaber im Kaukasus und in Mesopotamien, aber er mußte einen großen Teil seiner Regierungszeit darauf verwenden, seine Autorität gegenüber einer rebellierenden Soldateska in den Provinzen wieder geltend zu machen. Und Murat war zwar ein fähiger Sultan, doch starb er bereits im Alter von einunddreißig Jahren an Trunksucht. Die meisten Herrscher waren zufrieden, wenn sie die Gestaltung der Politik anderen am Hofe überlassen konnten – einem Großwesir oder einem Ağa. Von besonderem Einfluß in mehreren Regierungen im späten 16. und frühen 17. Jahrhundert waren die Intrigen einer Valide Sultan (Sultanmutter); damals wurden im Palast Machtkämpfe mit solcher Intensität geführt, daß man die Epoche das ‹Zeitalter der Favoritinnen› genannt hat.

Heutige Wissenschaftler runzeln die Stirn über eine so romantische und bildhafte Etikettierung. Aber selbst Historiker, die die Bedeutung der Haremspolitik als gering einstufen, räumen ein, daß es Mitte des 17. Jahrhunderts reichlich Anhaltspunkte für den beginnenden Verfall des Reiches gibt.[7] Es lassen sich zumindest sechs Symptome chronischer Schwäche aufzeigen: die anhaltende Inflation, verschärft durch das von Kaufleuten aus Genua und Ragusa (Dubrovnik) in Umlauf gebrachte billige Silber aus Peru, das eine Erhöhung der Preise für Grundnahrungsmittel auf das Dreifache zur Folge hatte, dazu Mängel in der pyramidenförmigen Struktur der Tımar-Steuereintreibung, die Zunahme des Banditenunwesens in Anatolien, nach einer Bevölkerungsexplosion verheerende Brände in mehreren übervölkerten Städten, ein starres Festhalten an den alten Methoden, Kriege zu führen und eroberte Länder zu regieren, und schließlich, von 1536 an, die Einräumung von sogenannten «Kapitulationen». Das waren Verträge, die den im Osmanischen Reich wohnenden Europäern besondere Rechte und Preiskonzessionen gewährten. Damit ging der gewinnträchtige Handel zunehmend in ausländische Hände über. Aber wenn Historiker heute im Rückblick auch erkennen, daß das Osmanische Reich damals seinen Zenit überschritten hatte – die Anzeichen zerbröckelnder Macht blieben von den Zeitgenossen unbemerkt, gleichgültig ob sie Untergebene des Sultans oder ausländische Beobachter waren. Auch im Untergang hielten die Osmanen an ihrer heiligen Mission fest, die Grenzen des Islam in das christliche Europa hinein auszudehnen. Erst im letzten Viertel des 17. Jahrhunderts begann den westlichen Monarchen die Wahrheit zu dämmern. 1683 erkannten sie an Meldungen über eine Schlacht in den Hügeln um Wien, daß die Armeen des Sultans ebenso verwundbar waren wie ihre eigenen. Der legendäre ‹Großtürke› mußte nicht mehr gefürchtet werden.

Daß er aber erstaunlich unverwüstlich war, begriffen sie ebenfalls langsam.

KAPITEL 1

Die Blütezeit des Islam

Es war der 7. Juli 1683, und die Bewohner Wiens kamen in der drückenden Hitze des Hochsommerabends vor Unruhe fast um. Seit dem frühen Morgen an diesem Mittwoch, als Kaiser Leopold I. eilig von der Hirschjagd im Wienerwald zurückgekehrt war, hatten sich schreckliche Gerüchte in der Stadt verbreitet. Eine riesige türkische Armee stoße vom Alföld, der fruchtbaren ungarischen Tiefebene, auf Wien vor. Seit mehreren Tagen waren Tausende von Flüchtlingen in die österreichische Hauptstadt geströmt. Sie hatten von brennenden Dörfern und schrecklichen Greueltaten an Männern, Frauen und Kindern berichtet. Jetzt konnten die Menschen von der Anhöhe östlich der Stadt eine gewaltige Staubwolke sehen; sie wurde von der heranrückenden türkischen Reiterei aufgewirbelt, die den grünen Bannern des Islam in einem wilden Angriff auf die katholische Christenheit folgte.

Osmanische Türken hatten seit vielen Generationen orthodoxe wie katholische Christen bekämpft, doch ohne Zweifel waren die Armeen des Sultans inzwischen schwächer als zu der Zeit, als die Janitscharen die Mauern Konstantinopels stürmten. Aber selbst wenn die Bewohner Wiens Zeichen der Schwäche bei dem sich nähernden Feind bemerkt hätten, hätte sie das kaum getröstet. 1683 wurde ‹der Türke›, wie zu Zeiten Shakespeares, noch immer als ‹der Schrecken der Welt› angesehen. Eineinhalb Jahrhunderte lang war das Kernland Ungarns der Herrschaft des Sultans unterworfen gewesen. Selbst in einer so weit im Westen gelegenen Stadt wie Esztergom (Gran), in der Ungarns König Stephan I. (der Heilige, 997–1038) geherrscht hatte lange bevor Habsburger oder Osmanen in die Geschichte eintraten, krönten Minarette den Festungsberg über der Donau. Und für die Wiener war es ein unangenehmer Gedanke, daß Esztergom keine 200 Kilometer von Wien entfernt lag.

Doch war ihnen die Bedrohung aus Erzählungen und Überlieferungen durchaus vertraut. Drei Jahre nach Ungarns verheerender Niederlage bei Mohács hatte es so ausgesehen, als würde auch Wien bald unter türkische Herrschaft fallen. Im September und Oktober 1529 hatte Sultan Süleyman I. Wien mit einer Viertelmillion Soldaten und 300 Belagerungsgeschützen eingeschlossen; er zog sich erst nach Ungarn zurück, als seine Armee bei endlosem Regen im Schlamm zu versinken drohte. Die Gefahr war gebannt, aber der Alptraum einer türkischen Invasion blieb in den Jahren der Gegenreformation erhalten. Nach 1529 forderten österreichische Prälaten, beunruhigt durch Süleymans tiefes Vordringen in die christliche Welt, daß die Geistlichkeit Mitteleuropas ein Warnsystem einführen sollte – die Türkenglocken, ein Geläut, das das Militär vor den anrückenden Türken warnen und die katholischen Gläubigen zum Gebet um die Errettung vor dem Islam zusammenrufen sollte.

Ein Jahrhundert verging, ohne daß in Österreich die Türkenglocken geläutet werden mußten. Als Süleymans lange Regentschaft 1566 endete, wurde das Sultanat, geschwächt durch Palastrivalitäten und -intrigen, weniger gefährlich. Aber die latente Bedrohung durch eine osmanische Invasion blieb allgegenwärtig. Die Kirchenglocken warnten wieder im Juli 1664; eine mächtige Armee wurde in St. Gotthárd an Ungarns historischer Westgrenze zurückgedrängt. Im drückendheißen Sommer 1683 jedoch war Wien erneut von einem türkischen Einmarsch bedroht. Nach einem Winter und einem Frühjahr der Verhandlungen zwischen österreichischen und osmanischen Diplomaten war die Spitze einer großen Armee Ende Juni vom ungarischen Tiefland aus in Richtung Westen aufgebrochen. An der Seite der Invasoren kämpften ungarische Aufständische unter der Führung des ehrgeizigen madjarischen Adligen Imre Tököly. Aber was die Österreicher am meisten beunruhigte, waren die Akıncı-Reiter, undisziplinierte Einheiten, die der regulären osmanischen Hauptarmee weit vorauseilten und Raubzüge unternahmen. Als an diesem ersten Mittwoch im Juli Kaiser Leopold die Nachricht erreichte, daß die Flagge mit dem Halbmond auf der Zitadelle von Györ (Raab) wehe, wußte er, daß die Gefahr groß war. Györ war nur 135 Kilometer entfernt! Die kaiserliche Familie wollte Wien verlassen, bevor die gefürchteten Akıncı in die Hauptstadt eindrangen.

Um acht Uhr abends brach ein Zug schwerer Kutschen von der Hofburg auf und rumpelte über die Burggrabenbrücke am Schweizerhof zunächst in Richtung Norden, dann nach Westen, nach Melk und Linz. Die Abreise der kaiserlichen Familie bestätigte die schlimmsten Befürchtungen der Wiener. Hunderte von Flüchtlingen versuchten sich dem Kaiser und seiner Eskorte anzuschließen und behinderten ihr Vorankommen derart, daß die knapp fünfzehn Kilometer weite Fahrt nach Korneuburg vier Stunden dauerte. Als Leopold kurz nach Mitternacht aus seiner Kutsche stieg, warf er einen Blick zurück auf Wien und konnte den Turm des Stephansdoms als Silhouette vor dem Widerschein des Feuers an den Hügeln jenseits der Stadt sehen.[1]

Aber als die türkischen Einheiten Wien näher kamen, verlangsamten sie das Tempo ihres Vormarschs. Die besten Truppenteile waren bereits durch halb Europa gezogen und hatten über 1500 Kilometer hinter sich gebracht, seit sie Ende März ihre Kasernen am Bosporus verlassen hatten. Die bewaldeten Hügel des Wienerwalds in Sichtweite, erwartete ihr Befehlshaber jetzt verstärkten Widerstand. Er konnte nicht wissen, daß es schwere Lücken in der Verteidigung der Antemurale Christianitatis gab, dem ‹Bollwerk der Christenheit›, wie ein holländischer Zeitgenosse Wien nannte; und er zweifelte an Berichten von Deserteuren, daß die Stadt von nur 12 000 regulären Soldaten verteidigt würde. Erst am Dienstag, dem 15. Juli – sechs Tage nach Kaiser Leopolds Flucht –, erreichte die türkische Vorhut Wiens äußere Befestigungsanlagen.

1529 hatte Sultan Süleyman II. die Belagerung Wiens persönlich geleitet und war in den Donauebenen zum erstenmal nach siebzehn Jahren Krieg auf drei Kontinenten am Vormarsch gehindert worden. Nicht daß er geschlagen worden wäre; er war nur an der Eroberung einer Stadt gescheitert, die sich von Natur aus scheinbar weniger leicht verteidigen ließ als so viele an der mittleren Donau bereits eingenommene Festungen. 1683 jedoch war die Struktur des Sultanats eine andere. Mehmet IV., der seit fünfunddreißig Jahren den Thron innehatte, war ein verschwenderischer Hedonist, ein forscher Reiter, aber kein Soldat; in der osmanischen Geschichtsschreibung trägt er den Beinamen Mehmet Avçı (Mehmet der Jäger), und in Epen wie in Prosatexten wird seiner als des Mannes gedacht, der Tausende von Bauern als Treiber in den Wäldern um Edirne mobilisierte. Acht Jahre nach seiner Thronbesteigung hatte er das Glück, eine begabte Familie zu finden, die ihm zwei erstklassige Großwesire stellte, Mehmet Köprülü und dessen Sohn Fâzil Ahmet. Ihre reformerischen und administrativen Fähigkeiten verschafften ihm eine volle Staatskasse, die er für seine Jagdausflüge schröpfte, und sie ermöglichten ihm auch, das mächtige Heer aufzustellen, das zu diesem zweiten Marsch auf Wien aufbrach. Sultan Mehmet war bereit, bis Belgrad mit seinen Truppen mitzureiten. Er wollte sich jedoch nicht eine persönliche Niederlage einhandeln. Ein so ehrgeiziges Unternehmen vertraute er lieber seinem Waffengefährten Kara Mustafa an, der nach Fâzil Ahmets Tod im November 1676 Großwesir geworden war.[2]

Kein osmanischer Befehlshaber besaß größere militärische Erfahrung als Kara Mustafa. 1673 hatte er am Dnjestr den großen polnischen Kriegsführer Jan Sobieski, später König Johann III. von Polen, überlistet und den Türken und ihren tatarischen Vasallen die Festung Kamenez-Podolskij gesichert. Zwei Jahre später hatte er die Stadt Uman eingenommen; den christlichen Gefangenen ließ er die Haut abziehen und sandte sie ausgestopft als Geschenk dem Sultan. Seine Herkunft ist unbekannt; er war kein Köprülü von Geburt, war jedoch erzogen und gefördert worden, als wäre er Fâzil Ahmets Adoptivbruder. Im Juni 1675 festigte er seine Macht am Hofe, indem er Prinzessin Küçük heiratete, die Tochter des Empfängers jener grausigen Trophäen aus Uman. Es ging das Gerücht, daß der Großwesir einen ganzen Troß an Zivilpersonen auf seinen Feldzug mitnahm, einschließlich 1500 Konkubinen und 700 schwarzen Eunuchen zu deren Bewachung. Viele groteske Geschichten über seine Lebensweise beruhen auf Tatsachen, aber diese Legende ist sehr wahrscheinlich erfunden. Nichtsdestoweniger scheint er enorme sexuelle Bedürfnisse gehabt zu haben, die nur schwer zu befriedigen waren und denen nur sein unmäßiger Ehrgeiz gleichkam. Dort Erfolg zu haben, wo Süleyman gescheitert war, würde ihn zu einem so berühmten Befehlshaber zu Lande machen, wie Hayrettin (Cheireddin) ‹Barbarossa› es mehr als ein Jahrhundert zuvor auf See gewesen war.

Kara Mustafa bewies zunächst große Tüchtigkeit. Zwei Tage lang inspizierte er Wiens äußere Verteidigungsanlagen, dann schloß er die Stadt ein. Am 14. Juli zerstörte ein Feuer viele Stadtpalais des Adels; der über die osmanischen Linien treibende Rauch ließ Kara Mustafa fürchten, daß Wien zerstört sein könnte, bevor die Beute in seine Hände fiel. Also gab er Befehl für die Errichtung eines riesigen Lagers gleich außerhalb der Befestigungen und Belagerungswerke, ein militärisches Hauptquartier, das eine würdige Unterkunft für den Paladin des Sultans sein sollte. Binnen einer guten Woche entstand zwischen Wien und den nordwestlich der Stadt gelegenen Höhen des Wienerwalds eine Zeltstadt. Seine Gegner waren von dieser seltsamen osmanischen Prachtentfaltung sehr beeindruckt. Ein italienischer Graf, der im Dienst der habsburgischen Armee stand, hat uns eine in jenem Sommer verfaßte Beschreibung hinterlassen: ‹Niemand vermag sich vorzustellen, welch breiten Streifen Landes das Lager einnahm. In der Mitte erhob sich das Gezelt des Großwesirs, das einem prachtvollen, von mehreren Villen umgebenen Palast ähnlich sah, wobei die Zelte unterschiedliche Farben hatten und zusammen eine malerische Mannigfaltigkeit ergaben.›[3] Über drei Jahrhunderte nach der Belagerung gibt es in Wien noch heute den Türkenschanz-Park. Aber es ist kein offenes Gelände mehr. Üppiger Wald bedeckt die Anhöhe in der Mitte des ehemaligen türkischen Lagers.

Sechzig Tage blieb Kara Mustafa in seinem palastartigen Lager; 200 000 Mann waren um die zwölf Bastionen und Mauern Wiens konzentriert. Der Österreich-Feldzug bestätigte nicht nur seinen persönlichen Ruf der Grausamkeit, sondern auch die in Westeuropa weitverbreitete Überzeugung, daß die Truppen des Sultans eine barbarische Horde seien. In Wirklichkeit war die reguläre osmanische Armee nicht besser und nicht schlechter als andere Armeen. Anders verhielt es sich bei ihrem Oberkommandierenden; Kara Mustafa zeigte, obwohl er selbst nachlässig war in der Einhaltung der religiösen Gebote, einen fanatischen Haß auf Christen. Als ‹Geißel der Menschheit› bezeichnete ihn ein venezianischer Gesandter in einem Brief an den Dogen.[4] Zum Andenken an seine Einnahme von Hainburg, einem befestigten Dorf gut 30 Kilometer donauabwärts, bewahrte er eine Reihe abgeschlagener Köpfe auf; und am 16. Juli metzelten seine Truppen 4000 Bewohner des Städtchens Perchtoldsdorf vor Wien nieder. Während der ersten Woche der Belagerung befahl Kara Mustafa die systematische Tötung von Gefangenen und stellte ihre Köpfe auf, um die österreichischen Verteidiger zu demoralisieren. Ende Juli ritten marodierende Akıncı-Reiter, die Kara Mustafa kaum unter Kontrolle hatte, donauaufwärts und setzten die Plünderungen und Verwüstungen im Westen bis nach Enns hinauf fort. Nur ein paar befestigte Abteien, darunter Melk, hoch auf einem Felsen über der Donau gelegen, überdauerten als christliche Inseln in der Flut des Islam.

Kaiser Leopold I. – mittlerweile in Passau angekommen – erbat dringend Hilfe. Hilfsgelder vom Papst, herbeieilende Freiwillige, junge Adlige aus Norditalien und aus Franken sowie eingezogene Soldaten der Kurfürsten von Bayern und Sachsen hielten die Hoffnung auf Entsatz für Wien aufrecht. Es bestand auch Aussicht auf beträchtliche Unterstützung durch die Elitetruppen des polnischen Königs Johann Sobieski, sobald sie den langen Marsch über die Karpaten nach Süden hinter sich gebracht hatten; Johann Sobieski hatte alte Rechnungen mit Kara Mustafa zu begleichen. Man könnte aber auch behaupten, daß die größte Hoffnung für Wien in der

Charakterschwäche des Großwesirs lag, in der Habgier, die ihn im Grunde auf einen Banditenhauptmann herabstufte. Eine Erstürmung der Stadt, bei der Breschen in die Mauern geschlagen und den Angreifern die übliche dreitägige Plünderung Straße für Straße gewährt wurde, wäre für ihn persönlich weniger günstig gewesen als eine Kapitulation zu ausgehandelten Bedingungen; bei einer offiziellen Kapitulation hätte er sich selbst reiche Beute aus Wiens Palästen und Kirchen sichern können. Erst in den letzten Augusttagen, als Johann Sobieskis Vorausabteilungen das Nordufer der Donau erreichten, gab Kara Mustafa schließlich die Hoffnung auf, die Stadt durch Aushungern zur Übergabe zu zwingen, und befahl den massiven Angriff auf die südlichen Verteidigungsanlagen.

Am 7. September hatten Sobieskis Truppen Berührung mit dem deutschen Heer unter Herzog Karl V. von Lothringen, und ein Entsatzheer von 80 000 Soldaten stand nunmehr auf dem nördlichen Kamm des Wienerwalds. An diesem Dienstagabend konnte Graf Starhemberg, der Kommandeur der Wiener Garnison, Lagerfeuer auf dem Kahlenberg sehen; er wußte, daß Hilfe nahe war. Auch Kara Mustafa sah die Feuer brennen, und er hatte durch Verhöre von Gefangenen von der Stärke der Armee erfahren, die gegen ihn marschierte. Eilig drängte er die türkischen Lağımcı (Sappeure), Schützengräben und Tunnel anzulegen, um Wiens äußere Verteidigungsanlagen zu unterminieren. Eine Sprengladung riß am Morgen des 12. September schließlich eine Bresche in die Mauer. Aber es war zu spät. Die osmanischen Truppen konnten ihren Erfolg nicht nutzen; seit fünf Uhr an diesem Sonntagmorgen war an den bewaldeten Ausläufern des Kahlenbergs und den terrassierten Weinbergen auf den tieferen Hängen eine heftige Schlacht im Gange. Bei Anbruch der Abenddämmerung erreichte die deutsche Infanterie die Randbezirke des großen türkischen Lagers. Die untergehende Sonne im Rücken, drang polnische Kavallerie in die Zeltstadt ein, um den Sieg zu festigen und die Befreiung Wiens sicherzustellen. Der Großwesir gab viele seiner Trophäen auf, einschließlich eines preisgekrönten Hengstes mit reichverzierter Schabracke. Bei Einbruch der Dunkelheit sah man ihn auf einem leichteren Pferd in Richtung Osten nach Györ davonjagen, fast unkenntlich, weil er über dem rechten Auge einen Verband trug.[5]

Süleyman der Prächtige hatte sich 1529 aus freien Stücken und geordnet von Wien zurückgezogen; 1683 dagegen mußten Kara Mustafas Truppen gezwungenermaßen den Rückzug antreten, ihr Oberbefehlshaber floh besiegt vom Schlachtfeld. Niemand kann ein genaues Datum angeben und sagen: ‹An diesem Tag begann der Verfall des Osmanischen Reiches›, aber die Zerstörung des türkischen Lagers vor Wien an diesem Septemberabend ist sicher einer der großen Wendepunkte der Geschichte. Keine osmanische Armee war bei einem der früheren Aufeinandertreffen so dramatisch in die Flucht geschlagen worden. Doch seltsamerweise erscheint der heftige Kampf auf den Hängen des Kahlenbergs in kaum einer Liste der ‹entscheidenden Schlachten der Geschichte›. Zunächst hielt niemand die Ereignisse jenes Sonntags für bedeutsam, außer Kaiser Leopold; militärisch gesehen waren sie von keinem besonderen Interesse, und sie führten auch nicht sofort zum Abschluß eines Friedensvertrags. Erst mit der Zeit wurde die wahre Bedeutung der Schlacht klar. Denn es gab zwar noch viele Zusammenstöße in der Donauebene, aber kein islamisches Heer hat je wieder seine Stärke gegen Wien, das Bollwerk der katholischen Christenheit, aufgeboten.

Weder Sobieski noch Herzog Karl unternahm den Versuch, den demoralisierten Feind zu verfolgen. Ihre Truppen blieben am Stadtrand von Wien stehen, bis Kaiser Leopold am darauffolgenden Dienstag zurückkehrte. Zu dem Zeitpunkt hatte sich Kara Mustafas Armee hinter die Flüsse Leitha und Raab zurückgezogen. Als er das Alföld erreicht hatte, konnte er seine zersprengte Kavallerie neu formieren und den Rückzug zur Zitadelle von Buda antreten. Gleichzeitig suchte er nach Sündenböcken, um den Sultan von seiner eigenen Unschuld zu überzeugen. An den aufständischen Ungarn konnte er nicht Rache nehmen, denn ihr umsichtiger Führer stahl sich nach Nordosten davon und nutzte Sobieski als Vermittler, um sich vor dem Zorn des Kaisers zu retten – mit gewissem Erfolg.

Aber die osmanischen Regimentskommandeure waren noch in der Macht des Großwesirs. Sie büßten für das Scheitern vor Wien. Über fünfzig Paschas wurden von Kara Mustafas Leibgarde in der Woche nach der Schlacht am Kahlenberg erwürgt.

Diese Morde änderten natürlich nichts an dem Ergebnis des Feldzugs. Ende der ersten Oktoberwoche hielt der Abgesandte des Großwesirs die Polen bei Parkan auf, einer Furt unterhalb von Esztergom. Aber zwei Tage später machte eine verbündete christliche Armee unter Führung von Herzog Karl V. von Lothringen die Entscheidung von Parkan rückgängig und brach schließlich den türkischen Widerstand an der mittleren Donau. Am 24. Oktober ergab sich Esztergom nach kurzer Beschießung. Obwohl österreichische Truppen in den Jahrzehnten zuvor bereits Städte und Dörfer erobert hatten, in denen die Türken Moscheen gebaut hatten, war Esztergom die erste islamisierte Stadt im katholischen Europa, die von einer christlichen Armee zurückerobert wurde.

Noch vor dem Fall von Esztergom hatte Kara Mustafa Buda verlassen und war nach Belgrad aufgebrochen. Als die Armee sich durch das pannonische Becken zurückzog, ordnete er weitere Hinrichtungen an, denn er war entschlossen, Nachrichten von den Katastrophen in Österreich und Ungarn so lange wie möglich vom Hof des Sultans fernzuhalten. Geographisch war die mittlere Donau nur die abgelegene Nordwestgrenze des Reichs. Aber der Großwesir machte sich keine Illusionen über die Reaktion des Sultans auf militärisches Versagen. Mehmet IV. war kein charismatischer Führer; wie so viele Mitglieder der osmanischen Familie gab er bei den meisten feierlichen Anlässen ‹einen bedauernswerten Gegensatz zu seinen großartig herausgeputzten Pferden› ab, wie ein venezianischer Diplomat in diesem Jahr der Belagerung Wiens angemerkt hatte, aber so unscheinbar seine Reitkunst bei der Parade sein mochte, Mehmet blieb ‹der Großtürke›.[6] Eine militärische Niederlage, und sei sie noch so weit entfernt von der Hauptstadt, bedeutete eine verhängnisvolle Schmälerung seiner Macht. Sein Großwesir hatte in einer Region versagt, in der die Sultane seit zehn Generationen an militärische Siege gewöhnt waren.

Als Kara Mustafa am 17. November Belgrads Zitadelle auf den Kalksteinfelsen über dem Zusammenfluß von Donau und Save erreichte, hatte er nur noch wenig Zeit zu leben. Er konnte nicht jeden Zeugen seiner glanzlosen Feldherrenkunst hinrichten, ohne am Hofe des Sultans bereits kursierende Ahnungen zu bestätigen; und obwohl er viele Überlebende des Feldzugs zu bestechen versuchte, gab es keine Gewißheit, daß Geld auf Dauer Stillschweigen gewährleisten würde. Sein Schicksal – wie auch ein paar Jahre später das seines Herrschers – zeigt noch jene tiefverwurzelte Selbstdisziplin, die die herrschenden osmanischen Institutionen prägte, als das Reich mit dem Vormarsch gegen den unnachgiebigen Westen begann.

In Belgrad war Kara Mustafa einstweilen noch der Großwesir. In der Festung Kalemegdan bewahrte er die Symbole der Amtswürde auf, mit denen ihn Mehmet IV. sieben Jahre zuvor ins Amt eingesetzt hatte – das Reichssiegel und den Schlüssel für die Kaaba –, sowie das Heilige Banner (Sancağı şerif), das der Sultan ihm im Mai hier in Belgrad bei seiner Ernennung zum Oberbefehlshaber überreicht hatte. Doch auch wenn sein Amt sicherstellte, daß er noch immer eine furchteinflößende Autorität über seine geschlagene Armee und die Städte und Dörfer Serbiens besaß, wußte Kara Mustafa, daß Generäle, die mit dem Heiligen Banner in die Schlacht zogen und eine Niederlage erlitten, keinen Pardon erwarten durften. Alte persönliche Feinde umgaben Mehmet IV., der in Edirne hofhielt, seiner Lieblingsresidenz, wo Kara Mustafa oft mit ihm auf die Jagd geritten war. Wenn ein Großwesir sich auf einen Feldzug für seinen Herrscher begab, wurden die alltäglichen Aufgaben, für die er als oberster Minister zuständig war, einem Stellvertreter anvertraut, und als von der Donau Berichte nach Edirne durchsickerten, konnten der Stellvertreter und andere Mitglieder des Diwan den Sultan leicht davon überzeugen, daß Kara Mustafa der ihm übertragenen Verantwortung unwürdig sei. Mehmet IV. erkannte, daß die demütigende Bürde einer Niederlage durch die Armeen der Ungläubigen auf den Sultan und Kalifen selbst übergehen würde, wenn der Großwesir mit dem Leben davonkäme.

Solch logische Schlußfolgerung besiegelte Kara Mustafas Schicksal. Er war gerade bei seinem Mittagsgebet, als am letzten Samstag im Dezember zwei ranghohe Würdenträger des Hofes aus Edirne in der Kalemegdan-Zitadelle eintrafen. Sie überbrachten zwei Befehle des Sultans an seinen Schwiegersohn: Er habe den Reichsabgesandten die Zeichen der zivilen und militärischen Autorität zu übergeben, dann solle er ‹seine Seele Allah, dem Allbarmherzigen, anvertrauen›. Kara Mustafa beendete seine Gebete, nahm seinen Turban ab, zog sein Staatsgewand aus und ließ sich auf der Stelle erdrosseln. Der Zeitpunkt seines Todes hatte etwas von Ironie des Schicksals. Als Kara Mustafa in Belgrad die Schnur zum Erdrosseln um den Hals gelegt wurde, läuteten weit weg in Wien, in Esztergom und in anderen Städten und Dörfern, die so lange das Kommen ‹des Türken› gefürchtet hatten, zur Feier des Weihnachtsfestes die Kirchenglocken. Es war der 25. Dezember, als Muslime den Erzverfolger der Christen töteten.[7]

Der Leichnam wurde enthauptet, die Kopfhaut abgezogen und ausgestopft und als Beweis dafür, daß die Befehle des Herrschers ausgeführt worden waren, an Mehmet IV. gesandt. Aber das Schicksal war noch nicht fertig mit Kara Mustafa; er sollte weiter verhöhnt werden. In einem späteren Feldzug fiel sein Kopf in österreichische Hände. 300 Jahre nach der Belagerung konnte der neugierige Tourist ihn in einem Glaskasten im ersten Stock von Wiens Historischem Museum betrachten, als grausiges Relikt eines turbulenten Zeitalters. Doch mittlerweile wird er nicht mehr ausgestellt. Heute herrscht hier ein Geist der Versöhnung, und alte Feindschaften lösen sich im Dunkel der Vergangenheit auf.

KAPITEL 2
Bedrohung durch Westeuropa

Sultan Mehmet IV. herrschte über mehr als dreißig Millionen Untertanen, also über doppelt so viele wie König Ludwig XIV. und sechsmal so viele wie Kaiser Leopold I. Auch nach dem Debakel an der Donau regierte er über ein mächtiges Reich. Ihm war fast der gesamte Balkan bis zu den östlichen Einfallstraßen nach Zagreb untertan, und seine Truppen hielten Vorposten am polnischen Fluß Bug und an den russischen Flüssen Don und Dnjepr. Allein in Europa war sein Reich flächenmäßig größer als Frankreich und Spanien zusammengenommen. Es erstreckte sich über ganz Kleinasien und reichte im Süden bis zur Nordspitze des Roten Meeres und des Persischen Golfs. Im Osten zahlten ihm die Kaukasusländer bis zum Kaspischen Meer Tribut. Rhodos, Kreta und Zypern erkannten seine Oberherrschaft an, ebenso Ägypten mit dem gesamten unteren Niltal, und er beanspruchte Autorität über Tripolis, Tunis und Algier als Vasallen.

An den meisten Grenzen verhinderten jedoch geographische Barrieren eine weitere Ausdehnung. Im Osten stand dem osmanischen Vordringen zudem noch die religiöse Feindschaft überzeugter Schiiten entgegen: Die Safawiden-Dynastie Persiens nutzte die Beschaffenheit des Geländes im hochgelegenen Zentralplateau für die Verteidigung, und es war unwahrscheinlich, daß die Osmanen den frühen arabischen Invasoren nacheifern und zum Punjab vordringen würden. Im Süden bildete die Wüste eine natürliche Grenze, und außer dem Schutz der Pilgerpfade nach Medina und Mekka gab es keinen Grund für die Osmanen, über die Karawanenrouten tiefer in die Sahara oder in die Arabische Wüste einzudringen. Die südwestlichen Grenzen standen ebenfalls lange vor dem ausgehenden 17. Jahrhundert fest, denn neue Eroberungen in diese Richtung hingen von der Stärke zur See ab, und türkische Werften bauten keine Schiffe, die stabil genug waren, dem Atlantik zu trotzen. Obwohl die Flotte des Sultans noch bis zur Meerenge von Sizilien vorstieß, erholte sich die osmanische Seemacht nie ganz von der Niederlage, die ihr Don Juan d' Austria 1571 mit der spanisch-genuesisch-venezianischen Flotte bei Lepanto im Golf von Patras beigebracht hatte. Spätere Großwesire attackierten die christlichen Feinde des Sultans im westlichen Mittelmeer daher mit Hilfe der ‹Berber-Piraten›, berüchtigten Korsaren, die sich jedoch nicht immer als vertrauenswürdige Verbündete erwiesen.

Während Gebirge, Wüsten und Meer die osmanische Macht in drei Richtungen begrenzten, gab es im Norden der Balkanländer bis zu den Karpaten und den Alpen kein natürliches Hindernis. Eine künstliche Barriere, die sogenannte ‹Militärgrenze› durch Westkroatien, bildeten im späten 16. Jahrhundert die von den Habsburgern dort erbauten Festungen, aber die Donauebene stellte ein riesiges Spielfeld für Generäle dar, auf dem sie die verschiedenen Methoden der Kriegstechnik entfalten und den Feind in Schlachten verwickeln konnten. Anfang des 15. Jahrhunderts hatten die Türken den Wert von Kanonen erkannt; bereits 1453 schleuderten sie mit einer fast acht Meter langen ‹Superkanone› Steinkugeln gegen die Mauern Konstantinopels. Aber die Türken behielten ihre Führung in der Nutzung neuer Waffen nicht. Die Befreiung Wiens und der Fall Esztergoms zeigten der Welt, was mehrere ausländische Reisende schon einige Jahrzehnte zuvor vermutet hatten: Die osmanische Kriegsmaschinerie begann sich festzufressen. Der Sultan mochte früher als andere Herrscher in Europa ein stehendes Heer aufgestellt haben, aber der Donau-Feldzug hatte gezeigt, daß Kara Mustafas Kombination von Spezialtruppen, Vasallen, draufgängerischer leichter Kavallerie und unausgebildeten Hilfssoldaten sich mit den neuen Berufsheeren des Westens nicht messen konnte. Die türkischen Feuersteinmusketen blieben tödlich, aber die Trains mit schweren, von Ochsen, Büffeln oder Kamelen gezogenen Geschützen ließen nur ein langsames und schwerfälliges Vorankommen über die Donauebene zu.

Die katholische Christenheit wollte die durch König Johann Sobieski von Polen und Herzog Karl von Lothringen gewonnene Überlegenheit nutzen, indem sie erstmals eine große Strategie gegen ‹den Türken› entwarf.[1] Im März 1684 trafen, mit Unterstützung von Papst Innozenz XI., Abgesandte aus Venedig, Polen und Österreich zusammen, um eine erste ‹Heilige Liga› zu bilden, ein Angriffsbündnis, das sowohl auf das Donaubecken als auch auf andere türkische Grenzen zielte. Während der Beratungen in Venedig wurden die ersten vorläufigen Pläne zur Teilung des Osmanischen Reichs in Europa und – vager – auch im Nahen Osten umrissen. Ludwig XIV., dessen Minister nützliche Beziehungen zu mehreren Großwesiren unterhielten, war gegen eine Verbindung Frankreichs mit einer kreuzzüglerischen Heiligen Liga, aber es bestand die Aussicht, daß das orthodoxe Rußland, das protestantische Deutschland und sogar das muslimische Persien gemeinsame Sache mit den drei katholischen Mächten machen würden.

Diese Vorhaben waren überzogen ehrgeizig: Persien ging nicht auf die Vorschläge der Kapuziner-Missionare ein, die als Gesandte in Venedigs Dienst standen; die Beteiligung deutscher Lutheraner war minimal, und weitere zwei Jahre vergingen, ehe die Russen in den Krieg zogen, und dann auch nur gegen den Tataren-Khan der Krim, der an Mehmet IV. Tribut zahlte. Doch obwohl die Koalition unvollständig blieb, griff die Heilige Liga Mehmet IV. in rascher Folge an mehreren Grenzen an. Fast fünfunddreißig Jahre ununterbrochenen Kriegs sollten folgen, in dem die Feinde des Sultans die Grenzen des Islam zurückzudrängen und zu beweisen versuchten, daß das von Süleyman II. errichtete Riesenreich dem Untergang geweiht war.

Der Kampf begann, wo er im Herbst zuvor geendet hatte. Herzog Karl von Lothringen setzte den Krieg auf dem Alföld fort, nahm in zwei Sommerfeldzügen Pest und den größten Teil von Nordungarn ein, eroberte nach einmonatiger Belagerung am 2. September 1686 Buda und brachte den Türken elf Monate später in der Nähe des historischen Schlachtfelds von Mohács eine schwere Niederlage bei. Dank Herzog Karls Sieg konnten die habsburgischen Armeen die Türken aus dem größten Teil Kroatiens und Transsilvaniens vertreiben. In der ersten Septemberwoche 1688 stürmten die Österreicher Belgrad, seit über 150 Jahren Provinzhauptstadt eines Paschas. Im darauffolgenden Sommer rückten sie nach Niš und Skopje vor und standen im Herbst knapp 650 Kilometer vor Konstantinopel.

In der Zwischenzeit eröffnete auch Venedig eine Front auf dem Balkan. Überfällen auf osmanische Vorposten an der Küste des südlichen Dalmatien und in Bosnien folgte 1685 ein neuer Feldzug in Griechenland. Francesco Morosini, ein ehemaliger Doge, der schon auf die Siebzig zuging, landete in Tolon auf dem Peloponnes – dem ‹Sandschak von Morea› – und schürte Aufstände in Epirus und auf Mani. Im August 1687 hatte diese ‹venezianische› Truppe, zu der auch lutherische Söldner unter dem schwedischen Abenteurer Graf Johann von Königsmarck gehörten, die Türken vom Peloponnes vertrieben; nur auf dem abweisenden, schroffen Vorgebirge Monemvasia konnten sie sich noch halten. Einen Monat später jagten Morosinis Männer über den Isthmus von Korinth und stießen von Land und von See aus auf Piräus vor. Dort griffen sie Athen an, damals eine Ansammlung von baufälligen Häusern und Geschäften um die Akropolis herum. Nach zehn Tagen unregelmäßiger Beschießung ergaben sich die osmanischen Truppen – jedoch erst, als die Akropolis irreparable Schäden davongetragen hatte.[2] Am Abend des 26. September 1687 feuerte ein deutscher Söldner einen Mörser vom Musenhügel ab und jagte ein türkisches Pulvermagazin im Parthenon in die Luft; der Fries und vierzehn Säulen stürzten ein. Ein paar Tage später befahl Morosini, die gemeißelten Pferde und Wagen der Athene vom Westgiebel zu entfernen und als Kriegstrophäe nach Venedig zu verschiffen; der marmorne Löwe von Piräus war bereits unterwegs, um das Tor des Arsenals des Dogen zu schmücken. Die Aufgabe war für Morosinis Hilfssoldaten zu schwierig. Pferde und Wagen fielen herab und zerbrachen. Das klassische Erbe

Athens litt stärker unter Morosinis Unternehmen als unter den Plünderungen während der vergangenen zwei Jahrhunderte osmanischer Herrschaft – wenn es auch die Türken waren, die den Parthenon als Pulvermagazin verwendet hatten.

Beunruhigende Gerüchte vom Siegeszug der Heiligen Liga erreichten Konstantinopel, und Monat um Monat strömten Tausende hungriger und verzweifelter Flüchtlinge in die Stadt, in der es aber auch kein Entrinnen vor den Auswirkungen des Krieges gab. 1686, und nochmals 1687, verdoppelte sich der Brotpreis; in Rumelien blühte das Banditentum, und in den fruchtbaren Regionen wurden die Äcker nicht mehr bestellt, weil Landarbeiter für Kara Mustafas Armee ausgehoben worden waren. Der Sultan blieb so lange wie möglich in Edirne; in der Hauptstadt fürchtete er um sein Leben. Zu Anfang seiner Regierungszeit hatten Mehmet IV. zwei Mitglieder der Köprülü-Familie gute Dienste geleistet. Nun wurde ein drittes Familienmitglied, Ahmets jüngerer Bruder Mustafa, Anführer einer Gruppe mit dem Vorhaben, den Verfall der Autorität des Sultans in den entlegenen Provinzen des Reichs aufzuhalten.

Mehmet IV. war hoffnungslos in Mißkredit geraten, und Mustafa Köprülü konnte ihn nicht mehr retten. Die Niederlage von Mohács und die Nachricht von Morosinis Vordringen nach Attika kurz darauf kosteten ihn das Sultanat. Vier seiner Vorgänger waren in der ersten Hälfte des Jahrhunderts bereits gestürzt worden. Der letzte von ihnen war der Vater Mehmets IV. gewesen, Ibrahim ‹der Verrückte›, entthront am 8. August 1648 nach achtjähriger Regentschaft, unvergessen wegen der Verschwendung hart erpreßter Gelder und wegen der Gerüchte über eine Schreckensnacht, in der er befohlen haben soll, 280 Konkubinen zu ertränken. Niemand trauerte um Ibrahim, als er zehn Tage nach seiner Entthronung von seinem eigenen Cellad (obersten Henker) erdrosselt wurde. Jetzt, im Jahre 1687, als verärgerte und schlecht besoldete Soldaten in die Hauptstadt strömten, schien Mehmet IV. das gleiche Schicksal wie seinem Vater bevorzustehen. Aber weder Diwan noch Ulema wollten die Doppelinstitution von Sultanat und Kalifat durch einen zweiten Mord weiter schwächen.

Mustafa Köprülü zog eine Absetzung ohne Blutvergießen vor, und Mehmet IV. mußte die Herrschaft an seinen fünfundvierzig Jahre alten Halbbruder Prinz Süleyman übergeben.

Abdankungen gehen selten glatt über die Bühne, selbst in den Dynastien monogamer Gesellschaften, und im Osmanischen Reich sorgte das Harem-System ständig für Probleme bei der Thronfolge.[3] Vor dem 19. Jahrhundert gab es nur selten einen offiziellen Kronprinzen, der auf seine Aufgabe vorbereitet war und nach dem Tod oder der Abdankung eines Sultans sofort auf den Plan trat. Die meisten osmanischen Herrscher hatten mehrere Sultaninnen sowie, tiefer in der Harem-Hierachie angesiedelt, Konkubinen, die ihnen Söhne gebären konnten. Das Problem war so kompliziert, daß im 15. und 16. Jahrhundert die Brüder und Halbbrüder eines neuen Sultans am Tage seiner Thronbesteigung in der Regel erdrosselt wurden, so daß Rivalen ausgeschaltet waren, die zum Mittelpunkt von Palastintrigen hätten werden können. Fünf Brüder von Murat V. waren am 21. Dezember 1574 getötet worden, und der Massenmord an achtzehn Brüdern Mehmets III. am 28. Januar 1595 reduzierte die Anzahl männlicher Mitglieder der Dynastie derart, daß religiöse Führer begannen, Sittlichkeit und Weisheit der Tötungen in Frage zu stellen. Also beschloß man, die nahen männlichen Verwandten in Zukunft in einen Kafes (Käfig) zu sperren, eine von mehreren kleinen Räumlichkeiten im Vierten Hof des Hauptpalastes, des Topkapı Sarayı. Abgesehen von Mehmet IV. selbst, der im Alter von sechs Jahren die Nachfolge antrat, erwarteten alle fünfzehn Sultane zwischen 1617 und 1839 in dieser kleinen Welt mit ihrer Marmorterrasse, die einen Blick über einen Garten zum Goldenen Horn und dem Bosporus bot, den Ruf zur Thronbesteigung.[4]

Einige Prinzen litten lediglich unter einer nominellen Beschränkung ihrer Bewegungsfreiheit. Aber Süleyman, der nur drei Jahre jünger war als Mehmet IV., betrat mit sechs Jahren den Kafes, lebte dort fast vier Jahrzehnte lang und kannte nicht mehr von der Welt als das, was er vom Vierten Hof aus sehen konnte. Neununddreißig Jahre im Kafes waren keine Vorbereitung fürs Regieren. Trotzdem holten die Wesire den benommenen, verwirrten und halbvergessenen Prinzen am 9. November 1687 pflichtgemäß aus dem Innern des Topkapı; er war, so schrieb ein Franzose, eine ‹lange, schlanke und blasse Erscheinung›.[5] Die Wesire präsentierten Mehmet IV. eine Fetva, die seine Abdankung forderte. Er nahm seine Absetzung schicksalsergeben an und wurde ordnungsgemäß in den Kafes gebracht, während Süleyman II. in der heiligen Moschee in Eyüp feierlich mit dem Säbel gegürtet wurde, eine Zeremonie, die einer Krönung entsprach. Wenigstens kam Mehmet IV. mit dem Leben davon. Doch eine letzte Ironie des Schicksals stand ihm noch bevor. Er wurde, unter strenger Bewachung, nach Edirne in seinen Lieblingspalast gebracht, von wo aus er so oft auf die Jagd geritten war. Aber es gab für ihn keine ‹Jagdunternehmungen› mehr. Mehmet IV. beschloß sein Leben in einer Gefangenschaft, in der ihm jedes Vergnügen versagt war. Seinen Tod im Januar 1693 führten manche auf Gicht, andere auf Gift zurück, viele aber meinten, er sei an Schwermut gestorben.

Zu diesem Zeitpunkt war auch Süleyman II. bereits tot. Im Juni 1691, gerade dreieinhalb Jahre nachdem er mit dem Säbel gegürtet worden war, starb er an Wassersucht, als er von Edirne aus zu einem Feldzug gegen die Österreicher aufbrechen wollte. Nach seinem Tod wurde er geehrt wie in seinem ganzen Leben nicht, denn sein einbalsamierter Leichnam wurde zum Türbe (Grab) seines großen Namensvetters im Süleymaniye-Komplex neben der prächtigsten kaiserlichen Moschee der Hauptstadt gebracht. Er hatte mehr geleistet, als bei seinem Auftauchen aus dem Kafes zu erwarten gewesen war. Anfang März 1688 führte er persönlich Truppen an, die Aufständische, Banditen und die unverfrorensten Gauner in Konstantinopels Vierteln Stambul und Galata jagten, er versprach, die Last der Sonder-Kriegssteuern zu mildern, und schließlich ernannte er im Oktober 1689 Mustafa Köprülü zum Großwesir – eine mutige Entscheidung, denn die Köprülüs waren eine mächtige Familie, die Sultane ein- oder abzusetzen vermochte. Der Großwesir erwies sich als brauchbarer General; im Herbst 1690 eroberte er Niš und Belgrad zurück und stellte die Verteidigungslinie entlang der Donau wieder her. Süleyman II. wollte ihn auf einem Ritt nach Norden begleiten, bei einem Vorstoß nach Ungarn hinein, als ihn der Tod ereilte.

Mustafa Köprülü kehrte zur Beisetzung Süleymans II. nicht nach Stambul zurück. Die Wesire förderten aus den rückwärtigen Räumlichkeiten des Palastes einen weiteren Halbbruder zutage, Prinz Ahmet; er war zehn Monate jünger als Süleyman II. und hatte volle dreiundvierzig Jahre im Kafes verbracht. Es war keine Zeit für die Säbel-‹Krönung› in Eyüp, sondern nur für eine improvisierte Zeremonie in Edirnes Eski-Moschee. Danach brach Mustafa Köprülü unverzüglich zur Front an der Donau auf und ließ Ahmet II. zurück, der sich vom Diwan im Regieren unterweisen lassen sollte. Kaum einen Monat später wurde die Armee des Großwesirs in Slankamen, knapp 50 Kilometer nordwestlich von Belgrad am Rand des bewaldeten Fruška Gora, überfallen. Mustafa Köprülü wurde tödlich verwundet und seine Armee zerstreut.

Gab es zu diesem Zeitpunkt eine Chance für die Heilige Liga, den Balkan zurückzugewinnen? Wenn ja, so wurde die Gelegenheit verpaßt. Nach dem Tod des ‹Kreuzritters› Innozenz XI. 1689 wurden die politischen Ziele reduziert, und mit ihnen die päpstlichen Gelder. Der Mangel an Zusammenhalt bei den Verbündeten führte zu isolierten Kampagnen statt zur Verwirklichung des vor dem Krieg in Venedig entworfenen großen strategischen Plans. Schon bevor Morosini 1688 in seine Heimatstadt zurückkehrte, verlor der venezianische Kriegszug nach Griechenland an Stoßkraft; die Türken eroberten rasch Athen zurück, auch wenn Venedig den Peloponnes hielt. Innenpolitische Konflikte in Polen und Rußland schwächten den Druck auf die Osmanen von Norden her, während an der Donau der deutsch-österreichische Beitrag zur Allianz durch die Notwendigkeit eingeschränkt wurde, Armeen gegen Ludwig XIV. aufzubieten. Ein Volksaufstand zwang die Venezianer, die strategisch wichtige Insel Chios aufzugeben, und hartnäckiger türkischer Widerstand ließ den ersten Versuch des jungen Zaren Peter scheitern, Asow einzunehmen, die Festung am Schwarzen Meer, welche die Mündung des Don beherrschte. Aber diese isolierten Außenposten des Osmanischen Reichs konnten nicht regelmäßig mit Waffen oder Verstärkung versorgt werden; und im Juni 1696 ermöglichte die neugebaute russische Flotte Zar Peter dem Großen, Asow zu erobern und in den langen Kampf der Zaren um die Vormacht im Schwarzen Meer einzutreten. Das westlich ausgerichtete Rußland, das von Norden her auf das Osmanische Reich vorrückte, stellte bald eine weit ernstere Gefahr dar als das alte Moskowiterreich.

Zar und Sultan sahen sich hinsichtlich ihrer Autorität der gleichen Bedrohung gegenüber: der übermächtigen Stärke eines privilegierten Militärs. Um die Verwestlichung zu erzwingen, mußte Zar Peter der Große als erstes die Moskauer Garnison der Strelitzen auflösen. Es war Pech für die Osmanen, daß kein Sultan des 18. Jahrhunderts zu diesem Schritt bei der entsprechenden Einrichtung im eigenen Reich, den Janitscharen-Truppen, bereit war.[6] Die Geschichte dieser Truppe reicht zurück ins 14. Jahrhundert, als sich die osmanische Macht von Kleinasien auf den Balkan verlagerte. Sultan Murat I. schuf die Janitscharen (Yeniçeri, Neue Truppe) als Sklavenleibwache; sie bildeten den Kern des ersten stehenden Heeres im neuzeitlichen Europa. Fünfzig Jahre später wurde das Prinzip der regelmäßigen Zwangsrekrutierung, Devşirme (Knabenlese), eingeführt; sie war die Quelle, aus der die Janitscharen-Truppe ergänzt wurde. Christliche Bauern mußten alle fünf Jahre den örtlichen Beamten die Anzahl ihrer Söhne melden; jeder fünfte wurde dann im Alter von sechs oder sieben Jahren von den Offizieren des Sultans mitgenommen und gezwungen, Muslim zu werden. Theoretisch wurde diese Abgabe in allen christlichen Regionen des Reichs gefordert, doch am schwersten traf es das Gebiet des heutigen Bosnien, Albanien und Bulgarien. Die Sklaven, die als besonders intelligent auffielen, wurden auf die Palastschule in Konstantinopel geschickt; nichts hinderte sie, hohe Beamte zu werden, und mehrere stiegen zu Großwesiren auf. Aber die meisten dieser Knaben dienten als Soldaten. Sie wurden einer Gehirnwäsche unterzogen und verhielten sich völlig loyal gegenüber der Truppe, ihrer militärischen Familie.

1453 waren es die Janitscharen, die als erste während des

entscheidenden Sturms auf Konstantinopel in die Stadt eindrangen; ein Jahrhundert später bildeten sie die Speerspitze der Armee Süleymans des Prächtigen. Ein strenger Kodex regelte in diesen Jahren das Leben der Janitscharen, die sich ausschließlich durch die Devşirme oder aus Kriegsgefangenen rekrutierten. Sie waren zum absoluten Gehorsam gegenüber den Offizieren verpflichtet, die sie auch züchtigen durften, mußten in Kasernen wohnen, zu jedem Zeitpunkt zum Exerzieren bereit sein und wurden nach Dienstalter befördert. Auch eine Alterssicherung gab es für sie. Alkohol war ihnen verboten, sie durften nicht heiraten, keinen Bart tragen und kein anderes Gewerbe und keinen anderen Beruf als den des Soldaten ausüben. Sie konnten mit guter Bezahlung und Verpflegung rechnen, und von 1451 an erhielten sie jedesmal, wenn ein neuer Sultan mit dem zeremoniellen Säbel gegürtet wurde, ein ‹Krönungsgeld›. Da sieben Sultane während einer Zeitspanne von 150 Jahren den Thron bestiegen, bedeutete das Krönungsgeld eine nicht unbeträchtliche Prämie.

Um 1620 jedoch waren die Janitscharen weniger ein stehendes Heer als eine ständige Bedrohung.[7] Der Kodex, dem sie verpflichtet waren, galt nichts mehr. 1566, im Todesjahr des großen Süleyman, wurde ihnen die Heirat gestattet. Bald darauf durften die Söhne der Janitscharen sich der Truppe anschließen, auch wenn sie als Muslime nicht zu jenem sklavischen Gehorsam gezwungen werden konnten, der die strenge Disziplin der Einheiten sicherstellte. Die letzte umfassende Aushebung in Südosteuropa fand 1676 statt; schon damals kam es vor, daß muslimische Familien ihre Söhne an Christen gaben, damit sie in diese so mächtige und ruhmreiche Institution aufgenommen wurden. Anfang des 17. Jahrhunderts war das Gemeinschaftsleben der Truppe weniger verbindlich, Janitscharen erwarben eigene Häuser in Garnisonsstädten. Wenn sie nicht im Krieg waren, trieben sie Handel, und viele verhielten sich wie zivile Reservesoldaten und nicht wie der Kern der Armee des Sultans. Während sie jedoch begierig auf neue Rechte aus waren, wachten sie sorgsam über ihre alten Privilegien. Das Krönungsgeld wandelte sich von einer Belohnung zu einer Art Erpressung. Als 1623 Murat IV. als vierter Sultan in einem Zeitraum von sechs Jahren den Thron bestieg, teilte der Großwesir den ranghöchsten Generälen der Janitscharen mit, daß der Staatsschatz leer sei, und sie erklärten sich bereit, auf die Extrazahlung zu verzichten. Doch aufrührerisch beharrten die Soldaten auf ihren Rechten, und so wurde Tafelgold und -silber aus dem Topkapı Sarayı eingeschmolzen und für sie zu Münzen geschlagen.

Ein starker und unerschrockener Herrscher hätte die Janitscharen niedergehalten. Doch anders als die russischen Strelitzen waren die Janitscharen nicht an einem einzigen Ort konzentriert. Es gab seit langem Janitscharen-Kasernen in Konstantinopel, in den größeren Provinzstädten sowie in eroberten Hauptstädten wie Kairo und Damaskus. Süleyman, dem die mögliche Bedrohung durch die Truppe bewußt war, förderte die Bildung einer kaiserlichen Leibwache aus Dragonern (Silâhtar). Unter seinen Nachfolgern wurde dieses Regiment aus dem reicheren türkischen Adel rekrutiert und hielt sich auf allen Feldzügen in unmittelbarer Nähe des Sultans auf. Doch während die Silâhtar eine kleine Eliteeinheit waren, zählten die Janitscharen bei vollzähliger Mobilisierung 90 000 Mann in über hundert Bataillonen (Orta). Zu ihnen gehörte ein Vorauskommando, die Serdengeçti (‹jene, die bereit sind, ihren Kopf zu opfern›), eine Sturmabteilung der Infanterie. Wenn das Osmanische Reich der militärischen Herausforderung durch den Westen begegnen wollte, waren die Sultane auf die Janitscharen angewiesen, vorausgesetzt, diese kämpften so ergeben und entschlossen wie zu Zeiten Mehmets des Eroberers und Süleymans des Prächtigen.

Kurze Zeit sah es so aus, als seien sie dazu bereit. Unter Mustafa II., der im Februar 1695 den Thron bestieg, wurde ein energischer Versuch unternommen, den österreichischen Vormarsch aufzuhalten.[8] Elf Wochen nach seinem Antritt ernannte Sultan Mustafa seinen ehemaligen Lehrer Feyzullah Efendi zum Şeyhülislâm. Als oberster Deuter des Heiligen Gesetzes hatte Feyzullah Efendi die Aufgabe, die Unterstützung der konservativen Ulema für einen erneuten Krieg an der Donau zu gewinnen. Widerstand gegen die Habsburger erforderte höhere Steuern und schuf menschliches Leid in den Dörfern Rumeliens wie auch Anatoliens, denn ein weiterer Feldzug würde einmal mehr die Männer von den Feldern holen. Feyzullah Efendi wurde mehr als ein geistiger Führer; in Ermangelung eines starken Wesirs war er der oberste Beamte des Sultans. Er konnte widerspenstige Provinz-Paschas einschüchtern, so daß sie Truppen für den Sultan aushoben, und den aufrührerischen Neigungen der Janitscharen Einhalt gebieten. Theoretisch hatte die Janitscharen-Truppe ihre volle Stärke, obwohl in Wirklichkeit nicht mehr als 10000 Mann für den Dienst in Europa bereitstanden, und die in Ägypten stationierte Orta gebärdete sich weiterhin höchst undiszipliniert. Aber 1696 hatte sich eine ungeheuer starke Armee um das Heilige Banner versammelt. Feyzullah Efendi und Ulema sollten mit Allahs Hilfe von der Hauptstadt aus das Osmanische Reich regieren, als nun ein Sultan wieder einmal seine Armee in den Krieg führte.

Zunächst hatte Sultan Mustafas Feldherrnkunst einigen Erfolg. Er verteidigte Temesvár (Timisoara) gegen Kaiser Leopolds Truppen und verschaffte damit den Türken nördlich der Donau einen festen Stützpunkt. Doch im Spätsommer 1697 entwickelte er mit seinem Vorstoß von Belgrad nordwärts in die reiche ungarische Kornkammer Batschka (die serbische Wojwodina) übermäßigen Ehrgeiz. Bei der kleinen Stadt Senta bauten die Ingenieure des Sultans nicht weit vom Zusammenfluß mit der Donau eine Pontonbrücke über die breite und reißende untere Theiß. Während die Armee am Spätabend des 11. September den Fluß überquerte, griffen die Österreicher an. Unter der genialen Führung von Prinz Eugen von Savoyen spalteten sie die türkische Armee in zwei Teile. Wahrscheinlich kamen 30000 Soldaten der osmanischen Armee um, auf dem Schlachtfeld von Senta gefallen oder in der Theiß ertrunken. Leichenberge bildeten ‹Inseln› im Fluß, meldete Prinz Eugen kurz nach der Schlacht nach Wien. Sein ‹entscheidender Sieg› war der Beginn von Prinz Eugens brillanter Karriere. Er machte ihn zum ‹berühmtesten Befehlshaber in Europa›, bemerkte Lord Acton und wies damit schon auf das siegreiche Bündnis zwischen Prinz Eugen und Marlborough im Spanischen Erbfolgekrieg hin.[9] Für die Türken hingegen war Senta der Anfang vom Ende einer Ära. Fast auf den Tag genau vierzehn Jahre nach der Befreiung Wiens war der jüngste türkische Versuch, den Mittellauf der Donau hinaufzuziehen, gescheitert. Der Sultan verfügte praktisch über keine Armee außerhalb Asiens mehr.

Heftiger Regen rettete Mustafa II. vor den sofortigen Konsequenzen seiner Niederlage; Leopold I. wollte seine Truppen nicht in einen Winterfeldzug auf den Balkan schicken. Von größerer Bedeutung war die Auswirkung von Senta auf die europäische Diplomatie insgesamt. England und die Niederlande versuchten zu vermitteln in der Hoffnung, den Frieden im Osten zu sichern, damit sich die Habsburger auf den Kampf gegen das Frankreich Ludwigs XIV. konzentrieren konnten: Bis zu diesem Zeitpunkt gab es keine Orientfrage, die die westlichen Staatsmänner verwirrte, sondern nur einen lästigen und ärgerlichen orientalischen Nebenkriegsschauplatz.

Die langen Verhandlungen endeten in der letzten Januarwoche 1699 mit einem in Karlowitz (heute Sremski Karlovci) geschlossenen Friedensvertrag. Kaiser Leopold I. war mit dem Vertrag durchaus zufrieden. Artikel, die österreichischen Kaufleuten Handelskonzessionen gewährten und das Recht der Katholiken auf freie Abhaltung des Gottesdienstes in den Gebieten des Sultans bestätigten, mochten ungenau formuliert sein, aber sie schienen dem Habsburger das Recht zu geben, sich in die inneren Angelegenheiten des Osmanischen Reichs einzumischen. Die Territorialvereinbarungen des Vertrags klangen geradezu täuschend einfach: Ungarn und ganz Transsilvanien (bis auf ein Landdreieck um Temesvár) waren in Habsburgs Hand, als die Friedensgespräche begannen, und das blieben sie auch laut den Bestimmungen des Vertrags. Die Venezianer hatten ihre Macht über Dalmatien und den Peloponnes gefestigt und behielten die Gebiete. Die Türken hatten sich aus Südpolen und der Ukraine zurückgezogen und unternahmen keinen Versuch, diese Territorien von den Polen zurückzuerobern. Gespräche mit russischen Abgesandten dauerten noch länger an, aber im Juni 1700 wurde ein Kompromiß erzielt; der Vertrag von Konstantinopel bestätigte Zar Peter I. den Besitz von Asow und einem Landstrich am unteren Dnjestr, vorausgesetzt, daß alle russischen Festungen in der Region geschleift würden.

Keiner der Unterzeichner dieser Verträge betrachtete die Festlegung der Grenzen als endgültig. Der Kampf um die Vorherrschaft im Schwarzen Meer begann gerade erst, und es schien wahrscheinlich, daß die weit entfernten Besitzungen des verfallenden Venedig der Kontrolle der Republik bald entgleiten würden. In einer Region jedoch veränderte der Frieden von Karlowitz die Landkarte auf Dauer. Bis 1683 hatte die ‹Militärgrenze› in Westungarn und Kroatien einen Verteidigungswall gegen den Islam gebildet. Nach 1699 wurde sie im Osten bis Transsilvanien erweitert und wirkte auf dem Balkan höchst bedrohlich, als stünden die habsburgischen Österreicher bereit, die Türken nach Asien zurückzudrängen, so wie ihre spanischen Verwandten im Jahrhundert zuvor die nordafrikanischen Mauren aus Europa vertrieben hatten. Doch war dies eine Illusion. Die neue Militärgrenze war, wie die alte, im Grunde eine Verteidigungsgrenze, auch deshalb, weil Habsburg ständig vom Kampf mit Frankreich um die europäische Vorherrschaft sowie den Problemen mit Deutschland, Polen und der italienischen Halbinsel in Anspruch genommen war. Prinz Eugen führte einen weiteren erfolgreichen Feldzug im Osten und fügte seinem Ruhm 1716 in Temesvár und ein Jahr später in Belgrad weiteren Glanz hinzu. Doch auch wenn das Banat von Temesvár nie wieder unter osmanische Herrschaft gelangte: 1739 hatten die Türken Serbien zurückgewonnen, und es dauerte weitere eineinhalb Jahrhunderte, ehe ein türkisches Kommando schließlich die letzte Halbmond-Flagge in Belgrad einholte. Ein Marsch Österreichs auf Konstantinopel – eine reale Gefahr zur Zeit des Friedens von Karlowitz – fand nie statt. Abgesehen von den zwei Jahrzehnten Anfang des 18. Jahrhunderts waren die Flüsse Save und Donau weiterhin die Grenzen der Habsburger Monarchie, bis die Kaiserreiche am Ende des Ersten Weltkriegs hinweggefegt wurden.

Karlowitz war nicht, wie manche Historiker behaupten, eine Katastrophe für das Osmanische Reich.[10] Der Friede ermöglichte den Türken, die Kampfansage Westeuropas abzuwehren und der großen Bedrohung aus dem Norden und neuen Gefahren in Asien zu begegnen. Denn drei Jahre nach Karlowitz führte der letzte Großwesir aus der Familie Köprülü, Amcazade Hüseyin, energisch Reformen durch: auf dem Gebiet der Steuereintreibung, in der Organisation und Ausbildung der Armee sowie in der Entwicklung einer Segelflotte, welche die veralteten geruderten Galeeren ersetzte. Hüseyins Reformeifer kam vielen in die Quere. Es war unvermeidlich, daß er die konservative Ulema verletzte, die noch immer von Feyzullah Efendi angeführt wurden. Hätte ihn nicht im September 1702 eine Krankheit zum Rücktritt gezwungen, wäre Hüseyin sicher ein Opfer seiner politischen Feinde geworden.

Während der nächsten elf Monate liefen die Ereignisse nach einem vertrauten Muster ab. Feyzullah Efendi, zu Beginn seiner Regentschaft wachsam und umsichtig, erlag bald der verlockenden Korrumpierbarkeit des Amtes. Um die Jahrhundertwende hatte er ein beträchtliches Vermögen angehäuft und pflegte in großem Umfang Nepotismus. Gerüchten zufolge planten Sultan Mustafa und Feyzullah, den Hof zu verlegen und Edirne wieder zur Hauptstadt zu machen, eine Entscheidung, die Hunderten von Händlern in Stambul und an den Küsten des Goldenen Horns den Lebensunterhalt genommen hätte. Im Juli 1703 meuterten in Stambul vier Janitscharen-Kompanien, die längere Zeit ihren Sold nicht bekommen hatten; sie wurden unterstützt von anderen Soldaten und Studenten religiöser Schulen. Die Meuterer machten sich auf den Marsch nach Edirne, wo der Sultan und der Şeyhülislâm sich aufhielten. Obwohl Mustafa II. Feyzullah und seine Verwandten eilig verbannte, konnte er nicht verhindern, daß ihm das gleiche Schicksal widerfuhr wie seinem Vater. Die Wesire setzten ihn am 22. August ab; und Ende Dezember raffte die Wassersucht ein weiteres Opfer im Kafes dahin.

Wieder wurde ein aus dem Vierten Hof des Topkapı Sarayı zutage geförderter osmanischer Prinz mit dem Säbel gegürtet, diesmal in Edirne statt in Eyüp. Hier jedoch schlich sich ein leichter Wandel in das ansonsten vertraute Szenario. Bei dem neunundzwanzigjährigen Ahmet III. handelte es sich nicht um einen Halbbruder, sondern um einen Bruder seines Vorgängers; ihre aus Kreta stammende Mutter, Rabia Gulnus, war bei Ahmets Antritt sechzig, genoß aber bis zu ihrem Tod zwölf Jahre später Einfluß als Valide Sultan. Doch einige Monate lang schien es, als müsse die osmanische Dynastie aufgeben. Ahmet war gezwungen, einen größeren Betrag an Krönungsgeld zu bezahlen als irgendeiner seiner Vorgänger, und er stellte die meuternden Janitscharen mit Vermögen zufrieden, das dem in Verruf geraten Feyzullah Efendi und seinem Kreis enger Vertrauter abgenommen worden war. Dennoch konnte der Sultan nicht an jede der aufmüpfigen Einheiten den gleichen hohen Betrag auszahlen, und in Rumelien und Südwestanatolien herrschte Unzufriedenheit.

Eine feindlich gesinnte Armee sammelte sich in Silivri, wo die Straße nach Edirne vom Marmarameer landeinwärts abbog. Wenn sich die Befehlshaber zu diesem Zeitpunkt auf einen Kandidaten für das Sultanat aus einer der anderen führenden Familien geeinigt hätten, wäre das Osmanische Reich vielleicht auseinandergebrochen und hätte sich zu einer losen Konföderation von Khanaten aufgelöst. Aber Ahmet – und das Reich – überlebten. Zum Schutz der Dynastie setzte er die Janitscharen ein. Bei ihrem Anrücken flohen die Rebellen aus Silivri, viele wurden Briganten in Ostthrakien und den Rhodopebergen. Die Gefahr eines Bürgerkriegs war gebannt.[11]

In der ersten Hälfte seiner siebenundzwanzigjährigen Regentschaft zeigte Ahmet III. politische Schläue, die sich gelegentlich zu kluger Staatskunst steigerte. Im Rückblick waren die Jahre 1703 bis 1718 eine Zeit der schwachen Regierung. Dreizehn Großwesire folgten in beunruhigendem Tempo einer auf den anderen, und die Kontrolle der abgelegenen Provinzen war so mangelhaft, daß es 1711 in Kairo zu einem siebzig Tage dauernden Blutvergießen kam, als sich sechs Militärkorps im ‹großen Aufstand› gegen Forderungen der Janitscharen zusammentaten. Aber in Konstantinopel nutzte Sultan Ahmet III. diese Jahre, um seine Stellung auf dem Thron zu festigen; er spielte rivalisierende Wesire und ‹Herren des Diwan› gegeneinander aus, während er seine eigenen Kandidaten auf Schlüsselpositionen in der Armee und am Hofe beförderte. Die Politik der Modernisierung von Armee und Kriegsflotte, die Hüseyin begonnen hatte, wurde behutsam fortgesetzt und hatte einigen Erfolg. Zwar konnte kein osmanischer Befehlshaber Prinz Eugen übertreffen, aber die Russen wurden 1711 am Pruth aufgehalten, wobei Peter der Große nur knapp der Gefangennahme entging. Die eindrucksvollsten Taten dieser Periode wurden allerdings in Südgriechenland vollbracht. Das bemerkenswerte Tempo, in dem der Peloponnes zurückgewonnen wurde, zeugt von der Leistungsfähigkeit der neugebauten Flotte. Es sagt auch viel über die Stellung von Ahmets III. griechisch-orthodoxen Untertanen aus.

Im Laufe der Jahrhunderte übernahmen osmanische Sultane viele Kirchen als Moscheen, aber sie versuchten nie, der christlichen Gemeinde ihren Glauben aufzuzwingen.[12] Mehmet II. erkannte seine orthodox-gläubigen Untertanen als eine religiöse ‹Nation› (Millet) an; sie mußten hohe Steuern zahlen und diskriminierende Gesetze hinnehmen, vom Reitverbot und Waffenverbot über das Verbot von Kirchenprozessionen bis hin zum Verbot, einen Muslim zu bekehren, aber es war ihnen die Selbstverwaltung in geistlichen und weltlichen Kirchenangelegenheiten unter der Führung des griechischen Patriarchen von Konstantinopel gestattet, der einen hohen osmanischen Rang erhielt: Pascha mit drei Roßschweifen. Später setzten die Sultane griechische Untertanen überall in Regierungsämter ein; so war der Übersetzer (Dragoman) für einen ausländischen Gesandten fast immer ein Grieche. Wohlhabend aber wurden die Griechen durch den Handel. Ein griechisches Viertel mit dem ummauerten Amtssitz des Patriarchen blieb im Stadtbezirk Stambul um Fener (Fanar), den alten byzantinischen Leuchtturm am Goldenen Horn, erhalten. Zu Beginn des 18. Jahrhunderts bildeten diese ‹fanariotischen› Griechen eine Händleraristokratie, die nicht nur im Herzen des Reiches, sondern auch in Rumelien und der Levante tätig waren. Ihre größten Konkurrenten als Kaufleute waren lange Zeit die Venezianer und, in geringerem Maße, die Genueser gewesen. Die Fanarioten überreichten Ahmet III. eine Reihe von Gesuchen, in denen die Griechen, die unter venezianischer Herrschaft auf den ägäischen Inseln des Peloponnes lebten, die Osmanen anflehten, sie vom Joch der römisch-katholischen Herrschaft zu befreien. Vor allem Sultan Ahmets Mutter, die aus Kreta stammte und erst im November 1715 starb, unterstützte diese Bitte. Militäroperationen gegen die Venezianer, ob zu Wasser oder zu Lande, waren in Konstantinopel populärer als ein Feldzug an der unteren Donau.

Ein Vierteljahrhundert venezianischer Verwaltung brachte dem Peloponnes nach vielen Jahren der Vernachlässigung um 1710 wieder einen Aufschwung. Die Bevölkerung war, begünstigt durch Siedler, die aus dem Gebiet nördlich des Golfs von Korinth einwanderten, rasch gewachsen, und in den weniger trockenen Regionen blühte zum erstenmal seit dem klassischen Altertum wieder die Landwirtschaft. Aber trotz des steigenden Lebensstandards war die venezianische Herrschaft bei den Griechen unbeliebt. Als der französische Reisende Aubry de la Moutraye im Sommer 1710 nach Methoni kam, stellte er fest, daß die Menschen über die Handelsbeschränkungen tief verärgert waren, die nur den venezianischen Kaufleuten Vorteile brachten, wie sie sagten.[13] Die Griechen klagten auch über das Auftauchen italienischer Priester und über Angriffe der römisch-katholischen Kirche auf die orthodoxe Geistlichkeit; ihrer Auffassung nach hatten ihre Glaubensgenossen in den Gebieten, die unter osmanischer Herrschaft standen, größere Freiheiten in der Religionsausübung. Die Feindseligkeit der griechisch-orthodoxen Gläubigen gegenüber der römisch-katholischen Kirche sowie die Hoffnung der Fanarioten, den venezianischen Handel schwächen zu können, begünstigte den am Goldenen Horn so gewünschten Krieg. Anfang Dezember 1714 lieferten gelegentliche Feuergefechte zwischen osmanischen und venezianischen Schiffen in der Ägäis dem Sultan einen Vorwand, der Republik von San Marco den Krieg zu erklären.

Die Kampagne begann im darauffolgenden Sommer mit dem Einmarsch der Armee des Großwesirs auf dem Peloponnes. Die Invasoren stießen auf wenig Widerstand und konnten auf bereitwillige Unterstützung der orthodoxen Geistlichkeit zählen. Zur gleichen Zeit nahmen osmanische Truppen die letzten venezianischen Festungen auf Kreta, in Spinalonga und Kalami, ein, und eroberten die Kykladeninsel Tenos – seit 500 Jahren venezianisch, streng römisch-katholisch und noch nicht jener Wallfahrtsort für orthodoxe Pilger, der die Insel im 19. Jahrhundert berühmt machen sollte. Mit Unterstützung der von Papst Clemens XI. zur Verfügung gestellten Schiffe und der Malteserritter wagten die Venezianer 1717 eine Offensive gegen die Türken, zu einer Zeit, als die Osmanen unter einer Serie von Angriffen des Prinzen Eugen im Banat ins Wanken gerieten. Aber dieser letzte Ausdruck von Solidarität in der Heiligen Liga war kaum mehr als eine Geste. Im Sommer 1718, als in Passarowitz Frieden geschlossen wurde, gab Venedig den Peloponnes auf. Auch wenn die Republik die Ionischen Inseln, Kithira und vier kleine Häfen an der Küste von Epirus fast achtzig weitere Jahre behalten konnte, dienten diese Stützpunkte nur zu Handelszwecken, nicht als Basen für offensive territoriale Ansprüche in der Ägäis und der Levante.

Obwohl der Vertrag in Westeuropa kaum beachtet wurde, kennzeichnete der Frieden von Passarowitz das Ende einer Epoche in der Geschichte der Mittelmeerländer. Die Osmanen hatten einen letzten strategischen Sieg errungen und den ersten Herausforderungen Westeuropas auf dem Meer Einhalt geboten. Nie wieder würde der Löwe von San Marco vor Lepanto übers Meer brüllen oder die traurige Stille der Sudabucht zerreißen. Doch die Ereignisse auf dem Peloponnes waren keine Zeichen dafür, daß das Osmanische Reich seine Stärke zurückgewann; sie waren das Resultat identischer Interessen von Muslimen und Orthodoxen: sie wollten päpstliche Bestrebungen zur Bekehrung des östlichen Mittelmeerraums vereiteln. Die Beziehungen zwischen den 30 Sultanen und über 150 Patriarchen nach dem Untergang von Byzanz gründeten auf dem gemeinsamen Abscheu vor der römisch-katholischen Religionsausübung und der Hoffnung auf gegenseitigen Respekt. Diese Hoffnung ging nicht immer in Erfüllung; zwei von drei Patriarchen wurden auf Verlangen der Osmanen aufgrund relativ geringer politischer Abweichungen abgesetzt, und sechs Patriarchen wurden, weil sie schweren Anstoß erregt hatten, gehängt, ertränkt oder vergiftet. Doch waren Sultanat und Patriarchat von Natur aus konservative Einrichtungen, zwar nicht völlig reformunwillig, aber instinktiv mißtrauisch gegen Entwicklungen, die das empfindliche Gleichgewicht zwischen ihnen hätten stören können. Keiner von ihnen leistete bewußt einem Nationalismus Vorschub: Der Patriarch hielt die byzantinische Tradition des Universalismus in einer ökumenischen Kirche aufrecht, der Sultan regierte ein multinationales Reich, in dem die ‹Türken›, sozial unterprivilegierte turkmenische anatolische Bauern, lediglich ein Teil der Bevölkerung waren. Die Rückeroberung des Peloponnes zeigte, daß die beiden Institutionen im Kampf gegen die römisch-katholische Kirche übereinstimmten. Wie gefestigt ihr Bündnis war, wenn orthodoxe Gläubige aus anderen Staaten zum Kreuzzug gegen die Türken aufriefen, mußte sich erst noch zeigen.

Die Auseinandersetzung war näher, als Sultan Ahmet oder dem Patriarchen bewußt war. Nachdem sie 1711 die Russen am Pruth zurückgeworfen hatten, trugen Ahmet III. und seine Wesire Zar Peter dem Großen gegenüber, der vergebens versucht hatte, auf dem Balkan eine christliche Revolte anzuzetteln, sorglose Geringschätzung zur Schau. Die Entwicklung in Rußland zu unterschätzen war ein Fehler. Drei Jahre nach dem Frieden von Passarowitz versuchte Peter der Große seine Stellung zu heben, indem er den Titel ‹Kaiser aller Reußen› annahm; im selben Jahr unterstellte er die Moskowiter-Kirche durch eine ‹Geistliche Vorschrift› der staatlichen Kontrolle, die weiter ging als die aller anderen europäischen Herrscher über die religiösen Institutionen in ihrem Land. Bald begannen russische Spitzel, beauftragt von der Kirche wie auch vom zaristischen Staat, die Balkanländer des Sultans zu unterwandern, wo sie patriotische Gefühle schürten, vor allem in den Gegenden, die einst die größte Feindseligkeit gegenüber der venezianischen Herrschaft an den Tag gelegt hatten. Als das Heilige Rußland die Rolle eines militanten Hüters des wahren Glaubens annahm, fiel es den orthodoxen Gläubigen im Osmanischen Reich immer schwerer, den Status von Bürgern zweiter Klasse unter der Herrschaft des Sultans widerstandslos hinzunehmen. 1452 soll ein byzantinischer Beamter, der den Versuchen seines Kaisers zur Wiedervereinigung der Ostkirche mit Rom kritisch gegenüberstand, angemerkt haben: ‹Man sähe lieber den königlichen Turban der Türken im Herzen dieser Stadt als die lateinische Mitra›, und 1710 herrschte unter den meisten griechischen Kirchenmännern diese Ansicht noch immer vor.[14] Aber wie sehr sie den römischen Katholiken auch mißtraut haben mögen, der Respekt vor dem Turban nahm ab. In der zweiten Hälfte des Jahrhunderts gab es viele Griechen, die hofften, daß ihr größter Traum bald wahr werden würde: Es schien nicht mehr unmöglich zu sein, daß sie noch einmal die Gesänge der Heiligen Liturgie in Konstantinopels Basilika der Heiligen Weisheit hören würden.

KAPITEL 3
Die Tulpenzeit

Der Verfall des Osmanischen Reichs vollzog sich weder schnell noch kontinuierlich. Um 1700 war das Zeitalter islamischer Eroberungen in Europa vorüber. Verlorene oder ergebnislose Feldzüge hatten die Grenzen schrumpfen lassen, und entlegene Provinzen, mehr oder weniger planlos in Nordafrika oder auf der arabischen Halbinsel erworben, sollten bald faktische Unabhängigkeit erlangen. Seit dem Ende des 17. Jahrhunderts sagten Außenstehende immer wieder den Zusammenbruch des Sultanats voraus. Doch entgegen allen Erwartungen überlebte das Osmanische Reich das Kaisertum in Spanien, die Republiken Genua und Venedig, die Wahlmonarchie in Polen, die britische Kolonie in Nordamerika, die letzten Spuren des Heiligen Römischen Reichs in Deutschland, die Herrschaft der Bourbonen sowie Napoleons und seiner Nachfolger in Frankreich und die weltliche Macht des Papsttums; es überdauerte sogar die Reiche der Habsburger und der Romanows, die so lange seine Erben zu sein schienen, um einige Jahre sowie das Hohenzollern-Reich, das bestrebt gewesen war, Frankreich als Hauptgläubiger der Osmanen abzulösen.

Es lassen sich leichter Zeichen des Verfalls im Osmanischen Reich finden als Hinweise darauf, warum es so lange überleben konnte. Unbestritten war eine Quelle der Beständigkeit die Überzeugung der herrschenden Elite und der Ulema, daß das Osmanische Reich gleichbedeutend mit dem Islam sei. Das Ansehen des Kalifats, ob legitim oder angeeignet, stärkte die weltliche Macht eines Sultans, sobald er in Eyüp mit dem Säbel Osmans gegürtet wurde, welch schwache Persönlichkeit er auch sein mochte. ‹Möge Seine Kaiserliche Majestät wissen, daß die Quelle für Ordnung in Königtum und Gemeinschaft und die Gewähr eines beständigen Fundaments für den Glauben und die Dynastie im Festhalten an den starken Banden der Gesetze Mohammeds liegen›, schrieb 1630 der osmanische Rat Mustafa Koçı Bey in einer berühmten Abhandlung für Murat IV.; spätere Denkschriften für mehrere Nachfolger Murats betonten ebenfalls, daß es weise sei, das öffentliche und private Leben auf das islamische Gesetz der Scharia zu gründen.[1] So konservativ der osmanische Staat in seiner Struktur auch war, so wenig neigte er zu jener beschränkten Fortschrittsfeindlichkeit, die einige Ulema-Mitglieder gern gehabt hätten.

Dies ist ein kleiner, aber bedeutender Unterschied: Sofern die äußere Form vertraut wirkte, ließen sich Militär- und Flottentechniken Westeuropas übernehmen und abgeänderte Praktiken in die alltäglichen Regierungsgeschäfte einführen. Bereits unter den Köprülüs hatte der Großwesir einen Amtssitz in einer Straße bekommen, die zur Außenmauer des Topkapı Sarayı führte, und von 1654 an hielt er einen Beraterstab in seiner Residenz, die wegen ihres hohen Tores als Hohe Pforte (Babıâli) bekannt wurde; sie blieb der anerkannte Regierungssitz bis zum Zusammenbruch des Kaiserreichs. Sowohl im 18. als auch im 19. Jahrhundert gab es Zeiten, in denen ein Sultan oder ein Großwesir vorsichtig die Öffnung versuchte, um einen europäischen Stil in die verbrauchte osmanische Herrschaftsstruktur einzuführen.

Der früheste und originellste Erneuerer war Ibrahim Pascha Külliyesi, der 1718, nach zwei Jahren als Kaymakam (stellvertretender Großwesir) Großwesir von Ahmet III. wurde.[2] Ausländische Beobachter schildern Ibrahim als einen genußsüchtigen ‹Impresario›, mit dem Blick eines Ästheten für landschaftliche Schönheiten und von großer intellektueller Neugier. Aber er war auch ein gewandter Diplomat, zog geschickt die Fäden in der Palastpolitik und schaffte es, zwölf Jahre lang Großwesir zu bleiben zu einer Zeit, als vierzehn Monate die Regel geworden waren. Er überlebte, indem er seine Feinde gegeneinander ausspielte, enge Heiratsverbindungen mit der Dynastie einging und den Sultan ständig bei Laune hielt, ihn belustigte und von allen Mühen des Regierens befreite.

Ibrahim heiratete die älteste Tochter des Sultans; er wird allgemein Damat (Schwiegersohn) Ibrahim genannt, um ihn von den vielen Namensvettern zu unterscheiden, die der Ehrgeiz nicht so hoch trug. Wie sein kaiserlicher Lehrmeister gierte er nach Reichtum und lebte sehr verschwenderisch. Doch trotz seiner vielen Schwächen war Damat Ibrahim eine beeindruckende Persönlichkeit und zeigte größeren Weitblick als irgendeiner seiner Vorgänger. Er war der erste osmanische Minister, der Botschafter in die größeren Hauptstädte Europas schickte: 1719 nach Wien, 1720/21 nach Paris und 1722/23 nach Moskau. Sie schlossen Handelsabkommen, dienten als Beobachter und erstatteten dem Großwesir Bericht über gesellschaftliche und kulturelle Leistungen, die für das Osmanische Reich interessant sein konnten. Die Anweisungen an Çelebi Mehmet, den Gesandten in Frankreich, sind erhalten. Er sollte ‹Festungen und Fabriken› besichtigen und ‹sich die Errungenschaften der französischen Zivilisation ganz allgemein ansehen›. Diese Aufgabe führte er sorgfältig durch und berichtete über das Leben am französischen Hof und auf den Straßen von Paris, über Krankenhäuser, Exerzierplätze und Schulen. Vor allem war Çelebi voller Lob über die Verbreitung von Büchern in Bibliotheken und das Wunder des Buchdrucks – eine Fertigkeit, der Mehmet Said, der Sohn des Gesandten, besondere Beachtung schenkte.[3]

Die beiden Frankreichbesucher waren kulturelle Missionare. Sie trugen dazu bei, das sagenhafte Mißtrauen gegenüber ‹dem grausamen Türken› zu zerstreuen, und weckten ein modisches Interesse an ‹Turquerie›, was sogar den Kebap nach Westeuropa brachte. Aber den größten Einfluß hatten sie auf das Leben am Hof in Konstantinopel. Auch wenn die Blaue Moschee erst 1616 und die ‹Neue Moschee›, Yeni Camii, erst 1663 vollendet worden waren: die klassische Periode der osmanischen Architektur war längst vorbei. Während des halben Jahrhunderts ihrer Feldzüge in Europa hatten die Sultane Edirne als Wohnort bevorzugt, eine angenehm zwanglose Stadt, die außerdem eine Wochenreise näher zu den Kriegsgebieten lag. Aber mit der Wiederkehr des Friedens wollte

Ahmet III. den verblassenden Ruhm seiner Hauptstadt aufpolieren, falls Ibrahim ihm die Geldmittel verschaffen konnte.

Ibrahim tat genau das – und mehr. Er führte die Grundsteuer ein und ließ sie, zumindest im Zentrum des Reiches, erfolgreich eintreiben. ‹Sonder-Kriegssteuern› für den Notfall wurden regelmäßig erhoben, auch wenn an allen Grenzen Frieden herrschte. Auf dem anatolischen Ufer baute Ibrahim nach den ersten detaillierten Beschreibungen von Çelebi aus Paris eine neue Villa; und hier, mit Ausblick über den Bosporus, hatte er seinen Schwiegervater den ganzen Mai 1721 über zu Gast. Ahmet hatte einen ausgeprägten Sinn für Ästhetik; er interessierte sich für Dichtung, Malerei, Kalligraphie und besonders für Gartenbau. Er war entzückt von der Villa seines Großwesirs mit ihren Gärten. Der venezianische Gesandte berichtet, daß Ibrahim sie ihm prompt schenkte.[4]

Aber eine neue Villa genügte nicht, um Ahmets kulturelle Erwerbslust zu befriedigen. Çelebi Mehmets Beschreibungen von Fontainebleau und mehr noch die von König Ludwigs XIV. massigem Schloß in Marly faszinierten ihn. Als Imitation dessen, was er für französischen königlichen Schick hielt, baute Ahmet III., mit aktiver Unterstützung von Damat Ibrahim, Saadabad (‹Ort der Glückseligkeit›), einen herrlichen Sommerpalast über den ‹süßen Wassern Europas› hinter Eyüp, gut sechs Kilometer vom Topkapı Sarayı entfernt am Goldenen Horn. Der Palast entstand 1722 in erstaunlich kurzer Zeit. Die beiden Bäche Alibey Suyu und Kâğethane Suyu, die ‹süßen Wasser›, wurden kanalisiert, um Saadabad mit einem langgezogenen Zierteich zu versehen und Fontänen und Kaskaden auf dem Palastgelände zu speisen. Andere Mitglieder des Diwan versuchten dem Beispiel ihres Herrschers nachzueifern. Damat Ibrahim ließ sich einen neuen, am Ufer gelegenen Palast etwa acht Kilometer den Bosporus hinauf in Kandilli bauen, wo er 1724 und nochmals 1728 unter großem Aufwand den Sultan für jeweils zwei Wochen zu Gast hatte. Ausländische Architekten wurden nach Konstantinopel eingeladen; immer mehr kleine Villen, häufig aus Holz oder Gipssteinen statt aus dem teureren Marmor und Stein, entstanden sowohl an der anatolischen Bosporusküste als auch an der Spitze des Goldenen Horns.

‹In der Tat ist das Vergnügen, in einem Boot nach Chelsea zu fahren, nicht mit dem Rudern auf der Enge der hiesigen See zu vergleichen, wo sich zwanzig Meilen bis zum Bosporus hinunter die schönste Mannigfaltigkeit an Aussichten zeigt. Das asiatische Ufer ist mit Fruchtbäumen, Dörfern und den reizendsten Naturlandschaften bedeckt; auf dem europäischen Ufer steht Konstantinopel auf sieben Hügeln, ... eine schöne Mischung von Gärten, Pinien- und Zypressenhainen, Paläste, Moscheen und öffentliche Gebäude erheben sich reizvoll und scheinbar symmetrisch eins über das andere, so wie Euer Gnaden es in einem Schrank gesehen haben, der von der Hand des größten Künstlers geziert ist.›

So beschrieb die neunundzwanzigjährige Lady Mary Wortley Montagu im April 1718 in einem Brief an Lady Bristol die Stadt, in der ihr Mann als Botschafter des englischen Königs Georg I. amtierte.[5] Aber sie schrieb diese Zeilen, bevor die Saadabad-Mode am Hof um sich griff. Wäre sie fünf, sechs Jahre später an den Bosporus zurückgekehrt, hätte sie ihren ‹Schrank› mit Rokoko-Extravaganzen geschmückt gesehen. Der französische Gesandte Louis Sauveur de Villeneuve merkte vor allem zwei Eigenheiten des Hoflebens an – die kaiserlichen Prozessionen von Palast zu Palast und die Vorliebe des Sultans und des herrschenden Stands für festliche Illuminationen.

Kurz nach seiner Ankunft in Konstantinopel schrieb Louis de Villeneuve nach Paris:

‹Manchmal treibt der Hof in eleganten, mit silbernen Zeltdächern bedeckten Kajiks auf den Wassern des Bosporus oder des Goldenen Horns, manchmal bewegt er sich in einem langen Zug auf einen der Vergnügungspaläste zu... Diese Prozessionen sind hinreißend durch die Schönheit der Pferde und ihre luxuriös verzierten Schabracken; sie ziehen vorbei mit goldenen oder silbernen Geschirren und mit federgeschmückten Köpfen, und die Pferdedecken funkeln vor kostbaren Steinen.›[6]

Und an einem Abend war Villeneuve, der von Pera (heute Beyoğlu) über Stambul blickte, fasziniert von ‹den Kuppeln der Moscheen, die aus Feuerkronen emporragen, während dank einer unsichtbaren, zwischen den Minaretten gespannten Vorrichtung Koranverse mit Buchstaben aus Feuer in den Himmel geschrieben werden›.[7]

Der venezianische Gesandte (Bailo), der über Schiffsprozessionen oder Festumzüge mit langsam brennenden Harzfackeln weniger staunte, beschrieb bereits im Februar 1723 den Reichtum an Verzierungen, mit denen die leitenden Beamten des Sultans die Pavillons und Sommerhäuser schmückten, die sie auf dem von Bäumen bestandenen Grasland von Saadabad errichtet hatten.[8] Jeder Besucher scheint von einer anderen Besonderheit in diesen gesellschaftlich turbulenten Jahren beeindruckt gewesen zu sein: etwa von einem Helwa-Fest mit Platten voller Helwa aus Sesamkörnern und Honig für alle Gäste, von den Porträtmalern, die in kühner Mißachtung des islamischen Verbots, Menschen künstlerisch darzustellen, auftraten, von Jongleuren und Ringkämpfern und Liliputanern, von Papageien und exotischen Singvögeln in Käfigen, von Konfekt in Form von Palmen oder von einem siebzehn Quadratmeter großen Garten aus Zuckerwerk anläßlich des Hochzeitsfestes von drei Töchtern des Sultans. Vielen ausländischen Gesandten kam diese Pracht wie eine Spielzeugwelt frivoler Belanglosigkeiten vor, faszinierend in sich, aber in einem erschreckenden Gegensatz zu jener Wirklichkeit stehend, auf die man am Ufer des unteren Goldenen Horns oft stieß, wo Nichtmuslime die Bastonade erlitten, nach einer Pfählung den Tod herbeisehnten oder mit dem Kinn an einem Fleischhaken hängen gelassen wurden.

‹Laßt uns lachen, laßt uns spielen, laßt uns die Vergnügungen der Welt voll auskosten›, rief der oberste Hofpoet Ahmet Nedim, im Alter ein fröhlicher Zechbruder des Sultans.[9] Es war eine heitere Philosophie für ein angeblich verfallendes

Reich. Doch war die Lebensweise nicht durch und durch hedonistisch. Neue muslimische Schulen wurden gegründet und alte, durch Veruntreuungen heruntergekommen, erhielten entweder von einzelnen Wesiren oder dem Sultan und seinem obersten Minister Unterstützung. Seit dem Ende des 15. Jahrhunderts hatten Juden und Christen in Konstantinopel Bücher in nichttürkischen Sprachen gedruckt, und nach Mehmet Saids Rückkehr aus Paris unterstützte Damat Ibrahim ihn beim Aufbau der ersten Druckerpresse für türkische Texte, wobei er technische Hilfe von Ibrahim Müteferrika erhielt, einem zum Islam konvertierten Ungarn. Trotz der Klagen der Ulema, daß das Drucken des Korans und anderer islamischer heiliger Texte Blasphemie sei, und trotz der heftigen Anfeindungen durch Schreiber und Kalligraphen, die um ihre Aufträge fürchteten, brachte Müteferrika 1729 das erste auf Türkisch gedruckte Buch heraus, eine Abhandlung über Geschichtsgeographie. Im Laufe der nächsten dreizehn Jahre wurden dreiundzwanzig weitere Werke gedruckt; unter anderem veröffentlichte Müteferrika 1732 seine eigenen Studien über Magnetismus mit dem Titel *Füyuzat-ı Mıknatisiye*.[10]

Ahmet III. war der gebildetste und kultivierteste Sultan während eines Zeitraums von über eineinhalb Jahrhunderten. Sein Gefährte Nedim war mehr als ein begabter Dichter; er kümmerte sich um die Bibliothek, die Sultan Ahmet gründete und die noch heute westlich seiner Türbe außerhalb der Yeni Camii am Stambuler Ende der Galata-Brücke zu besichtigen ist. Auch anderswo erfreut Sultan Ahmets Wirken als Schirmherr der Kunst und Wissenschaft bis heute den Besucher des modernen Istanbul: Es gibt kaum einen schöneren Raum in den Privatgemächern des Topkapı Sarayı als Ahmets Speisesaal mit seiner kunstvollen, vergoldeten Deckenverzierung und den mit leuchtenden Früchten und Schalen voller Obst bemalten, lacküberzogenen Holztäfelungen. Und es gibt kaum eine schönere überdachte Straßenzisterne als die riesige Çeşme, die er zwischen der Hagia Sophia und dem Topkapı Sarayı errichten ließ. Auf der anderen Seite des Bosporus, vor der Moschee neben dem alten Fähranleger in Üsküdar (Skutari), befindet sich eine weitere schöne Zisterne, die Sultan Ahmet 1726 an jener Stelle anlegen ließ, von wo aus die Heilige Karawane alljährlich zum 2500 Kilometer weiten Pilgerzug nach Medina und Mekka aufbrach. Und die beiden schlanken Minarette von Eyüp flankieren die historische Moschee bereits seit den Tagen, als Ahmet seine Ausflüge zu seinem Traumpalast in Saadabad dort vorbeiführten.

Ahmet III. ist jedoch vor allem als Blumenliebhaber in Erinnerung geblieben. Man nennt seine Regierungszeit ‹Lâle Devri› (Tulpenzeit). Tulpen waren mit den Türken aus Anatolien, wo sie wild wuchsen, nach Westen gekommen; ein habsburgischer Botschafter brachte sie im 16. Jahrhundert mit in die Niederlande, wo die Holländer sie ab 1560 zu züchten begannen und zu einer Zeit, als die Blume in Konstantinopel nicht mehr von besonderem Interesse war, über 1200 verschiedene Sorten hervorbrachten. Ahmets Vater, Sultan Mehmet IV., schenkte der Blume seine herrscherliche Gunst, zunächst in Edirne und später im Topkapı Sarayı. Doch für Ahmet wurden Tulpen zur Leidenschaft. In seine Palastgärten ließ er Reihe um Reihe Tulpenzwiebeln setzen, wobei jede Sorte ein eigenes Beet erhielt. Neue Sorten wurden im Westen und in Persien bestellt. An einem Tag im Herbst hielt es der venezianische Bailo für angebracht, den Dogen zu informieren, daß soeben ein Schiff aus Marseille mit einer Fracht von 30000 Tulpenzwiebeln für die Gärten des Sultans am Goldenen Horn eingetroffen sei. Später berichtete der französische Kaufmann Jean-Claude Flachat verbittert, daß den Türken ein Menschenleben weniger bedeutete ‹als ein Pferd oder eine schöne Tulpe›.[11]

Auf Zierkacheln und lackierten Holztäfelungen, in gebundenen Büchern für die neuen Bibliotheken und bei vielen anderen künstlerischen Arbeiten wurde das Tulpenmotiv verwendet, das auch Eingang fand in die Dichtung der Hofpoeten. Jedes Jahr im April feierte der Sultan im unteren terrassenförmigen Garten hinter dem Vierten Hof des Topkapı – des ‹Großen Serail›, wie ausländische Gesandte den Palast nannten – ein Tulpenfest. Das Fest fand bei Vollmond an zwei aufeinanderfolgenden Abenden statt. Schildkröten mit langsam herunterbrennenden Kerzen auf dem Rücken krochen zwischen den Tulpenbeeten herum und sorgten für Licht am Boden. Auf Sockeln an den Mauern des Gartens waren Vasen mit sorgsam ausgewählten Tulpen aufgestellt, die im Licht der dazwischen stehenden Kerzen in Glasschalen eine Symphonie von Farben boten. Ahmet III. ließ sich, in vollem Staat vor dem Sofa-Köşkü-Pavillon thronend, huldigen, unter dem Gezwitscher von Singvögeln, deren Käfige in den Zweigen überhängender Bäume befestigt waren. Der zweite Abend war einer Art Frühlings-Gesellschaft für die Damen des Harems vorbehalten. Die Gäste durften nach Konfekt oder, wenn der Sultan großzügig gestimmt war, nach im Garten versteckten Juwelen suchen.

‹Der Großwesir steigt von Tag zu Tag in der Gunst des Sultans›, berichtete der venezianische Bailo im Januar 1724.[12] Damat Ibrahim hatte innere Streitigkeiten in Persien genutzt und riesige Gebiete des Landes ohne großen militärischen Aufwand besetzt; reiche Beute floß nach Konstantinopel, was die Bürde der Kriegssteuern verringerte und zu freigebiger Verschwendung am Hof reizte. Aber die Einmischung in persische Angelegenheiten war eine Unvorsichtigkeit; Groll gegen die Osmanen einte die zerstrittenen persischen Gruppierungen, die teilweise mit nach Persien eingewanderten Afghanen zusammenarbeiteten. Im Winter 1726/27 war außenstehenden Beobachtern klar, daß Damat Ibrahim seinen Souverän verzweifelt von einer sich anbahnenden Krise im Osten sowie von den ständigen Unruhen in Kairo abzulenken suchte – und davon, daß sich in den abgelegenen Provinzen, in denen teilweise Hungersnot herrschte, die Steuern kaum mehr eintreiben ließen. ‹Was ist von einem Sultan zu erwarten, der sich dem Müßiggang des Palastlebens hingibt, einem Wesir, der das Antlitz des Krieges nicht gesehen hat, einem Kaptan-Pascha (Admiral), der nie die Kastelle (die Verteidigungsanlagen am Bosporus) verlassen hat?› schrieb der Bailo Dolfin im März 1727 ungehalten an den Dogen und fügte hinzu: ‹Noch ist es möglich, die Lage umzukehren. Dem Reich fehlt der Kopf, nicht der Arm.›[13]

Erstaunlicherweise überlebte Damat Ibrahim die Krise. Er glaubte die Stimmung in der Hauptstadt zu kennen. Die Masse der Stadtbewohner hatte profitiert von billigen Kaffeehäusern, von der Sicherung lange vernachlässigter Gebäude, der Versorgung mit weiteren Zisternen sowie dem Aufbau der ersten Feuerwehr im Osmanischen Reich, 1720 aufgebaut von Ahmet Gerçek, einem Franzosen, der als Louis David geboren und zum Islam konvertiert war. Auch jenseits des Bosporus warb Damat Ibrahim um die Gunst des Volkes. Im März 1729, als er von seinem Palast in Kandilli zurückkehrte, baten ihn darbende Bauern in Üsküdar um Hilfe. Am nächsten Tag erhielten sie eine Lieferung mit kostenlosem Brot aus den Stambuler Backstuben, und die Hungernden von Üsküdar dankten Allah für einen so wohltätigen Großwesir.

Doch ein Jahr darauf, im Herbst 1730, nach zwölf Jahren Amtszeit, deutete Damat Ibrahim alle Anzeichen der öffentlichen Unzufriedenheit falsch. Gerüchte erreichten die Hauptstadt, daß er einen Kompromißfrieden mit den Persern akzeptiert habe, der die Übergabe von Dörfern sunnitischer Muslime an die Schiiten vorsah. Am 28. September 1730 begann Patrona Halil, ein in Albanien geborener ehemaliger Janitschar, der mit Lumpen handelte, vor der Beyazit-Moschee öffentliche Ansprachen an die Gläubigen zu halten, in denen er die ständige Übertretung des Heiligen Gesetzes durch den Großwesir und die engsten Berater des Sultans anprangerte; fünf enge Gefährten unterstützten ihn. Eine wütende Menge von Demonstranten drängte von der Moschee zum Topkapı Sarayı und riß Unzufriedene aus den Janitscharen-Kasernen mit. Die janitscharische Meuterei verwandelte die Demonstration in einen Aufstand.[14]

Damat Ibrahim scheint geglaubt zu haben, daß die Menge sich leicht zerstreuen ließe. Er hatte vergessen – oder wußte es nicht –, daß die ergebensten Truppen in Üsküdar, auf dem anatolischen Ufer, ihr Lager hatten und sich für einen weiteren Feldzug nach Osten gegen Persien bereit hielten. Er setzte außerdem ein nicht gerechtfertigtes Vertrauen in seinen kaiserlichen Schwiegervater. Als Ahmet III. hörte, daß Patronas

Rebellen den Kopf des Großwesirs, des Großadmirals und eines weiteren ‹westlich ausgerichteten› Ministers forderten, kam er dieser Forderung nach. Alle drei wurden, dem Brauch gemäß, umgehend erdrosselt und dann enthauptet. Den Großadmiral fanden die Henker in seiner Villa beim Umsetzen von Tulpen; er ahnte nichts von der politischen Krise in Stambul.

Wenn Ahmet III. glaubte, durch die Opferung seiner Ministerfreunde seinen Thron retten zu können, so hatte er sich geirrt. An beiden Ufern des Goldenen Horns folgten zwei Tage des Aufstands, der Brandschatzung und der Plünderung – ein plötzlicher Ausbruch der Feindseligkeit gegenüber allem, was als ‹fränkisch› (europäisch) galt. Am 1. Oktober dankte Ahmet III. ab und huldigte seinem vierunddreißig Jahre alten Neffen, Mahmut I., der seit seinem siebten Geburtstag im Kafes eingesperrt gewesen war. Statt seiner wanderte der ‹Tulpen-König› in den Kafes und verbrachte die letzten sechs Jahre seines Lebens nur ein paar hundert Meter von dem Pavillon entfernt, in dem er jedes Jahr im April in blumengeschmückter Erhabenheit gethront hatte. Seine Tochter, Prinzessin Fatma, die Witwe von Damat Ibrahim, kam ein Jahr später wegen eines Komplotts zur Wiedereinsetzung ihres Vaters ins Gefängnis, und möglicherweise wurde Ahmets Tod in seinem dreiundsechzigsten Lebensjahr durch Gift beschleunigt.

Ahmet III. hatte siebenundzwanzig Jahre regiert. Entgegen allen Erwartungen blieb sein Neffe vierundzwanzig Jahre auf dem Thron. Denn dreizehn Monate nach seiner Amtsübernahme betrachteten die ausländischen Gesandten Mahmut bloß noch als eine Marionette von Patrona Halil und seinen rebellischen Spießgesellen, die die meisten der herrlichen Paläste und Pavillons aus der Tulpenzeit in Brand steckten. Ihr Anführer wurde als Chef einer stadtweit operierenden Schutzgelderpresserbande sehr schnell reich. Kurze Zeit schien es, als könnte er ein noch breiteres Betätigungsfeld finden; am 24. November 1731 lud der Sultan Patrona Halil und seine wichtigsten Gefolgsleute in den Palast ein, um Pläne für einen weiteren Persienfeldzug mit ihnen zu besprechen. Die Beratung fand nicht statt. Kaum hatten sie den Topkapı Sarayı betreten, wurden Patrona Halil und seine Verbündeten ergriffen und auf der Stelle erdrosselt. Mahmut konnte nun die Verwaltung Großwesiren anvertrauen, die westlichen Reformen wohlwollend gegenüberstanden, aber behutsamer vorgingen als Damat Ibrahim und sich weniger hartnäckig an ihr Amt klammerten.

Vieles aus der Tulpenzeit überstand Patronas Schreckensherrschaft, auch Müteferrikas Druckerpresse. Es gab sogar weiterhin jedes Frühjahr ein kaiserliches Tulpenfest, allerdings in kleinerem Rahmen. Wie Ahmet III. war auch Mahmut an Büchern und Bildung interessiert, zumindest in seiner Hauptstadt. Eine kleine Bibliothek neben der Eroberer-Moschee und eine der Ayasofya angegliederte Volksschule aus seiner Zeit stehen noch. Außerdem vollendete er ein von seinem Vorgänger eingestelltes Projekt zur Wasserversorgung von Pera, Galata und dem Nordufer des Goldenen Horns; die auf Anordnung des Sultans erbaute achteckige Verteilungsanlage (Taksim) ist heute noch am oberen Ende der Istiklâl Caddesi (heute Istanbuls Hauptstraße) zu sehen und hat dem Taksim Meydanı seinen Namen gegeben, dem belebtesten Platz Istanbuls.

Diese Bauten fallen vorwiegend in Mahmuts I. spätere Jahre, ebenso wie seine Unterstützung des Baus von Stambuls erster Barockmoschee, der Nuruosmaniye Camii, in der Nähe des Basars. Zu Beginn seiner Regierung kümmerte er sich vordringlich um Mängel in der Steuereintreibung; schon im Januar 1732 erließ er ein neues Gesetz zur Verbesserung der Effektivität des Tımar-Systems. Später im selben Jahr überreichte Ibrahim Müteferrika dem Sultan eine gedruckte Ausgabe seiner fünfzig Seiten langen Abhandlung über die Staats- und Regierungskunst, *Usul ul-hikem fi nizam al-uman.* Er beschrieb die in anderen Ländern existierenden Regierungsformen, drängte den Herrscher, die Außenpolitik der geographischen Beschaffenheit der Nachbarländer anzupassen, und machte Vorschläge, wie die Osmanen von der Feldherrnkunst und Disziplin der Armeen der Ungläubigen lernen könnten – denen gegenüber Müteferrika pflichtschuldigst die angemessene Verachtung zeigte.[15] Mahmut I. war beeindruckt und wandte sich, wie viele spätere Sultane, an einen ausländischen Experten um Rat. Der Graf von Bonneval würde, so hoffte er, die osmanische Armee modernisieren und sie wieder zur siegreichen Avantgarde des Islam machen.

Claude Alexandre Graf von Bonneval, ein französischer General aus dem Limousin, war überzeugt, den Erwartungen des Sultans entsprechen zu können. Als er 1727 in osmanische Dienste trat, war er zweiundfünfzig Jahre alt; er hatte für und gegen Ludwig XIV. gekämpft und unter Prinz Eugen gegen die Türken gefochten, bevor ihn ein Streit mit seinem kommandierenden General ein Jahr ins Gefängnis brachte. Die Republik Venedig hatte ihm nichts zu bieten, also reiste er nach Ragusa, ging dann nach Bosnien, konvertierte zum Islam und war bereit, für den Sultan zu kämpfen. Nachdem er die osmanische Armee einige Monate beobachtet hatte, verfaßte er ein Memorandum für Mahmut I. und beschrieb darin sein Vorhaben, neue Infanterie- und Artillerieeinheiten zu schaffen, die von ausgesuchten jungen Offizieren ausgebildet werden sollten. Außerdem wollte er die Janitscharen wieder zu einer Elitetruppe formen, indem er mehrere Orta zu Regimentern zusammenfaßte, so daß Offiziere nach dem Vorbild der französischen und österreichischen Armee geregelte Aufstiegsmöglichkeiten hatten. Ausländische Militärberater – insbesondere deutsche, österreichische und schottische Offiziere – hatten bereits bei der Modernisierung der russischen Armee eine erhebliche Rolle gespielt: Jeder vierte im Offizierskorps von Zar Peter war Nichtrusse, und die von der späteren Kaiserin Anna neugegründeten Garderegimenter wurden fast vollständig von Ausländern aufgestellt und ausgebildet. Bonneval wußte, daß ihm drei jüngere französische Offiziere, die zum Islam übergetreten waren, und einige irische und schottische ‹Glücksritter› sowie möglicherweise ein paar Schweden zur Seite stehen würden. Auf dem Papier schien es keinen Grund zu geben, warum ‹Ahmet› – wie Bonneval jetzt hieß – den Sultan nicht mit der Kampftruppe ausstatten sollte, die der Armee seiner Nachbarn im Norden ebenbürtig war.

Das Auf und Ab in Bonnevals Laufbahn zeigt, welchen Schwierigkeiten Reformer am Hofe des Sultans gegenüberstanden. Im September 1731 forderte ihn der Großwesir Topal Osman auf, eine einzelne Truppengattung, das Humbaracı (die Artillerie), zu modernisieren, die für Herstellung, Transport und Abfeuern von Explosivwaffen (Mörsergeschossen, Granaten, Minen) an Land und an Bord von Schiffen verantwortlich war. Er bekam einen Übungsplatz und Kasernen außerhalb von Üsküdar zur Verfügung gestellt und wurde beim Bau einer Kanonengießerei und einer Gewehrfabrik zu Rate gezogen und gebeten, für die Hohe Pforte eine Denkschrift zur Außenpolitik zu entwerfen. Doch sechs Monate später folgte auf Großwesir Topal Osman der aus Italien stammende Konvertit Hekimoğlu Ali, der so abhängig von den konservativ gesinnten Janitscharen-Führern war, daß er die Armeereform erst zu unterstützen wagte, als er schon zwei Jahre im Amt war. Im Herbst 1734 stand Bonneval jedoch wieder in der Gunst des Herrschers: Auf seine Empfehlung hin wurde in Üsküdar eine Militärakademie eingerichtet, und im Januar 1735 stieg er zum hochrangigen Würdenträger auf, mit Anspruch auf zwei Roßschweife.

In den letzten zwölf Jahren seines Lebens wurde der Graf von Bonneval zu Humbaracı Osman Ahmet Pascha. Er konnte jedoch nicht auf Mahmuts fortgesetzte Unterstützung rechnen. Im Juli 1735 übernahm wieder ein neuer Großwesir das Amt, und ein Jahr später wurde der Pascha aus der Hauptstadt nach Kastamonu in Nordanatolien verbannt; Gelder für die Artillerie und die neuen Armee-Einrichtungen wurden sofort gestrichen. 1740 gelangte der Pascha irgendwie wieder nach Üsküdar, aber Argwohn und Eifersucht der Janitscharen sorgten dafür, daß er nie wieder großen Einfluß genoß. Seine großartigen Pläne zur Modernisierung der Armee wurden ignoriert, obwohl ihm die Weiterführung seiner Militärakademie bis zu seinem Tod im Alter von zweiundsiebzig Jahren gestattet wurde. ‹Ein Mann mit großem Kriegstalent, klug und gewandt, charmant und liebenswürdig›, urteilte ein französischer Gesandter, ‹sehr stolz, ein Verschwender, äußerst zügellos und ein großer Schürzenjäger.›[16]

Bonnevals Reformen trugen zum Erfolg osmanischer Armeen in den vereinzelten Feldzügen gegen Rußland und Österreich zwischen 1736 und 1739 bei. Sultan Mahmuts Truppen eroberten große Teile Serbiens einschließlich Belgrads zurück und festigten die osmanische Macht über Bosnien. Mahmuts gesamte Regierungszeit über mußte die Hohe Pforte sich auch um die Verteidigung im Osten kümmern, denn in Persien riß der skrupellose Khan Nadir Afschar die Macht an sich und wurde 1737 als Schah anerkannt. Mahmut und Nadir tauschten Geschenke aus: der Schah verehrte dem Sultan einen prunkvollen ovalen Thron, der vergoldet und mit Perlen, Rubinen und Diamanten verziert war, während Mahmut dafür Nadir einen goldenen Dolch übersandte, geschmückt mit drei großen Smaragden am Griff unterhalb eines weiteren Smaragds, der eine Uhr barg. Aber trotz so teurer diplomatischer Höflichkeiten befanden sich Sultan und Schah die meiste Zeit im Krieg und schlugen, ohne nennenswerten Erfolg für beide Seiten, Schlachten in Mesopotamien, auch wenn die Perser einigen Erfolg im Südkaukasus erzielten. Mit der Ermordung Nadirs 1747 war die Gefahr gebannt, und der Sultan konnte sich den geschenkten goldenen Dolch wiederholen. Beide Geschenke sind in der Schatzkammer im Topkapı Sarayı zu sehen; der Dolch spielt im Film *Topkapi* (1964) eine Rolle, der auf Eric Amblers Thriller *The Light of Day* (deutsch *Topkapi*) basiert.

Mit Schah Nadirs Ermordung begann ein unerwartetes Intermezzo in der osmanischen Geschichte: Von 1746 bis 1768 lebte das Reich in Frieden. Zweiundzwanzig Jahre ohne Krieg an zumindest einer Grenze – das hatte das Reich noch nicht erlebt und sollte es bis zur Revolution Kemal Atatürks und der Ausrufung der Republik 1923 nicht mehr erleben. Doch da das Osmanische Reich in seinem Kern eine Militärmacht war, schwächte der ‹lange Frieden› das Land auf seltsame Weise. Nur ein Großwesir – Koca Mehmet Ragıp – versuchte Ende der fünfziger Jahre des 18. Jahrhunderts den Verfall der Zentralmacht aufzuhalten; er schickte Truppen aus, um das Bandenunwesen in Rumelien, Anatolien und Syrien niederzuschlagen, und er ernannte Inspektoren, um der Korruption in den *Evkaf*

Einhalt zu gebieten und sicherzustellen, daß die Einnahmen aus frommen Stiftungen auch für mildtätige Zwecke verwendet wurden.[17] Aber allen Anstrengungen zum Trotz machten sich bald wieder die drei altbekannten Übel in der Verwaltung breit: Ämterkauf, Nepotismus und Korruption. Statt die Reformen weiterzuführen, versuchten die Janitscharen die Uhr zurückzudrehen. Türkische Texte durften kaum mehr gedruckt werden – zur großen Erleichterung von Schreibern und Kalligraphen, die die Konkurrenz gefürchtet hatten. Nach Ibrahim Müteferrikas Tod 1745 erschienen im gesamten Reich in elf Jahren lediglich zwei Bücher in türkischer Sprache, und danach stand die Druckerpresse endgültig still bis 1784, als Sultan Abdülhamit I. durch ein Reichsedikt das Drucken türkischer Texte wieder zuließ. Auch für die Armee- und Flottenreform kam das Ende. Bonnevals Militärakademie überlebte ihren Gründer nur um drei Jahre, und fast zwei Jahrzehnte vergingen, ehe ein weiterer Versuch unternommen wurde, die osmanische Armee zu modernisieren.

Es ist ungewiß, ob während der Zeit des ‹langen Friedens› die Sultane oder ihre Wesire in Konstantinopel sich voll bewußt darüber waren, in welchem Maß das Reich zerfiel. Die nordafrikanischen Länder von Libyen westwärts waren inzwischen nur noch nominell Vasallenstaaten. 1711 hatte Ahmet III. die Erbfolge der Familie Karamanli in Tripolitanien anerkannt und die der Husainiden-Dynastie als Beys von Tunis. Ferner akzeptierte er das Recht der Janitscharen in Algerien, den Gouverneur dort zu bestimmen, der sich die Macht mit drei Provinz-Beys teilte. In Kairo hatten sich mehrere osmanische Vizekönige als zu schwach erwiesen: Ägypten wurde praktisch von rivalisierenden Mamelucken-Fürsten ‹regiert› – ein Euphemismus in diesem Zusammenhang –, die je nach ihren Interessen mit den Janitscharen-Statthaltern zusammenarbeiteten oder sie bekämpften. Der ständige Bürgerkrieg ruinierte das Land; Beduinen unternahmen Raubüberfälle auf die fruchtbaren Regionen des Nildeltas und verheerten dabei die Anbauflächen; viermal kam es unter Ägyptens nominellem Herrscher Sultan Ahmet III. in Kairo zu schweren Hungersnöten. Eine ähnliche Entwicklung vollzog sich in Mesopotamien, wo Einfälle von Beduinen das fruchtbare Land am Tigris nördlich von Bagdad wieder zu Wüste werden ließen. In Mosul, Bagdad, Aleppo und Damaskus war das Amt des Vali, des Provinzgouverneurs, um die Jahrhundertmitte faktisch erblich geworden; die Familien bildeten lokale Dynastien, beschützt von Privatarmeen. Syrien sandte aus seinen Steuereinnahmen nur ein Viertel der Summen, die die kaiserliche Regierung als Tribut forderte, nach Konstantinopel; andere abgelegene Provinzen verhielten sich nicht besser. Selbst die wenigen Herrscherpflichten, die den lokalen Gouverneuren auferlegt waren, wurden manchmal katastrophal vernachlässigt. Am berüchtigtsten war die Unfähigkeit örtlicher Notabeln, die sich die erbliche Statthalterschaft über Damaskus vom Sultan hatten zusichern lassen, die Pilgerkarawane 1757 auf ihrem Weg nach Mekka vor Angriffen durch Beduinenreiter zu schützen; die Angreifer töteten 20000 fromme Muslime, unter ihnen eine Schwester des Sultans Osman III. – eines Mannes ohne Rückgrat, der an einem Schlaganfall starb, kurz nachdem die Nachricht seine Hauptstadt erreichte.[18]

Osmans Nachfolger, sein Cousin Mustafa III., war voller Bewunderung für die Feldherrenkunst Friedrichs des Großen; und 1761 bot ein durch Handelskonzessionen gefördertes Freundschaftsabkommen mit Preußen die Aussicht auf eine Wende im europäischen Bündnissystem. Leider schrieb Mustafa den Erfolg Friedrichs des Großen den Astrologen zu, auf die der König angeblich hörte. Dieses Unverständnis für die preußische Art des Regierens veranlaßte Mustafa zu der Entscheidung, daß, sobald die Sterne für den Sultan günstig standen, der ‹lange Frieden› enden sollte. Wenn solche Überlegungen die Politik bestimmten, ist es kaum verwunderlich, daß im Oktober 1768 eine Kriegspartei am Hofe Mustafa leicht davon überzeugen konnte, daß es an der Zeit sei, das Rußland Katharinas der Großen anzugreifen.

Wie zu erwarten, erging es den Osmanen nach den Jahren der militärischen Nachlässigkeit schlecht. Drei russische Geschwader segelten von der Ostsee zum Mittelmeer. Ein Protestschreiben an den Dogen, weil er den Schiffen aus der Ostsee die Einfahrt ins adriatische Meer bei Venedig erlaubt habe, zeugt von Mustafas gründlicher Unkenntnis der europäischen Geographie. Aber auch seine sonstigen militärischen Fähigkeiten waren gering. Eine merkwürdige Strategie, die die Schiffe der türkischen Flotte nur als verankerte Festungen im Hafen von Çeşme nutzte, ermöglichte es den Russen, einen leichten Sieg zur See zu erringen und bei Smyrna (Izmir) Truppen an Land zu setzen. Gleichzeitig stieß die russische Armee im Norden in die Moldau vor und trieb binnen eines Monats die osmanischen Truppen in Kagul am Pruth auseinander. Anfang 1772 kontrollierten die Armeen der Zarin Katharina große Teile der Krim sowie die Moldau und die Walachei, die Kernländer des heutigen Rumänien.

Taktisch und strategisch gesehen war es ein langweiliger Krieg. Bis kurz vor seinem Ende brachte keine der kriegführenden Parteien einen Befehlshaber hervor, der Hartnäckigkeit oder Initiative zeigte. ‹Die Türken fallen wie die Kegel›, lautete eine russische Redensart, ‹aber Gott sei Dank sind unsere Männer standhaft – wenn auch kopflos.› Im Frühsommer 1774 drohte schließlich ein brillant ausgeführter Vorstoß des russischen Generals Alexander Suworow den Krieg nach Bulgarien zu tragen. Mustafa III. war im Januar an einem Herzanfall gestorben; der neue Sultan – sein achtundvierzig Jahre alter Bruder Abdülhamit I. – erwies sich als Realist. Nach sechs Jahren Krieg, wobei Österreich nunmehr drohte, die Russen zu unterstützten, wollte die Hohe Pforte den Kampf beenden, und sei es nur, um sich eine Ruhepause zu verschaffen, in der der neue Sultan seine Armee und seine Flotte wieder aufbauen konnte. Am 21. Juli 1774 wurde schließlich in Küçük-Kaynarca, einem bulgarischen Dorf südlich der Donaustadt Silistra, Frieden geschlossen.

Der Vertrag von Küçük-Kaynarca ist historisch weitaus bedeutender als der Krieg, der ihm vorausging. Der österreichische Gesandte Franz Thugut urteilte über den Vertrag, soweit er ihn kannte, daß ‹... der ganze Zusammenhang der Stipulationen ein rares Beispiel der russischen Geschicklichkeit und

der türkischen Blödsinnigkeit› sei.[19] Wenn Abdülhamit I. lediglich eine Pause während einer langen Auseinandersetzung
erreichen wollte, dann haben ihm seine Unterhändler zweifellos schlecht gedient, denn die territorialen Festlegungen hatten
etwas Endgültiges. So wie der Frieden von Karlowitz 1699 die
Grenzen des Islam in Mitteleuropa zurückdrängte, so bestätigte Küçük-Kaynarca fünfundsiebzig Jahre später den Niedergang der osmanischen Macht an der Nordküste des Schwarzen
Meers. Der Sultan gab osmanische Ansprüche auf die Oberhoheit über die Krim und die tatarische Steppe auf und erkannte
die Unabhängigkeit des muslimischen ‹Krim-Khanats› an (das
neun Jahre später an Rußland fiel). An der Dnjeprmündung
traten die Türken als Ergänzung zum Hafen von Asow einen
relativ kleinen Abschnitt der Schwarzmeerküste an Rußland
ab. Die Russen übernahmen außerdem die Festungen Kertsch
und Jenikale, die die Verbindung zwischen dem Asowschen
Meer und dem Schwarzen Meer kontrollierten; weiter im
Südwesten erhielten sie Sonderrechte in der Walachei und der
Moldau, obwohl diese ‹Donaufürstentümer› nominell weiter
im Osmanischen Reich blieben.

Diese territorialen Veränderungen waren für den Sultan
eine demütigende Anerkennung der neuen Rolle Rußlands in
einer Region, in der die Osmanen zweieinhalb Jahrhunderte
lang fast unangefochten überlegen gewesen waren. Aber die
Russen erreichten ein noch größeres Zugeständnis – den freien
Zugang für ihre Handelsschiffe in den Häfen Südeuropas und
der Levante. Zum erstenmal, seit die Türken die Meerengen
kontrollierten, war es Schiffen eines anderen Landes gestattet,
im Schwarzen Meer Handel zu treiben und durch den Bosporus
und die Dardanellen zum Mittelmeer zu fahren. Gleichzeitig
wurde Kaiserin Katharina und ihren Nachfolgern das Recht
zugesichert, wie die Österreicher und Franzosen eine ständige
Botschaft in der osmanischen Hauptstadt zu unterhalten sowie
Konsulate in allen wichtigen Häfen des Reichs des Sultans
einzurichten. Dieses Zugeständnis machte es für die Russen
leichter, Agenten in unzufriedene Regionen Südosteuropas,
vor allem nach Griechenland, zu entsenden.

Falls sich Franz Thugut, wie viele Autoren meinen, eher auf die religiösen Abschnitte als auf die territorialen und kommerziellen Aspekte des Abkommens bezog, ist seine Beurteilung anfechtbar. Über den genauen Inhalt herrscht ohnehin Verwirrung, weil sich die Originalfassungen in Russisch, Türkisch und Italienisch teilweise widersprechen; diese Differenzen verstärkten spätere Übersetzungen ins Französische, die übliche Diplomatensprache des 18. und 19. Jahrhunderts, noch zusätzlich.[20] Man hat lange vermutet, daß die Paragraphen, die die religiösen Belange regelten, die Rechte des Sultans beschnitten und dadurch den Verfall seines Reichs beschleunigten: In Wirklichkeit stärkten sie seine Autorität, indem sie ihm größere persönliche Verantwortung gaben als irgendein früherer Vertrag. Zum erstenmal wurde dem osmanischen Anspruch auf universelle islamische Führerschaft internationale Anerkennung zuteil: Paragraph 3 garantierte, daß ‹als oberster Kalif des mohammedanischen Glaubens... Seine Majestät der Sultan› die geistliche Jurisdiktion über die muslimischen Tataren behielte, auch wenn sie politische und zivile Unabhängigkeit erlangten. Diese Forderung stützte sich auf die völlig unbegründete Annahme, daß das Kalifat im Jahre 1517 formell von den Abbasiden auf Sultan Selim I. übertragen worden sei. Obwohl die Jurisdiktion über die Tataren faktisch keine zehn Jahre dauerte, hatte Paragraph 3 langfristige Bedeutung, denn er bestätigte den pontifikalen Status der Sultane, sobald sie mit dem Säbel gegürtet worden waren. Im Laufe der nächsten eineinhalb Jahrhunderte wuchs der Respekt vor den geistlichen Ansprüchen des osmanischen Kalifats in dem Maße, in dem der territoriale Umfang der osmanischen Herrschaft schrumpfte.

Noch umstrittener waren die Paragraphen 7 und 14, die sich auf das orthodoxe Christentum bezogen. ‹Fortan steht die orthodoxe Kirche in den Orten, wo sie entstand, unter Unserer herrscherlichen Obhut›, erklärte Kaiserin Katharina acht Monate nach Vertragsunterzeichnung in einer Bekanntmachung. Und viele nachfolgende russische Staatsmänner – sowie einige zaristische und französische Historiker – sollten darauf beharren, daß das Abkommen den russischen Herrschern das Recht gab, die orthodoxe Kirche, ihre Gotteshäuser und ihre Gläubigen in allen osmanischen Ländern zu schützen. Diese extreme Auslegung des Vertrags von Küçük-Kaynarca führte 1853 zur Orientkrise und somit indirekt zum Krimkrieg. Aber Paragraph 7 verkündet ausdrücklich, daß nicht den russischen Herrschern, sondern ‹der Hohen Pforte der sichere Schutz des christlichen Glaubens und seiner Kirchen› zustehe. Da der Paragraph keine speziellen Konfessionen nennt, scheint der Sultan gegenüber allen christlichen Kirchen im Reich, nicht nur gegenüber den orthodoxen, eine Schutzverpflichtung gehabt zu haben; und spätere osmanische Reformer – Sultane und ihre Minister – befürworteten häufig eine muslimisch-christliche Gleichheit vor dem Gesetz. Der Vertrag genehmigt ferner den Bau und Unterhalt einer öffentlich zugänglichen ‹russisch-griechischen› Kirche ‹in der Straße Beyoğlu im Stadtviertel Galata› (Paragraph 14). Nur auf diesen Bau bezieht sich Paragraph 7, wenn er festhält, daß die Hohe Pforte ‹Geistlichen des russischen kaiserlichen Hofs gestattet, alle Interessen der in Konstantinopel errichteten Kirche zu vertreten›.

Es wurde nie eine ‹russisch-griechische› Kirche in der ‹Straße Beyoğlu› gebaut. Noch heute sind in der alten ‹Grande rue von Pera› drei römisch-katholische Kirchen, eine anglikanische Kirche aus dem 19. Jahrhundert und mehrere ehemalige Botschafts-Kapellen zu besichtigen; weitere christliche Einrichtungen werden in älteren Führern erwähnt, aber es gibt keinen Hinweis, daß das im Vertrag von Küçük-Kaynarca vorgeschlagene Gebäude auch nur bis zur Grundsteinlegung gedieh. Das ist kaum verwunderlich; hätte Rußland einen besonderen Ort für Gottesdienste unter dem Schutz der Hohen Pforte errichtet, wäre es schwierig geworden zu behaupten, daß der Vertrag ‹Geistlichen des russischen kaiserlichen Hofs› ein allgemeines Recht gab, die Interessen orthodoxer Gläubiger im ganzen Reich zu verfechten. In Küçük-Kaynarca mögen die osmanischen Diplomaten mehr Gebiete abgetreten und mehr Handelszugeständnisse gemacht haben, als Abdülhamit I. vorgehabt hatte. Aber sie waren nicht ‹blödsinnig›. In ihren legalistischen Köpfen definierten sie religiöse Rechte bis hin zur Nennung von Straßen. Sie gestanden viel weniger zu, als Kaiserin Katharina später behauptete. Sie machten jedoch den Fehler, die harschen Praktiken der Russen zu unterschätzen.

KAPITEL 4
Annäherung an den Westen

Abdülhamit I. reagierte auf Küçük-Kaynarca in der inzwischen vertrauten Weise: Er befahl die Reorganisation von Militär und Flotte im Zentrum des Reichs. Baron von Tott, ein in der französischen Armee dienender ungarischer Emigrant, wurde aufgefordert, ein Schnellfeuer-Artilleriekorps mit Hauptquartier am Goldenen Horn aufzustellen und auszubilden. In der Nähe befanden sich Totts neue Kanonengießerei und sein Mathematisches Institut. Ebenfalls am Goldenen Horn lagen neue Werften, in denen zwei französische Schiffbauer zusammen mit einer kleinen Gruppe von Arbeitern aus Marseille an einer modernen Flotte für den Sultan bauten, um die bei Çeşme verlorenen Schiffe zu ersetzen. Außerdem wurde am Bosporus eine Marineakademie eingerichtet, in der Grundkenntnisse in der Navigation vermittelt werden sollten. Dabei bestand ein großer Unterschied zu vorhergehenden Reformperioden. Frühere Berater waren zumeist wie Bonneval Überläufer gewesen, mit dem dringenden persönlichen Bedürfnis, ‹türkisch zu werden›. Abdülhamit aber wollte Fremde nicht in seinem Dienst festhalten und bestand nicht auf ihrer Konversion zum Islam. Baron von Tott kehrte 1776 nach Frankreich zurück und schrieb seine Lebenserinnerungen, und auch die meisten seiner Gefährten in Konstantinopel kehrten, voller aufregender Geschichten aus dem Orient, nach Hause zurück. Lediglich Baron von Totts direkter Nachfolger, ein schottischer Offizier namens Campbell, konvertierte zum Islam. Es ist nicht bekannt, warum er sich von seinem berühmten Clan lossagte, aber die Gründe müssen zwingend gewesen sein, da Campbell sogar bereit war, für den Rest seines Lebens den Namen ‹Ingiliz Mustafa› (Mustafa der Engländer) zu tragen.

Vieles an der Verwestlichung des Landes vollzog sich lediglich oberflächlich. Abgesehen von der Errichtung eines Flottenstützpunktes in Sinop konzentrierten sich die Reformen auf die Umgebung der Hauptstadt. Ausländische Gesandte blieben daher unbeeindruckt. Versuche im Jahre 1778, auf der Krim den Widerstand der Tataren gegen die Russen zu unterstützen, offenbarten die Schwächen der Türkei als Schwarzmeermacht. Sieben Monate verstrichen zwischen der Entscheidung der Pforte, einzugreifen, und der Einschiffung eines Expeditionskorps aus Üsküdar und den Festungen am Bosporus. Nach sechswöchiger Untätigkeit fanden die osmanischen Admiräle, daß jetzt günstige Winde herrschten, und befahlen ihre Schiffe ins Schwarze Meer. Achtzehn Tage lang kreuzten die Schiffe mit Truppen an Bord sinnlos vor der Südküste der Krim, bis Mitte September die ersten Stürme aus dem Norden hereinbrachen und sie zurücksegelten, um in Sinop Schutz zu suchen. Als der Winter kam, kehrte die Flotte an den Bosporus zurück. Sie hatte keinen Landungsversuch unternommen und den Tataren keine Hilfe gebracht.[1]

Die Absurdität dieser fruchtlosen Übung entsprach dem Chaos in der Verwaltung in anderen Teilen des Reichs. Um 1780 begann die osmanische Herrschaftsstruktur zu verfallen, ähnlich wie das System der feudalen Leibeigenschaft in Großbritannien unter Heinrich VI. 300 Jahre zuvor. Obwohl nach außen hin der traditionelle Regierungsapparat noch existierte, lag selbst in den zentralen Provinzen die eigentliche Autorität in den Händen örtlicher Notabeln; es waren oft Familienoberhäupter, die ihre Vermögenslage durch ungeheure Geschäftigkeit als habsüchtige Tımar-Besitzer aufbesserten. Eine bloße Scheinanerkennung der Souveränität des Sultans, seit Jahrzehnten unter den Gouverneuren im Maghreb in Nordafrika, im Hedschas am Roten Meer und im unteren Mesopotamien üblich, hatte auch Gebiete erfaßt, die der Hauptstadt näher lagen. Der Südlibanon war bereits ein Kampfplatz sich bekriegender Cliquen. Seit langem bestehende Dynastien wie die Schihab- und Dschumblad-Familien machten den militärischen Lehnsherren die Herrschaft streitig; in den Gebieten der Drusen bot die Maronitische Katholische Kirche Landbesitzern und Bauern gleichermaßen die Aussicht auf Ordnung und Stabilität, woran es in den überwiegend arabischen Gemeinden mangelte.[2] Ahmet Cezzar, ein Sklave bosnischer Herkunft, herrschte die letzten vierzig Jahre des Jahrhunderts über die Küstenregion von Beirut bis Akka; er überlebte durch so rücksichtslose Brutalität, daß er selbst in einem Land, in dem blutige Gemetzel an der Tagesordnung waren, als ‹der Schlächter› berüchtigt war.

In Anatolien konnten die Osmanen nur zwischen der Marmaraküste und Bursa und Eskişehir sowie in der Provinz Karaman am Mittleren Taurus Autorität beanspruchen. Im übrigen war Westanatolien in der Hand von sechs Feudalfamilien: den Paşaoğlu im Nordosten an der Grenze zu den kurdischen Gebieten, wo die Macht des Sultans gering war, den Çapanoğlu im zentralen Hochland um Angora (Ankara) und Kayseri, den Yanıkli in den Bergen hinter Trapezunt (Trabzon), den Karaosmanoğlu im Südwesten mit der Hauptstadt Aydın und der Kontrolle über das Menderes-Tal, den Yılanlıoğlu in der Region Antalya sowie den Küçükalioğlu im Gebiet um Adana.

Ähnlich sah es auf der gegenüberliegenden Seite der Meerengen in Rumelien aus, wo es vier mächtige ‹Vasallen› gab. Tirsiniklioğlu Ismail herrschte am heute bulgarischen Ufer der Donau von Ruse (Rustschuk) westlich bis Nikopol. Dağdevirenoğlu kontrollierte die Region um Edirne. Kara Mahmut von Bushati war 1770 Herr über Nordalbanien und konsolidierte den erblichen Charakter des Amtes eines Paschas von Skutari (heute Shkoder), auf das sein Vater zehn Jahre zuvor Anspruch erhoben hatte. Der berühmteste all dieser Warlords war Ali Tepelenelioğlu, ‹Ali von Tepelene›, der ein stürmisches halbes Jahrhundert lang die Geschicke einer Region bestimmte.[3] Niemand bringt Ali Pascha mit seinem Geburtsort in Verbindung, denn Tepelene ist ein vergessenes Dorf an einem Flußübergang in Südalbanien. Vor allem ist er als der legendäre ‹Löwe von Ioánnina› (Janinà) im Gedächtnis geblieben, der befestigten Stadt in Epirus, die er 1788 einnahm, einige Monate nachdem

Sultan Abdülhamit ihn für seine Kriegsdienste gegen die Österreicher mit der Ernennung zum Pascha von Trikkala ausgezeichnet hatte. Doch bereits 1770 war er Herr über Südalbanien und hatte sich mit achtundzwanzig Jahren selbst zum Bey von Tepelene erklärt. Von dieser kleinen albanischen Basis aus baute Ali seine Macht aus, bis er und seine Söhne gegen Ende des Jahrhunderts faktisch ganz Epirus, Thessalien sowie den größten Teil des Peloponnes beherrschten.

Viele Provinznotabeln waren unberechenbar grausam, obwohl einige – wie die Sultane selbst – ihren Despotismus durch gelegentliche Gesten der Wohltätigkeit milderten. Das heutige Bagdad erinnert sich zu Recht an die stabile und aufgeklärte Verwaltung des Mamelucken-Führers Süleyman Pascha, ‹des Großen›. Die Ostgrenze war lange nur locker von schlechtbezahlten osmanischen Garnisonen kontrolliert worden, und die Perser stellten mehrere Male eine ernste Gefahr dar, als sie vier Jahre lang den aufstrebenden Flußhafen von Basra besetzt hielten (1775–79). Danach jedoch, von 1780 bis 1802, regierte Süleyman Mesopotamien und den größten Teil des heutigen Irak von Bagdad aus mit strenger Hand, um die Beduinen im Zaum zu halten und die Perser zu kontrollieren. Er verachtete aber seinen imperialen Oberherrn in Konstantinopel und schickte nur einen symbolischen Teil des jährlichen Tributs an die Staatskasse des Sultans.

Mehr als 2500 Kilometer entfernt, an den europäischen Grenzen des Reichs, zeigten einzelne Beys einen stärkeren islamischen Fanatismus, als er je in der Hauptstadt zum Ausdruck gekommen war. In Bosnien beispielsweise unterwarf der konservative muslimische Landadel die christlichen Bauern hoher Besteuerung, obwohl nur wenige der Einnahmen nach Konstantinopel flossen; oft widersetzten sich die Notabeln, deren Hochburg Sarajevo war, den Gouverneuren in der Provinzhauptstadt Travnik und behaupteten, diese wären gefährliche Neuerer. In Wirklichkeit jedoch befanden sich Gouverneure und Notabeln in der Defensive gegen zwei Bedrohungen. Wie eh und je bestand die Möglichkeit des Einmarschs römisch-katholischer Ungarn; zugleich waren sie sich der Gefahr bewußt, die ihnen aus Montenegro drohte, der wilden unabhängigen Bergfeste, deren orthodoxer Herrscher Fürstbischof Danilo Weihnachten 1702 mit dem Befehl gefeiert hatte, jeden Muslim in seinem Fürstentum umzubringen. Achtzig Jahre später begann Danilos Großneffe, der kluge und fähige Vladika Peter I. – von 1782 bis 1830 Fürstbischof von Cetinje –, mit der Reform seines Fürstentums. Es war ein Teil des langen Kampfes, die Türken aus Montenegro fernzuhalten, dessen Dörfer sie dreimal geplündert hatten; schließlich erreichte Vladika Peter vom Sultan 1799 die formelle Bestätigung, die Montenegriner seien ‹niemals Untertanen unserer Hohen Pforte gewesen›.

Diese Zusicherung an das kleinste der Balkanfürstentümer war eine billige Geste der Beschwichtigung in Zeiten sich lang hinziehender Krisen. In den letzten zwei Jahrzehnten des 18. Jahrhunderts wurde das osmanische System zunehmend in seiner Existenz erschüttert. 1781/82 hatten der offenkundige Verfall der Zentralverwaltung, die Anarchie in vielen abgelegenen Provinzen und die Gefahr der Erosion an den weit entfernten Grenzen die mächtigsten Nachbarn des Sultans zur Annahme verleitet, das Ende des Reiches sei nahe. Katharina die Große korrespondierte, unter dem Einfluß ihres Günstlings Fürst Potemkin, mit dem habsburgischen Kaiser Josef II. und schlug ein Bündnis vor: Österreich sollte große Gebiete des späteren Rumänien und Jugoslawien erhalten, Rußland aber die türkischen Gebiete um das Schwarze Meer herum übernehmen, in Rumelien autonome Staaten schaffen und schließlich ein neues Byzantinisches Reich unter der Oberherrschaft von Katharinas Enkel, dem minderjährigen Großherzog Konstantin Pawlowitsch (1779–1831), errichten. Als Katharina die Große im April 1783 die Annexion des tatarischen Krim-Khanats als ersten Schritt zur Verwirklichung dieses geheimen ‹Griechischen Plans› ankündigte, war die Entrüstung in Konstantinopel groß.[4] Aber das Reich erklärte den Aggressoren nicht den Krieg; der Sultan und seine Wesire sahen wenig Chancen für einen Erfolg ohne einen mächtigen Verbündeten – und der war nicht in Sicht.

Doch wurde es immer schwieriger für Abdülhamit, die russische Provokation zu ignorieren. Seine Hauptsorge war das unaufhaltsame russische Vordringen im Kaukasus nach der Errichtung des Protektorats Georgien 1783. Aber es gab noch weitere Ärgernisse: Besuche griechisch-orthodoxer Kirchenmänner am Hof von St. Petersburg wurden gefördert, russische Konsularbeamte in Bukarest, Jassy und auf mehreren griechischen Inseln schürten Unruhen, in Cherson am Dnjepr entstand rasch ein Hafen für den Schwarzmeerhandel, 10 000 Menschen wurden 1786 dort angesiedelt, und die Zarin unternahm eine triumphale Rundreise auf der vor kurzem gewonnenen Krim. Abdülhamit, Vater von zweiundzwanzig nachgewiesenen Kindern, verfiel von 1785 an zusehends, und sein Mißtrauen gegen Palastintrigen nahm krankhafte Züge an. Im Frühling 1785 duldete er stillschweigend den Sturz und die Tötung Halil Hamits, eines Reformministers, der das Janitscharen-Korps um sechzig Prozent reduziert hatte. Im Januar 1786 ernannte er Koca Yusuf zum Großwesir, einen Georgier, der zum Islam übergetreten war und als Gouverneur des Peloponnes an jedem Kai in seiner Provinz russische Agenten hatte lauern sehen. Im August 1787 überredete Koca den kränkelnden Abdülhamit, Rußland den Krieg zu erklären, obwohl das Reich noch immer keinen Verbündeten hatte.

Dieser neue Konflikt des Osmanischen Reiches mit dem kaiserlichen Rußland war der Auftakt zu einem halben Jahrhundert, in dem das Osmanische Reich vierundzwanzig Jahre mit fremden Mächten im Krieg lag. Im selben Zeitraum waren die Sultane auch gezwungen, fünfzehn Feldzüge zur Unterdrückung von Aufständen in abgelegenen Provinzen zu führen, von denen sich einige zu nationalen Befreiungskriegen entwickelten. Die Aufwendungen für Militär und Flotte hemmten das wirtschaftliche Wachstum im türkischen Kernland und schränkten die von Abdülhamits willensstarken Nachfolgern Selim III. und Mahmut II. unternommenen Reformen ein. Gleichzeitig banden sie die Hohe Pforte ins diplomatische System Europas ein. Damit stellte sich die Orientfrage, als deren einzig mögliche Lösung sich letzten Endes die Auflösung des multinationalen Osmanischen Reichs selbst erwies.

Koca Yusufs Krieg kam im Frühherbst 1787 nur langsam in Gang. Auch als sich Josef II. sechs Monate später zum Verbündeten Katharinas I. erklärte, passierte wenig. Die Österreicher stießen langsam nach Bosnien vor und drangen von der Bukowina aus in die nördliche Moldau ein, während die Russen schließlich die Festung Otschakow einnahmen, die den Zugang zu Bug und Dnjepr beherrschte. Im Juni 1788 kam es zu zwei Flottengefechten in der Dnjeprmündung, wo eine russische Flottille unter dem Kommando des amerikanischen Kriegshelden John Paul Jones die Schwäche der osmanischen Marine deutlich machte. Es gab wenig Koordination zwischen Rußland und Österreich, weil beide Reiche durch weitere Konfliktherde in Europa abgelenkt waren. Habsburgs Siege in Serbien wurden von den Russen nicht genutzt, bis Suworow im August 1789 die Zehn-Stunden-Schlacht in Focsani gewann; als Suworow und Kutusow im folgenden Sommer die türkischen Verteidigungsanlagen um Ismail stürmten, verhandelte Österreich bereits über einen Separatfrieden. Die osmanischen Gesandten sicherten sich im August 1791 in Sistova (Svistov) gute Bedingungen von den Habsburgern; dank gemeinsamer britisch-preußisch-holländischer Vermittlung wurde auch der Krieg mit Rußland beendet, bevor die Armeen Katharinas über das Donaudelta nach Süden vordrangen. Trotzdem bedeutete der Friedensvertrag von Jassy (Januar 1792) eine weitere Demütigung für die Pforte im Schwarzen Meer, das den Osmanen so lange als Binnenmeer vorbehalten gewesen war: Der Sultan erkannte nicht nur Katharinas Annexion der Krim und das Protektorat über Georgien an, sondern auch die Verschiebung der russischen Grenze nach Süden bis zum unteren Dnjestr. In ebendieser Region wurde im August 1794 der Grundstein für den Hafen von Odessa gelegt, der für die Türken bald ein gefährlicherer Konkurrent um den Schwarzmeerhandel war als Cherson am Unterlauf des Dnjepr.[5]

Abdülhamit I. erlag wie sein Vorgänger auf dem Höhepunkt

des Krieges einem Schlaganfall. Im April 1789, jenem bedeutsamen Monat, in dem George Washington der erste Präsident der Vereinigten Staaten wurde und Deputierte in Versailles zu Ludwigs XVI. Eröffnung der Generalstände zusammenkamen, bestieg sein Neffe Selim III. den Thron. Die Ereignisse in Amerika kümmerten Selim wenig; aber was in Frankreich vorging, war von großem Interesse. Selbst während seiner Jahre der nominellen Gefangenschaft im Kafes hatte Selim mit Ludwig XVI. in Verbindung gestanden. Ein treuer Freund, Ishak Bey, diente als Selims persönlicher Bote und reiste 1786 nach Versailles mit dem Ersuchen, daß Frankreich als alter Freund und Verbündeter des Osmanischen Reichs Hilfestellung bei der Modernisierung der Armee leisten und eine auf die Zügelung Rußlands gerichtete Politik unterstützen solle. Aber Graf von Vergennes, Außenminister in den ersten dreizehn Jahren der Regierung Ludwigs XVI., war selbst Botschafter in Konstantinopel gewesen: Er betrachtete die Aussichten auf Reformen in der Türkei mit Skepsis und lehnte strikt alles ab, was zu einem französisch-russischen Konflikt hätte führen können. Ludwig XVI. antwortete Selim vorsichtig und herablassend. ‹Wir haben Artillerieoffiziere unseres Hofs nach Konstantinopel gesandt, um den Muslimen Demonstrationen und Beispiele auf allen Gebieten der Kunst der Kriegführung zu geben›, schrieb Ludwig XVI. in einem Brief vom 20. Mai 1787, ‹und wir belassen sie so lange dort, wie ihre Anwesenheit für nötig erachtet wird.›[6]

Während des gesamten Kriegs mit Rußland berieten französische Offiziere die jungen Kollegen am Goldenen Horn. Übersetzungen militärischer Handbücher wurden von einer exzellenten, zur französischen Botschaft gehörenden Privatdruckerei herausgebracht. Ehrgeizige türkische Artilleristen konnten somit dieselben Abhandlungen studieren, die der junge Bonaparte an der Akademie in Brienne gelesen hatte. Natürlich reichte keine dieser Hilfen aus, um das militärische Gleichgewicht an den Küsten des Schwarzen Meers zu verändern. Worauf immer sich seine Interessen und Neigungen richteten, Selim konnte in den ersten drei Jahren seiner Regierungszeit wenig tun, um den osmanischen Staat zu reformieren oder Verbesserungen vorzunehmen: Die täglichen Meldungen über den Verlauf des Krieges mit Rußland bestimmten das Verhalten des Sultans wie der Wesire. Dennoch beauftragte Selim im Herbst 1791 zweiundzwanzig weltliche und kirchliche Amtsträger, ein Memorandum über die Schwächen des Reichs und die Möglichkeiten zu ihrer Überwindung anzufertigen. Als ein paar Monate später die Vereinbarungen von Jassy dem Osmanischen Reich eine Atempause verschafften, beschloß der Sultan, die Politik der Verwestlichung voranzutreiben. Er hoffte, daß die Beschäftigung europäischer Staatsmänner mit den revolutionären Vorgängen in Paris es ihm wenigstens gestatten würde, seine Armee und Flotte den Streitkräften des Westens ebenbürtig zu machen.

Diese guten Absichten wirken vertraut, aber Selims Pläne gingen weiter als alle von seinen Vorgängern erwogenen Reformen. Die zweiundzwanzig Denkschriften ermutigten den Sultan, eine ‹neue Ordnung› (Nizam-ı cedid) anzustreben und eine Revolution von oben durchzuführen. Er stärkte die Stellung der Provinzgouverneure, reformierte den Schulunterricht, um in den für Militär und Marine wichtigen Ergänzungsfächern (einschließlich der französischen Sprache) eine Ausbildung zu bieten, kontrollierte den Getreidehandel, tauschte Botschafter mit den wichtigsten europäischen Mächten aus und sorgte auf dem Gebiet der Steuerverwaltung dafür, daß die Abgaben aus der Provinz in die ebenfalls neue zentrale Finanzkasse gelangten, die auch Steuern auf Kaffee, Alkohol und Tabak erheben durfte. Frühere Sultane hatten den Bau moderner Kriegsschiffe und die Ausbildungsreform der Artillerieeinheiten gelegentlich, aber etwas ziellos unterstützt. Selim III. ließ in den Küstenprovinzen der Ägäis Männer für die Marine zwangsrekrutieren, führte eine strengere Disziplin bei der Artillerie ein und kündigte zur allgemeinen Bestürzung die Aufstellung neuer Infanterieeinheiten an, die nach französischem Vorbild organisiert, ausgebildet und mit modernen Waffen ausgerüstet werden sollten. Die Janitscharen, wie eh und je mißtrauisch gegenüber Neuerungen, ließen sich den ausstehenden Sold bezahlen und für die Zukunft mehr Sold sowie regelmäßige Zahltage zusichern. Aber die neuen Kasernen für junge türkische Rekruten am Bosporus und in Üsküdar waren eine Herausforderung für ihre Stellung im Staat. Sultan Selims übrige Reformen waren bald vergessen, und der Begriff ‹neue Ordnung› galt einzig und allein den regulären Infanterie-Bataillonen, die die Nizam-ı cedit ins Leben gerufen hatte.

Selim war über die Vorgänge im revolutionären Paris gut unterrichtet.[7] Im Juni 1793 traf der Bürger Marie Louis Henri Decorches – in weniger egalitären Zeiten der Marquis von Saint-Croix – als Vertreter der Republik Frankreich in Konstantinopel ein. Am 14. Juli lagen vor Sarayburnu (der Serailspitze) zwei französische Schiffe vor Anker. Auf ihnen wehten unparteiisch die osmanische Flagge mit dem Halbmond, das Sternenbanner und die Trikolore; sie schossen Salut, während am Bosporus feierlich ein ‹Freiheitsbaum› gepflanzt wurde. Acht Wochen später sandte der Sultan ein detailliertes Verzeichnis nach Paris, in dem Ingenieure und Ausbilder aufgelistet waren, die er für den zeitweiligen Dienst in seiner Armee und der Marine anzuwerben wünschte. Trotz drückender Probleme an Frankreichs Grenzen schenkte der Ausschuß für Öffentliche Sicherheit den Anfragen des Sultans große Aufmerksamkeit: Eine Front im Osten, an der unteren Donau, oder eine aggressive Präsenz der Flotte im Schwarzen Meer würde die Herrscher Österreichs und Rußlands von den Aktivitäten republikanischer Armeen am Rhein oder in Norditalien ablenken. Und Selims Beratern ihrerseits machte es Spaß, die Revolutionäre in Paris anzufeuern: ‹Möge Gott dafür sorgen, daß der Aufruhr in Frankreich sich wie die Syphilis unter den Feinden des [Osmanischen] Reichs ausbreite›, schrieb der Leiter des Privatsekretariats des Sultans Anfang 1792, als ein Krieg zwischen Frankreich und Österreich bevorzustehen schien.[8]

Aber Selim war zu klug, um sein Reich für immer auf eine unheilige Allianz mit den Jakobinern festzulegen. Als er beschloß, sein diplomatisches System zu modernisieren, indem er ständige Botschafter statt Sondergesandten mit speziellen Aufgaben an anderen Höfen einsetzte, wählte er London und nicht Paris als ersten Bestimmungsort eines osmanischen Repräsentanten. Für diese Entscheidung gab es drei vernünftige Gründe: William Pitt, der Premierminister, mißbilligte die russische Expansion im Schwarzen Meer, vor allem die Befestigung von Otschakow; sein Land war offensichtlich an osmanischen Besitzungen nicht interessiert, und der Sultan hatte eine Vorstellung von der Lebensweise der britischen Aristokratie durch Sir Robert Ainslie, achtzehn Jahre lang Botschafter Georgs III. in Konstantinopel. Kurz darauf sandte Selim ständige Botschafter nach Berlin, Wien und St. Petersburg. Erst danach bestimmte er einen ständigen Gesandten für die Republik Frankreich.

Für Selim war es natürlicher, Verbindungen zu Paris herzustellen als zu irgendeiner anderen Hauptstadt. Einige seiner Beamten beherrschten die Sprache bereits, und der Sultan förderte den Französischunterricht, obwohl er selbst die Sprache nicht gesprochen oder gelesen zu haben scheint. Von den europäischen Autoren machten im 18. Jahrhundert nur die Franzosen den Versuch, die Regierungs- und Verwaltungssysteme zu analysieren und Entwürfe für Völker zu liefern, deren Institutionen durch andere Traditionen geprägt waren.[9] Es ist interessant, daß sich, als eine Bibliothek mit französischen Büchern für Selims Militär- und Marineakademien eingerichtet wurde, unter den in Marseille verschifften Werken eine komplette Ausgabe der *Grande Encyclopédie* befand. Aber weitaus häufiger als diese exklusiven Berührungen mit Bildung waren die kommerziellen Kontakte, die mitunter schon lange bestanden, vor allem zu Syrien und der Levante. Der Handel mit Frankreich hatte sich in achtzig Jahren verdreifacht, und in Smyrna gab es eine ziemlich große französische Kolonie. Die beiden Kulturen beeinflußten sich gegenseitig. Zu Beginn des Jahrhunderts entdeckte Konstantinopel französische Möbel, französische Ziergärten und französische Bauformen, während die Gesellschaft in Paris und Versailles sich an der Mode der ‹Turquerie› erfreute.

Fränkische Sitten hatten Ahmet III. den Thron gekostet,

und Selim muß bewußt gewesen sein, daß es unbesonnen war von einem Sultan-Kalifen, so oft nach Paris zu blicken, während alle Janitscharen um ihn herum sich nach Mekka wandten. Eine hartnäckige Legende schreibt die Intensität von Selims Frankophilie seinem Vergnügen an der Gesellschaft von Aimée Dubucq de Rivery zu, einer jungen Kreolin, die auf der Reise von Marseille nach Martinique verschwand.[10] Sie soll von Berber-Piraten gefangen und als versöhnliche Geste der Korsaren von Algier nach Konstantinopel an Abdülhamit I. gesandt worden sein, wo sie glücklich als ‹französische Sultanin› und Mutter von Selims Cousin, Mahmut II., gelebt haben soll. Allerdings wurde Mahmut II. mindestens drei Jahre, bevor Aimée vermißt wurde, geboren. Es gibt keinen Beweis, daß die unglückliche junge Frau tatsächlich nach Algier gelangte, geschweige denn in die Türkei. Aber selbst angenommen, daß sie eine der Favoritinnen im kaiserlichen Harem wurde, wie hätte sie den Sultan über Politik und Ziele Frankreichs aufklären können? Sie war zu jung, um viel darüber zu wissen. Nicht jedes Mädchen aus Martinique war so welterfahren und kannte das Pariser Leben wie Aimées entfernte Verwandte, die spätere Kaiserin Joséphine. Sultan Selim begeisterte sich für Frankreich nicht aus persönlichen, sondern aus politischen und militärischen Gründen. Er war überzeugt, daß er dort die Möglichkeiten finden würde, um seinem Reich die Kunst der modernen Kriegführung zu erschließen.

Im Herbst 1795 schien es für kurze Zeit so, als könnte ein Brigadegeneral namens Bonaparte dem Sultan dabei helfen. Am 20. August schrieb Napoleon, dessen Karriere in den letzten fünfzehn Monaten kaum Fortschritte gemacht hatte, an seinen Bruder Joseph: ‹Wenn ich darum bitte, werde ich von der Regierung in die Türkei geschickt, mit gutem Salär und einem schmeichelhaften Botschaftertitel, um die Artillerie des Großtürken zu organisieren.› Zehn Tage später ging ein Schreiben beim Kriegsministerium ein: ‹General Buonaparte, der bei der Führung der Artillerie unter schwierigen Umständen, besonders bei der Belagerung von Toulon, einen gewissen Ruf erworben hat, erbietet sich, eine Regierungsdelegation in die

Türkei zu begleiten. Er wird sechs oder sieben Offiziere mitnehmen, von denen jeder ein Experte auf einem bestimmten Zweig der Kriegskunst ist. Wenn er in dieser neuen Laufbahn den türkischen Armeen zu mehr Stärke verhelfen und die Festungsanlagen des türkischen Reichs uneinnehmbarer machen kann, so glaubt er seinem Land einen außerordentlichen Dienst zu erweisen; und wenn er zurückkehrt, wird er dessen Dank verdienen.›[11] Mitte September scheint ein Reisepaß für ihn ausgestellt worden zu sein; doch bevor er aufbrechen konnte, ließ der legendäre ‹Kartätschenschuß› gegen den Mob in der Rue Saint-Honoré am 5. Oktober den ‹Bürger Buonaparte› in die französische Geschichte eingehen. Konstantinopel – ‹das Zentrum der Welt›, wie er die Stadt einmal nannte – bekam er nie zu sehen.

Napoleons nie unternommene Reise in die Türkei ist ein faszinierender ‹Was-wäre-wenn›-Fall. Man ist geneigt anzunehmen, daß sein Genie den militärischen Verfall des Reichs hätte aufhalten können. Aber warum sollte ein relativ unbekannter Korse von sechsundzwanzig Jahren mehr erreichen als ein Baron von Tott vor ihm oder ein Hauptmann von Moltke vierzig Jahre später? Gegen alle Reformer aus dem Westen standen vier Jahrhunderte der Tradition und Voreingenommenheit, verstärkt durch das engstirnig egoistische Interesse privilegierter Amtsinhaber. Nur wenn Bonaparte Konstantinopel als Eroberer und Konvertit zum Islam betreten hätte, hätte er das Reich des Sultans umgestalten können, und 1798/99 schien einige Monate lang diese Möglichkeit nicht ausgeschlossen.

Seit Mitte der sechziger Jahre des 18. Jahrhunderts hatten Marseiller Kaufleute die Regierungen in Paris immer wieder gedrängt, Ägypten einzunehmen und dort eine Kolonie zu errichten. Choiseul liebäugelte kurze Zeit mit einem solchen Vorhaben, aber Vergennes, der die osmanische Herrschaft aus langer Erfahrung kannte, vertrat den Standpunkt, daß den kommerziellen Interessen Frankreichs mit der Fortführung der traditionellen Politik guter Beziehungen zum Sultan besser gedient wäre. Die frühen revolutionären Regime schlossen sich diesem Grundsatz an, aber das Direktorium schwankte. Wiederholte Stellungnahmen von Bonaparte, der seinen großen Italien-Feldzug inzwischen hinter sich hatte, überzeugten das Direktorium von den Vorteilen einer Expedition in ‹den Orient›. Im April 1798 war es soweit: Bonaparte sollte Truppen nach Ägypten einschiffen (zur Beunruhigung der Engländer), die französische Kontrolle über die Levante festigen und – nach der Zerschlagung der korrupten Macht der Mamelukken in Kairo – im Namen des Sultans eine anständige Regierung einsetzen. Dessen Staatskasse würde sich dann auf das Eintreffen des jährlichen Tributs verlassen können. Die grundlegende Weisung für das Unternehmen hob hervor, daß der muslimischen Religion Respekt gezollt werden müsse. Um die Pforte über die guten Absichten des Direktoriums nicht im Zweifel zu lassen, sollte Talleyrand – der im Juli 1797 Außenminister geworden war – ans Goldene Horn reisen und Sultan Selim die Feinheiten der französischen Politik erklären. Dieses Treffen fand nicht statt. General Bonaparte segelte zwar in der dritten Maiwoche mit 38 000 Mann nach Ägypten, aber Talleyrand brach nicht nach Konstantinopel auf. Er hatte nie die Absicht gehabt.[12]

Vier, fünf Monate lang unterstützte das Direktorium das Ägypten-Unternehmen. Zunächst schien alles gut zu verlaufen. Bonaparte schlug am 21. Juli die Truppen der Mamelukken in der ‹Schlacht bei den Pyramiden› (25 Kilometer davon entfernt) und marschierte drei Tage später im Triumphzug in Kairo ein. Seine Zivilverwaltung war vorbildlich, die klügste Regierung in Ägypten seit vielen Jahrhunderten. Trotz des Kriegszustands wurden Bewässerungsprojekte in Angriff genommen, neue Mühlen und Krankenhäuser gebaut, die Bedingungen auf den Märkten verbessert, die Steuereintreibung effizienter gestaltet. Alle Reformen, die ein wohlwollender Sultan in Konstantinopel zu seinem Vorteil hätte durchführen können, fanden ihren Niederschlag in Dekreten, unterzeichnet vom Eroberer von Kairo. Abgesehen von der respektlosen Neigung, Minarette als Fahnenstangen in Großformat zu benutzen, setzte Napoleon alles daran, den muslimischen Gläubi-

gen zu gefallen, sprach den Ulema seinen tiefen Respekt vor
der islamischen Lehre aus und deutete an, daß er vielleicht
selbst zur Konversion bereit sei. In jeder Stadt und jedem
Dorf, wo die Franzosen Einzug hielten, wurden in Arabisch
gedruckte Proklamationen ausgehängt. Sie zählten die Seg-
nungen der Befreiung auf – man hoffte, daß jene, die lesen
konnten, all diejenigen informieren würden, die nicht lesen
konnten:

‹...Volk von Ägypten, man wird euch sagen, daß ich eure
Religion abschaffen will – glaubt es nicht! Antwortet, daß ich
gekommen bin, um euch Euer Recht wieder zu verschaffen, die
Usurpatoren zu bestrafen, und daß ich Gott, seinen Propheten
und den Koran aufrichtiger verehre als die Mamelucken...
Kadis, Scheichs, Imams, Tschorbadschis, sagt dem Volke, daß
wir Freunde der wahren Moslims sind. Haben wir nicht den
Papst abgesetzt, welcher sagte, daß man die Muselmänner
bekriegen müsse?... Sind wir nicht jederzeit Freunde des
Großherrn gewesen (Gott möge seine Wünsche erfüllen!) und
der Feind seiner Feinde?... Jeder soll Gott für die Vernichtung
der Mamelucken danken und rufen: Ehre dem Sultan! Ehre
der französischen Armee, seinem Bundesgenossen! Fluch den
Mamelucken, Heil und Segen dem Volk von Ägypten!›[13]

Diese Phrasen riefen eine verdrießliche Antwort aus Konstantinopel hervor. Der Sultan lehnte es ab, die französische Armee als Verbündeten anzuerkennen, und im September erklärte er der Republik Frankreich sogar formell den Krieg. Einen
Monat später wurde in einer Verfügung (Ferman) der Dschihad ausgerufen, der Heilige Krieg gegen die ‹ungläubigen
Barbaren›, die über Ägypten herrschten.
   Das Direktorium war jedoch nicht mehr an Ägypten interessiert, denn Nelsons Seesieg vor der Nilmündung am 31. Juli
hatte die Verbindungen von Marseille und Toulon nach Alexandria unterbrochen. Am 4. November schrieb Talleyrand an
Bonaparte, daß er, wenn er wolle, nach Indien marschieren
oder in Ägypten bleiben und die Provinz als französische

Kolonie aufbauen könne, wie er es in Norditalien bereits vorexerziert hatte; oder er könne durch Palästina, Syrien und Anatolien marschieren und versuchen, Konstantinopel einzunehmen. Diese großartigen Instruktionen erreichten Napoleons Hauptquartier erst am 25. März 1799; zu diesem Zeitpunkt war er, seiner eigenen Strategie folgend, längst nach Norden vorgestoßen und belagerte Akka.[14] Dort wurde deutlich, daß Bonapartes Feldzug für das Osmanische Reich nützliche Begleiterscheinungen mit sich brachte. Selim war keineswegs unzufrieden damit, die mameluckischen Usurpatoren gedemütigt zu sehen, aber er wollte nicht zulassen, daß die Franzosen eine potentiell reiche Provinz seines Reiches an sich rissen. Die streitsüchtigen Vasallen von Palästina und Syrien taten sich mit dem nominellen Gouverneur des Sultans in Damaskus zusammen, um den Eindringlingen entgegenzutreten. Ahmet Cezzar, ‹der Schlächter›, konnte eine Armee von 100 000 Mann mobilisieren, um Bonapartes Vorstoß nach Norden aufzuhalten, und widerstand mit der Unterstützung einer britischen Flotte unter Kapitän Sidney Smith sieben Wochen lang französischen Angriffen auf Akka, bis aus Rhodos ein Truppenkontingent von Selims ‹neuer Ordnung› zur Verstärkung eintraf.

Da sich die Beulenpest unter seinen Soldaten ausbreitete, gab Bonaparte die Belagerung Akkas auf. General Kléber schlug die Sipahi-Kavallerie am 16. April am Berg Tabor, und so konnten sich die Franzosen im Triumph aus Syrien nach Ägypten zurückziehen. Mit britischer und russischer Unterstützung zur See brachte Mitte Juli ein Konvoi von 60 Schiffen 15 000 Soldaten der ‹neuen Ordnung› und Janitscharen an die ägyptische Küste. Sie landeten in Abukir, ohne die Ankunft ihrer Pferde abzuwarten, und bedrohten den französischen Stützpunkt in Alexandria; aber sie konnten nicht verhindern, daß die kampfgestählte französische Infanterie in ihre Linien eindrang und die Kavallerie Murats sie zersprengte. Französische Berichte über ihren Sieg betonten die Torheit der Janitscharen, die mehr daran interessiert waren, sich ‹Trophäen› zu sichern, indem sie verwundete Gefangene enthaupteten, statt sich von neuem zu formieren und dem nächsten Angriff des Feindes entgegenzutreten.

Napoleon kämpfte nie wieder persönlich gegen ein osmanisches Heer. Mitte Oktober war er wieder in Frankreich; einen Monat später wurde er Erster Konsul. Da sich das Osmanische Reich der Zweiten Koalition angeschlossen hatte, ging der Krieg weiter, nachdem Bonaparte Ägypten verlassen hatte. Im März 1801 landete eine osmanische Armee mit britischer Militär- und Flottenunterstützung erfolgreich bei Alexandria und erzwang nach einem siebenmonatigen Kampf die Kapitulation der hart bedrängten und im Stich gelassenen Überlebenden der französischen Armée de l'Orient. Im Sommer wurde in Amiens ein Friedensvertrag unterzeichnet.[15]

Es war ein erbitterter Krieg gewesen, vor allem solange Napoleon noch danach strebte, ‹Kaiser des Orients› zu werden. Seine Truppen wurden ihm untreu und verübten in Jaffa Greueltaten, und nach zwei Aufständen in Unterägypten befahl Napoleon die Hinrichtung muslimischer Geiseln in Kairo. Selim III. seinerseits hatte inzwischen eine antifranzösische Haltung angenommen. Er beschlagnahmte französischen Besitz, arbeitete sogar mit den Russen zusammen und gestattete einer Flotte, die Meerengen zu durchfahren; nach dem Fall der Republik Venedig wurde auf den Ionischen Inseln eine gemeinsame russisch-türkische Militärherrschaft an Stelle des profranzösischen Regimes errichtet. Aber im Grunde seines Herzens blieb Selim frankophil, begierig darauf, sich bei der nächsten Gelegenheit um Hilfe und Rat an Paris zu wenden. Man ist versucht zu spekulieren, was 1798/99 geschehen wäre, hätte Talleyrand sich auf seine geplante Reise nach Konstantinopel begeben und einen diplomatischen Erfolg erzielt, so daß das von Bonaparte proklamierte Bündnis zwischen Sultan und französischer Armee Realität geworden wäre, bevor die Armée de l'Orient Selims ägyptischen Boden betrat.

KAPITEL 5

Sultan Selims sonderbares Schicksal

Nachdem im Juni 1802 in Amiens der Friedensvertrag unterzeichnet war, schien Selim III. mühelos wieder zur traditionellen Freundschaft mit Frankreich zurückzufinden. Die Franzosen erhielten ihren beschlagnahmten Besitz zurück, die günstigen Konzessionen, die die Entwicklung eines sehr einträglichen Handels in der Levante ermöglicht hatten, wurden erneuert, und sie bekamen für ihre Schiffe Zugang zu den Schwarzmeerhäfen. Doch blieben tiefer Argwohn und Mißtrauen lebendig. Die französische Politik war unaufrichtig. General Horace-François Sébastiani reiste im Herbst mit dem Auftrag nach Syrien und Ägypten, in der unruhigen Region wieder französischen Einfluß geltend zu machen, entweder offen oder verdeckt. Zugleich ernannte der Erste Konsul, um dem Sultan Respekt zu erweisen, einen verdienten Offizier zum Botschafter: General Guillaume Brune, ehemals revolutionärer Dichter und Student der Rechte, hatte in Arcole und Rivoli gekämpft und 1799 eine englisch-russische Invasion Hollands abgewehrt. Selims Wahl eines Gesandten für Paris war seltsamer: Mehmet Said Hâlet Efendi war ein muslimischer Fanatiker, der sich schämte, in eine so üble Hauptstadt eines so hassenswerten Landes von Ungläubigen gesandt zu werden.

Die Rückkehr zum Frieden beendete Selims Zusammenarbeit mit den Feudalherren in Syrien, Libanon und Anatolien. Doch aus Ägypten kamen trotz Sébastianis Intrigen zunächst eine entschiedene Anerkennung der Oberherrschaft des Sultans und ein ständiger Fluß an Tributzahlungen. Zum Teil war das ein Vermächtnis der korrekten französischen Herrschaft. Aber mehr noch resultierte dieses Verhalten aus der sorgsam kalkulierten Loyalität Muhammad Alis, eines im selben Jahr wie Napoleon geborenen Tabakkaufmanns aus Kavalla, der als junger Offizier mit einem albanischen Regiment nach Ägypten gelangt war und dort schnell aufstieg, weil er zwei Mamelukken-Führer schlug, die ihre alte Vormachtstellung zurückgewinnen wollten. Der Sultan ernannte Muhammad Ali im Mai 1805 zum Vali (Gouverneur der Provinz); aber schon 1803 pfropfte dieser der Napoleonischen Verwaltungsstruktur Reformen im Stil der ‹neuen Ordnung› auf. Für diese Bildung einer westlichen Autokratie in Ägypten sollte Muhammad Ali dreißig Jahre brauchen.[1]

Für Selim weniger erfreulich waren Meldungen vom westlichen Balkan, wo Ali Pascha seine größer werdenden Herrschaftsgebiete in Albanien und Epirus um die Ionischen Inseln und die alten venezianischen Enklaven an der Küste erweitern wollte. Die schwierige russisch-türkische Zusammenarbeit in Korfu bremste Alis Ehrgeiz, aber er betrieb seine Sache von Ioánnina aus dennoch mit großem Aufwand, stellte eigene diplomatische Kontakte zu europäischen Mächten her, bat ausländische Experten um die Ausbildung seiner Truppen und ignorierte, wenn es ihm beliebte, Befehle und Dekrete aus Konstantinopel. Weiter nördlich kontrollierten zwei kampferprobte Warlords die Donaugrenze an der heutigen bulgarischrumänischen Grenze, im Westen Osman Pasvanoğlu, Pascha von Vidin, und im Osten Tirsiniklioğlu Ismail. Beide starben im Sommer 1806, und die faktische Militärgewalt ging an Mustafa Bayraktar (den ‹Bannerträger›) über, nominell Befehlshaber der Truppen des Sultans im wichtigen Sektor zwischen Rustschuk und der Festung von Silistra, in Wirklichkeit Herr über den größten Teil von Bulgarien. Auf der anderen Donauseite hatten die Fürstentümer Walachei und Moldau seit dem Vertrag von Küçük-Kaynarca beträchtliche Autonomie genossen; sie wurden von den vom Sultan ernannten christlichen Hospodaren Konstantin Ypsilanti und Alexander Maruzzi regiert. Die reaktionäreren Mitglieder des Diwan sahen beide als Agenten des Zaren an.

In Serbien begann die Regierungszeit Selims III. mit einer

Periode der Toleranz. Den Serben war sogar gestattet, eine eigene nationale Miliz aufzustellen, um sich vor Pasvanoğlus Plünderern schützen zu können. Aber die Entwicklung hin zu einer Autonomie kam abrupt zum Stillstand, als der Sultan die Unterstützung der Warlords brauchte, um die Grenze an der Donau zu sichern. Im Februar 1804 riefen fünf Jahre Ausbeutung und Mißregierung durch die Janitscharen eine nationale Rebellion orthodoxer Christen in den bewaldeten Bergen des Sumadija-Gebiets zwischen den Flüssen Drina und Morawa hervor. Der serbische Anführer, Karadjordje Petrović, ein ehemaliger Schweinehändler und Exwachtmeister der österreichischen Armee, behauptete, er wollte die Annahme von Sultan Selims Reformen durch die Janitscharen und die örtlichen Beys durchsetzen, und daran war etwas Wahres. Selim wurde zunächst mehr durch Ali Paschas Bestrebungen beunruhigt als durch die serbische Revolte, obwohl Karadjordje im Dezember Kontrolle über Belgrad und die Städte Smederevo und Šabac gewann. Erst 1805, als die Russen die serbische Bewegung aktiv zu unterstützen begannen, wurde sich Selim der Gefahr der jüngsten Entwicklungen in der Sumadija voll bewußt.[2]

Die Abspaltungstendenzen in so vielen abgelegenen Provinzen erhöhten die Bedeutung des diplomatischen Machtspiels, das in der Hauptstadt gespielt wurde. Woher würde der Sultan die stärkste Unterstützung erhalten? Die britische Seemacht war von geringem Nutzen bei der Aufrechterhaltung der Ordnung an der Donau oder auf dem Balkan. Sollte er sich an die französische Armee wenden oder die gierige Umarmung des russischen Bären riskieren? Er war geneigt gewesen, seine Unabhängigkeit zu wahren, indem er auf Neutralität beharrte, als Europa 1803 wieder in den Krieg zog und Pitt eine dritte Koalition zu bilden begann. Aber die osmanische Herrschaft erstreckte sich über zu viele sensible Gebiete und neuralgische Punkte, als daß Selim wirklich auf Frieden hoffen konnte. Klügere Botschafter als Brune und Mehmet Efendi hätten vielleicht die französisch-türkische Allianz wieder ins Leben gerufen, aber in Paris galt der Gesandte des Sultans als eher komische Figur, während Brune mindestens ein so schlechter Botschafter war wie Bernadotte sechs Jahre zuvor in Wien.

General Bernadotte konnte, wenn er wollte, einen gewissen Charme an den Tag legen. General Brune konnte das nicht, weil er keinen hatte. Er verärgerte Diwan und Pforte durch seine Arroganz und weil er auf Aufmerksamkeiten bestand, die seinem Rang und dem seines Herrschers in Paris zukamen.[3] Obwohl Selim III. die Enthauptung eines französischen Königs und das Pflanzen eines Friedensbaums in türkischer Erde ohne Protest hingenommen hatte, reagierte er heftig, als sich ein bürgerlicher Soldat einen imperialen Titel anmaßte. Er sah keinen Grund, den früheren Aggressor in Ägypten und Syrien als ‹Kaiser der Franzosen› anzuerkennen oder Brune seinem hohen Rang entsprechend zu behandeln, denn Napoleon hatte ihn im Mai 1804 zum neunten Marschall des Reichs ernannt. Brune war überzeugt, daß Selim französische Hilfe für seine Armeereformen benötigte; er beschwerte sich über die Mißachtung seines Souveräns und verlangte seine Pässe, im Vertrauen darauf, daß die Pforte nachgeben und sich entschuldigen würde. Aber der Großwesir gab zu verstehen, daß es Brune freistünde, nach Paris zurückzukehren. Zweimal verschob der Botschafter seine Abreise und hoffte vergebens auf einen Gesinnungswandel in Stambul. Im Herbst, als er endlich sein Scheitern akzeptierte und durch die Dardanellen zurückfuhr, hatte der französische Einfluß trotz Selims persönlicher Sympathie für das Land wenig Gewicht. Es ging in diesem merkwürdigen Streit um mehr als um bloße Laune oder Prestige. Im vorangegangenen Jahr war fast ein Viertel des Getreides aus Südrußland durch die Dardanellen nach Marseille verschifft worden, der überwiegende Teil in fünfzehn Schiffen, die unter der Trikolore fuhren.[4] Dieser Handel war nun zu Ende.

Frankreichs Nachteil war Rußlands Vorteil. Der Botschafter des Zaren, Alexander Italinskij, hatte Brune seit seiner Ankunft am Goldenen Horn in derselben Dezemberwoche 1802 die Schau gestohlen. Italinskijs Ersuchen mochten der Hohen Pforte lästig sein, sie wurden aber im allgemeinen gestützt von überzeugenden Beweisen. Russische Konsuln berichteten von der Infiltration des Peloponnes durch französische Agenten sowie von französischer Unterstützung nicht nur für Ali Pascha und seine Familie in Ioánnina, sondern auch für unruhestiftende fundamentalistische Wahhabiten am Rande der syrischen Wüste. Widerwillig wandte Selim sich einer Allianz mit dem Zaren zu. Russische Schiffe passierten ständig die Meerengen und hatten es Admiral Dmitri Senjawin ermöglicht, auf Korfu eine Flottille von fünf Kriegsschiffen und ein mehrere tausend Mann starkes Heer zusammenzuziehen.

Napoleon seinerseits glaubte, daß der halbe Diwan für die Russen arbeitete. Das schrieb er Selim tatsächlich in einem energischen persönlichen Brief aus Paris Ende Januar 1805. ‹Habt Ihr, ein Nachkomme der großen Osmanen und Imperator eines der größten Weltreiche, aufgehört zu regieren?› fragte Napoleon. ‹Wie könnt Ihr gestatten, daß die Russen Euch diktieren?... Seid Ihr blind für Eure eigenen Interessen?... Ich schreibe Euch als dem einzigen Freund, den Frankreich im Serail noch hat... Wacht auf, Selim, macht Eure Anhänger zu Ministern... Die Russen sind Eure wahren Feinde, weil sie das Schwarze Meer in ihrer Macht haben wollen, und das nicht können, ohne Konstantinopel zu besitzen, und weil sie der griechischen Religion angehören, die der Glaube der Hälfte Eurer Untertanen ist.› Es war ein starker Appell an ‹Frankreichs ältesten Verbündeten›. In Wirklichkeit forderte der Brief den Sultan auf, die Geschicke des Landes zu lenken und wieder freundschaftliche Beziehungen zu Frankreich herzustellen, sonst würde er sich Napoleons Zorn zuziehen, ‹... und ich bin nie ein schwacher Feind gewesen›.[5]

Der glücklose Selim hatte nicht ‹aufgehört zu regieren›, aber seine Macht war begrenzter, als außenstehenden Beobachtern bewußt war. Zu dem Zeitpunkt, als Napoleon seinen Brief aufsetzte, war Selim bestrebt, weitere Soldaten für seine Armee der ‹neuen Ordnung› zu rekrutieren, und befahl eine generelle Aushebung in allen Balkanprovinzen. Diese Maßnahme entzog sowohl den Warlords als auch den Janitscharen Rekruten und machte die Versetzung einiger Janitscharen in die neuen Regimenter erforderlich. In mehreren Provinzen

Rumeliens gab es Scharmützel zwischen Janitscharen und Einheiten der ‹neuen Ordnung›; Einberufung und Ausbildung der Rekruten war in Edirne nicht möglich, weil die Janitscharen-Befehlshaber und örtliche Notabeln die Versorgung der Kasernen unterbrachen und militärische ‹Vorposten› aufstellten, um Rekruten von der Stadt fernzuhalten. Der schwache Selim streckte die Waffen, denn er fürchtete einen Marsch aufständischer Truppen auf die Stadt.

Jenseits der Grenzen gab es in diesen Monaten der inneren Krise bei den Osmanen eine dramatische Verschiebung der Machtbalance in Europa. Über 50 000 Mann österreichischer Elitetruppen mußten sich im Oktober 1805 bei Ulm Napoleon ergeben; am 13. November hielten die Franzosen in Wien Einzug, und am 2. Dezember wurden die Kaiser von Österreich und von Rußland in der Schlacht von Austerlitz entscheidend geschlagen. Mit dem drei Wochen später geschlossenen Frieden von Preßburg trat Österreich seine ehemals venezianischen Besitzungen am Adriatischen Meer ab, so daß Dalmatien theoretisch ein Teil Frankreichs wurde und Napoleon eine gemeinsame Grenze mit der unruhigen osmanischen Provinz Bosnien bekam. Wenig später nahm Senjawins Geschwader aus Korfu Càttaro (Kotor) ein, teils um zu verhindern, daß dieser wunderbare natürliche Hafen an die Franzosen fiel, teils um für die Russen den Kontakt zu den Montenegrinern und aufständischen Serben herzustellen. Sultan Selim zögerte nicht länger. Er weigerte sich, die beabsichtigte Allianz mit dem Zaren zu ratifizieren, und erkannte im Februar 1806 verspätet Napoleon als Kaiser an. Am 9. August kam ein weiterer Soldat und Diplomat, der Erzintrigant General Sébastiani, als Botschafter nach Konstantinopel. Eine Militärabordnung begleitete ihn und weckte noch einmal Selims Hoffnungen auf den Aufbau einer modernen Armee nach westlichem Vorbild, die er seit fast zwanzig Jahren anstrebte.

Sébastianis Anweisungen, die der Kaiser persönlich diktiert hatte, weichen im Ton erheblich von dem achtzehn Monate davor an Selim geschickten Brief ab.[6] Die Instruktionen gliedern sich in zwei Teile. Der erste weist daraufhin, welche

Haltung ein Botschafter vertreten muß, damit Frankreich in Konstantinopel ‹als bevorzugte Macht behandelt› wird: ‹Takt, Gewandtheit und Vertrauen statt Arroganz, Gewalt oder Einschüchterung›, er dürfe ‹Rebellen gegen die Pforte... in Ägypten, Syrien oder auf irgendeiner griechischen Insel› nicht unterstützen und müsse ‹ein Gefühl von Zuverlässigkeit und Sicherheit einflößen›. Der zweite Teil zeigt, welche Rolle Napoleon einem Sultanat, das sich dem Westen öffnete, zuzuschreiben bereit war. Bezeichnenderweise ging dieser wie alle späteren in ausländischen Kanzleien entworfenen Pläne davon aus, daß das Osmanische Reich nur dank Europas Duldung überleben würde. ‹Das unerschütterliche Ziel meiner Politik ist es, eine Dreier-Allianz zwischen mir, der Pforte und Persien zu schaffen, die direkt oder indirekt gegen Rußland gerichtet ist... Alle unsere Verhandlungen müssen folgende Punkte anstreben: 1. Sperrung des Bosporus für die Russen... 2. Verbot für die Griechen, unter russischer Flagge zu segeln; 3. Aufrüstung aller Befestigungen gegen die Russen; 4. Unterwerfung von [antiosmanischen] Rebellen in Georgien und Erneuerung der absoluten Herrschaft der Pforte über die Moldau und die Walachei. Ich will keine Aufteilung des Reiches von Konstantinopel; selbst wenn man mir drei Viertel davon anböte, würde ich dies ablehnen. Ich will dieses große Reich stärken und konsolidieren und es, so wie es ist, gegen Rußland nutzen.›

Eine französisch-osmanisch-persische Allianz würde nicht nur die rechte Flanke von Napoleons Armeen schützen, während sie tiefer nach Osteuropa vordrangen; sie würden einen Korridor zum Kaukasus und zu den Grenzen Indiens schaffen. Napoleon war so darauf erpicht, diesen großen strategischen Plan zu Ende zu führen, daß ein persischer Gesandter in sein Hauptquartier in einem abgelegenen polnischen Schloß reiste, während General Gardane in einer diplomatischen Mission nach Teheran geschickt wurde.

Napoleons große Strategie führte zu einem sieben Jahre dauernden Streit zwischen Rußland und Persien und zu einem sechs Jahre dauernden Krieg zwischen Rußland und dem Osmanischen Reich, der hauptsächlich im heutigen Rumänien und an der georgischen Schwarzmeerküste ausgetragen wurde. Französische Truppen nahmen an diesen Feldzügen nicht teil. Für Napoleon waren es Ablenkungen. Aber das Schicksal der osmanischen Hauptstadt war etwas anderes: ‹Wem soll Konstantinopel gehören? Das ist das Problem›, bemerkte er, in leicht veränderten Worten, mehr als einmal.[7] Paradoxerweise weckte er, als er die Orientfrage grob umriß, bei den Briten erstmals ein strategisches Interesse an den osmanischen Kernländern. Kurz, dieses diplomatische Manöver der damaligen Erzfeinde sollte dramatische Auswirkungen auf die Ereignisse in Konstantinopel und das Schicksal des Sultans haben.

Selim fühlte sich persönlich durch die Mission Sébastianis ermutigt. Der korsische General, der ursprünglich Priester hatte werden wollen, bis die Revolution sein Denken und seine Ambitionen säkularisierte, konnte eine Leistung vorweisen, die allen osmanischen Befehlshabern versagt geblieben war: Er war mit seiner Kavallerie in Wien eingezogen. Vielleicht wurde er aus diesem Grund geehrt wie kein Botschafter vor ihm und durfte als erster nichtmuslimischer Gesandter in Gegenwart des Sultans seinen Degen tragen. Von mehr praktischem Wert für ihn war die Möglichkeit, Propaganda zu verbreiten. Die Botschafts-Druckerei gab Bulletins der Grande Armée sowohl auf Türkisch als auch auf Arabisch heraus und brachte sie, auf Napoleons ausdrücklichen Befehl, in den Häfen der Levante in Umlauf. Die Meldung Mitte November, daß die in hohem Ansehen stehende preußische Armee bei Eylau geschlagen und zersprengt worden war, machte einen tiefen Eindruck. Dies bestärkte Selim in seiner Überzeugung, daß die Franzosen unbesiegbar seien.

Sébastianis Eintreffen hatte bereits zu Änderungen in der osmanischen Politik geführt.[8] Vier Tage nach Ankunft des Botschafters entließ der Sultan die angeblich prorussischen Hospodare in der Walachei und der Moldau. Einen Monat später schloß er die Meerengen für russische Kriegsschiffe; außerdem trieb er seine Pläne zur Verdopplung der Truppen der ‹neuen Ordnung› voran. Der Botschafter des Zaren, Alexander Italinskij, warnte St. Petersburg, daß die Türken auf die Seite der Franzosen übergewechselt wären; unter der Androhung eines sofortigen russischen Angriffs auf dem Bosporus wankte Selim und setzte als Geste der Beschwichtigung sogar die abgesetzten Hospodare wieder ein. Aber es war zu spät. In der letzten Novemberwoche 1806 wurden die Moldau und die Walachei überrannt, und am 16. Dezember erklärte die Hohe Pforte Rußland den Krieg. Zu diesem Zeitpunkt errang General Sébastiani einen Einfluß bei der Pforte, wie ihn noch kein Ausländer vor ihm gehabt hatte. Er schien größere Macht über Sultan Selim zu haben als der Şeyhülislâm und konnte Selim sogar davon überzeugen, daß es ein barbarischer Brauch wäre, einen Botschafter ins Gefängnis zu stecken, mit dessen Souverän man sich im Krieg befand. Vor allem dank Sébastiani entging Italinskij der Einkerkerung; er fand mit seiner Familie Zuflucht an Bord der *Canopus,* einem Schlachtschiff mit 80 Kanonen, das drei Wochen lang am Eingang des Goldenen Horns vor Anker gelegen hatte.

Es war der Initiative des britischen Botschafters zuzuschreiben, daß die *Canopus* vor Galata lag. Charles Arbuthnot – besser bekannt als ‹Gosh› Arbuthnot, ein enger Freund des Herzogs von Wellington – war seit zwei Jahren im Amt. Wie so viele seiner Landsleute war er sicher, daß nichts die Gedanken des Sultans so wirksam auf Wesentliches zu konzentrieren vermochte als der Anblick von britischen Kriegsschiffen vor seinem Palast. Einige Monate vor Sébastianis Ankunft hatte Arbuthnot dem Außenminister (Charles Grey, Viscount Howick) versichert, daß Selim III. ‹einen Krieg gegen die Franzosen in Bosnien lieber sähe als einen Krieg gegen die Engländer vor der Serailspitze›. Seine Berichte bestätigten die Neigung des Auswärtigen Amts und der Admiralität, Stärke in Konstantinopel zu demonstrieren, ähnlich wie bei dem Unternehmen vor Kopenhagen im April 1801, als die Admiräle Hyde Parker und Nelson 50 Schiffe aufboten, um die Dänen einzuschüchtern. Ende der zweiten Novemberwoche unterrichtete Howick Arbuthnot, daß bald Flottenverstärkung aus Plymouth ins östliche Mittelmeer aufbrechen würde. Unterdessen sollte der Botschafter Sébastianis Abreise mit der Begründung verlangen, die Aktivitäten des Generals wären eine Verletzung der osmanischen Neutralität.[9]

Aber Arbuthnot gestaltete die britische Politik bereits in diesem Sinne, bevor die Anweisungen aus London eintrafen. Er wollte in den Streit der Türkei mit Rußland militärisch eingreifen, und um diesem Anliegen Gewicht zu verleihen, veranlaßte er Anfang Dezember Konteradmiral Louis dazu, die *Canopus* und die Fregatte HMS *Endymion* mit 44 Kanonen durch die Dardanellen – den Hellespont der Antike – ins Marmarameer zu fahren. Während Sir John Duckworth mit einem stärkeren Geschwader von Gibraltar zum Ägäischen Meer unterwegs war, versuchte Arbuthnot die Pforte von der britischen Entrüstung über Sébastianis privilegierte Position zu überzeugen, aber er machte wenig Eindruck. Louis fuhr mit der *Canopus* wieder zurück durch den Hellespont und studierte dabei sorgsam die türkischen Festungen an den Küsten; bisher hatte noch keine Flotte es gewagt, sich den Weg durch die Meerengen gegen osmanischen Widerstand zu erzwingen.[10]

Ende Januar 1807 war die Stimmung in Konstantinopel zum Zerreißen gespannt, und Arbuthnot wurde von seinen Spionen aufgefordert, Pera zu verlassen. Er lud die britischen Kaufleute in Konstantinopel am 29. Januar zu einem Essen auf die *Endymion* ein; als alle an Bord waren, fuhr die Fregatte heimlich und leise in Richtung Dardanellen davon. Wenn Arbuthnot gehofft hatte, am Eingang der Meerenge auf starke Seestreitkräfte zu treffen, so wurde er enttäuscht; er fand dort lediglich Admiral Louis mit der *Canopus* und zwei andere Schiffe. Der Admiral berichtete Arbuthnot, die Franzosen seien den Türken dabei behilflich, ihre Verteidigungsanlagen an den Dardanellen zu verstärken; sie modernisierten – reichlich spät – die Festungen Seddülbahir und Kilitbahir aus dem 16. Jahrhundert und errichteten neue Geschützstellungen auf dem asiatischen Ufer. Louis hatte ein schnelles Schiff nach Malta geschickt mit der Bitte um zehn Schlachtschiffe und Landungstruppen, um die Batterien auf der Halbinsel Gallipoli (Gelibolu) und auf der gegenüberliegenden Seite der Meerenge unschädlich zu machen. Inzwischen warteten die Schiffe in der Besikabucht vor Tenedos (Bozcaada).

Rasches Handeln hätte Sébastiani womöglich schnell aus seiner privilegierten Stellung vertrieben. Aber zwischen dem Treffen der *Endymion* mit der *Canopus* und dem Eintreffen von sieben Schlachtschiffen unter dem Befehl von Admiral Duckworth verstrichen zehn Tage. Weitere neun Tage wehte starker Nordostwind durch die Dardanellen und hielt das Geschwader in Lee von Tenedos fest. Am 19. Februar 1807 schließlich – zum erstenmal in der Geschichte der Royal Navy – begannen britische Kriegsschiffe, sich den Weg durch die Dardanellen zu erzwingen. Schwerer Beschuß kam von den Festungen und von einigen der älteren osmanischen Schiffe vor Maidos; die Briten erwiderten das Feuer und versenkten mehrere. Keines der britischen Schiffe wurde ernsthaft beschädigt. Am nächsten Abend hatte Duckworth' kleine Flotte das Marmarameer durchquert – sie konnte jedoch Sultan Selim im Topkapı Sarayı nicht gefährlich werden, denn Wind und Strömungen im Bosporus waren zu stark, um den Liegeplatz zu erreichen, den Louis im Dezember benutzt hatte. Die *Royal George*, Duckworth' Flaggschiff, ging gut acht Meilen von der Stadt entfernt vor der Insel Prinkipo (Büyükada) vor Anker.[11]

Zwei Tage lang fuhren die Pinassen und Kajiks hin und her; Arbuthnot versuchte von einer starken Position aus zu verhandeln. Die Ankunft der äußerlich unbeschädigten Schiffe löste Bestürzung aus – bis feststand, daß sie weit vom Ufer entfernt liegen blieben. Trotz schwerer See gelangte die *Endymion* zur Einfahrt zum Goldenen Horn, wurde aber zurückbeordert, als ein Abgesandter der Pforte Arbuthnot warnte: Die Emotionen wären so aufgewühlt, daß die Anwesenheit der Fregatte zu einem allgemeinen Massaker an Ausländern führen könnte. Am 22. Februar um 11.20 Uhr befahl Duckworth, die Schiffe gefechtsklar zu machen, näher an die Stadt heranzusegeln und sie unter Beschuß zu nehmen, zog den Befehl aber fast sofort wieder zurück: Ständige Böen und starker Gegenwind retteten Konstantinopel vor dem Schicksal Kopenhagens.

Während die bewaffnete Diplomatie ins Stocken geriet, nahm General Sébastiani seine militärischen Pläne wieder auf. Die französische Botschaft überwachte die Errichtung von Artilleriestellungen rund um die Stadt. Zivilisten wurden mobilisiert, um die Verteidigungsanlagen zu verstärken; sogar der griechische Patriarch ermunterte, mit dem Stab in der Hand, tausend Fanarioten, sich am Bau neuer Befestigungsanlagen zu beteiligen. Das für die Briten ungünstige Wetter hielt bis Ende des Monats an. Inzwischen waren 300 Geschütze in Stellung gebracht worden und beherrschten die Gewässer zwischen Prinkipo und dem Goldenen Horn. Sie kamen nicht zum Einsatz. Duckworth, der befürchtete, seine Schiffe könnten im Marmarameer eingeschlossen werden, ließ das Geschwader durch die Meerenge hinaus ins Ägäische Meer fahren. Diesmal war der Beschuß aus den Festungen präziser; mehrere Schiffe verloren Masten und Takelage.[12]

Als sie wieder im Schutz von Tenedos lagen, schloß sich Duckworth' nachdenklich gewordenen Kapitänen am 8. März eine russische Flotte unter Admiral Senjawin an. Arbuthnot und die beiden Admiräle überlegten kurz, ob sie den Weg durch die Meerenge erzwingen und die Hauptstadt bombardieren sollten – aber wozu? Ohne Truppen hatten sie keine Aussicht, einen militärisch entscheidenden Schlag führen zu können. Zudem waren die Engländer nicht unbedingt daran interessiert, dem Zaren zur Herrschaft über Konstantinopel zu verhelfen. Am Freitag, dem 13. März, segelten die verbündeten Geschwader übers Ägäische Meer davon. Die erste Machtdemonstration der britischen Marine in den Dardanellen hatte in einem Fiasko geendet.

Es war nicht das einzige. Am Samstag, dem 14. März, landeten 6000 britische Soldaten 700 Meilen entfernt in Alexandria; sie sollten versuchen, Ägypten der osmanischen Oberhoheit zu entreißen. Hätten diese Truppen Duckworth' Geschwader zur Verfügung gestanden, hätte die Machtdemonstration vor Selims Hauptstadt vielleicht ihren Zweck erreichen können. So aber war auch das Ägypten-Unternehmen ein Fehlschlag. Fünf Monate lang leistete Muhammad Ali, unterstützt durch den tatkräftigen französischen Generalkonsul, entschlossen Widerstand, und die Invasoren kamen nicht über das sumpfige Küstengebiet um Alexandria und Rosetta hinaus. Im September folgte der geordnete Rückzug. Vom Bosporus bis zum Nildelta war das britische Ansehen auf den Nullpunkt gefallen.[13]

Duckworth' Scheitern bestätigte zunächst Sultan Selims Politik. Als die britischen Schiffe die Insel Prinkipo verließen, brach in Stambul und Galata Jubel aus. Ein Regen von teuren Geschenken zeugte von der Hochachtung des Sultans für Sébastiani und die französische Militärmission. Der Großwesir bereitete nun einen Angriff auf den anderen großen Feind der Türken vor. Anfang April 1807 brach das Gros der osmanischen Armee von der Hauptstadt aus nach Edirne auf, um eine Sommeroffensive gegen die Russen in den Donaufürstentümern vorzubereiten. Auch die Flotte plante einen Angriff auf Senjawin in der Ägäis. Die moderneren Schiffe waren von Duckworth' Geschützen nicht beschädigt worden. Sie hatten den Winter am oberen Bosporus zugebracht. Am 10. Mai verließ die osmanische Flotte das Goldene Horn und passierte ein paar Tage darauf die Dardanellen. Nach der großen Militär- und Flottenkonzentration um die Hauptstadt im ersten Viertel des Jahres war Konstantinopel jetzt mehr oder weniger ohne Truppen.

Selim fühlte sich seines Ansehens und seiner Popularität in der Hauptstadt sicher genug, um seine Reformpolitik wieder aufzunehmen, aber dies erwies sich als schwere Fehleinschätzung der Lage.[14] Kaffeehaus-Gerüchte behaupteten, daß er französische Schauspieler zu Aufführungen in seinen Palast eingeladen habe, und daß er, entgegen der Lehre der Ulema, seine Räumlichkeiten mit Bildern aus Westeuropa geschmückt habe, die den menschlichen Körper zeigten. Wie in den letzten Jahren von Ahmets III. Regentschaft gab es Klagen, daß ‹fränkische› (europäische) Sitten und Gebräuche die Gesellschaft in der Hauptstadt durchdrängen und aufrührerische Denkweisen das Heilige Gesetz unterminierten. Seltsamerweise entging Selim inmitten dieser zunehmenden Unruhe die ernste Mißbilligung seiner Politik durch den Şeyhülislâm, den ‹Obermufti›, wie ihn ausländische Botschafter nannten. Der Sultan suchte sogar um seinen Rat nach.

Nicht daß Selim die Absicht gehabt hätte, seine geliebten Reformpläne aufzugeben. Um aber moderne Waffen bezahlen zu können, brauchte er Bargeld. Er griff daher ein mehrere Jahre früher eingeführtes Verfahren wieder auf, Tımar-Lehen in Krongüter umzuwandeln, die dann an steuerpflichtige Großbauern verpachtet wurden, die keine militärische Vasallenpflicht hatten; ihnen wurde die gefährliche Freiheit zugestanden, die Abgaben bei ihren Pächtern selbst einzutreiben. Es überrascht nicht, daß diese Iltizam-Pachten bei den Bauern nicht beliebt waren, weil sie von den skrupellosen Großbauern rücksichtslos ausgebeutet wurden; sie hatten lieber die alte als die ‹neue Ordnung›. Gleichzeitig führte die ständige Geldentwertung zu Not und Verzweiflung in den Handelsorten, nicht nur am Goldenen Horn, sondern auch in Smyrna, Adana und Saloniki. Trotzdem nahm Selim, zwei Wochen nachdem die osmanische Flotte ins Ägäische Meer gesegelt war und während Mustafa Pascha Bayraktar eine Armee nordwärts über die Donau führte, die nächste Phase der Militärreform in Angriff. Die jungen Janitscharen-Hilfstruppen (Yamak), vorwiegend Albaner und Tscherkessen, mußten als Regimenter der ‹Neuen Ordnung› organisiert werden und sollten Uniformen nach dem Vorbild der Franzosen bekommen: enge rote Kniehosen und blaue Barette. So jedenfalls war es vorgesehen. Aber im Fort Rumeli Kavağı, hinter Sarıyer fast am Ausgang des Bosporus gelegen, meuterten die Yamak-Hilfstruppen, weil sie nicht die Uniform von Ungläubigen tragen wollten. Am 25. Mai 1807 töteten sie einen Offizier der ‹Neuen Ordnung› und drohten, auf die gut zwanzig Kilometer entfernte Hauptstadt zu marschieren.

An diesem Punkt zeigte Selim erneut jene erbärmliche Charakterschwäche, die ihn schon während der Edirne-Unruhen zwei Jahre zuvor fast den Thron gekostet hätte. Statt loyale, von Franzosen ausgebildete Offiziere aus den Kasernen der ‹Neuen Ordnung› gegen die Meuterer aufzubieten, konsultierte er den ‹Obermufti›; der drängte ihn, keinen Bürgerkrieg heraufzubeschwören, sondern den Ursachen der Yamak-Klagen auf den Grund zu gehen. Es war ein verhängnisvoller Ratschlag und zweifellos auch so gedacht. Im Laufe der folgenden zwei Tage breitete sich die Unzufriedenheit in den Bosporus-Forts aus, bis am Morgen des 27. Mai 600 Yamak-Soldaten aus Büyükdere, einem Feldlager fünf Kilometer südlich von Rumeli Kavağı, mit Schiffen bei Galata landeten und den Geist des Aufstandes in die Hauptstadt trugen. Tausende von Janitscharen schlossen sich ihnen an, ebenso Studenten der religiösen Schulen, die sich auf dem At Meydanı trafen, dem ‹Roßplatz› am byzantinischen Hippodrom, nur ein paar hundert Meter vom Topkapı Sarayı entfernt. Verzweifelt versuchte der Sultan Zeit zu gewinnen; hoffte er vielleicht immer noch auf ‹einen Kartätschenschuß› von einem der von Franzosen ausgebildeten Artilleristen? Es scheint unwahrscheinlich, obwohl Sébastiani in solchen Dingen einige Erfahrung hatte; acht Jahre zuvor hatte er das 9. Dragonerregiment befehligt, das Bonaparte am 18. Brumaire in St. Cloud unterstützte.

Aber Selim war nicht Napoleon. In seiner Panik machte er Anstalten, seine einzige Stütze hinwegzufegen: Die Regimenter der ‹Neuen Ordnung› würden aufgelöst, verkündete er. Er schickte einige seiner Reformminister aus dem Palast und in den Tod und ernannte am nächsten Tag statt ihrer Reaktionäre für den Diwan. Keine dieser Gesten befriedigte die At-Meydanı-Meuterer; sie argwöhnten, daß Selim diese Ankündigungen widerrufen würde, sobald er loyale Truppen von der Donau-Front zurückbeordern konnte. Damit Selim ihre Botschaft begriff, nahmen sie seinen Privatsekretär im äußeren Ersten Hof des Palastes gefangen und zerstückelten ihn. Den Kopf des Toten brachten sie in den Thronsaal und legten ihn vor Selim nieder, wie ein Hund seinem Herrn einen Knochen zu Füßen legt.[15]

‹Darf ein Sultan, dessen Verhalten und dessen Erlasse der geheiligten Lehre des Heiligen Koran entgegenstehen, weiterregieren?› wurde der Şeyhülislâm am nächsten Tag gefragt – eine Fangfrage. Die Antwort war klar. Das einzige Problem war: Wer sollte den Thron besteigen? Keine seiner acht Frauen hatte Selim III. einen Sohn geboren; und von Abdülhamits I. dreizehn Söhnen hatten nur zwei überlebt. Der ältere von ihnen, Prinz Mustafa, war psychisch labil, vom jüngeren, Prinz Mahmut, hieß es, er sei von den modischen französischen Irrlehren seines Cousins beeinflußt. Die Rebellen und die Ilmiye forderten, die natürliche Thronfolge einzuhalten. Eine Fetva setzte am 29. Mai 1807 Selim III. zugunsten von Mustafa IV. ab, und während die At-Meydanı-Meuterer, Janitscharen-Offiziere und der Obermufti eine blutige reaktionäre Herrschaft errichteten, boten die Räume des Kafes im Topkapı Sarayı dem aufgeklärtesten Amtsinhaber Zuflucht, der je in ihre Abgeschiedenheit zurückkehrte.

Französische Diplomaten und Soldaten in Konstantinopel und den benachbarten Festungen fürchteten um ihr Leben, konnten aber den Lauf der Dinge nicht beeinflussen. Sébastiani wurde nach Frankreich zurückbeordert und nahm bald den aktiven Dienst in Spanien wieder auf. Die Ereignisse in der Hauptstadt, vor allem die Niederschlagung der Regimenter der ‹Neuen Ordnung›, brachten die Offensive an der unteren Donau jäh zum Stillstand, wo Bayraktar die Belagerung des von Russen besetzten Bukarest aufgeben mußte. Mustafa Pascha Bayraktar selbst war politisch konservativ und hielt Selim seit langem für leichtsinnig bei der Durchführung seiner Reformen. Aber er war auch ein fähiger General, darauf aus, einen Feldzug fortzuführen, der gut begonnen hatte, und er hatte einen zu ausgeprägten Sinn für Disziplin, um monatelange Anarchie wie zu Zeiten Patrona Halils hinzunehmen. Er eilte kurz zurück in die Hauptstadt und stellte eine gewisse Ordnung wieder her. Aber eine Zusammenarbeit mit Ulema und neuem Diwan war ihm nicht möglich, und so kehrte er bald in das Kriegsgebiet in den Donaufürstentümern zurück.

Weniger als einen Monat nach Selims Sturz geriet die Diplomatie dann plötzlich durch einen russisch-französischen Waffenstillstand und die Begegnungen zwischen Napoleon und Zar Alexander I. in Tilsit in Bewegung. Binnen zwei Wochen waren die bisherigen Feinde durch öffentliche und geheime Verträge in einer – allerdings unsicheren – Partnerschaft miteinander verbunden. Napoleon ließ seine osmanischen Verbündeten nicht völlig im Stich, so sehr deren neue Herrscher auch über die ‹fränkischen Sitten› schimpften. Der Vertrag sah vor, daß Rußland Moldau und Walachei räumte und einen Waffenstillstand mit den Osmanen schloß; er wurde am 24. August in Slobodzeja in Anwesenheit eines persönlichen Gesandten Napoleons unterzeichnet. Der Kaiser war genauso entschlossen wie seine britischen Feinde, den Russen die Kontrolle über Konstantinopel nicht zu ermöglichen; aber er war zu Gesprächen über die zukünftige Aufteilung des Osmanischen Reiches mit Zar Alexander bereit – eine phantasievolle Übung in hypothetischer Landkartengestaltung. Beide Souveräne zeigten taktvollen Mangel an peinlicher Genauigkeit. Ihnen blieb nichts anderes übrig. Was als nächstes am Goldenen Horn passieren würde, konnte niemand ahnen. Bis wohin würde die Souveränität des Sultans am Ende des Jahrzehnts wirklich reichen?

Nach der Absetzung des frankophilen Selim hofften die Engländer, sie könnten wieder an Einfluß bei der Pforte gewinnen. Sir Arthur Paget, der fünf Jahre lang als geschickter Unterhändler in Wien gewirkt hatte, traf gegen Ende August mit einem Sonderauftrag in Konstantinopel ein. Er erreichte wenig. Rivalisierende weltliche und religiöse Interessengruppen lagen in einem erbitterten Streit. Obwohl alle die ‹gräßlichen Sitten› der Franzosen verabscheuten, war die Pforte – zu Pagets Verwirrung – offensichtlich entschlossen, so weit wie möglich unter Napoleons Schutz zu bleiben.[16]

Sultan Mustafa IV. war eine Marionette der Reaktionäre, auch wenn nie ganz klar war, wer gerade die Fäden zog. Die Unzufriedenen – einschließlich vieler frustrierter Opportunisten – wanderten zunehmend in die Provinzstädte ab. Die meisten gingen nordwärts durch Bulgarien nach Rustschuk, der ummauerten Stadt am Übergang über die Donau, in der Mustafa Bayraktar sein Hauptquartier hatte, mit Blick über den Fluß und die walachische Ebene nach Bukarest. Dort plante ein geheimes ‹Rustschuk-Komitee› einen Gegenschlag.

113

Agenten im Palast sollten den leicht zu beeinflussenden Mustafa IV. überzeugen, daß der einzige Weg, selbständig zu regieren, darin bestünde, dem Beispiel Mahmuts I. zu folgen und die Fesseln abzustreifen, die ihm die rebellischen Sultansmacher, die Janitscharen-Kommandeure und der verschlagene Şeyhülislâm Ataullah Efendi, auferlegt hatten.

Die Agenten des Komitees taten, was von ihnen erwartet wurde. Am 19. Juli 1808 kehrte Bayraktar, eingeladen von Mustafa IV., an der Spitze seiner Armee nach Konstantinopel zurück und war dem Sultan und seinem Großwesir zu Diensten. Er beseitigte die anmaßenderen Janitscharen-Befehlshaber und Ataullah Efendi, den er durch einen weniger ehrgeizigen Mufti ersetzte. Aber nachdem er die Aufgabe ausgeführt hatte, für die er in den Süden befohlen worden war, hatte Bayraktar keine Lust, mit seiner Armee umzukehren und erneut an der unteren Donau Posten zu beziehen. Spione berichteten Mustafa IV., daß der Pascha seine Absetzung und die Wiedereinsetzung Selims III. im Sinn habe. Mustafa jedoch kam zu dem Schluß, daß, wenn sowohl Selim als auch sein eigener Halbbruder Mahmut getötet würden, er das einzige überlebende männliche Mitglied der osmanischen Dynastie sein würde und damit sein Leben und der Besitz des Sultanats ihm sicher wären. Am 28. Juli 1808 schickte Sultan Mustafa daher Scharfrichter in den Vierten Hof des Palasts, um seine Verwandten im Kafes umbringen zu lassen.

Noch heute herrscht Unklarheit darüber, was dort und anderswo im Topkapı Sarayı an jenem Donnerstag vorging.[17] Selim leistete den Scharfrichtern auf jeden Fall Widerstand, und wahrscheinlich drang er bis zum Thronsaal vor, ehe er vor den Augen des Sultans starb. Sicher ist auch, daß er nicht still und geschickt erdrosselt wurde, denn Bayraktar fand die blutüberströmte Leiche, als später am Morgen seine Truppen in den inneren Hof eindrangen: ‹Bayraktar war bewegt und verwirrt. Er soll Tränen vergossen haben›, berichtete ein holländischer Diplomat zwei Tage später.[18] Der Großadmiral wollte Selims Tod rächen, indem er Mustafa sofort töten ließ. Aber die Tötung zweier Sultane an einem Morgen hätte als unmäßig angesehen werden können. Überdies war es, wie es sich Mustafa schon überlegt hatte, wahrscheinlich, daß die osmanische Linie aussterben würde, wenn man ihn tötete, denn es bestanden noch immer Zweifel an Prinz Mahmuts Schicksal. Kein ehrgeiziger Mitbewerber um ein hohes Amt wollte einen Streit um die Nachfolge zwischen rivalisierenden Notabeln provozieren, deren Privatarmeen aus den verschiedenen Provinzen in der Hauptstadt zusammenströmen würden. Ein Bürgerkrieg dieser Art würde das Reich ein für allemal zerstören.

Der dreiundzwanzigjährige Mahmut überlebte. Er scheint den Tumult gehört zu haben, als die Scharfrichter über seinen Cousin Selim herfielen. Nach einer mündlichen Überlieferung soll Mahmut mit Hilfe seiner Mutter, der Valide Sultan Nakşidil, auf das Dach des Harems entkommen sein, während Nakşidils junge Sklavin Çevri Kalfa die Mörder davon abhielt, eine Treppe im Säulengang außen am Harem hochzusteigen und den Prinzen zu ergreifen. Ein Bericht sagt, daß Bayraktar den jungen Mann unter einem Haufen von Teppichen versteckt fand und, nachdem er für eine Fetva zur Absetzung Mustafas gesorgt hatte, Sultan Mahmut II. zum Nachfolger ausrief. Eine ebenso wahrscheinliche Geschichte lautet, daß der Prinz vernünftig genug war, so lange im Schutz des Gewirrs von Schornsteinen auf dem Palastdach zu bleiben, bis man unten die Schwerter wieder in die Scheide steckte. Auf jeden Fall wurde seine Thronfolge innerhalb von zwei Wochen in einer feierlichen Zeremonie in der Moschee von Eyüp bestätigt – und Mustafa Pascha Bayraktar wurde Großwesir. Der unglückliche Mustafa IV. landete abermals im Kafes, der gesetzliche Erbe einer Dynastie, die seit fast zwanzig Jahren kein Kind mehr gezeugt hatte.

Die Serie der Palastrevolutionen war noch nicht zu Ende. Bayraktar versuchte die Politik der Armeereformen wieder aufzunehmen. Er hob nicht Regimenter der ‹Neuen Ordnung› aus – der Begriff war in Verruf geraten –, sondern ‹neue Hundewärter› (Sekban-ı cedit) und griff damit den Namen einer früheren Leibwache wieder auf, den die Janitscharen einst akzeptiert hatten. Doch da er sie ehemaligen Offizieren der ‹Neuen Ordnung› unterstellte, waren viele Reaktionäre alles andere als beschwichtigt. Außerdem machte Bayraktar den Fehler, am Festmahl seiner ‹Hundewärter› am Ende des Ramasan teilzunehmen, zu einer Zeit der Gereiztheit, in der alter Unmut Hitzköpfe leicht kampfbereit macht. Die Janitscharen grübelten die ganze Nacht über diese Kränkung. Am nächsten Morgen, dem 15. November 1808, griffen sie den Großwesir in der Hohen Pforte selbst an. Bayraktar flüchtete in ein kleines massives Steingebäude in der Nähe, das leicht zu verteidigen schien. Unglücklicherweise war es ein Pulvermagazin; und als der Kampf tobte, gab es eine gewaltige Explosion, bei der der Großwesir, seine Leibwache und mehrere hundert der angreifenden Janitscharen umkamen.[19]

Der Kampf und die Explosion fanden in einiger Entfernung vom Topkapı Sarayı statt und ermöglichten Sultan Mahmut schnelles Handeln. Seine Lieblingssultanin Fatma war seit mehreren Monaten schwanger (sie starb im Februar darauf bei der Geburt eines Mädchens, das nicht lange lebte – eine Tragödie, die in jenem November natürlich nicht vorherzusehen war), und Sultan Mahmut, der mit einem männlichen Erben rechnete, fällte eine Entscheidung, die Bayraktar im Juli abgelehnt hatte: Sein Halbbruder, Exsultan Mustafa IV., wurde umgehend erdrosselt. Gleichzeitig rief Mahmut andere in der Ausbildung befindliche Sekban-Einheiten aus ihren Kasernen und bat die Kriegsschiffe am Goldenen Horn um Hilfe; deren Offiziere haßten die Janitscharen. Zwei Tage tobte ein verheerender Bürgerkrieg in Stambul, mit großen Bränden in einigen der ältesten Teile der Stadt. Schließlich sorgten die Ulema, entsetzt über die Beschädigung der Moscheen und der frommen Evkaf-Stiftungen, für die Einstellung des Feuers und erreichten einen Kompromiß. Die Sekban-ı cedit wurde aufgelöst, zumindest als gesonderte Einrichtung, und den Janitscharen die Wiederherstellung ihrer bei der Beschießung fast völlig zerstörten Kasernen zugesichert. Mahmut II. aber blieb auf dem Thron; noch dreißig Jahre später war er Sultan.

Selim III. – jener ‹Erhabenste, Vortrefflichste, Allmächtige,

Großmütige und Unbesiegbare Fürst› (diese Anrede stammt von Napoleon) – hatte viel versprochen und wenig erreicht. Am Ende triumphierten Voreingenommenheit und Tradition über seinen Reformwillen. In gewisser Weise war Selim über die bloße Absicht, das Reich zu retten, nicht hinausgekommen; das Volk hatte ihn abgelehnt, weil es ihn nicht verstand. Vielleicht war sein größtes Verdienst negativer Art, eine Warnung an spätere osmanische Reformer, wie man es nicht machen sollte. Doch in zweierlei Hinsicht war der dramatische Höhepunkt in Selims Regierungszeit von dauerhafter Bedeutung. Er zeigte die wieder ins Bewußtsein getretene Bedeutung des Bosporus und der Dardanellen als lebenswichtige strategische Punkte des Reichs, die unter Kontrolle gehalten und von Truppen besetzt sein mußten, deren Loyalität über jeden Verdacht erhaben war. Und er machte außerdem den merkwürdigsten Zug osmanischer Herrschaft in diesen Jahren des gebremsten Verfalls deutlich: das Ausmaß, in dem, genau wie in einer früheren mittelmeerischen Kultur, die Regierung eines Riesenreichs auf drei Kontinenten noch immer von der Stimmung in einer einzelnen Stadt abhing. Da die Ränke in Konstantinopel so große Bedeutung hatten und den fernen Untertanen des Sultans in der Hauptstadt so wenig Aufmerksamkeit geschenkt wurde, ist es kaum verwunderlich, wenn das Streben nach lokaler Autonomie, wie es schon vor Selims Thronbesteigung in vielen abgelegenen Provinzen bestand, immer deutlicher separatistischen Charakter annahm.

Mustafa Pascha Bayraktar erkannte die Gefahr, denn er hatte viel Zeit seines Lebens damit zugebracht, eine Statthalterschaft an der unteren Donau zu festigen. Während seines sechzehnwöchigen Großwesirats ließ er die mächtigen Notabeln des Reichs zu einer Konferenz über Reformen in die Hauptstadt kommen.[20] In den letzten Septembertagen 1808 trafen die Oberhäupter übermächtiger Familien aus Karaman in Anatolien, aus Aleppo, dem Libanon und aus Südrumelien ein. Von den anderen, die keine so weite Reise von ihren Machtstützpunkten aus auf sich nehmen wollten, schickten die meisten Abgesandte. Doch so vernünftig die Idee einer solchen

117

Konferenz an sich war – die Ergebnisse waren dürftig. Die Notabeln gelobten dem Sultan Loyalität und dem Großwesir als Repräsentanten des Souveräns Respekt, aber sie hüteten ihre lokalen Rechte so eifersüchtig, daß Mahmut II. ihre Zustimmung verschmähte. Im Rückblick ist das Interessanteste an der Zusammenkunft, daß sie zu erkennen gab, wer sich für so unabhängig hielt, daß ihn diese erste Initiative Sultan Mahmuts nicht kümmerte. Zwei prominente Personen blieben Bayraktars Konferenz fern; Ali Pascha von Ioánnina, Herrscher über Südalbanien und das griechische Festland, schickte nicht einmal einen seiner Söhne, sondern nur einen verschüchterten Vertreter, der in Begleitung von Ali Paschas Leibwache auftrat. Und bezeichnenderweise erschien kein einziger Abgesandter von Muhammad Ali in Kairo.

KAPITEL 6

Mahmut II., der Rätselhafte

Mehr als eineinhalb Jahrhunderte nach seinem Tod ist Mahmut II. noch immer der rätselhafteste der sechsunddreißig osmanischen Sultane. Man weiß, wie er ausgesehen hat, weil aufgrund seiner aufgeklärten Ansichten Maler mehrere Porträts von ihm anfertigen durften. Sie zeigen alle einen kräftigen Mann mit breiter Brust, der sich hochmütig seiner Souveränität bewußt ist; ein ordentlich gestutzter dunkler Bart betont die Blässe seines Gesichts. Vor allem fallen seine ‹großen, eigenartigen schwarzen Augen› auf, ‹die einen durchbohrten und die niemals stillstanden›, wie der schottische Reisende Charles MacFarlane bemerkte – was auch der Dichter Byron beobachtete, als er einmal zur Audienz vorgelassen wurde.[1] Aber auch wenn wir ihn gerahmt an der Wand sehen, läßt sich sein Wesen nicht erfassen. War er ein Despot oder ein Reformer? Ein unberechenbarer, treuloser Verräter oder ein hingebungsvoller, visionärer Herrscher? Ein Dilettant, der sich in verheerende Kriege stürzte, oder ein kluger Staatsmann, der sein Reich vor habgierigen Nachbarn schützte? Müssen wir ihn uns als den ‹Ungläubigen Sultan› vorstellen, der den islamischen Gläubigen europäische Denkweisen aufzwang, oder als Mahmut Adlî (‹Mahmut der Gerechte›), wie die Türken ihn heute nennen? Die Gegensätze scheinen unauflöslich. Mahmut gehört zu den rätselhaften Figuren der Geschichte; er trotzt jeder vereinfachenden Beurteilung als ‹guter› oder ‹schlechter› Herrscher.

Dennoch ist der Versuch gemacht worden. Harold Temperley schrieb kurz vor dem Zusammenbruch des Osmanischen Reichs, er halte ihn für ‹den größten Herrscher seit den Tagen Süleymans›, für einen Sultan, der den Thron bestieg, als ‹Konstantinopel ein einziges Chaos war›, und der durch scharfsichtige Staatskunst dafür sorgte, daß ‹die wunderbare Vitalität des Türkenreichs sich bald wieder durchsetzte›. Spätere amerikanische Historiker zollten Mahmut ebenfalls Hochachtung als einem ‹entschlossenen Reformer›, als ‹dem osmanischen Verwestlicher›.[2] Und die Grabinschrift in Istanbul auf der Türbe des Sultans in der Yeniçerila Caddesi lautet: ‹Dem großen Herrscher, gerecht und weise, der Sonne seines Reiches, Ihm, der das Tor des Orients zu neuem Leben öffnete.›

Zeitgenossen waren kritischer. Stratford Canning, der spätere Lord Stratford de Redcliffe und berühmteste der britischen Botschafter, nannte Mahmut ‹in Wesen und Politik einen Despoten und einen Kalifen›, einen Herrscher, dessen ‹natürliche Fähigkeiten ihn im privaten Leben kaum berühmt gemacht hätten. Er hatte keine Skrupel, nach Lust und Laune, aus politischen Gründen oder persönlichem Interesse, Leben zu opfern›. Adolphus Slade, ein britischer Marineoffizier, der viele Jahre in Konstantinopel lebte, beklagte Mahmuts Unbeweglichkeit; seine Reformen, so meinte Slade, zielten nur darauf ab, Einschränkungen der Macht des Sultans zu beseitigen und ‹machten die Untergrabung der Freiheiten seiner Untertanen komplett›. Und nach vier Jahren im osmanischen Dienst hielt der große preußische Feldherr Helmuth Graf von Moltke Mahmut für im Grunde seines Wesens zerstörerisch: er würde ‹jede zweite Gewalt im Umfange des Reichs zu Boden› werfen, doch mangele es ihm an der Fähigkeit, ‹daß er den Bauplatz frei machte, bevor er sein neues Gebäude errichtete›. Moltke tat den häufig gezogenen Vergleich zwischen Mahmuts Verdiensten für das Osmanische Reich und den Leistungen Peters des Großen in Rußland verächtlich ab: Während der Zar strategisch wertvolles Land erworben habe, um sein Reich nach Norden und Süden auszudehnen, habe Mahmut historischen Besitz auf zwei Kontinenten verloren.[3]

Doch welche Vorbehalte zeitgenössische Kritiker und spätere Historiker auch vorbringen, sie stimmen darin überein, daß Mahmut von seiner Thronbesteigung bis zu den letzten Wochen seines Lebens die Notwendigkeit von Veränderungen im osmanischen Staat erkannte. Romantiker möchten gern glauben, er wäre in seiner Jugend von der ‹französischen Sultanin› Aimée Dubucq de Rivery, die seine Mutter gewesen sein soll, mit dem aufgeklärten Despotismus vertraut gemacht worden. Plausibler und wahrscheinlicher ist, daß er vom unglücklichen Selim III. beeinflußt wurde in den Monaten, die der Sultan und sein Erbe zusammen im Kafes verbrachten. Mahmuts erste Jahre auf dem Thron waren sicher überschattet von Erinnerungen an Selims Schicksal und der Angst vor erneuter Gewalt in der Hauptstadt. Er hatte kein Verlangen, im Palast von Stambul zu wohnen, wo er der Ermordung durch seinen Halbbruder mit knapper Not entgangen war. Der Topkapı Sarayı blieb die offizielle Residenz des Hofes, aber Mahmut aß und schlief in einem kleineren, leichter zu verteidigenden Palast auf der anderen Seite des Goldenen Horns in Beşiktaş. Von dort fuhr ein herrscherlicher Kajik den Sultan zu offiziellen Zeremonien im Topkapı Sarayı.

Vier Jahre nach dem Tod seines Halbbruders war Mahmut noch immer das einzige männliche Mitglied der Dynastie. Im Dezember 1812 wurde nach mehr als einem Vierteljahrhundert wieder ein Prinz im Palast geboren, aber das Kind war kränklich und starb früh. Um jenes alte Schreckgespenst – ein durch den Machtkampf zwischen rivalisierenden Notabeln auseinanderfallendes Reich – abzuwehren, war es daher wichtig, daß der Sultan weiterhin bei guter Gesundheit blieb. Mahmut sah sich vor zwei Aufgaben gestellt: Er mußte seine Stellung sichern, ohne die Mächtigen der Gesellschaft zu kränken, und er mußte die anderen Staaten überzeugen, daß das Osmanische Reich noch immer handlungsfähig war. Kein Wunder, daß er nach den kritischen Tagen vom November 1808 vorsichtig vorging. Nach außen hin schien er alle Ansprüche auf Verwestlichung aufzugeben; er stellte die traditionellen Einheiten der osmanischen Armeen wieder her und verwarf die letzten Neuerungen von Selim und Mustafa Bayraktar. Aber nach und nach, fast unmerklich, setzte der Sultan seine eigenen Anhänger in Schlüsselpositionen des Heeres und der Flotte und in die wichtigsten Ämter des Staates ein, bereit, die aktive Rolle des Souveräns wiederzubeleben. Es war ein langsamer Prozeß, der sich über einen Zeitraum von achtzehn schwierigen Jahren erstreckte, in denen es im Herzen des Reichs wenig Anzeichen für eine neue Dynamik gab.

Der Beginn dieser Periode fiel mit der Ankunft von Stratford Canning in der Türkei zusammen, der um die Jahrhundertmitte der bekannteste aller Botschafter an der Pforte war, der ‹Große Gesandte›. Ende Januar 1809 traf er in Konstantinopel ein, keine drei Monate nach Bayraktars Tod. Mit zweiundzwanzig Jahren begann er seine diplomatische Karriere als Sekretär von Sir Robert Adair, dem Gesandten, der die Verbindungen zum Osmanischen Reich wiederherstellen sollte; bevor ihrem Schiff die Zufahrt zum Marmarameer gestattet wurde, hatte Adair schon einen offiziellen Friedensvertrag an den Dardanellen geschlossen, der insgeheim britische Flottenhilfe zusicherte, falls die ägäischen und adriatischen Besitzungen des Sultans von Frankreich, Österreich oder Rußland angegriffen würden. Etwas überraschend wurde die Verbesserung der englisch-türkischen Beziehungen bald diesem jungen und unerfahrenen Sekretär anvertraut, denn Adair ging achtzehn Monate später nach Wien, und Canning wurde ‹Bevollmächtigter Minister bei der Hohen Pforte›. Insgesamt vertrat Stratford Canning – 1852 zum Viscount Stratford de Redcliffe ernannt – die britischen Interessen bei der Pforte dreiundzwanzig Jahre lang (1810–12; 1824–27; 1831–32; 1841–46 sowie 1848–58), und seine Ansichten über türkische Angelegenheiten wurden in London noch in den späten siebziger Jahren des 19. Jahrhunderts, während der Balkankrise, berücksichtigt. Aber zu keinem anderen Zeitpunkt war das osmanische Ansehen so wenig wert wie in diesen Anfangsjahren, als es den Anschein hatte, als ob das Reich bald zusammenbrechen würde. ‹Mahmut mußte auf alles gefaßt sein bei den Umständen, unter denen er begann. Sowohl moralisch als auch materiell war sein Reich hinfällig›, sagte Stratford später.[4]

Nach zwei Jahren beklommenen Waffenstillstands wurde im Dezember 1809 der Kampf gegen Rußland wiederaufgenommen – eine Katastrophe für die osmanische Armee. Sultan Mahmuts Befehlshaber erlitten eine Reihe von Niederlagen;

ihre schlecht ausgerüsteten Truppen wurden von der Donaufe-
stung Ismail durch Bulgarien nach Süden in die Hauptgebirgs-
kette des Balkan zurückgedrängt. Zu Stratford Cannings großem Zorn ermunterten die Franzosen – obwohl der Sultan
nicht mehr auf Hilfe von Napoleon rechnen konnte – die
Türken, den Kampf gegen die Russen fortzuführen. Die französische Botschaft, so unterrichtete er den britischen Außenminister, berge ‹den widerlichsten Abschaum, der je aus dem
überkochenden Topf imperialen Jakobinertums gefallen ist›,
und er brachte einen großen Teil seiner ersten achtzehn Monate als Botschafter damit zu, mit honigsüßen Phrasen dem
Großwesir zu schmeicheln und einer Reihe französischer Intrigen entgegenzuwirken.[5] Allen außenstehenden Beobachtern
war klar, daß Napoleon, als die französisch-russischen Beziehungen sich nach Tilsit wieder verschlechterten, jedes Mittel
recht sein würde, Zar Alexander an der Konzentration seiner
Armeen in Polen zu hindern.

Im Oktober 1811 schienen Stratford Cannings Überredungs-
und Vermittlungsversuche zum Erfolg zu führen: In Giurgiu
begannen russisch-türkische Friedensverhandlungen. Aber
wie so oft schleppten sich die Gespräche wegen des türkischen
Stolzes und des russischen Starrsinns ergebnislos hin. Im Mai
1812 endlich veranlaßte die bevorstehende napoleonische Invasion die Russen, die osmanischen Bedingungen zu akzeptieren, und schließlich schloß man in Bukarest einen für die
geschlagenen Osmanen großzügigen Friedensvertrag. Bessarabien wurde zwar russische Provinz, und dem aufständischen
Serbien hatte man begrenzte Autonomie versprochen, aber in
den Donaufürstentümern Moldau und Walachei, wo die Hospodare wieder eingesetzt wurden, wurde die Autorität des
Sultans bestätigt.

Der Vertrag von Bukarest sagte Canning zu; die Türken
hatten Konzessionen ausgehandelt, die sieben Monate zuvor
noch unerreichbar gewesen waren. Er war hochzufrieden damit, wie die Emissäre des Sultans ihren Gebieter von den
Problemen mit Rußland befreit hatten. Auch Mahmut schien
zufrieden; er bezeichnete sich als ‹höchst erfreut› über das

‹Interesse des britischen Gesandten... an meinen königlichen Angelegenheiten›. Aber als Napoleons Grande Armée die Memel überschritt und unaufhaltsam nach Rußland vordrang, besann sich der Sultan. Im Herbst 1812 – Napoleon stand in Moskau, und die Armee des Zaren war offenbar geschlagen – kam Mahmut zu dem Schluß, daß seine Gesandten viel zu viele Zugeständnisse gemacht hätten, und er übte Vergeltung an ihnen: Zwei Fanarioten-Brüder, die als Übersetzer und Vermittler bei den Friedensgesprächen in Giurgiu tätig gewesen waren, wurden hingerichtet, während der Bevollmächtigte, der den Friedensvertrag von Bukarest unterzeichnet hatte, in die Verbannung geschickt wurde. Zu dem Zeitpunkt jedoch war Stratford Canning schon wieder in Großbritannien.[6]

In den folgenden drei Jahren wurde die Karte Mittel- und Westeuropas durch den Zusammenbruch des französischen Kaiserreichs und die Friedensschlüsse der Großmächte auf dem Wiener Kongreß dramatisch verändert. Doch auf dem Balkan und um das östliche Mittelmeer herum gab es außer der Errichtung eines britischen Protektorats über Korfu und die sieben Ionischen Inseln keine bedeutenden Veränderungen. Der Vertrag von Bukarerst in Verbindung mit Zar Alexanders großem Plan für einen dauerhaften europäischen Frieden rückte die osmanischen Angelegenheiten für einige Zeit in den Hintergrund: Mahmut II. konnte sich den drängenden Problemen seines Reichs stellen, ohne eine Intervention von mächtigen Nachbarn jenseits der Donau fürchten zu müssen. Die Serben erhielten keine Hilfe, als 1813 drei türkische Armeen in ihr im Entstehen begriffenes Fürstentum einbrachen, den seit neun Jahren andauernden Aufruhr niederschlugen und Karadjordje Petrović zur Flucht nach Ungarn zwangen. Und die europäischen Mächte zeigten wenig Interesse an dem, was am anderen Ende des Reichs passierte, in Mesopotamien, wo Hâlet Efendi mit brutalen Mitteln die direkte osmanische Herrschaft wieder etablierte. Mahmut war derart beeindruckt von Hâlet Efendis Erfolg in Bagdad, daß er von 1813 an diesen Erztraditionalisten und früheren Gesandten an Napoleons Hof für seinen vertrauenswürdigsten Berater hielt.

Einstweilen ließ man den Sultan auch noch mit dem ehrgeizigen Gouverneur von Ägypten, Muhammad Ali, so umgehen, wie es ihm gefiel. Hier jedoch hatten die westeuropäischen Mächte Interessen zu wahren. In den letzten Phasen der Napoleonischen Kriege waren die Engländer anstelle der Franzosen zur führenden westeuropäischen Handelsnation in der Levante aufgestiegen; sie beobachteten daher besorgt, was in Alexandria, Kairo und Beirut geschah. Aber was sie wollten, war relativ einfach: die Aufrechterhaltung von Ordnung in den Häfen und freien Warenhandel. Es war den Londoner Kaufleuten ziemlich gleichgültig, daß die Waren hauptsächlich auf griechischen Schiffen befördert wurden. Es war auch für die ausländischen Kaufleute kaum von Belang, ob die Regierungsgewalt in Ägypten und der Levante direkt vom Sultan ausgeübt wurde oder von seinem Repräsentanten, solange sie effizient war. Es kam nicht zum offenen Konflikt zwischen Mahmut und Muhammad Ali während der schwierigen Phase der Neuorientierung nach dem Niedergang des französischen Einflusses in der Levante. Die Struktur der Gouverneursverwaltung hatte sich so verändert, daß man von Muhammad Ali als dem ‹Vizekönig von Ägypten› zu sprechen begann. Doch erlebte Mahmut ihn weiterhin gehorsam und entgegenkommend: Er liquidierte den letzten Mamelucken (1811), bezahlte seinen jährlichen Tribut an den Sultan, beschwichtigte die Ulema und schickte – auf Mahmuts Ersuchen – gut ausgebildete bosnische und albanische Soldaten zur Unterdrückung von Aufständen in Arabien.

Ali Pascha in Ioánnina war ein größeres Problem. Seine diplomatischen Kontakte, zuerst zu den Franzosen, später zu den Engländern, machten ihn zu einem Machtfaktor in der Balkanpolitik. Er versuchte eine Dynastie zu errichten, wodurch Hâlet Efendi den osmanischen Einfluß in Europa stärker bedroht sah als durch die serbische Rebellion. 1820 sandte Ali Killer nach Konstantinopel, um einen persönlichen Feind in einem an den kaiserlichen Palast angrenzenden Haus zu ermorden. Hâlet Efendi drängte den Sultan, Ali und seinen Söhnen ihre offiziellen Ämter zu entziehen und Land- und See-Expeditionen vorzubereiten, um Epirus zurückzugewinnen und das halbe Jahrhundert der Herrschaft Alis zu beenden. Dessen despotisches Regime brach erstaunlich schnell zusammen, und im August 1820 wurde Ioánnina eingeschlossen; das blühende Handelszentrum litt ebensosehr unter Alis Politik der verbrannten Erde wie unter den Unbilden der Belagerung. Trotzdem hielt der alte Löwe über ein Jahr lang in der Zitadelle durch und flüchtete schließlich in seine kleine befestigte Villa auf einer Insel im See von Ioánnina. Erst Ende Januar 1822 konnte ihn der örtliche Befehlshaber dort nach einem Verrat umbringen lassen. Die Leiche wurde enthauptet und Alis Kopf vor dem Topkapı Sarayı zur Schau gestellt, um den Triumph von Mahmuts Armeen über einen Clanchef zu feiern, der sich der Autorität von fünf Sultanen widersetzt hatte.[7]

Dank des Zusammenbruchs von Alis Autorität konnten die Osmanen die militärische Kontrolle entlang der Straßen nach Süden zum Peloponnes auf beiden Seiten der zentralen Pindoskette zurückgewinnen. Mittlerweile war diese Region von höchster strategischer Bedeutung. Mit dem bevorstehenden Untergang der Despotie hatte eine neue und ernstere Gefahr die osmanische Herrschaft auf dem Balkan zu bedrohen begonnen. Ioánnina war mehr als nur das Lager eines gewissermaßen intellektuellen Banditen. Henry Holland, der 1812 die ‹von Bergen umgebene Stadt im Landesinnern› besuchte, äußerte sich sowohl über die weitgespannten Verbindungen der griechischen Kaufleute als auch über das hohe Niveau des kulturellen Lebens dort: ‹Die Griechen von Ioánnina sind unter ihren Landsleuten wegen ihrer literarischen Neigungen berühmt›, schrieb er ein wenig überraschend.[8] Ali hatte örtlichen Gemeinschaften nie gestattet, politisch tätig zu werden, und ihr geistliches Wohlergehen interessierte ihn auch nicht, egal ob sie Muslime oder Christen waren. Doch obwohl er selbst ein muslimischer Albaner war, hatte er den Griechen erlaubt, ihre kulturelle nationale Identität zu pflegen, soweit sie in den ersten Jahrzehnten des 19. Jahrhunderts existierte. Außerdem hielt er persönlichen Kontakt zu einflußreichen griechischen Emigranten auf dem Wiener Kongreß. In seiner Not bat Ali im

Mai 1820 die Griechen, sich seinem Widerstand gegen die Türken anzuschließen. Sie antworteten ihm nicht einmal. Aber führende griechische Patrioten auf dem Peloponnes wie auch in Emigrantengemeinden im Ausland waren bestrebt, Alis letztes Gefecht zu nutzen. Unbeabsichtigt beschleunigte er den Ausbruch des nationalen Aufstands: Es war kein Zufall, daß der griechische Unabhängigkeitskrieg 1821 begann, als osmanische Truppen noch um Ioánnina kämpften.

Der griechische Aufstand und seine Folgen bestimmten direkt und indirekt Mahmuts Politik in den weiteren achtzehn Jahren seiner Regierungszeit. Das griechische Erwachen hatte den Sultan und seine Wesire überrascht.[9] Bis zum Ende des 18. Jahrhunderts hatte es kaum ein Bewußtsein von einem hellenistischen Erbe unter den Griechisch sprechenden Untertanen des Sultans gegeben – die ein Viertel der Gesamtbevölkerung des Reichs stellten. Offiziell bemühte sich der Patriarch von Konstantinopel, den traditionellen Status der orthodoxen Kirche als anerkannte Millet aufrechtzuerhalten, und das tat auch die wohlhabende fanariotische Aristokratie. Aber Handelskontakte mit Frankreich, insbesondere mit Marseille, hatten dazu beigetragen, die Ideale der Französischen Revolution auf dem Festland wie auf den Inseln des heutigen Griechenland zu verbreiten. Griechen, die in Frankreich gelebt hatten, propagierten ein Ideal des Hellenismus, das aus dem klassischen Altertum stammte und nichts gemein hatte mit der nostalgischen Sehnsucht orthodoxer Gläubiger nach Wiederbelebung einer byzantinisch-christlichen Gesellschaft. Bei der Bekämpfung dieser aufrührerischen Ideen konnten daher spätere Sultane auf Unterstützung des Patriarchats rechnen. 1798 betonte eine ‹Väterliche Ermahnung›, die im Namen des Patriarchen Anthimos von Jerusalem in Konstantinopel in Umlauf gesetzt worden war, die Rolle des Sultans als des von Gott auserwählten Beschützers christlichen Lebens und verurteilte die ‹Lehren von den neuen Freiheiten› als Werk des Teufels. ‹Der Allmächtige Gott›, hieß es darin, ‹erfüllt den Sultan der Osmanen mit dem Wunsch, den frommen Glauben unserer orthodoxen Gläubigen nicht anzurühren und sie darüber hinaus zu beschützen, bis hin zur gelegentlichen Bestrafung von Christen, die von ihrem Glauben abweichen, auf daß sie für immer Gott fürchten mögen.›[10]

Solch ultrakonservative Lehre hatte, obwohl im Zentrum des Reichs wirksam, in den sich hellenisierenden Gemeinden der Walachei und der Moldau wenig Gewicht, die sich Hilfe von Zar Alexander I. und seinem korfiotischen Berater Johann Kapodistrias erhofften. Das war unrealistisch. Trotz seines aufrichtigen religiösen Eifers unterstützte der Zar keine verschwörerische Gruppe, und Kapodistrias, der wußte, daß Alexander nicht den Wunsch hatte, ‹die Kanonen wieder in Bewegung zu setzen›, behandelte jeden Annäherungsversuch von griechischen Revolutionären mit äußerster Vorsicht.[11] Dennoch geschah es, daß 1814 in der schnell wachsenden russischen Hafenstadt Odessa drei griechische Kaufleute eine geheime ‹Vereinigung von Freunden›, Philiki Hetairia, zur Befreiung der Balkanvölker von osmanischer Herrschaft gründeten (vielleicht auch wiederaufleben ließen). Mit dem stillschweigenden Einverständnis russischer Konsulatsvertreter verlegte die Philiki Hetairia drei Jahre später ihren Sitz nach Konstantinopel. Bald konnten sie auf die Unterstützung führender Griechen in der Mani-Region, auf die Sympathie des Metropoliten Germanos (des Bischofs des alten Patras), auf die Hilfe der Führer christlicher Räuberbanden (Klephten) auf dem Peloponnes und einiger hochrangiger fanariotischer Offiziere im Dienst der russischen Armee zählen. Einer dieser Offiziere versuchte im März 1821, das Feuer in den Balkanländern anzufachen: General Alexandros Ypsilanti, ein Adjutant des Zaren, führte eine Handvoll griechischer Patrioten zu einem Überfall auf Bukarest und Jassy über die russische Grenze.

Letzten Endes war Ypsilantis Angriff ein tragischer Fehlschlag, denn der General verließ sich zu Unrecht auf die rasche Ausbreitung nationaler Revolutionen gegen den Sultan im ganzen osmanischen Europa, auf einen Kreuzzug der Orthodoxie, den der Zar begeistert führen würde. Ypsilanti schlug ein Bündnis mit Miloš Obrenović vor. Obrenović hatte im Frühjahr 1815 einen zweiten serbischen Aufstand gegen die örtliche Tyrannei der Janitscharen-Offiziere geleitet und Sultan Mahmut, der Miloš für einen gewieften und fähigen Vasallen hielt, beträchtliche Autonomie für Serbien abgerungen. Der schlaue Miloš, der auf die Anerkennung als Erbfürst von Serbien hoffte, hatte durch die Unterstützung Ypsilantis gegen den Sultan mehr zu verlieren als zu gewinnen. Die Bauern der Moldau sahen keinen Grund, die ferne osmanische Oberherrschaft gegen eine direktere griechisch-russische Herrschaft zu tauschen, und darum blieben sie Ypsilantis Appellen gegenüber taub, während der Zar seinen Adjutanten fast sofort verstieß. Binnen drei Monaten hatten die osmanischen Streitkräfte in den beiden Donaufürstentümern die Ordnung wiederhergestellt, und Ypsilanti flüchtete nach Österreich.

Doch der unüberlegte Überfall hatte schwerwiegende Folgen für den Sultan. Auf dem Peloponnes beschleunigte er den Unabhängigkeitskrieg, dessen Beginn auf den 25. März datiert wird, den Tag, an dem der Metropolit Germanos im Kloster Hagia Lavra ein Heiliges Banner segnete. Unmittelbar löste der Überfall eine Panikreaktion in Konstantinopel aus. Die osmanische Armee führte nicht nur gegen Ali Pascha in Epirus Krieg, sondern auch – wenig ehrenvoll – gegen die Perser an der nicht genau festgelegten Grenze zwischen dem Berg Ararat und dem Vansee. Mahmut fürchtete, daß in diesem Moment osmanischer Schwäche die Türken Stambul und Pera verlieren könnten. Am 31. März 1821 vermerkte die britische Botschaft, es sei ein Befehl an alle ‹Türken› in Konstantinopel erlassen worden, sich Waffen zu beschaffen und sie im Haus aufzubewahren für den Fall, daß die Griechen versuchen sollten, die Stadt durch eine Revolte einzunehmen.[12] Gleichzeitig hielten die Janitscharen-Kasernen für den Ernstfall Waffen für über 12 000 Soldaten bereit.

Die Nachricht vom Aufstand gegen die Osmanen auf dem Peloponnes erhielt die Pforte durch Lord Strangford, den britischen Botschafter, der eine von seinem Konsul in Patras geschickte Eilbotschaft weitergab.[13] Die Nachricht scheint Mahmut fast um den Verstand gebracht zu haben. Er war überzeugt, daß er das Opfer einer von den Russen unterstützten Konspiration orthodoxer Christen werden sollte. Unverzüglich erbat er vom Şeyhülislâm eine Fetva mit der Ausrufung eines Heiligen Kriegs gegen die griechischen Christen. Aber der Şeyhülislâm war ein integrer Mann. Er besprach die Krise mit dem ökumenischen Patriarchen, dem siebzigjährigen Gregorius V., und lehnte die Forderung des Sultans ab – ein mutiger, ehrenhafter Akt, der mit hoher Wahrscheinlichkeit dazu beitrug, daß er noch vor Jahresende abgesetzt und schließlich hingerichtet wurde. Gregorius hoffte, als er von seinem Treffen mit dem Şeyhülislâm zurückkehrte, auf einen Kompromiß. Sieben griechische Bischöfe waren bereits auf Befehl des Großwesirs inhaftiert worden. Am Palmsonntag erließ der Patriarch einen feierlichen Bannfluch, der von ihm selbst und zweiundzwanzig weiteren Prälaten unterzeichnet war. Darin verdammte er offiziell die Philiki Hetairia und exkommunizierte Ypsilanti und seine wichtigsten Gefährten; allen ‹Prälaten und Priestern› wurde befohlen, sich der Kirche im Widerstand gegen die Rebellion anzuschließen, unter Androhung der Suspendierung und Vertreibung und schließlich ‹dem Höllenfeuer›.[14]

Zehn Jahre später hätte Mahmut vielleicht mehr politische Klugheit bewiesen und den offiziellen Bannfluch genutzt, um seine Feinde zu entzweien. Aber den Sultan überfielen, wie ein osmanischer Amtsinhaber einige Wochen später Strangford berichtete, in den folgenden Tagen ‹heftige Anfälle von Wut und Entrüstung›; er war von der Mitschuld des Patriarchen überzeugt. War nicht Gregorius im selben Ort wie Germanos von Patras geboren, und hatte er nicht mit dem rebellischen Metropoliten Freundschaft geschlossen, als die beiden Würdenträger fünf Jahre zuvor gleichzeitig in Konstantinopel gewesen waren? Für den Sultan stand außer Zweifel, daß Gregorius mit aufständischen Anführern im Mani-Gebiet korrespondierte und Briefe von Ypsilanti erhalten hatte. Die Nachricht, daß griechische und serbische Familien, die genaugenommen unter geistlicher Aufsicht des Patriarchen standen, aus der Stadt geflohen und auf Schiffen auf dem Weg nach

Rußland waren, scheint schließlich das Schicksal von Gregorius besiegelt zu haben.

Der Bannfluch wurde am Palmsonntag gedruckt und veröffentlicht. Am darauffolgenden Samstagnachmittag – nach dem orthodoxen Kalender der 10. April, nach dem gregorianischen Kalender Westeuropas der 22. April – hielt der Patriarch die Messe vor der feierlichen Ostervigil, als bewaffnete Soldaten in die Patriarchenkirche im Fener-Viertel von Stambul drangen. Nach dem Ende des Gottesdienstes ergriffen sie den Patriarchen und die Bischöfe und Priester, die noch ihre Kirchengewänder trugen, und legten ihnen Stricke um den Hals. Gregorius wurde zum Tor des Fener-Viertels gezerrt und an einem Haken über dem Eingang aufgehängt; er erstickte langsam. Drei Tage ließ man seinen Leichnam am Tor hängen; sein hastig gewählter Nachfolger mußte ihn beiseite stoßen, als er zum Palast eilte und beim Sultan um Bestätigung der ihm verliehenen Amtswürde nachsuchte. Drei weitere Bischöfe und zwei angesehene Priester wurden an anderen Stellen in Stambul gehängt. Um die orthodoxen Christen noch weiter zu demütigen, befahl der Sultan schließlich, den Leichnam des Gregorius einer Gruppe Juden zu übergeben, die ihn an den Beinen ‹über einen sehr schmutzigen Markt› zerrten und ihn, mit Steinen beschwert, am Goldenen Horn ins Wasser warfen. ‹Man kann Wut, Entrüstung und Grausamkeit nicht weiter auf die Spitze treiben›, merkte Bartolomeo Pisani an; er war als oberster Übersetzer der Hauptinformant Strangfords über alle Vorgänge in der Stadt während dieser schrecklichen Osterwoche, in der der aufgebrachte Mob durch die Straßen zog, griechische Kirchen plünderte und selbst den Patriarchenthron zerstörte.[15]

‹Die Ratsversammlungen im Reich werden nun von einem Geist rücksichtslosen Fanatismus gelenkt, der das Schlimmste erwarten läßt›, teilte Strangford seinem Außenminister Castlereagh drei Tage nach der Hinrichtung des Patriarchen mit. Aber die Stimmung des Botschafters änderte sich bald. Anders als seine russischen und österreichischen Kollegen brachte er Sultan Mahmut durchweg Verständnis entgegen. Er erklärte

Castlereagh, daß die Griechen als Rebellen bestraft würden, nicht als Christen, daß ‹die griechischen Geistlichen die eigentlichen Urheber und Betreiber› der Rebellion wären, und daß der Sultan Truppen nach Konstantinopel geholt hätte, um dem Zorn des Mobs Einhalt zu gebieten, dessen Stimmung Strangford mit der der antipapistischen Aufrührer Gordons in London fast ein halbes Jahrhundert zuvor verglich. Drei Monate nach der Hinrichtung des Patriarchen beteuerte Strangford, frühere Berichte wären stark übertrieben gewesen: ‹Von sechsundsiebzig Kirchen und Kapellen in der Stadt Konstantinopel und ihrer Umgebung wurde nur eine völlig zerstört und dreizehn beschädigt oder vom Mob geplündert.› Als Beweis dafür, daß nun alles in Ordnung wäre, führt der Botschafter die ‹Entwaffnung› türkischer Kinder an: ‹Kleine Schurken unter sieben Jahren, bewaffnet mit Messern und Pistolen, hatten bis jetzt das Recht, ungestraft zu rauben, zu schießen und Menschen niederzumetzeln.›[16]

Stratford Canning, der stets überzeugt gewesen war, jeden russischen Diplomaten ausmanövrieren zu können, hatte die Franzosen für die großen Intriganten in Konstantinopel gehalten; sein Nachfolger konzentrierte sein Mißtrauen auf die Gesandten des Zaren. Strangford war der erste britische Botschafter, der das Klischee vom ‹russischen Teufel› wie einen Glaubenssatz blind akzeptierte. Damit tat er seinem russischen Kollegen Alexej Stroganow ausgesprochen unrecht, denn der zeigte während der griechischen Krise bemerkenswerte Zurückhaltung. Der Heilige Synod der russisch-orthodoxen Kirche drängte die Regierung in St. Petersburg ständig, die Kränkungen der Kirche mit einem erneuten Krieg gegen die Türken zu rächen. Aber Zar Alexander I. lehnte die Aufnahme einer Expansionspolitik entschieden ab, solange sein Reich durch ungelöste Probleme nach dem Krieg gegen Napoleon geschwächt war. In seinen Kontakten mit den Ministern des Sultans legte Alexej Stroganow die Wünsche des Zaren geschickt dar.[17] Er protestierte heftig gegen die Angriffe auf Christen in Konstantinopel und erinnerte die Pforte an die Schutzrechte, die seinem Souverän mit dem Vertrag von Küçük – Kaynarca gewährt worden waren. (Außerdem machte er sich abreisebereit.) Aber er wählte seine Worte vorsichtig. Die osmanischen Behörden blieben nicht im Zweifel darüber, daß der Zar Rebellionen gegen eine legitime Regierung mißbilligte, gleichgültig, ob christlich oder muslimisch. Solange Alexander auf dem Thron blieb, nahm Mahmut II. den ‹russischen Teufel› nicht sehr ernst. Er war überzeugt, daß der griechische Aufstand nur von kurzer Dauer sein würde. Auch wenn die Griechen die Küsten des Peloponnes und Attika und einige reiche Inseln unter ihre Gewalt bringen sollten – der Aufstand war schlecht koordiniert, und es gab heftige Rivalitäten sowohl unter den Rebellenführern selbst als auch zwischen den verschiedenen griechischen Regionen. Ohne Intervention Rußlands, so glaubte Mahmut, würden seine Armeen in wenigen Monaten den Peloponnes zurückerobern und durch schonungslose Unterdrückung die Ordnung wieder herstellen. Wie so oft unterschätzten die Osmanen ihre aufständischen Widersacher.

Der Sultan täuschte sich, weil er die Bedeutung und Wirkung der Morde an den orthodoxen Geistlichen nicht erkannte. Indem er die Hinrichtung des Patriarchen und die Schändung der Leiche ausgerechnet zu Ostern zuließ, entfremdete er sich ein Viertel seiner Untertanen. Die orthodoxe Millet wurde in permanente Opposition zum Sultanat getrieben und schwächte dadurch das Osmanische Reich während des gesamten letzten Jahrhunderts seines Bestehens. Zudem bereitete Gregorius V. den Osmanen auch nach seinem Tod Probleme. Der noch nicht verweste Leichnam des Patriarchen stieg eines Abends in der Woche nach Ostern 1821 im trüben Wasser des Goldenen Horns in der Nähe eines russischen Getreidefrachters wieder zur Oberfläche auf. Ein Flüchtling aus dem Haushalt des Patriarchen, der sich an Bord des Schiffes befand, erkannte den Toten und die Überreste der Gewänder. Für die orthodoxen Gläubigen war dieses Wiederauftauchen ihres gemarterten Patriarchen ein Zeichen göttlicher Güte. Unauffällig barg der griechische Kapitän des Schiffes die Leiche, ehe er nach Odessa segelte. Dort wurde Gregorius ein Märtyrer-

Begräbnis zuteil. Im Juni 1821 war er bereits zum Symbol jener hellenistischen Revolte geworden, die er in den letzten sorgenvollen Monaten seines Lebens öffentlich beklagt hatte.

Ein halbes Jahrhundert später, als die Russen die Gemeinsamkeit der orthodoxen Kirchen hervorheben wollten, wurden Gregorius' Gebeine in seine griechische Heimat überführt, und seit mehr als 120 Jahren wird sein Grab neben dem Eingang zur Kathedrale des Metropoliten in Athen verehrt. Die religiöse Demonstration im Odessa der Hetairia im Sommer 1821 jedoch bestätigte nur Mahmuts II. Feindseligkeit gegenüber der russischen Kirche. ‹Die Türken›, berichtete Bartolomeo Pisani, ‹sehen darin einen weiteren Beweis dafür, daß in der Religion wie auch in politischen Angelegenheiten Übereinstimmung zwischen den Russen und Griechen herrscht.›[18] In seinem Zorn schlug der Sultan Warnungen in den Wind. Er ordnete höchstpersönlich die Durchsuchung aller Schiffe an, die die Meerengen passierten. Als er Getreidefrachtern die Durchfahrt verweigerte, schien den Diplomaten in Konstantinopel ein neuer russisch-türkischer Krieg unvermeidlich. Eilig intervenierten Strangford wie auch seine österreichischen Kollegen: Das Embargo für Getreidefrachter aus Odessa wurde aufgehoben.

Im Herbst war die Krise in der Hauptstadt überwunden. Obwohl Stroganow im Juli nach St. Petersburg abberufen wurde, erklärte Rußland sieben weitere Jahre lang dem Osmanischen Reich keinen Krieg. Dann stellte sich die Orientfrage in völlig anderer Form. Die gelegentlichen Zusammenstöße osmanischer Truppen und griechischer Rebellen waren erbarmungslos, beide Seiten verübten Greueltaten, die lange im Gedächtnis blieben. Im Juli 1822 jedoch schien die Niederlage der Griechen besiegelt zu sein: Bei Péta, fünf Kilometer östlich von Arta, errang die osmanische Armee einen eindrucksvollen Sieg und stellte die Herrschaft in ganz Westgriechenland – ausgenommen Mesolongion – wieder her. Gleichzeitig versuchten Elitetruppen des Sultans den Isthmus von Korinth zu überqueren und zu den griechischen Bollwerken auf dem Peloponnes vorzudringen. Aber zu Mahmuts Ärger kamen seine Befehlshaber kaum voran. Im Frühjahr 1823 stagnierte der Feldzug: Rivalisierende Rebellengruppen bekämpften einander, aber der Sultan konnte aus dieser Uneinigkeit keinen Vorteil ziehen. Die Griechen beherrschten weiterhin die Inseln und das Meer.

In diesem Moment ging Mahmut ein Risiko ein: Er wandte sich an den tüchtigsten und ehrgeizigsten seiner Vasallen, an Muhammad Ali. In den vorangegangenen zehn Jahren war der Vizekönig von Ägypten immer mächtiger geworden und hatte in seinem Herrschaftsgebiet die ‹Neue Ordnung› eingeführt, die Selim III. vergeblich dem Zentrum seines Reichs aufzuzwingen versucht hatte. Auf Sultan Mahmuts Bitte hatte Muhammad Ali gut gedrillte Truppen geschickt, um Aufstände der Wahhabiten in Arabien niederzuschlagen, und er hatte dafür gesorgt, daß seine Armee im Namen des Sultans und Kalifen die heiligen Städte Mekka und Medina kontrollierte. Eine weitere, von napoleonischen Veteranen ausgebildete Armee drang am Nil entlang nach Süden vor und wurde durch Sklaven verstärkt; 1822 gründete sie die Stadt Khartum. Der Vizekönig konnte seinem Sultan eine disziplinierte Armee, eine gute Flotte und einen fähigen Befehlshaber bieten, der die Ordnung in Griechenland genauso wiederherstellen würde wie in Arabien. Dafür bot Sultan Mahmut Muhammads Sohn Ibrahim erhebliche Macht als Pascha von Kreta und Gouverneur des Peloponnes. Die Griechen nahmen an, daß Ibrahim sich vielleicht in Kreta niederlassen, aber im Winter keinen Übergang zum Peloponnes versuchen würde. Sie irrten sich. Im Februar 1825 landete Ibrahim mit 10 000 Mann samt Pferden und Artillerie in Modon auf dem Südpeloponnes. Eine koordinierte, umfassende Strategie stellte sicher, daß die Griechen zugleich von Norden her von der regulären osmanischen Armee angegriffen wurden.[19]

Zunächst schien es, als würde Ibrahim einen schnellen Sieg erringen. Auf dem Peloponnes widerstand nur Nauplion dem ägyptischen Angriff. Doch in Westgriechenland trotzte Mesolongion der Belagerung durch eine überwiegend türkische Armee bis zum April 1826, als Ibrahim selbst den Golf überquerte und die Stadt einnahm, in der zwei Jahre zuvor Byron gestorben war, für seine Zeitgenossen der ‹edelste Geist in Europa›. Vor diesem Hintergrund ließ der Fall der Stadt alte Vorurteile in Großbritannien und Frankreich wiederaufleben; philhellenistische Gefühle nahmen zu. Berichte von Kaufleuten und Konsuln auf dem Peloponnes hoben die Verwüstungen hervor, die Ibrahims ‹unmenschliche Barbaren› verursacht hatten, als sie auf ihrem Marsch Dörfer und kleine Städte in Brand steckten. Schon im Juli 1825 hatte die griechische provisorische Regierung um britischen Schutz gebeten und sich auf das scheinbare Wohlwollen von Außenminister Canning und auf den Einfluß Londons verlassen, in dem neun Monate zuvor eine griechische Anleihe von 800 000 Pfund (16 Millionen Mark) aufgelegt worden war. Die lange umkämpften Ionischen Inseln waren 1815 durch ein Abkommen zwischen den vier Großmächten britischer Protektion unterstellt worden. Eine einseitige Garantie für Gesamtgriechenland war mehr, als irgendein britischer Staatsmann geben konnte, aber der Außenminister wollte nicht tatenlos zusehen, wie über das Schicksal der Griechen in Konstantinopel entschieden wurde – oder in St. Petersburg. Deshalb einigten sich die britische und die russische Regierung – obwohl sie einander im Grunde mißtrauten – im Winter 1825/26 auf eine gemeinsam betriebene Vermittlung zwischen dem Sultan und seinen rebellischen christlichen Untertanen. Der Herzog von Wellington, der zur Beisetzung Zar Alexanders I. in Rußland weilte, und Graf Nesselrode unterzeichneten Anfang April 1826 ein Abkommen, um ‹in dem Streit, dessen Schauplatz Griechenland und der Archipel sind›, zu vermitteln und einen autonomen griechischen Staat innerhalb des Osmanischen Reichs anzustreben. Gleichzeitig sandte George Canning seinen Cousin Stratford wieder als Botschafter nach Konstantinopel, allerdings mit Instruktionen für eine vorsichtige Politik. ‹Übertreibe möglichst die russische Gefahr›, bekam ‹Stratty› aufgetragen.[20]

Doch soweit es Mahmut II. betraf, war die griechische Rebellion im Frühjahr 1826 zu Ende. Muhammad Alis moderne Militärmaschinerie brachte den Sieg, der den traditionellen osmanischen Regimentern und den Janitscharen so lange versagt geblieben war. Der Sultan sah sich daher vor zwei dringende – und miteinander verknüpfte – Aufgaben gestellt: sich aus der Abhängigkeit von seinen ägyptischen Vasallen, Vater und Sohn, zu befreien sowie Muhammad Alis Beispiel in Kairo nachzuahmen und eine Reihe drastischer Reformen in der Hauptstadt des Reiches durchzusetzen. Er wollte die zentrale Autorität festigen und gleichzeitig die veralteten Institutionen hinwegfegen, die durch ihr Festhalten an überholten Bräuchen die Verwestlichung behinderten. Aber um eine Provokation der Reaktion zu vermeiden, die die Bemühungen früherer Reformer zunichte gemacht hatte, mußte er vorsichtig vorgehen. Als vorbereitenden Schritt versuchte er die Ulema für seine Pläne zu gewinnen; er hoffte, alle Zweifel an seinem Glaubenseifer ausräumen zu können. Neue Moscheen wurden gebaut und fromme Einrichtungen, die verfallen waren, wiederhergestellt. Im November 1825 sorgte Mahmut für die Ernennung des energischen und ihm loyal ergebenen Mehmet Tahir Efendi zum Şeyhülislâm. Er war ein geborener Reformer, ein Obermufti, der nicht die Absicht hatte, örtlichen Imamen ein Benehmen durchgehen zu lassen, als wären sie Janitscharen-Offiziere beim Gebet.

Das Janitscharen-Korps blieb das größte Hindernis bei der Europäisierung. Als Byron und sein Freund Hobhouse 1810 in Konstantinopel eintrafen, sahen sie sich in einer von Janitscharen befehligten Stadt. Ausländer wohnten hauptsächlich in dem verächtlich ‹Schweine-Viertel› genannten Pera, wo ausländische Christen Schweinefleisch verzehren durften; und in Pera stand jedem Botschafter zum Schutz seiner Landsleute ein Orta (Bataillon) von Janitscharen zur Verfügung – auf dem Papier. In Wirklichkeit waren ‹nicht mehr als vier oder fünf ständig anwesend›, wie Hobhouse schrieb.[21] Aber das Orta würde ‹bei irgendeinem Notfall› schnell dasein. Sogar die Feuerwehr war in der Hand der Janitscharen. Die meisten Brände in der Hauptstadt wurden Janitscharen-Brandstiftern zugeschrieben, die angeblich Feuer legten, um sich für das Löschen bezahlen zu lassen. Die Janitscharen, die ‹großen

Feinde› der Christenheit im 17. Jahrhundert, waren zu einer privilegierten gesellschaftlichen Plage entartet. Als Ende Mai 1811 die Janitscharen Rekruten anwarben für einen Feldzug, der der letzte gegen einen ausländischen Feind werden sollte, meldeten sich in der Kaserne von Stambul 13 000 Mann zum aktiven Dienst, und wie ihre Vorgänger marschierten sie vorschriftsmäßig zur Stadt hinaus Richtung Edirne und Kriegsschauplatz. Aber als das Korps Silivri erreichte, keine 60 Kilometer entfernt, bestand es nur noch aus 1600 Mann – 11 400 waren desertiert. Zehn Jahre später, als der griechische Aufstand das Reich zu erschüttern begann, waren die Janitscharen kaum mehr als eine Bande amtlich zugelassener Räuber. ‹Immer wieder hatte der Sultan über ihre Untaten hinweggesehen›, erklärte später einer von Mahmuts Hofpropagandisten in einer halboffiziellen Chronik über die bedeutendsten Ereignisse in seiner Regierungszeit.[22]

Im Winter 1825/26 verstärkte Mahmut die Artillerie in der Hauptstadt und in den Festungen am Bosporus. Gleichzeitig setzte er seine eigenen Kandidaten an die Spitze der Janitscharen-Armee: Der erste strenge Zuchtmeister – Kara (‹der schwarze›) Hüseyin – befehligte 1823 die Truppen nur acht Monate lang, denn der Sultan mußte ihn übereilt nach Bursa und Izmit abkommandieren, um einen Janitscharen-Aufstand zu verhindern. Aber Kara Hüseyins Nachfolger Celâlettin Mehmet wußte, was auf dem Spiel stand. Hüseyin, der 1826 vom britischen Botschafter ‹Pascha des Bosporus› genannt wurde, blieb in der Nähe der Hauptstadt und demonstrierte ‹Stärke durch die äußerst schonungslose Hinrichtung widerspenstiger Janitscharen›, merkte Stratford Canning an.[23]

Mahmut wollte den Fehler seines Vorgängers von 1807 vermeiden: Nachdem er den Aufstand der Janitscharen provoziert hatte, stellte Selim fest, daß ihm die Streitmacht fehlte, in der Hauptstadt die Ordnung aufrechtzuerhalten. Im Mai 1826 war Mahmut zuversichtlich, daß die meisten höheren Offiziere Reformen wohlwollend gegenüberstanden, und Ende des Monats verlangte er von der Armee, daß sie europäische Regeln des Exerzierens, europäische Uniformen und eine europäische

Ausbildung im Gebrauch von Gewehren akzeptierte. Über zwei Wochen lang schwelte Ärger unter den Soldaten über diesen erneuten Versuch, ihnen Ordnung und Disziplin aufzuzwingen, aber die potentiellen Meuterer innerhalb der Armee hatten weder Anführer noch irgendeine Strategie zum Widerstand. Am 5. Juni zeigte sich der Großwesir bei einer Parade in einer Jacke mit Tressen und engen Hosen – der bei Offizieren der europäischen Armeen üblichen Uniform. Er kündigte an, daß der Sultan am 18. Juni, einem Sonntag, die Janitscharen in ihren neuen Uniformen und nach westlicher Manier gedrillt inspizieren würde. Diese Anordnung erbitterte die Janitscharen schließlich. Am Mittwochabend sammelten sich die jüngeren Offiziere von fünf Janitscharen-Ortas am At Meydanı, dem alten Hippodrom, einem althergebrachten Versammlungsort. Sie forderten die sofortige Zurücknahme der Armeereformen. Ihre Truppen in den benachbarten Kasernen wurden aufgefordert, die Suppenkessel umzukippen – das traditionelle Zeichen zum Aufruhr.

‹Ich lag noch nicht lange im Bett, als ich durch das plötzliche Auftauchen eines Dragomans gestört wurde, der mir mitteilte, daß die Janitscharen rebellierten›, erinnerte Stratford sich später.[24] Mahmuts Vorsichtsmaßnahmen zum Trotz schien es zunächst, als ob sich die Janitscharen schnell die Gewalt über Stambul sichern würden. Aber Mahmut weilte in Beşiktaş statt im alten Palast, als die Revolte begann, und Kara Hüseyin gelang es, erhebliche Verstärkung und 25 Kanonen den Bosporus herunterzuschaffen und die Zugänge zum Topkapı Sarayı zu sichern. Und während bei früheren Gelegenheiten der Stambuler Mob die Meuterer ausnahmslos unterstützt hatte, reagierte 1826 die Masse der Bevölkerung nicht auf die üblichen fremdenfeindlichen Aufrufe, vermutlich weil die Ulema geschlossen hinter dem Sultan standen. Nur ärmere Handwerker, die um ihren kärglichen Lebensunterhalt aus alten Gewerben fürchteten, wenn die ‹Verwestlichung› fortgesetzt wurde, unterstützten die Janitscharen. Sie waren stark genug, um die Pforte anzugreifen, aber die drohenden Kanonen Kara Hüseyins stoppten sie kurz vor dem alten Palast. Bis Donnerstag mittag hatten sich die Janitscharen in ihre Kasernen am At Meydanı zurückgezogen.

‹Es war heiß, und wir nahmen das Dinner zu früher Stunde ein›, erinnerte sich Stratford einige Jahre später an die Ereignisse, die er von der Botschaft in Pera aus verfolgt hatte. ‹Mein Platz bei Tisch war gegenüber von den Fenstern mit Blick auf Stambul jenseits des Goldenen Horns, und ich saß kaum, als ich zwei dünne Rauchsäulen am Horizont aufsteigen sah. Was bedeuteten sie? fragte ich, und bekam zur Antwort, daß die Leute des Sultans die Kasernen der Janitscharen unter Beschuß genommen hatten, denen kein anderer Ausweg blieb, als zu fliehen.› In einer halbstündigen Beschießung der alten Kasernen und des alten Parcours des Hippodroms kamen Hunderte von Janitscharen um. Andere, die in Gefangenschaft gerieten, wurden kurzerhand hingerichtet. ‹Die bloße Bezeichnung Janitschar, ob sich einer etwas hatte zuschulden kommen lassen oder nicht, kam einem Todesurteil gleich›, schrieb Stratford. Auch den ganzen Freitag hindurch fanden standrechtliche Exekutionen statt. Hüseyins Kanoniere geleiteten den Sultan zu seinem allwöchentlichen Selâmlık-Gebet, zogen durch die dreckigen Straßen voll umgekippter Suppenkessel und Janitscharen-Flaggen und -Abzeichen. ‹Es herrscht weiter große Aufregung, oder besser gesagt, es findet eine gnadenlose Hetzjagd statt, denn jeder Winkel der Stadt wird durchsucht›, berichtete Bartolomeo Pisani über diesen Tag. ‹Niemandem wird Pardon gewährt.›[25]

Draußen in den Provinzen paßten sich die meisten Janitscharen wohlweislich an, statt sich der fortschrittlichen Entwicklung zu widersetzen, allerdings wurden auch in Izmit sowie in Edirne Kanonen gegen Aufrührer eingesetzt. Am Samstag, dem 17. Juni 1826, wurde die Janitscharen-Armee offiziell abgeschafft. Der Widerstand der Janitscharen war so gering, daß es im Rückblick seltsam erscheint, daß kein früherer Sultan Kanonen gegen sie gerichtet hat. Mahmut war nicht nur erfolgreich, weil er Hüseyin eingesetzt hatte, sondern auch, weil er die Janitscharen von den Ulema isolierte, die in der Vergangenheit den Mob in der Hauptstadt aufgestachelt hatten.

Die Schätzungen über die Anzahl der Gefallenen im gesamten Reich weichen stark voneinander ab. Der Sultan versprach den Janitscharen, die klug genug gewesen waren, sich in diesen schweren Tagen aus dem Aufruhr herauszuhalten, Leibrenten; aber es wurden so viele Anwärter aufgrund erfundener Anklagen getötet, daß diejenigen mit einem sicheren Gespür fürs Überleben lieber auf ihre Ansprüche verzichteten. Acht Scharfrichter waren in der zweiten Junihälfte vollauf beschäftigt. Stratford Canning meinte, es seien etwa 6000 Menschen umgebracht worden; er hatte vermutlich recht, obwohl mehrere Quellen die Zahl sehr viel höher ansetzen. Zeitgenössische türkische Dichter, die in der Liquidierung der Janitscharen einen Meilenstein in der osmanischen Geschichte sahen, verliehen diesen Vorfällen ein euphemistisches Ansehen, indem sie sie ‹das verheißungsvolle Ereignis› nannten – eine Begebenheit, die dem Sultan zukünftige Erfolge versprach. Aber für die ausländischen Bewohner auf dem Bosporus bedeutete das Blutbad vom Juni 1826 ein dramatisches Ende statt eines verheißungsvollen Beginns. ‹Das Ausmaß des Blutvergießens... hat in der ganzen Nation Panik ausgelöst›, schrieb der britische Botschafter. ‹Eine der wichtigsten Quellen für die Größe und den Glanz des Osmanischen Reichs› sei vernichtet, fand er; und er fügte ohne rechte Überzeugung hinzu: ‹Der Sultan muß beweisen, daß er das Schwert in die Scheide stecken kann, wenn der Gerechtigkeit Genüge getan ist.›[26]

KAPITEL 7
‹Nach Art der Ägypter›

Jetzt, da die Janitscharen den Herrscher, der ‹das Tor des Ostens zu neuem Leben öffnete›, nicht mehr bedrohten, genoß das Sultanat ein seltenes Gefühl von Sicherheit. In den letzten dreizehn Jahren seiner Regierungszeit konnte Mahmut II. die Veränderungen in Verwaltung, Regierung und Gesellschaft in Angriff nehmen, die er seit seiner Thronbesteigung angestrebt hatte. Und doch starb er bitter enttäuscht. Ungelöste Probleme in der Orientfrage und die wachsende Bedrohung des Reichs durch Ägypten unter Muhammad Ali brachten seine Revolution von oben zum Stillstand, als erst ein Viertel seiner Reformen vollzogen war.

Trotzdem beeindrucken Mahmuts Errungenschaften noch heute. Er modernisierte Armee und Flotte, ließ eine offizielle Hofzeitung herausbringen, die gelegentlich auch auf Französisch (*Le Moniteur Ottoman*) erschien, und er richtete neue Regierungsämter ein (Vorformen von ‹Ministerien›), darunter Ressorts für Justiz, Zivilverwaltung, Finanzen, Handel und Religion. Der Sultan selbst zeigte sich in westlicher Uniform – ‹nach Art der Ägypter›, wie Stratford Canning sie interessanterweise beschrieb; zweifellos folgte Mahmut weiterhin den von Muhammad Ali gesetzten Trends, so sehr er dessen Ehrgeiz mißtrauen mochte.[1] Kenntnis der französischen Sprache wurde für jene wichtig, die im Osmanischen Reich im zivilen oder im militärischen Dienst vorankommen wollten. Nicht nur die Soldaten veränderten ihr Aussehen: bei Hofbediensteten wie bei Beamten ersetzten ein Gehrock, schwarze Hosen und Fez die wallenden Gewänder und den Turban früherer Zeiten. Der besondere Schnitt des Gehrocks erhielt in Westeuropa einen eigenen Namen, Stambul.

Einige Veränderungen ergaben sich ganz unmittelbar aus der Beseitigung der Janitscharen. Der Besitz dieser Truppe bildete eine stattliche Beute und ermöglichte es dem Sultan, seine treuesten Anhänger zu belohnen. Şeyhülislâm Mehmet Tahir Efendi erhielt das frühere Haus des Janitscharen-Ağa als offizielle Residenz. Kara Hüseyin bekam den Ehrentitel eines Ağa Pascha verliehen und wurde zum Oberbefehlshaber (Serasker) der neuen osmanischen Armee ernannt, die im Vorgriff mit dem Ehrentitel Asakiri Mansure-i Muhammediye (‹Siegreiche Soldaten Mohammeds›) ausgezeichnet wurden. Der Serasker bezog ebenfalls eine offizielle Residenz: Beyazit, den ersten Palast, den die Osmanen nach der Eroberung Konstantinopels gebaut hatten. Nach der Modernisierung diente er bis zum Zusammenbruch des Reichs als Kriegsministerium. Kurz nach der Amtsübernahme erhielt Hüseyin von Mahmut die Erlaubnis, dort den marmornen Turm für die Feuerposten zu errichten, der noch heute an Istanbuls Skyline auffällt.

Viele dieser Reformen waren natürlich ein bißchen schönfärberisch, andere trafen die osmanische Gesellschaft im Kern. Es war logisch, nach der Zerschlagung der Janitscharen die letzten feudalen Verpflichtungen zu beseitigen, und 1831 wurde das Timar-System – das Selim III. durch die sogenannte Iltizam-Steuerpachtung stark verändert hatte – endgültig abgeschafft; 2500 Militärlehen wurden Reichsdomänen und an steuerpflichtige Bauern verpachtet. Die Sipahis, als Kampftruppe ebenso veraltet wie die Janitscharen, wurden entweder vorzeitig pensioniert oder in die neue Armee aufgenommen, in der sie vier Schwadronen Kavallerie bildeten. Radikaler waren Mahmuts anhaltende Versuche, die Evkaf zu ‹verstaatlichen›, um sicherzustellen, daß Einnahmen aus den frommen Stiftungen vom Staat kontrolliert werden konnten. Diese Reform, die nur so lange durchführbar war, wie der Sultan-Kalif und der Şeyhülislâm eng zusammenarbeiteten, blieb unvollendet, obwohl Mahmut die Einwirkungsmöglichkeit der Regierung in Vakıf-Angelegenheiten durch das neugeschaffene Ministerium für religiöse Einrichtungen verstärkt hatte.[2]

Mahmut II. wußte auch, daß er die Wirtschaft seines Reichs

fördern mußte, besonders in den Provinzen, die das Gebiet der heutigen Türkei bilden. Gegen Ende seiner Regierungszeit richtete er einen Rat für Landwirtschaft und Handel ein, der über Wege zur Entwicklung der Subsistenzwirtschaft zu einer produktiven Industrie und zur Förderung des Exports beraten sollte. In den ersten Jahren der Reformära war es sein Hauptanliegen, durch ein sicheres Verkehrsnetz den Binnenhandel vor organisiertem Raub zu schützen. Die alten Wege wurden so weit ausgebessert, daß sie Straßen ähnelten, und ansatzweise wurde ein Postwesen eingerichtet. Es verband die Hauptstadt mit Izmit und wenig später mit Edirne und führte über besonders geschützte ‹Poststraßen›. Aber vor dem Zeitalter der Eisenbahnen war die Verbindung über Land schwierig, vor allem in Anatolien. Das Reich mit seinen etwa 8000 Kilometern Küstenlinie und einer Vielzahl kleiner natürlicher Häfen hatte seit langem die Küstenschiffahrt als wichtigstes Beförderungsmittel anerkannt, zum Nutzen der Fanarioten. Von 1826 an förderte Sultan Mahmut den Bau einer eigenen Handelsflotte, um nicht mehr auf griechische Schiffe angewiesen zu sein.

Einige Zeit setzte der Sultan seine Hoffnung auf die modernen Dampfschiffe. Am 20. Mai 1828 tuckerte unter der großen Aufregung erstaunter Zuschauer das erste Dampfschiff stromaufwärts und ankerte vor Galata.[3] Die *Swift* war ein britisches Schiff; sie wurde – zusammen mit einem weiteren in London gebauten Schiff – bald darauf vom Sultan gekauft. Er übernahm auch die britischen Offiziere, damit sie türkische Mannschaften in der Dampfschiffahrt und ihrer Technik ausbildeten; aber der Versuch war kein Erfolg. Gegen Ende seiner Regierungszeit fuhren britische Dampfschlepper auf dem Bosporus, britische und österreichische Dampfschiffe betrieben gemeinsam eine Schiffsverbindung zwischen Konstantinopel und Trapezunt, und seit den letzten Maiwochen 1837 verbanden regelmäßig verkehrende und miteinander konkurrierende österreichische und französische Dampfschiffe Konstantinopel mit Triest (vierzehn Tage Fahrtzeit) und Marseille (zehn Tage). Obwohl diese Verbindungen – sowie kürzere küstennahe Unternehmungen durch britische, italienische, griechische und russische Schiffe – den Außenhandel des Reichs verbesserten, wurden wenig Güter auf türkischen Schiffen transportiert, trotz der frühzeitigen Begünstigung durch den Sultan. Die osmanische Küsten-Dampfschiffahrtslinie, für die der Sultan begeistert mehrere Schiffe erworben hatte, nahm erst fünf Jahre nach seinem Tod den regelmäßigen Dienst auf. Wie so oft in seiner Regierungszeit sah er, was zu tun war, aber seinen Untertanen mangelte es an den Fähigkeiten, auszuführen, was er von ihnen erwartete.

In außenpolitischen Angelegenheiten war Mahmut II. weniger hellsichtig. Seine Reformära fiel mit einer Reihe von Niederlagen zusammen, die demütigender waren als alles, was seine Vorgänger je hatten ertragen müssen. Der griechische Aufstand, den der Sultan im Frühjahr 1826 mit Ibrahims Einzug in Mesolongion niedergeschlagen glaubte, war alles andere als zu Ende; und der ehrgeizige Muhammad Ali wollte Ibrahims Armee gegen den Sultan einsetzen für den Fall, daß der osmanische Staat Anzeichen eines raschen Verfalls zeigte.

Nach dem Fall von Mesolongion wurde aus der griechischen Revolte ein Klephten-Krieg, die heimische Variante des Guerillakampfs. Patriotische Gruppen in den Bergen unternahmen Überfälle auf osmanische Stellungen und suchten und sicherten sich einen befristeten Waffenstillstand, wann immer die Lage hoffnungslos aussah. Einzelne griechische Garnisonen hielten noch durch – Athen zum Beispiel bis zum Sommer 1827. Sogenannte ‹Nationalversammlungen› traten in Städten oder auf Inseln außerhalb der Reichweite von Ibrahims Truppen zusammen: Die bekannteste dieser Versammlungen fand Anfang 1826 in Epidaurus statt. Im Februar 1827 gab es konkurrierende Versammlungen in Kastri auf dem östlichen Peloponnes sowie auf Ägina. Aber der aktivste Widerstand kam von Gruppen philhellenischer Freiwilliger, unter ihnen viele Franzosen und Briten, aber auch Männer aus zehn anderen Ländern. Zuweilen nahmen es britische oder französische Marine- und Armeeoffiziere mit der Neutralität nicht so genau und beteiligten sich unerlaubt am Krieg. Es war eine merkwürdige Situation, verwirrend für die gegnerischen Streitkräfte und ärgerlich für die Staatsmänner der Großmächte, die seit dem Wiener Kongreß um Disziplin in der internationalen Diplomatie bemüht waren.

Griechen wie Türken stellten in London und Paris den Einfluß dieser Philhellenen auf ihre Regierungen in übertriebener Weise dar. Doch konnte er nicht ignoriert werden. George Canning – von September 1822 bis August 1827 britischer Außenminister und die letzten drei Monate seines Lebens Premierminister – war nicht gewillt, sich für die Griechen in einen Krieg zu stürzen. Aber ihn beunruhigten Gerüchte über Pläne Ibrahims, die griechische Bevölkerung auf dem Peloponnes auszurotten und dort muslimische Kolonien zu errichten; außerdem war ihm das starke ‹antitürkische› Vorurteil unter seinen liberalen Tory-Anhängern bekannt – eine seltsame Mischung aus klassischer Bildung, kommerziellen Interessen und der tiefverwurzelten Überzeugung, daß osmanische Truppen immer eine marodierende Horde von Plünderern und Brandstiftern wären.

Canning erkannte, daß auf jeden Fall die Russen den Schlüssel für eine Lösung der Orientfrage besaßen: Nur der Zar konnte zu Land und zur See Druck auf die Pforte ausüben. Um zugleich Rußland im Zaum zu halten, war es besser, mit Nikolaus I. zusammen als gegen ihn zu arbeiten. Canning wollte daher so schnell wie möglich das Petersburger Abkommen vom April 1826 erfüllen, das eine englisch-russische Vermittlung zur Schaffung eines autonomen griechischen Staats vorgesehen hatte. Aber es war offen, ob der Zar noch an den griechischen Angelegenheiten interessiert war. Im Laufe des Sommers 1826 hatten russische und osmanische Diplomaten Gespräche in Akkerman geführt, einer kleinen Stadt in der Nähe von Odessa, die heute zu Ehren eines früheren Bewohners Owidiopol heißt. Das Abkommen von Akkerman (7. Oktober 1826) gab Rußland größere Macht über die innere Verwaltung der Donaufürstentümer und machte Zugeständnisse an der umstrittenen Grenze im Kaukasus. Es bestätigte außerdem noch einmal das Recht der Serben auf Autonomie – aber von Griechenland war nicht die Rede. Mahmut scheint gehofft zu haben, daß der Vertrag, indem er andere Probleme regelte, einen russischen Kreuzzug zugunsten der orthodoxen Griechen ausschließen würde. Hier täuschte er sich: Das Abkommen ermöglichte es Nesselrode nur, sich in den langen Verhandlungen mit den Briten und Franzosen ausschließlich auf die griechische Frage zu konzentrieren. Im Juli 1827 verpflichtete ein neuer Londoner Vertrag die Briten, Franzosen und Russen nicht nur dazu, ein autonomes Griechenland anzuerkennen, sondern auch dazu – durch die Konzentration einer gemeinsamen Flotte in griechischen Gewässern –, den Sultan zur Annahme eines Waffenstillstands zu bewegen.[4]

Noch nie hatten Flottenteile dieser drei Großmächte zusammengearbeitet: Das sollte auch erst 1915 bei den Dardanellen wieder der Fall sein. Nicht daß George Canning geglaubt hätte, daß die Kanonen wirklich schießen müßten – die Flottenpräsenz diente der Abschreckung, und bewaffnete Diplomatie würde ein Abkommen eher sichern als Winkelzüge. Ein Geheimbote wurde nach Kairo geschickt, um direkt mit Muhammad Ali selbst zu sprechen für den Fall, daß die Minister des Sultans Zeit gewinnen wollten. Aber all diese Pläne wurden durch George Cannings Tod an dem Tag, als die Nachricht von dem Vertrag Konstantinopel erreichte, zunichte gemacht. Als die Pforte die vorgeschlagene alliierte Vermittlung verschmähte, gab Stratford Canning dem Flottenkommandeur eine Handlungsfreiheit, wie sein Cousin sie nie beabsichtigt hatte. Am 20. Oktober 1827 steuerte Vizeadmiral Sir Edward Codrington 24 britische, französische und russische Kriegsschiffe in die Bucht von Navarino, in der 81 türkische und ägyptische Schiffe vor Ibrahims Hauptversorgungsstützpunkt auf dem Peloponnes vor Anker lagen.

Wer die Verantwortung für die dann folgenden Ereignisse trug, ist ungewiß.[5] In Großbritannien ist lange behauptet worden, Codrington habe Ibrahim dazu bewegen wollen, seine Truppen einzuschiffen und nach Alexandria abzusegeln, während die Alliierten einen Waffenstillstand durchsetzten, und daß die Schlacht von Navarino nur begann, weil ein Brander gesichtet wurde, der auf das alliierte Geschwader zufuhr.

Osmanische Historiker behaupten, Codrington hätte seit Tagen versucht, die türkisch-ägyptische Flotte in eine Schlacht auf offenem Meer zu locken, und der Brander hätte Schiffe zerstören sollen, die widerrechtlich eine Blockade an der griechischen Küste errichtet hätten. Aber was immer der Auslöser der Schlacht war, das Ergebnis war vernichtend. Binnen drei Stunden waren zwei Drittel der osmanisch-ägyptischen Flotte versenkt und 8000 Mann gefallen. Navarino war ein noch größeres Fiasko für die Flotte des Sultans als Çeşme 1770, obwohl die Folgen durch die Tatsache, daß Codrington hauptsächlich alte und morsche Kriegsschiffe zerstörte, gemildert wurden: Mahmut hatte sein ehrgeiziges Flottenreformprogramm erst vier Wochen zuvor in die Wege geleitet. Indem er den Nachschub von Kreta und aus Ägypten abschnitt, sorgte Codrington schließlich für den Sieg der griechischen Sache. Französische Truppen landeten auf dem Peloponnes und überwachten den Abzug von Ibrahims Armee; als dreizehn Wochen nach der Schlacht der Unglücksbote Johann Kapodistrias als Griechenlands erster Präsident Nauplion erreichte, kam er auf einem von Codringtons Schiffen an, HMS *Warspite*, die symbolträchtig von einem russischen und einem französischen Schiff begleitet wurde.

Vielleicht hätte Mahmut nach Navarino einen Kompromißfrieden erreichen und damit neue Gefahren für sein Reich vermeiden können. Aber wie schon Ostern 1821 verführte ihn auch jetzt sein aufbrausendes Temperament zu einer Torheit. Die muslimischen Gläubigen wurden zu den Waffen gerufen, um dem gemeinsamen Angriff der Russen und Griechen Widerstand zu leisten, und kurz nachdem Kapodistrias in Nauplion eingetroffen war, befahl der Sultan die Schließung der Meerengen für alle ausländischen Schiffe. Der lange erwartete russisch-türkische Krieg begann Ende April 1828, obwohl Mahmut und seinen Ministern klar war, daß ihre Mittel begrenzt waren. Die neue osmanische Armee der ‹Siegreichen Soldaten Mohammeds› befand sich noch in der Ausbildung, und Mahmut konnte sich nicht auf weitere Hilfe von Muhammad Ali verlassen, der ohnehin nur geringe Gegenleistungen für seinen Feldzug auf Kreta und dem Peloponnes erhalten hatte. Und Zar Nikolaus redete sich bei der Kriegserklärung gegen das Osmanische Reich ein, daß eine Frühjahrskampagne auf dem Balkan einen schnellen Sieg bringen würde.

Er irrte sich. Seine Armeen drangen zwar in Ostanatolien ein, eroberten Kars und wurden von den armenischen Christen als Befreier von der Muslimherrschaft begrüßt. Auf dem Balkan aber stießen drei russische Armeen, nachdem sie die Donau südlich von Bukarest erreicht hatten, auf heftigen Widerstand bei Silistra und Rustschuk und drangen erst im Sommer darauf ins Balkangebirge vor. Der August 1829 erwies sich als schwarzer Monat für Sultan Mahmut: Im Osten hatte eine russische Armee Erzurum eingenommen und bedrohte Trapezunt am Schwarzen Meer, und keine 250 Kilometer von seiner Hauptstadt entfernt eroberte eine zweite russische Armee nach dreitägiger Belagerung Edirne. Einige Kavallerie-Einheiten erreichten sogar die ägäische Küste. Eilig bat die Pforte die Großmächte um Vermittlung, und am 14. September 1829 wurde in Edirne ein Friedensvertrag unterzeichnet (allgemein als Vertrag von Adrianopel bekannt, nach dem byzantinischen Namen der Stadt).

Der sinnlose Krieg, den ein Sultan mit weniger Hochmut und mehr moralischem Mut niemals geführt hätte, endete mit einem Friedensabkommen, das den Kern der osmanischen Gebiete unversehrt ließ.[6] Im Vertrag von Adrianopel wurde die Grenze Rußlands weiter südwärts in den Kaukasus vorgeschoben und schloß nun ganz Georgien ein; Erzurum und Kars aber wurden geräumt, und in Europa zog der Zar seine Truppen bis nördlich des Pruth zurück. Schließlich nahm der Sultan die englisch-russischen Vorschläge für ein autonomes Griechenland an, dessen Grenzen allerdings noch nicht festgelegt waren. In einer Demonstration slawischer Solidarität erreichten die Russen auch noch für ihre serbischen Brüder Zugeständnisse. Zwar verblieb eine osmanische Garnison in Belgrad, aber das Land gewann seine Autonomie; Miloš Obrenović wurde elf Monate später von Mahmut II. als Erbfürst von Serbien eingesetzt, und die Verwaltung ging an die Leute des

Fürsten über. Die härteste Bedingung jedoch stellten über zehn Jahre laufende Reparationszahlungen dar, die insgesamt doppelt so hoch waren wie ein Jahresetat des Osmanischen Reichs. Außerdem mußte der Sultan, obwohl die russischen Armeen den Balkan zu räumen hatten, die Entmilitarisierung seiner Grenze an Donau und Pruth hinnehmen, eine Maßnahme, die eine rasche Rückkehr russischer Truppen im Fall eines neuen Kriegs erlaubte. Zar Nikolaus war überzeugt, daß das Friedensabkommen den Russen sowohl die Möglichkeit gab, das Osmanische Reich zu erhalten, als auch, es in mehrere Teile zu zerschlagen. Bereits in den letzten Kriegswochen hatte er in St. Petersburg ein sechsköpfiges Komitee gebildet, das die zukünftigen Ziele Rußlands gegenüber der Türkei festlegen sollte.

Das Komitee berichtete Nikolaus I. zwei Tage nach Unterzeichnung des Friedensvertrags von seinem Fazit: Die Zerschlagung des Osmanischen Reichs käme einer Einladung an Österreich, Frankreich und Großbritannien gleich, sich einen Stützpunkt auf dem Balkan und in der Levante zu verschaffen, was (so schrieb Nesselrode) ‹uns in ein Labyrinth von Schwierigkeiten und Komplikationen stürzen (würde), eine unüberwindlicher als die andere›.[7] Der Zar sah die Notwendigkeit ein, das Osmanische Reich zu erhalten; nur wenn es kurz vor dem Zusammenbruch stand, würde Rußland (so seine Worte) ‹dafür sorgen müssen, daß der Ausgang des Schwarzen Meers nicht von irgendeiner anderen Macht an sich gerissen wird›. Mahmut und seine Minister wußten nichts von diesen Überlegungen in St. Petersburg, aber ihnen wurde bald klar, daß ihr alter Feind ein ungewöhnliches Wohlwollen an den Tag legte; selbst die verhaßte Entschädigungszahlung wurde gegen kleine Zugeständnisse an den Grenzen beschnitten. Und als die Navarino-Koalition völlige Unabhängigkeit und nicht nur Autonomie für die Griechen beschloß, bestanden die Russen darauf, über das revidierte Abkommen zu verhandeln, statt es dem Sultan unter Androhung von Gewalt aufzuzwingen. Im Februar 1830 errichtete das Londoner Protokoll ein souveränes Königreich Griechenland, garantiert von Rußland, Großbritannien und Frankreich als Schutzmächten; allerdings nahm erst 1832 ein deutscher Fürst, Otto von Bayern, die griechische Krone an.

Das neue Königreich war klein. Die osmanische Grenze verlief 200 Kilometer nördlich von Athen und beließ den größten Teil des heutigen Griechenland unter Mahmuts Herrschaft. Doch die Bildung eines unabhängigen Staats aus einem Teil seines Reichs war ein bedeutungsvoller Präzedenzfall. Und obwohl der Griechische Krieg vorbei war, behinderten seine Auswirkungen Mahmuts Reformversuche. Muhammad Ali erwartete eine territoriale Entschädigung – vielleicht Syrien? – für Ibrahims langen Feldzug. Der Vizekönig war klug und besaß die Gabe kalt berechnender Geduld. Sein Sohn, ein ausgezeichneter Truppenführer, hatte keine dieser Gaben; Vorsicht war in seinen Augen ein Zeichen von Schwäche. Im November 1831 durchquerte Ibrahim die Wüste bei Gaza, drang mit Unterstützung seiner wiederhergestellten Flotte an der Küste nordwärts entlang Napoleons alter Marschlinie vor, nahm Jaffa, Jerusalem und Haifa ein und erreichte schließlich die große Bastion von Akka, die der erneuten Belagerung acht Monate trotzte. Zu Beginn des Sommers 1832 waren ganz Syrien und Libanon in ägyptischer Hand; und im Juli, als der Vizekönig seinen Sohn überredete, den Vormarsch zu stoppen, näherten sich die Invasoren Antiochia (Antakya) und Alexandretta (Iskenderun).

Obwohl Mahmut Muhammad Ali und Ibrahim zu Aufrührern und Verrätern erklärte, betonte der Vizekönig, er sei weiterhin ein loyaler Untertan des Sultans und suche in Syrien lediglich Entschädigung für seine dem osmanischen Staat geleisteten Dienste. Nachdem die ägyptische Armee in Issos – wo einst Alexander der Große Dareios III. besiegt hatte – ein Lager aufgeschlagen hatte, kam es bei der Pforte und in den Botschaften in Konstantinopel zu aufgeregten diplomatischen Aktivitäten. Ein Kompromißabkommen hätte es Mahmut gestattet, die angestrebte Verbesserung der Infrastruktur im Zentrum des Reichs voranzutreiben: den Bau neuer Häuser, Brücken, Straßen und Schulen sowie den Wiederaufbau christlicher Dörfer, die in den fanatischen Auseinandersetzungen des vergangenen Jahrzehnts zerstört worden waren. Aber weder der Sultan noch das Sultanat hatten sich in ihrem Wesen geändert: Drei prominente Minister fielen plötzlich in Ungnade und wurden so prompt und gnadenlos hingerichtet wie Kara Mustafa eineinhalb Jahrhunderte zuvor, und aufgrund seines persönlichen Stolzes und seines Vertrauens in seine neue Armee war Mahmut nicht bereit, Muhammad Ali Zugeständnisse zu machen. Dagegen wollte sich der Sultan im Ausland nach Hilfe umsehen. Anfang November 1832 erhielt Lord Palmerston, inzwischen im dritten Jahr britischer Außenminister, eine Bitte Mahmuts um Flottenunterstützung gegen die Ägypter; aber die Royal Navy hatte bereits außerhalb des Mittelmeers größere Verpflichtungen übernommen, als Palmerstons knauserige Kabinettskollegen für wünschenswert hielten, und der Außenminister tat nichts, außer daß er einen Protest unterstützte, der Muhammad Ali drängte, ‹sich unverzüglich nach Ägypten zurückzuziehen und sich mit diesem fruchtbaren Land zufriedenzugeben›.[8]

Ibrahim jedoch wollte sich weder zurückziehen noch länger abwarten. Er nahm seinen Vormarsch wieder auf und drang ins Taurusgebirge vor. Im Dezember 1832 schlugen seine Truppen ein osmanisches Heer bei Konya in die Flucht und nahmen den Großwesir gefangen. Anfang Februar befanden sich die ägyptischen Vorausabteilungen bei Kütahya tief in Inneranatolien, keine 330 Kilometer vom Bosporus entfernt. Mahmut, fest entschlossen, seine Hauptstadt zu verteidigen, suchte beim mächtigsten seiner Nachbarn um Hilfe nach: Er bat die Russen, drei Flottillen Kriegsschiffe den Bosporus hinunter zu Liegeplätzen vor dem Goldenen Horn zu schicken. Ihnen folgten russische Expeditionsstreitkräfte, die ein vorgeschobenes Hauptquartier am asiatischen Ufer des Bosporus bei Hünkâr Iskelesi errichteten, einer etwa 20 Kilometer von Konstantinopel entfernten, an der Meerenge gelegenen Bucht. Anfang April marschierten fast 30 000 Russen zur Verteidigung von Mahmuts Hauptstadt auf, mit einem weiteren Feldlager auf dem europäischen Ufer in Büyükdere.

Die russische Präsenz alarmierte die Ulema, die erstmals nach der blutigen Niederschlagung der Janitscharen sieben Jahre zuvor ernste Unzufriedenheit mit Mahmuts Politik äußerten. Aber die Intervention des Zaren sorgte dafür, daß die anderen Großmächte schnell Interesse an einer Krise zeigten, die sie gern als innere Angelegenheit des Osmanischen Reichs abgetan hätten. Britische und französische Geschwader kreuzten im Juni vor den Dardanellen. Mittlerweile war die eigentliche Krise jedoch vorüber; Muhammad Ali hatte die Vermittlung Frankreichs angenommen; Ibrahims Armee würde sich aus Anatolien zurückziehen, dafür sollte Muhammad Alis Stellung als Gouverneur von Ägypten und Kreta bestätigt und Ibrahim zum Gouverneur von Damaskus, Aleppo und Adana ernannt werden. Beide, Vater und Sohn, blieben theoretisch Vasallen des Sultans, nachdem Muhammad Ali Ibrahims Forderung nach völliger Unabhängigkeit abgelehnt hatte.

Den Frühsommer 1833 hindurch, das einzige Mal in der Geschichte, blieben die Russen die militärischen Herren Konstantinopels. Aber Zar Nikolaus und Nesselrode zeigten Augenmaß. Der Zar sandte einen entschlossenen, begabten und charmanten Bevollmächtigten, seinen persönlichen Freund Graf Alexej Orlow, mit der Anweisung nach Konstantinopel, einen dauerhaften Frieden mit der Pforte zu erreichen. Orlow schmeichelte den Türken aller Ränge: Die Militärspitze erhielt großzügige Geschenke, und an die türkischen Soldaten wurden 24000 Medaillen mit dem Porträt des Zaren verteilt, um die Bewunderung seiner Majestät des Kaisers für den Mut zum Ausdruck zu bringen, mit dem sie zweifelsohne gekämpft hätten, wäre Ibrahims Armee über sie hergefallen. Nachdem sich die Ägypter aus Anatolien zurückgezogen hatten, segelte auch die russische Flotte heimwärts, und im riesigen Lager in Hünkâr Iskelesi wurden die Zelte abgebrochen. Aber bevor der letzte Offizier der Militärmission nach Odessa aufbrach, wurde zu Mahmuts großer Zufriedenheit ein Bündnis-Vertrag unterzeichnet, von dem er hoffte, er würde für alle Zeiten den ‹russischen Teufel› vertreiben. Orlows Vertrag von Hünkâr Iskelesi vom 8. Juli 1833 war im Prinzip ein Pakt gegenseitiger

Hilfe im Falle eines Angriffs einer anderen Macht und sollte acht Jahre gelten. Eine Geheimklausel erlaubte den Russen, auf osmanische Hilfe zu verzichten, wenn der Sultan die Dardanellen für ‹ausländische Kriegsschiffe› sperrte. Orlow erklärte dem Zaren, damit erhalte er ein russisches Protektorat am Bosporus aufrecht. Er glaubte, die Russen würden binnen weniger Jahre wieder gerufen werden. ‹Dann werden wir den großen Vorteil haben›, schrieb Orlow, ‹zurückkommen zu können, ohne Argwohn zu erregen, und zwar so, daß wir vielleicht nie wieder gehen müssen.›[9]

Nikolaus I., Nesselrode und Orlow hielten den Vertrag für ein Mittel, Stabilität und Ordnung in Konstantinopel zu gewährleisten. Er versetzte sie in die Lage, Mahmut zu kontrollieren, und bereits 1834 stellten sie sich dem Versuch des Sultans, sich für einen Rachefeldzug gegen Muhammad Ali die Unterstützung Rußlands zu sichern, entgegen. Aber die Nachricht über den Vertrag beunruhigte Palmerston und seine französischen Kollegen: sie glaubten, er enthielte noch weit drastischere Geheimklauseln, die den Russen das Recht einräumten, jederzeit die Durchfahrt der Schiffe durch die Meerengen zu kontrollieren. Palmerston redete sich ein, daß der Zar die Zersplitterung des Osmanischen Reichs plane. Eine große Angst vor Rußland grassierte in diesem Jahrzehnt im britischen Außenministerium, und man fürchtete angeblich in Persien und Afghanistan tätige zaristische Agenten. Der Außenminister war der merkwürdigen Überzeugung, daß eine Vorwärtsstrategie in Mittelasien auf geheimnisvolle Weise ‹die Dardanellen besser vor dem Zugriff Rußlands schützen› würde.[10]

Palmerston war auch überzeugt, daß ein weiterer Krieg zwischen dem Sultan und seinen Vasallen in Syrien und Ägypten bevorstünde. Darin täuschte er sich nicht; es erwies sich tatsächlich als schwierig, Mahmut 1835 und 1836 davon abzuhalten: er hatte einen Geheimagenten nach London geschickt in der Hoffnung, aktive britische Unterstützung für eine Wiederaufnahme des Kriegs zu gewinnen. Die Niederlage seiner Armee in Konya hatte Mahmut tief erschüttert, und er sah es als seine Pflicht an, sich an einer albanischen Tabak-Dynastie zu rächen, die er verachtete. Mahmut war zum Zeitpunkt der Schlacht von Konya erst siebenundvierzig Jahre alt, aber vorzeitig gealtert durch Alkohol und ein ausschweifendes Leben; in seinen letzten Jahren war er besessen von dem Wunsch, seine begonnenen Militärreformen zu Ende zu führen. Preußische, russische, britische und französische Offiziere wurden in die Kasernen von Pera und Üsküdar und zu Feldübungen in Anatolien gerufen. 1837 konnte der Sultan auf 40 000 gut ausgebildete Infanteristen und sechs Kavallerieregimenter zählen, die Artillerie war jedoch schwach, weil Kanonen mit neun verschiedenen Kalibern in Gebrauch waren. Am bedenklichsten war die völlige Unfähigkeit des Sultans, gute Befehlshaber auszuwählen.

1838 wies Mahmut seinen Botschafter in London an, Großbritannien großzügige Konzessionen in einem Handelsvertrag anzubieten, in der Hoffnung, daß die Aussicht auf verbesserte Handelsbeziehungen Palmerston zu einem offiziellen Bündnis verleiten würde. Im Frühjahr 1838 war klar, daß die Briten ihm die angestrebte Unterstützung verweigern würden. Inzwischen wußte der Sultan, der schon lange Tuberkulose hatte, daß er nicht mehr lange leben würde, denn jetzt litt er auch noch unter den quälenden Schmerzen einer Leberzirrhose. So unternahm er einen letzten Versuch, einen militärischen Sieg zu erringen. Mitte April 1839 befahl er Hafiz Pascha, eine osmanische Armee über den Euphrat nach Aleppo zu führen und die Syrer aufzufordern, das ägyptische Joch Ibrahims abzuschütteln.

Vorsichtig rückte Hafiz vor. In seiner Begleitung befanden sich einige preußische Berater, von denen der ranghöchste Hauptmann Helmuth von Moltke war. Zunächst reagierte weder Ibrahim auf die Gefahr von Norden, noch erhoben sich die Syrer. Aber Hafiz erreichte nicht einmal die Grenzen Syriens. Aus der Stadt Nizip kündigte eine Staubwolke das Nahen von Ibrahims Armee an. Moltke riet Hafiz, den Feind hinter den befestigten Gräben und massiven Stadtmauern zu erwarten; die Ulema erklärte, der Feind müsse auf offenem Gelände büßen.

155

Hafiz hörte auf die Mullahs, nicht auf den späteren Sieger von Sadowa und Sedan.

Die Schlacht von Nizip – am 24. Juni 1839 – war kurz, aber entscheidend. Die osmanische Vorhut wurde aufgehalten, kehrte um und stürzte die Truppen unmittelbar hinter sich in Verwirrung. Die Preußen rieten Hafiz, als geschlossene Einheit vorzurücken; er schlug statt dessen wie wild um sich und brachte in einem Anfall von Wut seine eigenen Leute um, wenn sie flohen. Sämtliche osmanischen Geschütze wurden zerstört oder von den in Panik geratenen Kanonieren aufgegeben. 10 000 Gefangene fielen Ibrahim in die Hände. Moltke hatte noch Glück, daß er entkommen konnte. ‹Die Kurden, und diese bildeten die größere Hälfte unseres Korps, waren unsere Feinde; sie schossen auf ihre eigenen Offiziere und Kameraden›, schrieb der Preuße verächtlich an jenem Abend nach Berlin. ‹Andere Flüchtlinge warfen die Gewehre weg, streiften die lästige Uniform ab und wanderten fröhlich und singend ihren Dörfern zu.›[11] Nizip war ein noch größeres Fiasko für die osmanische Armee als Konya.

Zum Glück für seinen Seelenfrieden wurde Sultan Mahmut die Nachricht von der Niederlage erspart. Kein Kurier hatte es eilig, 800 Kilometer Bergland zu durchqueren, um dem kranken Mann am Bosporus die schlechte Nachricht zu überbringen. Am 29. Juni, fünf Tage nach der Schlacht, starb Mahmut II. Die ersten schrecklichen Gerüchte über eine Niederlage bestätigten sich erst am 7. Juli. Inzwischen war Mahmuts ältester Sohn, Abdülmecit, zum Souverän und Kalifen ausgerufen worden. Es war kein glücklicher Augenblick für den sechzehnjährigen Prinzen, den Thron zu besteigen.

KAPITEL 8

Ein ‹kranker Mann am Bosporus›?

Der Tod Mahmuts II. wurde am 1. Juli 1839 öffentlich bekannt-
gegeben, und tags darauf gab es eine kleine Palastrevolution in
Stambul. Der über siebzig Jahre alte Mehmet Hüsrev Pascha
ergriff – buchstäblich – die Amtssiegel des Großwesirs und
zwang Abdülmecit, ihn als Oberhaupt einer Notstandsregie-
rung zu bestätigen. Dem sechzehnjährigen Abdülmecit hätte
es viel schlimmer ergehen können: Auch wenn ein zynischer
französischer Botschafter Hüsrev den ‹Meister-Strangulierer›
nannte, konnte der zumindest auf eine lange Erfahrung in der
osmanischen Verwaltung verweisen.[1] Bereits 1801 hatte Selim III. ihn zum Gouverneur von Ägypten ernannt, dem letzten
vor Muhammad Ali, und unter Mahmut II. hatte er auf dem
Peloponnes und gegen die Perser gekämpft. Zwölf Jahre war er
Großadmiral der osmanischen Flotte gewesen und 1827 Nachfolger Hüseyins als Serasker der Armee geworden, eine Stellung, die er weitere zehn Jahre innehatte. Aber mit dem Alter
hatte sich Hüsrev zu einem erzkonservativen Mann gewandelt,
der viele Feinde hatte. Wie so viele Säulen des osmanischen
Establishments hatte er zur Zeit des Hünkâr-Iskelesi-Vertrags
großzügige Geschenke von Orlow erhalten: Jetzt – sechs Jahre
später – kam ein Rivale, Großadmiral Ahmet Fevzi, zu dem
Schluß, daß Hüsrev weiterhin für die Russen arbeitete. Er war
sich Hüsrevs wahrscheinlichen Verrats osmanischer Interessen
so sicher, daß er selbst einen noch viel größeren Verrat beging.
Noch ehe die Nachricht von der Katastrophe von Nizip in der
Hauptstadt bestätigt wurde, segelte Fevzi mit seiner Flotte
nach Alexandria. Dort übergab er sie Muhammad Ali, dem
Vizekönig von Ägypten.

Es sprach also alles gegen den jungen Sultan: Er hatte keine

Flotte im Mittelmeer und kein Heer, um sich Ibrahim in Anatolien zu widersetzen. Außerdem konnte er nicht auf Gelder in der Staatskasse hoffen, denn das Finanzministerium litt unter einem solch chronischen Defizit, daß Mahmut in seinen einunddreißig Jahren Regierungszeit zweiundsiebzigmal eine Währungsabwertung genehmigt hatte. Doch zu seinem Glück trat Abdülmecit die Nachfolge mit zwei großen Aktivposten an: seiner Mutter, der Valide Sultan Bezmialem, und der Aussicht auf loyale Unterstützung durch den fähigsten Reformer seines Vaters, der zum Zeitpunkt von Mahmuts Tod Sondergesandter in London war – Mustafa Reşit.[2]

Die Georgierin Bezmialem war vor ihrer Aufnahme in den kaiserlichen Harem angeblich Bedienstete in einem Bad gewesen; bei der Geburt Abdülmecits war sie erst fünfzehn Jahre alt. Mit einunddreißig war sie noch jung genug, den älteren Nichtpolitiker, der sich selbst zum Ministerpräsidenten gemacht hatte, zu verachten und ihm zu mißtrauen. Sie riet ihrem Sohn, Hüsrev die wenig aussichtsreichen Verhandlungen mit Ali führen zu lassen, drängte ihn aber, alle Versuche des Großwesirs abzuwehren, seine Kandidaten in wichtige Staatsämter zu befördern. Abdülmecit versuchte Zeit zu gewinnen und wartete Reşits Rückkehr aus Großbritannien ab, bevor er eine wichtige politische Entscheidung traf. Seine Mutter hatte ihm einen vernünftigen Rat gegeben. Ihre Beurteilung der Männer und ihrer Motive war so klug, daß die Valide Sultan bis kurz vor ihrem Tod vierzehn Jahre später Einfluß auf die Auswahl der Minister ausüben konnte.

Bezmialem empfahl Abdülmecit Reşit, weil er ihrer Ansicht nach begriffen hatte, was Mahmut mit seinem Reformprogramm hatte erreichen wollen. Außerdem hatte Reşit eigene Qualitäten. 1839 beherrschte er die französische Sprache schon so gut, daß er sich ohne Dolmetscher mit König Louis Philippe unterhalten konnte. Er hatte mit Palmerston in London verhandelt und mit Metternich in Wien; er wußte, was Europa vom Osmanischen Reich hielt, und war vier Jahre zuvor in Ägypten gewesen, wo er sich selbst ein Bild von Muhammad Alis Regierung in Kairo und Alexandria hatte machen können.

Abdülmecit ernannte Reşit zum Außenminister; Hüsrev blieb bis Juni 1840 Großwesir. Doch es war Reşit, der mit einem gesunden Gespür für die Erhaltung des Wohlwollens in Westminster und Paris Abdülmecit dazu bewegte, ihm die erste dramatische Geste seiner Regentschaft in der Öffentlichkeit zu überlassen – die Verkündung des kaiserlichen Rosenhof-Erlasses vom 3. November 1839.

Mehrere Botschafter und andere ausländische Gäste in Konstantinopel haben das Ereignis beschrieben.[3] Alle höheren Amtsträger der osmanischen Gesellschaft und die an der Hohen Pforte akkreditierten ausländischen Gesandten versammelten sich im Gülhanepark (‹Rosenhofpark›) zwischen der Außenmauer und den Mauern des inneren Palastbezirks im Topkapı Sarayı. Dort verlas, in Anwesenheit des Großwesirs Hüsrev, Reşit das erste ‹Großherrliche Handschreiben› seines Souveräns, wobei Abdülmecit von einem Fenster des Gülhane-Köşkü aus auf die Versammelten herabblickte. Das ‹Gülhane-Dekret› verkündete der Welt, daß Abdülmecit die Absicht habe, als aufgeklärter Sultan zu regieren. Er wolle Leben und Hab und Gut seiner Untertanen schützen, Rechtsvorschriften einführen, die Muslimen, Christen und Juden Gleichheit vor dem Gesetz garantierten, und ein geregeltes System für die Bemessung und Erhebung von Steuern einrichten; außerdem verpflichtete er sich, die beratenden Gesetzgebungsgremien, die sein Vater so geschätzt hatte, zu vermehren und zu achten und ein gerechtes Verfahren der Rekrutierung seiner Untertanen für den Dienst in einer modernisierten Armee und Flotte zu entwickeln.

Die Zeremonie im Gülhanepark, bei der sich der reformerische Außenminister zweimal vor seinem Sultan und Kalifen zu Boden warf, beeindruckte die ausländischen Beobachter, wie Reşit es vorhergesehen hatte. ‹Theatralisch›, aber erfolgreich, urteilte der russische Gesandte. ‹Eine triumphale Antwort an jene, die sagen, daß dieses Reich nicht von seiner veralteten Regierung gerettet werden kann›, bemerkte Lord Ponsonby, der britische Botschafter, zwei Tage später in einer Botschaft an Palmerston. Ein Ereignis ‹von unschätzbarem Nutzen›, erwiderte der Außenminister Anfang Dezember; ‹ein großartiger politischer Schachzug, und er macht großen Eindruck auf die öffentliche Meinung hier und in Frankreich›.[4] Ponsonby und Palmerston dachten beide an die wachsende Ungeduld der Russen mit ihren osmanischen Nachbarn und an die Neigung der wechselnden Regierungen in Paris, Muhammad Ali beim Aufbau eines finanziell existenzfähigen und unabhängigen ägyptischen Staats zu unterstützen. Jede Maßnahme des Sultans, die eine dynamische Erneuerung im Zentrum des Reichs versprach, war willkommen. Für weitere drei Jahrzehnte wurde der Verfall des Osmanischen Reichs durch einen zweifachen Prozeß aufgehalten: die Durchsetzung von Reformen, mit denen die traditionelle Gesellschaft verändert wurde, und die Stützung der imperialen Struktur durch andere Großmächte, die Stabilität anstrebten, um eine drastische Veränderung der Landkarte abzuwenden.

Zunächst war Nikolaus I. bei der Wiederaufnahme des Kriegs zwischen dem Sultan und Muhammad Ali im Frühjahr 1839 versucht gewesen, mit Kriegsschiffen und Soldaten einzugreifen. War dies, so argumentierte er, nicht die Gelegenheit, die Orlow 1833 vorhergesehen hatte, der Moment, in dem russische Expeditionsstreitkräfte als Wächter der Meerengen am Bosporus willkommen geheißen würden? Nesselrode sah das realistischer. Geduldig und mit nüchterner Bewertung der kaiserlichen Staatsschulden überredete er den Zaren, diese Ungewißheit und die Kosten eines nur einseitigen Unternehmens nicht zu riskieren. Von da an schienen Rußland, Österreich, Preußen, Frankreich und Großbritannien einvernehmlich zu handeln; in einer gemeinsamen Note brachten die Botschafter der fünf Mächte am 27. Juli 1839 ihren Willen zum Ausdruck, im osmanisch-ägyptischen Krieg zu schlichten. Die Nachricht von der Bereitschaft ‹Europas›, in der Levante eine Regelung herbeizuführen, wurde von Reşit bei seiner Rückkehr aus London begrüßt. Sie ermöglichte ihm, Abdülmecits Widerstand gegen eine Friedensfraktion am Hofe zu stärken, die dafür war, alle Forderungen Muhammad Alis schnellstens zu erfüllen, egal wie sie aussehen mochten.

Die fünf Großmächte waren zwar bereit, Muhammad Ali als Oberhaupt einer neuen ägyptischen Dynastie anzuerkennen, aber sonst gab es wenig Einigkeit unter ihnen.[5] Österreich, dessen Politik noch immer von Metternich (seit 1809 Außenminister) gestaltet wurde, befürwortete die Erhaltung und Stärkung der Autorität des Sultans vor allem aus zwei Gründen: Eine stabile Regierung in Konstantinopel würde die bereits bestehenden Handelskonzessionen für Dampfschiffahrts- und Bergbaugesellschaften auf andere österreichische Unternehmen ausweiten; dagegen würde umgekehrt – und das war von größerer Wichtigkeit für Wien – die Auflösung des Osmanischen Reichs nationalistische Bestrebungen auf dem Balkan auslösen und dadurch die Existenz der multinationalen habsburgischen Monarchie bedrohen. Die Preußen schlossen sich der Politik ihres österreichischen Verbündeten an, obwohl es in den Berliner Zeitungen eine gewisse widerwillige Bewunderung für Ibrahims siegreiche Armee gab.

Die französische Diplomatie dagegen unterstützte Muhammad Ali. Der glückliche Zufall, daß er im selben Jahr und unter dem selben Tierkreiszeichen in Kavalla geboren worden war wie Bonaparte in Ajaccio, wurde entsprechend vermerkt; romantische ‹Napoleon-Legenden› waren in jenem Sommer in Mode. Prosaischer hofften Pariser Bankiers, sie könnten Muhammad Alis Länder in eine die Levante dominierende Handelssatrapie verwandeln. Aus vielen Motiven strebten die Franzosen deshalb den Anschluß Syriens und des Libanon – sowie der arabischen Halbinsel – an Alis Herrschaftsraum an.

Keine andere Regierung pflichtete den Franzosen bei. Palmerston befürchtete, daß Muhammad Alis schlagkräftige Armee den kürzesten Weg nach Indien gefährden würde, und daß sein Handelsmonopol in dem riesigen Gebiet, über das Ali ägyptische Souveränität beanspruchte, London der Vorteile aus dem englisch-türkischen Handelsabkommen berauben würde, das Sultan Mahmut zehn Monate vor seinem Tod noch geschlossen hatte. Zar Nikolaus I. – oder besser gesagt: Staatskanzler Nesselrode – mißtraute Muhammad Alis Trachten ebenfalls. Die Russen hatten gute Gründe für die Annahme, daß er über eine große Allianz mit den Persern nachdachte, die darauf zielte, sein Reich bis Mesopotamien auszudehnen; dafür wollte er Schah Qäjár in Teheran bei dem Versuch unterstützen, die Macht des Zaren über die Muslime im Kaukasus und in Turkestan zu brechen. In London wie in St. Petersburg war die Feindseligkeit gegenüber Muhammad Ali und seiner Dynastie stark genug, um eine englisch-russische Entente anzuregen, die den Franzosen mißtraute und, da sie das Osmanische Reich so lange wie möglich erhalten wollte, auf die Unterstützung Österreichs und Preußens zählen konnte.

London wurde nun zum Dreh- und Angelpunkt für Staatsmänner, die die Orientfrage lösen wollten. Nikolaus I. schickte einen Sondergesandten mit Vorschlägen für ein gemeinsames Vorgehen gegen Muhammad Ali und für ein internationales Abkommen über die Sperrung der Meerengen (Dardanellen und Bosporus) für ausländische Kriegsschiffe in Friedenszeiten. Zuerst mißfiel dem britischen Kabinett der Gedanke, zwei verschiedene Probleme in einem Abkommen miteinander zu verknüpfen. Aber Nikolaus I. beharrte darauf, und im Juli 1840 schlossen britische, russische, österreichische, preußische und osmanische Bevollmächtigte den Vertrag von London, der die Meerengen für ausländische Kriegsschiffe in Friedenszeiten sperrte und Muhammad Ali praktisch ein Ultimatum stellte.[6] Er wurde aufgefordert, sich der Oberhoheit des Sultans zu unterwerfen und sich mit der Erbherrschaft über Ägypten zufriedenzugeben, andernfalls habe er mit der gemeinsamen Intervention der Großmächte zu rechnen. Wenn er diese Bedingungen innerhalb von zwanzig Tagen annähme, würde ihm außerdem das Recht zugestanden, als Gouverneur auf Lebenszeit Akka und Südsyrien zu verwalten.

Ägypten hatte noch immer eine gewaltige Armee: 38 Infanterieregimenter, über 10 000 Mann Kavallerie und ein von napoleonischen Veteranen ausgebildetes Artilleriekorps. Sie war über das riesige Gebiet der Levante und Kreta verteilt, aber Muhammad Ali glaubte darüber hinaus, er könne auf französische Flottenhilfe rechnen. Also lehnte er die alliierte Forderung ab und büßte damit automatisch das angebotene

Südsyrien ein. Aber er hatte das Gleichgewicht der Streitkräfte völlig falsch eingeschätzt. Die französische Flotte griff nicht ein und ließ britische und österreichische Kriegsschiffe ungehindert Ibrahims verwundbare Nachschublinien zerstören. Im September und Oktober 1840 nahmen sie die libanesische Küste unter Beschuß, während britische und österreichische Marinesoldaten und türkische Infanterie drusische Aufständische in den Bergen nördlich von Beirut unterstützten. Als Ibrahims gut gedrillte Truppen sich in Richtung der ägyptischen Grenzen zurückzogen, beschoß und besetzte ein britisches Geschwader Akka. Andere Schiffe errichteten eine Blockade vor der ägyptischen Küste.

Die Krise war schnell vorüber. Am 5. November schloß Muhammad Ali das Abkommen von Alexandria. Es sah die Räumung Kretas, Arabiens und ‹aller Teile des Osmanischen Reichs... außerhalb der Grenzen Ägyptens› von ägyptischen Truppen vor. Die osmanische Flotte, die seit dem erbärmlichen Treubruch Fevzis vor Alexandria lag, durfte an den Bosporus zurückkehren, und im Februar 1841 erließ Sultan Abdülmecit offiziell ein Dekret, das Muhammad Ali als Vizekönig auf Lebenszeit anerkannte und seiner Familie die Erbfolge auf dem Thron von Ägypten zusicherte. Ibrahims Armee wurde vertraglich auf 18 000 Mann begrenzt – allerdings vervierfachte sich die Stärke binnen acht Jahren. Die Unterzeichner des Vertrags von London, dem sich Frankreich nun angeschlossen hatte, garantierten das ägyptische Abkommen, und in der Meerengen-Konvention vom Juli 1841 bestätigten sie noch einmal den Grundsatz, Dardanellen und Bosporus in Friedenszeiten für ausländische Kriegsschiffe zu sperren.[7]

Mit dem Abzug von Ibrahims Armee aus Anatolien und Syrien war das Osmanische Reich von der einzigen ernsthaften asiatischen Bedrohung seiner Existenz vor Allenbys Offensive gegen Ende des Ersten Weltkriegs befreit. In London, Wien und St. Petersburg glaubte man, die unfähige und verfallene ‹Türkei› gerettet zu haben, nicht auf ihre eigenen Bemühungen hin, sondern von den Gnaden der europäischen Großmächte. Diese Überzeugung hielt die zerbrechliche englisch-russische

Entente mehrere Jahre aufrecht; sie veranlaßte Zar Nikolaus, Ende Mai 1844 überraschend in London zu erscheinen und vier Monate später Nesselrode nach Großbritannien reisen und auf gemeinsames diplomatisches Handeln drängen zu lassen, um jeder zukünftigen Verschärfung der Orientfrage zuvorzukommen. Einstweilen war der Zar noch nicht bereit, Teilungspläne vorzulegen (was in Westminster größten Argwohn erregt hätte), aber seit 1839 stand für ihn fest, daß das Osmanische Reich verloren war, welche Gegenmittel man auch immer in Konstantinopel vorschlagen mochte. Die Briten dagegen wollten die Dinge abwarten.[8]

In diesen Jahren führte Reşit einen heiklen Feldzug in der Hauptstadt, um den Sultan zu bewegen, die im Gülhane-Dekret enthaltenen Versprechungen zu erfüllen. Die Reformbewegung war bekannt unter dem Sammelbegriff Tanzimat-ı Hayriye, was soviel bedeutet wie ‹Wohlwollende Anordnungen› (Tanzimat entspricht etwa dem russischen Wort ‹Perestroika›). Es war der am längsten durchgehaltene Versuch eines osmanischen Ministers, das Reich durch Zentralisierung der Macht und – soweit möglich – Säkularisierung seiner autokratischen Struktur zu erhalten.[9]

Wie unter früheren Regierungen wurde der Armeereform der Vorrang gegeben. Die Einführung anderer Änderungen hing vor allem davon ab, ob sie militärisch notwendig waren; die erste Phase der Tanzimat ging darum von dem aus, was der alte Krieger Mehmet Hüsrev als wesentlich für die Schaffung einer wirkungsvollen Streitmacht erachtete. Der Vorschlag, eine modernisierte Armee von einer Viertelmillion Soldaten zu bilden und mit früheren Schiffbauprojekten für eine moderne Flotte fortzufahren, erforderte eine volle Staatskasse; das wiederum war ein Anlaß zur Reform des Steuersystems. Aber wie konnten ohne engere administrative Verbindungen zwischen der Hauptstadt und den Provinzen und ohne die improvisierte Bildung einer neuen Zivilverwaltung Steuern eingetrieben werden? Und eine starke Artillerie, exaktes Navigieren, fachmännisches Rechnungswesen und eine leistungsfähige Verwaltung erforderten eine bessere Ausbildung, als die alten religiösen

Einrichtungen sie vermitteln konnten; deshalb erfolgte 1845 die Ernennung eines Rates aus sieben Gelehrten, die Möglichkeiten zum Aufbau eines allgemeinen säkularen Erziehungssystems erwägen sollten. Die Garantie des Rechts auf Besitz und der religiösen Gleichheit vor dem Gesetz dagegen, die im Gülhane-Dekret so beeindruckend geklungen hatte, interessierte die Militärs weniger. Wo Reformen dieser Art entworfen wurden, blieben sie ohne Wirkung – wenn auch das neue Strafgesetz vom Mai 1840 auf dem Papier wie ein beeindruckender Schritt nach vorn aussah. Ständig waren die Reformer bemüht, die Ulema nicht durch Gesetzesänderungen zu provozieren, die der Scharia zuwiderliefen. Das islamische Recht, das einst Süleyman dem Prächtigen ein so sicheres Regierungsfundament verschafft hatte, schränkte die Befürworter einer neuen Form osmanischer Autokratie das ganze Jahrhundert hindurch ein.

Die Tanzimat-Ära ist weiterhin ein kontroverses Thema der Forschung. Selbst ihr Zeitraum ist umstritten. Heutige Historiker sehen einen langen, kontinuierlichen Prozeß von 1839 bis 1876, dem Jahr, in dem Abdülmecits Halbbruder und Nachfolger Abdülaziz abgesetzt wurde. Frühere Historiker begrenzten die Tanzimat-Ära auf die vierziger Jahre, räumten aber ein, daß es eine weitere Reformphase nach dem Krimkrieg gegeben habe. Ihrer Auffassung nach gab es sogar in den vierziger Jahren Phasen der ‹Reaktion› – Zeiten, in denen kein Engländer imstande war, die ‹Orientalen auf neuen Wegen voranzutreiben›, um es mit Temperleys decouvrierend vorwurfsvollen Worten auszudrücken.[10] Reşit erlebte in der Tat Rückschläge, vor allem 1841, als seine Pläne für ein auf französischem Vorbild beruhendes System der Provinzverwaltung solche Ablehnung bei örtlichen Pächtern und Militärgouverneuren hervorrief, daß man sie fallenließ und Reşit als Botschafter nach Paris schickte. Doch 1845 war er wieder Außenminister, und zwischen September 1846 und Januar 1858 sechsmal Großwesir.

Reşit hatte nicht vorausgesehen, wie schwierig es sein würde, einem riesigen Reich mit schlechten Verkehrsverbindungen Veränderungen aufzuerlegen, denen die Masse der Bevölkerung gleichgültig gegenüberstand. Ein großer Teil seines Werks war auf die Region um den Bosporus und das Goldene Horn beschränkt sowie auf Städte mit guten Seeverbindungen zur Hauptstadt. Ein Versuch, Zinsen abwerfendes Papiergeld (Kaime) einzuführen, das die Finanzkrise 1839/40 mildern sollte, hatte in Konstantinopel und Smyrna einigen Erfolg, brachte aber neue Probleme, als Einzelhändler die Geldscheine zu horten begannen, um jedes Jahr ihre acht Prozent Zinsen zu beanspruchen.[11] Weniger Fortschritt, als Reşit gehofft hatte, wurde im Aufbau eines säkularen Erziehungssystems erzielt. Die Arbeit am mehrfach angekündigten Neubau der Universität von Stambul kam zum Erliegen, als die Mauern kaum über die Fundamente hinausgewachsen waren, vor allem wegen der Ablehnung von seiten der Ulema und der Militärbehörden, die sich beunruhigt zeigten über die Meldungen von Studentenunruhen in Deutschland und dem übrigen Mitteleuropa. Der Mangel an ausgebildeten Lehrern außerhalb der Ulema durchkreuzte Reşits Pläne, ein Netz von höheren Schulen (Rüstiye) zu schaffen, und so wurden ganze sechs Schulen mit nur 870 Schülern in den vierziger Jahren gegründet. 1846 jedoch bestand eine von Reşits ersten Amtshandlungen als Großwesir darin, die Schirmherrschaft für ein Ausbildungsseminar für Lehrer zu übernehmen, und er ernannte den begabten vierundzwanzigjährigen Schriftsteller und Gelehrten Ahmet Cevdet zum ersten Direktor. Als Reşit 1858 starb, war die Anzahl der Rüştiye auf dreiundvierzig angewachsen, mit 3371 Schülern.[12]

Die Ernennung Ahmet Cevdets, des fähigsten Schul- und Gerichtsreformers der Türkei im 19. Jahrhundert, war ein typisches Beispiel für Reşits Gabe der Talententdeckung. Reşits langer, bestimmender Einfluß in der Regierung ermöglichte ihm, andere Reformer zu lancieren, von denen er hoffte, daß sie sein Werk vollenden würden (obwohl später mehrere der Protegés zu Rivalen um sein Amt wurden). Die bedeutendsten unter ihnen waren der Kaufmannssohn Mehmet Emin Ali und Keçecizâde Mehmet Fuat, beide aus Ulema-Familien stammend. Fuat war vierzehn Jahre lang an der Pforte tätig und übersetzte französische Gesetze und Handbücher der Verwal-

tung. Diese Kontinuität der Personen hat die Tendenz gefördert, im Rückblick die Tanzimat als eine einzige Zeitspanne
aktiver Reformen im osmanischen Reich anzusehen, deren
Dynamik ausländischen Diplomaten aufgrund ihrer Voreingenommenheit entging. Aber die Anzahl der Reformer war
klein, eine festgefügte Gemeinschaft, die ihre Anregungen in
Napoleons Code Civil fand. Außerdem gab es keine Gewißheit, daß Experimente ausreifen konnten. Maßnahmen, denen
‹Seine Majestät, der Erhabenste, Mächtigste und Herrlichste
Sultan› seine Zustimmung zu geben geruht hatte, konnten von
demselben Souverän noch schneller wieder annulliert werden.

Stratford Canning – von Januar 1842 an erneut Botschafter –
nahm neun Jahre an dem teil, was er einmal ‹das große Spiel
der Verbesserung› genannt hat.[13] Er konnte mit einigem Recht
für sich in Anspruch nehmen, daß er den Reformdrang während Reşits ‹Exil› in der Botschaft in Paris unterstützt hatte,
indem er Abdülmecit unter moralischen Druck setzte und die
Korruption des Finanzministers (von den Kandidaten der Valide Sultan wahrscheinlich der am wenigsten angenehme) auf-
deckte. Er trug dazu bei, daß Gesetze gegen den Sklavenhan-
del erlassen wurden und daß Abdülmecit die religiöse Verfolgung von Christen verurteilte; aber die ausdrückliche Zulas-
sung christlicher Zeugen vor Gericht gelang ihm nicht, sowenig
wie die Anerkennung des Rechts von Christen, in der osmanischen Armee zu dienen. Als Botschafter war er nicht nur mit
der Durchführung der Tanzimat-Reformen im Zentrum des
Reichs beschäftigt, sondern auch mit den Militärexpeditionen,
die fern der Hauptstadt, vor allem in der Levante und auf dem
westlichen Balkan, Respekt vor der Autorität des Sultans zu
erzwingen versuchten.

Der Abzug von Ibrahims Armee aus Syrien und dem Libanon beraubte vier osmanische Provinzen – Aleppo, Damaskus,
Tripoli und Sidon – der mildesten und effektivsten Regierung
seit mehreren Jahrhunderten. Die ägyptische Herrschaft hatte
sowohl Christen als auch Juden erhebliche Vorteile gebracht,
vor allem denjenigen, die als Händler und Kaufleute tätig
waren. Basir II., der fast ein halbes Jahrhundert lang von

seinem Palast Beit-ed-Din aus den Libanon zu kontrollieren versucht hatte, arbeitete eng mit den Ägyptern zusammen, und als sie abzogen, wurde er abgesetzt und ins Exil nach Malta geschickt. Seine Verbannung befriedigte während der ägyptischen Okkupation in Ungnade gefallene muslimische Notabeln, und zunächst begrüßten sie die Rückkehr osmanischer Amtsträger. Im Frühjahr 1841 jedoch gab es in der gesamten Region Unruhen gegen die Osmanen durch untereinander rivalisierende Gruppen, von denen viele in einer fast feudalen Abhängigkeit zu den überkommenen Dynastien standen, die unter der Regierung von Abdülhamit I. ihre Provinzen heruntergewirtschaftet hatten. Die osmanischen Militärbefehlshaber waren zu Strafexpeditionen gezwungen und übten manchmal schonungslose Rache, die von ausländischen Beobachtern verurteilt wurde – obwohl, wie in der griechischen Revolte, nicht eine Seite das Monopol auf Grausamkeit hatte.

Die europäischen Großmächte, vor allem Großbritannien, waren stärker besorgt wegen der syrischen Unruhen, als sie es – abgesehen von Griechenland – über frühere Rebellionen je gewesen waren. Der englisch-türkische Handelsvertrag von 1838 verschaffte dem britischen Export neue Märkte und britischen Kaufleuten günstige Bedingungen für den Kauf von Waren, Rohstoffen und Nahrungsmitteln, was den landwirtschaftlichen Ertrag der osmanischen Länder steigen ließ. Andere Regierungen schlossen bald ähnliche Handelsabkommen; dies machte das Osmanische Reich anfälliger für Schwankungen des Welthandels, weckte aber zugleich ein direkteres Interesse Europas am Wohlergehen der ‹Türkei› insgesamt. Lokale Repräsentanten ausländischer Regierungen und Handelsgesellschaften kommentierten daher die Tatsache, daß der Sultan die Herrschaft über Syrien und den Libanon wiedererlangte, sehr vorsichtig. Die Konsuln boten den Gemeinden, die in London oder St. Petersburg, Paris oder Wien in besonderer Gunst standen, ihren Schutz an: Rußland den orthodoxen Christen, Palmerston den Drusen und verschiedenen jüdischen und protestantischen Gruppen, Frankreich und Österreich den Maroniten. Aber die Unterstützung dieser Gruppen variierte so stark von Region zu Region, daß eine Verallgemeinerung irreführend wäre. Die Aufzeichnungen und Berichte des britischen Generalkonsuls in Beirut, Oberst Hugh Rose, zeigen seine persönliche Bereitschaft, maronitische Handelskonvois gegen Angriffe der Drusen zu schützen, und dokumentieren sein Mißtrauen gegenüber den regulären osmanischen Truppen. Aber sie beklagen auch das Ausmaß, in dem seine französischen Kollegen auf eine ‹für die Interessen der Pforte schädliche› Weise maronitische Unruhen schürten.[14]

1843 und, nach erneuten Kämpfen, im Mai 1845 wurde in Syrien und Libanon eine Art Frieden durchgesetzt; aber trotz der Vermittlung von Stratford Canning und eines Besuchs Reşits in Beirut im Oktober 1846 bestand wenig Hoffnung auf eine dauerhafte Befriedung einer Region, in der so viele widerstreitende Interessen existierten. 1848 und mit Unterbrechungen von 1850 bis 1852 kam es zu weiteren Aufständen gegen Versuche der Osmanen, Soldaten zu rekrutieren und die 5. Armee, die für das Gebiet zuständig war, zu arabisieren. Statt sich einer reformierten und fähigen osmanischen Zentralregierung zu unterwerfen, pflegten örtliche Notabeln zunehmend einen partikularistischen ‹Nationalismus›, besonders in den Maroniten-Dörfern um das Libanon-Gebirge herum – eine Entwicklung, die in der zweiten Hälfte des Jahrhunderts noch an Bedeutung gewinnen sollte.[15]

An der Nordwestgrenze des Osmanischen Reichs, in Bosnien und der Herzegowina, war die Ablehnung der Tanzimat-Reformen noch offensichtlicher. In den fünfzig Jahren zuvor hatten sich die Grundbesitzer – von Abstammung und Sprache her Südslawen, aber von Religion und Erscheinungsbild her konservative Muslime – gegen jeden Reformversuch der Sultane gewehrt. Mahmuts II. formale Abschaffung des Feudalsystems zerstörte schließlich das Kapudanat, die Herrschaft der privilegierten Kaste der achtundvierzig Beys, denen auf dem Höhepunkt osmanischer Macht als Gegenleistung dafür, daß sie Sipahi-Abordnungen für die Kavallerie des Sultans stellten, die Verwaltung der einzelnen Teile von Bosnien anvertraut worden war. Das Kapudanat ging buchstäblich im Kampf unter. Der offenen Revolte 1837 gegen Mahmut folgte eine noch breitere Rebellion, als Berichte über den Gülhane-Erlaß eintrafen, der Christen und Juden Gleichheit vor dem Gesetz und sozialen Aufstieg versprach. Erst im März 1850 schlug eine starke osmanische Armee unter Ömer Lütfi Pascha schließlich die bosnischen Beys in einer dreitägigen Schlacht am Jezerosee. Ömer hielt triumphalen Einzug in Jajce; die herzegowinischen muslimischen Notabeln hatte er bei Mostar bereits geschlagen.

Als historische Figur ist Ömer Lütfi bekannter unter dem Namen ‹Omar Pascha›; er wurde der hochangesehene Feldherr des Krimkriegs und der erste bedeutende Befehlshaber der reformierten osmanischen Armee.[16] Er war 1809 in einem Dorf in Kroatien geboren, trat als Kadett in die österreichische Armee ein, war aber noch keine zwanzig, als er desertierte und über das Gebirge nach Bosnien floh. In der osmanischen Armee brachte er es zum Offizier und nahm, nachdem er konvertiert war, den Namen des zweiten Kalifen aus dem siebten Jahrhundert an. Mahmut II. beförderte ihn zum Major und ernannte ihn zum militärischen Ausbilder des jungen Prinzen Abdülmecit. Er errang 1840 einen wichtigen Sieg über Ibrahim in den Bergen nordöstlich von Beirut, wurde aber von den ausländischen Konsuln stark kritisiert wegen der rücksichtslosen Art, in der er danach die Herrschaft des Sultans über den Libanon wiederherstellte. Diese strikte Aufrechterhaltung der Disziplin brachte Ömer wieder nach Bosnien, wo er in einem Terrain operierte, das er von Jugend auf kannte. Es war unvermeidlich, daß er den Zorn der Österreicher auf sich zog, die in ihm den Renegaten der habsburgischen Armee sahen.

In den zehn Jahren, in denen in Bosnien praktisch Anarchie herrschte, schickten die Österreicher mehrmals Truppen von Kroatien aus in das Land, bereit, ihre Grenze auszudehnen, sollte es den Osmanen nicht gelingen, wieder eine funktionierende Regierung zu errichten. Mindestens dreimal in diesem unruhigen Jahrzehnt diskutierten die Österreicher und die Russen über eine hypothetische Teilung des Osmanischen

Reichs: Serbien, Bosnien und die Herzegowina sollten an Österreich fallen, und Rußland sollte auf dem östlichen Balkan Vasallenkönigreiche errichten.[17] Doch zu einem klaren Teilungsplan führten diese Gespräche nicht. Wenn sie überhaupt etwas deutlich machten, dann die wachsende Überzeugung von Nikolaus I., daß der Verfall des osmanischen Regierungssystems nicht durch ein hübsch klingendes Reformprogramm aufgehalten werden konnte.

Auch von Metternichs Österreich hatte Zar Nikolaus keine hohe Meinung. ‹Krank, sehr krank›, äußerte er sich Anfang 1846 vertraulich über die Habsburger Monarchie und nahm damit die Metapher schon vorweg, die er später auf einen anderen Nachbarn anwandte.[18] Das Urteil des Zaren über Österreich schien verständlich. Die Revolutionen von 1848, die in Frankreich und auf der italienischen Halbinsel dramatisch begonnen hatten, breiteten sich auf die deutschsprachigen Länder und das Donaubecken aus und zerstörten dem Anschein nach Metternichs europäisches System. Keine europäische Regierung wollte an die Orientfrage rühren zu einer Zeit, in der Europa solchen Erschütterungen ausgesetzt war. Mit stillschweigendem Einverständnis von Palmerston und Sultan Abdülmecit befahl der Zar seiner Armee, den Pruth zu überschreiten, um ein vermeintliches Wespennest rumänischer Patrioten in Bukarest auszuräuchern. Die zweieinhalb Jahre dauernde Besetzung der Donaufürstentümer löste wenig Protest aus: Niemand bestritt ernsthaft Nesselrodes Behauptung, der russische Schritt sei durch die beiden Verträge von Küçük-Kaynarca und Adrianopel gerechtfertigt. Die Revolutionen griffen nicht aufs Osmanische Reich über.

Was in London und Paris aber Besorgnis hervorrief, war die Tatsache, daß der Zar nicht bereit war, sich mit der Besetzung der Moldau und der Walachei zufriedenzugeben. Im Juli 1848 standen seine Truppen am Karpatenbogen, als wollten sie sowohl Österreich als auch das Osmanische Reich bedrohen. Vielleicht hätten sie dort tatsächlich haltgemacht, hätte der junge Kaiser Franz Joseph I. sie nicht dringend benötigt. Im Frühjahr 1849, vier Monate nach seiner Thronbesteigung, bat

171

er zur Wiederherstellung von Habsburgs Autorität an der mittleren Donau um russische Hilfe; Zar Nikolaus schickte darauf zwei Armeen nach Transsilvanien, um die ungarischen Unabhängigkeitsbestrebungen unter Ludwig Kossuth niederzuschlagen.

Der russische Einmarsch in Ungarn hatte zwei wichtige Konsequenzen für die Orientfrage. Zum einen führte er zu einer diplomatischen Revolution in Europa: In London herrschte eine solche Sympathie für Kossuth und seine Sache, daß der Marsch der russischen Armeen nach Westen schließlich die englisch-russische Entente beendete, die fast zehn Jahre lang mühsam gehalten hatte. Großbritannien und Frankreich schlossen sich enger zusammen, während Zar Nikolaus annahm, er könne für seine Politik fest auf die Unterstützung Wiens zählen. Zum zweiten suchten nach der Niederschlagung der ungarischen Revolution Kossuth und vier seiner aus Polen stammenden Generäle Zuflucht im Osmanischen Reich. Ermutigt von Stratford Canning und der Präsenz eines britischen Geschwaders in den Dardanellen, weigerten sich der Sultan und Reşit im September und Oktober 1849 entschieden, Kossuth und die polnischen Flüchtlinge an die österreichische oder die russische Regierung auszuliefern. Nicht einmal die Abberufung des russischen und des österreichischen Botschafters von der Hohen Pforte machte Abdülmecit wankend.[19]

Die Krise brachte den Tanzimat-Ministern einen diplomatischen Erfolg. Mehmet Fuat reiste nach Bukarest und weiter nach St. Petersburg und handelte mit den Russen eine Übereinkunft aus. Danach gab der Zar seine Forderung nach Auslieferung der geflohenen polnischen Generäle auf, sofern die Osmanen sie von den Grenzen des russischen Reichs fernhielten. Auch die Österreicher beharrten nicht mehr darauf. Doch in Wien und St. Petersburg herrschte eine gewisse Genugtuung darüber, daß, auch wenn der Sultan nicht nachgegeben hatte, zumindest Palmerston bereit war, einen Verstoß gegen internationale Gesetze einzugestehen. Er räumte ein, daß der britische Admiral Sir William Parker die Meerengen-Konvention gebrochen hatte, als er mit seinen Kriegsschiffen durch die

Dardanellen bis nach Çanakkale vorgedrungen war – dabei hatte Parker auf einen Hilferuf des britischen Konsuls an den Dardanellen, Frederic Calvert, reagiert.[20]

Admiral Parkers Vordringen in die Dardanellen schuf einen peinlichen Präzedenzfall. Es war der erste einer Reihe provokanter Schritte, die schließlich zum Krimkrieg führten. Mit einer Ausnahme – der durch die Androhung österreichischer Intervention gestoppten Strafexpedition von Ömer in Montenegro 1852 – sollten diese Aktionen die Stärke der rivalisierenden europäischen Flotten sichtbar machen und den einschüchternden Forderungen Nachdruck verleihen, die anmaßende Gesandte an der Hohen Pforte erhoben. Man könnte sogar behaupten, daß Stärke zur See auch der Streitpunkt war, um den es im Krimkrieg eigentlich ging, zumindest die Stärke im Schwarzen Meer. Aber die sich hinziehende Krise, die die Orientfrage erneut in bedrohlicher Weise aufwarf, wurde nicht durch die Kriegsschiff-Diplomatie verursacht, sondern durch das Wiederaufleben eines alten Streits: Im Mai 1850 befahl das Außenministerium in Paris dem Botschafter in Konstantinopel, französische Ansprüche zur Verteidigung der Privilegien der ‹Lateiner› (römisch-katholischer Christen) in Jerusalem, Nazareth und Bethlehem geltend zu machen und Klage darüber zu führen, daß ‹Griechen› (orthodoxe Mönche unter russischer Protektion) sie von den heiligen Stätten ausschlössen.[21]

Es war nichts neu an der französischen Beschwerde, die auf einem unter Mahmut I. geschlossenen Vertrag fußte. Ludwig XVIII. 1819 und Louis Philippe 1842 hatten beide damit Wähler zu gewinnen versucht, daß sie ‹Lateiner› gegen ‹Griechen› in Palästina unterstützten. Die meisten ausländischen Regierungen nahmen an, daß der neue Herrscher von Frankreich, Prince Président Louis Napoléon, wie seine Vorgänger das Interesse an den heiligen Stätten verlieren würde, wenn seine Stellung zu Hause erst einmal gesichert war. Aber diesmal zog sich das Gerangel hin. Zar Nikolaus I. war weiterhin höchst mißtrauisch gegenüber Louis Napoléon. Und aufgrund des plebiszitären Charakters der französischen Verfassung war

173

Louis Napoléon auf die Unterstützung der vom Klerus dominierten Provinzen angewiesen, jedenfalls bis November 1852, als ein Referendum überwältigende Zustimmung für die Rückkehr zum Kaiserreich brachte und er Kaiser Napoleon III. wurde.

Sultan Abdülmecit wollte vermeiden, ‹Lateiner› oder ‹Griechen› gegen sich aufzubringen. Im Februar 1852 entwarf er einen Kompromiß, der den Franzosen Konzessionen in der schwierigen Frage des ‹lateinischen› Zugangs zu den Kirchen in Bethlehem anbot, aber den Russen geheime Zusicherungen machte, daß es ‹am gegenwärtigen Stand der Dinge› keine Veränderungen geben würde. Der Kompromiß wurde von Stratford Canning (inzwischen Viscount Stratford de Redcliffe) begrüßt, der vier Monate später Konstantinopel verließ, ‹vielleicht für immer›, wie er meinte. Aber noch bevor er in Großbritannien ankam, gab es eine neue Krise in der osmanischen Hauptstadt. Die Russen wie die Franzosen argwöhnten, daß sie bei dem Kompromiß betrogen würden. Außerdem hoffte Louis Napoléon, daß mit der Heimreise des ‹Großen Gesandten› ein französischer Diplomat jenen Einfluß bei der Pforte erlangen könnte, den Stratford de Redcliffe so lange genossen hatte. Zufällig weilte der französische Botschafter, der Marquis de Lavalette, zu Beratungen in Paris. Im Juni schickte ihn Louis Napoleon zurück auf seinen Posten; ihm wurde aufgetragen, seine Rückkehr nach Konstantinopel so eindrucksvoll zu gestalten, daß alle Bewohner der Stadt, Türken wie Ausländer, nicht umhin konnten, seine Ankunft zur Kenntnis zu nehmen.

So fuhr Lavalette an Bord des größten Kriegsschiffs der Welt, des mit 90 Kanonen bestückten Dampfschiffs *Charlemagne*, Mitte Juli die Dardanellen hinauf zum Bosporus. Mit der Durchfahrt durch die Meerengen verstieß die französische Flotte erneut gegen die Konvention von 1841, aber die Pforte ließ dies ohne Beschwerde durchgehen. Die Anwesenheit des Kriegsschiffs beeindruckte die osmanischen Behörden sehr, wie Louis Napoléon es vorhergesehen hatte: Da lag vor dem Palast des Sultans eine schwimmende Festung, die die ‹sehr schnelle Strömung des Bosporus einzig durch die Kraft der Schraube› meisterte.[22] Zur Unterstützung der *Charlemagne* befand sich im östlichen Mittelmeer ein starkes Geschwader, das Ende Juli mit der Beschießung des libanesischen Hafens Tripoli drohte, als der osmanische Gouverneur die Auslieferung französischer Deserteure verweigerte. Die augenscheinliche Vorrangstellung der französischen Seemacht sorgte dafür, daß Lavalette von Juli 1852 bis zu seiner Abberufung nach Paris sieben Monate später in Konstantinopel den Ton angab. Seine Kandidaten wurden Großwesir und Außenminister; im Oktober und nochmals im Dezember 1852 wurden Instruktionen nach Jerusalem geschickt, die von den ‹Griechen› verlangten, daß sie den ‹Lateinern› in Bethlehem Konzessionen einräumten.

Keine Phase der Orientfrage hat so viele historische Debatten ausgelöst und soviel Beachtung im Westen erfahren wie die Ereignisse der folgenden fünfzehn Monate – nicht zuletzt deshalb, weil der daraus resultierende Konflikt der einzige Fall ist, bei dem französische und britische Truppen zusammen gegen die reguläre Armee eines russischen Staates, ob zaristisch oder sowjetisch, gekämpft haben. Trotzdem waren während des Winters 1852/53 Staatsmänner in St. Petersburg wie in London bereit, die englisch-russische Zusammenarbeit der Jahre 1839/40 zu erneuern, statt sich fatalistisch in einen Krieg treiben zu lassen. Weihnachten 1852 standen das britische Außenministerium und Stratford de Redcliffe (inzwischen in London) im Streit um die heiligen Stätten noch immer eher auf seiten der ‹Griechen› als auf der der ‹Lateiner›. Aber Zar Nikolaus interpretierte die Stimmung in London völlig falsch. Er glaubte, daß die britische Regierung, genau wie er selbst, das kleinmütige Verhalten der Pforte für ein Zeichen von Schwäche und Korruption unter Abdülmecits Ministern hielte, trotz der hochtönenden Ankündigungen der Tanzimat-Reformen. Nesselrode warnte den Zaren, daß jede Diskussion mit den Briten über ‹Pläne für eine ungewisse Zukunft gefährlich und höchst nutzlos› wäre, weil sie London wieder in eine feindselige Haltung zwingen würde, die zu überwinden schwer sein könnte.[23] Gegen Nesselrodes Rat beschloß Nikolaus I., die englische Regierung über mögliche Teilungspläne auszuhorchen für den Fall, daß die osmanische Regierung ausländischem Druck nicht widerstehen oder innere Unruhen nicht niederschlagen konnte. Am 9. Januar 1853 wandte Nikolaus I. bei einem Gespräch mit dem britischen Botschafter Hamilton Seymour nach einem privaten Konzert zum erstenmal seine Metapher vom ‹kranken Mann› auf das Osmanische Reich an: ‹Das Land zerfällt – wer weiß, wann?› sagte Nikolaus I. laut Seymours Tagebucheintrag von jenem Abend.[24]

Als Seymour das Gespräch zwei Tage später in einer offiziellen Botschaft an das Außenministerium formulierte, gab er der berühmten Metapher mehr Gewicht als in seinen privaten Aufzeichnungen. Und als Ende Januar und Anfang Februar der Zar Seymour viermal zu einer Privataudienz empfing, ubermittelte der Botschafter wortgetreu dessen Worte in ebenjenem melodramatischen Ton, in dem der Zar seine Erklärungen gern abgab.[25] Im Winterpalast schienen diese Bemerkungen des Zaren angebracht – wie Rastrellis Meisterwerk waren sie bombastisch, maniert und gekünstelt genug, um nicht allzu ernst genommen zu werden; aber nüchtern als Botschafter-Depesche betrachtet, erregten sie in Westminster Aufsehen. Nikolaus I. schien Pläne zur Aufteilung des Osmanischen Reiches zu hegen: Zum Ausgleich für die Schaffung russischer Satellitenstaaten auf dem Balkan könnte Großbritannien Kreta in Besitz nehmen und freie Hand in Ägypten bekommen.

Kurze Zeit sah es so aus, als ob das Reich des Sultans nur mit Hilfe der europäischen Regierungen überleben könne. Davon ging man zumindest in London aus, wo die Bedeutung der Bemerkung vom ‹kranken Mann› stark übertrieben wurde. Seit dem ‹Griechischen Plan› von Katharina der Großen hatten immer wieder hypothetische Teilungspläne die russisch-österreichische Diplomatie belebt; sie spielten auch beim französisch-russischen Austausch zur Zeit von Tilsit eine Rolle. Aber die Landkarten in diesem Ausmaß neu zu zeichnen, war ein unbekannter Zeitvertreib in Downing Street. Das Koalitionskabinett Aberdeens – dem mehr außenpolitisch versierte Minister angehörten als je einer britischen Regierung vorher oder nachher – war höchst mißtrauisch gegenüber dieser neuen Wende in der russischen Politik.[26] Warum, fragten sich die Minister, zog der Zar ein ‹Gentleman's agreement› einem formellen Vertrag vor? Und lag es an Seymours Darstellung oder an der ungenauen Ausdrucksweise des Zaren, daß die Politik Großbritanniens und Rußlands für die Zeit nach einer eventuellen Auflösung des Osmanischen Reichs nebulös blieb?

Die britischen Zweifel wurden durch den Beschluß des Zaren verstärkt, einen Sondergesandten nach Konstantinopel zu schicken. Denn Zar Nikolaus wählte statt eines erfahrenen und konzilianten Diplomaten wie Orlow einen türkenfeindlich eingestellten Militär, Fürst Alexander Menschikow. Seine Berufung machte Nesselrode Sorge; er warnte Menschikow vor der Annahme, das Osmanische Reich würde sich ‹beim ersten Säbelrasseln auflösen›, und fügte hinzu, daß Zar Nikolaus ‹diese Katastrophe nicht beschleunigen› wolle.[27] Aber die schriftlichen Instruktionen des Fürsten machten deutlich, daß Nikolaus I. von ihm erwartete, daß er sich weit mehr in osmanische Angelegenheiten einmischte, als es Orlow zwanzig Jahre früher getan hatte. Er sollte für die Entlassung des profranzösischen Außenministers Mehmet Fuat sorgen, sich die Privilegien der ‹Griechisch›-Orthodoxen in Palästina vertraglich bestätigen lassen und die formelle Anerkennung des russischen Rechts auf den Schutz orthodoxer Christen in allen osmanischen Ländern sichern. Als eine Geste des guten Willens könne Sultan Abdülmecit, sollte er alle Zugeständnisse an die Franzosen rückgängig machen, ein geheimes Schutzbündnis mit Rußland in Aussicht gestellt werden.

Menschikow landete am letzten Tag des Monats Februar mit großem Pomp in Galata; zuvor hatte er die Schwarzmeerflotte in Sewastopol inspiziert und sich danach auf dem gepanzerten Raddampfer *Gromownik* (‹Donnerer›) eingeschifft. Schnell fädelte er den Sturz des Außenministers ein, indem er einfach mitteilte, daß er nicht mit der Pforte verhandeln würde, solange Mehmet Fuat im Amt sei. Da Lavalette wieder in Paris und Stratford de Redcliffe noch in Großbritannien war, wurden die

Interessen der Franzosen und Briten statt von Botschaftern von Chargés d'affaires wahrgenommen, und sie waren verwirrt und verschreckt durch Menschikows Drohgebärden. Der britische Geschäftsträger, Oberst Hugh Rose, der zehn Jahre lang Generalkonsul in Beirut gewesen war, konnte seinen Geheimdienst nutzen, der ihn über russische Truppenbewegungen an den Grenzen der Donauprovinzen und über Aktivitäten bei der Flotte in Sewastopol informierte. Rose glaubte, ein Krieg stehe unmittelbar bevor. Sein französischer Kollege Vincente Benedetti schickte eine Eilnachricht nach Paris und forderte die Entsendung eines französischen Geschwaders. Rose wandte sich direkt, ohne Rücksprache mit London, an Admiral Dundas in Malta und übermittelte ihm Einzelheiten über eine Bucht bei Smyrna – dort solle seine Flotte vor Anker gehen.[28]

Das französische Geschwader verließ am 25. März Toulon in Richtung Ägäis. Admiral Dundas aber hatte nicht die Absicht, ohne Befehl der Admiralität in türkische Gewässer einzudringen, und weitere Befehle blieben aus. Statt der Royal Navy erschien am 5. April plötzlich Stratford de Redcliffe höchstpersönlich bei Oberst Rose. Anfangs spielte der Botschafter die Krise herunter: Menschikows Ton sei ‹erheblich sanfter geworden›, informierte Stratford Außenminister Lord Clarendon am 11. April und fügte hinzu, daß ‹von einem Verteidigungsbündnis zwischen dem Russischen und dem Osmanischen Reich nicht die Rede sei›.[29] Doch die Befürchtungen von Rose und Benedetti waren gerechtfertigt gewesen. Zar Nikolaus hatte ernstlich über Pläne nachgedacht, die Schwarzmeerflotte mit mehreren Divisionen am Ausgang des Bosporus landen zu lassen und den Sultan und seine Hauptstadt zu überrumpeln, bevor die anderen Großmächte eingreifen konnten. Dieser Plan wurde erst ein halbes Jahrhundert später bekannt, aber die Möglichkeit umriß mit bemerkenswertem Einblick Kapitän T. A. Blakeley von der Royal Navy in einem Bericht, den Stratford de Redcliffe vierzehn Tage nach seiner Rückkehr nach Konstantinopel erhielt. Ein anderer Marineoffizier, William Slade, skizzierte in einem drei Wochen später fertiggestellten Memorandum Mittel und Wege, die Stadt gegen einen

Angriff der russischen Flotte zu verteidigen.[30] In den folgenden fünf Monaten konnte der britische Botschafter der Pforte daher kluge Ratschläge geben, gestützt nicht nur auf seine eigene Kenntnis osmanischer Angelegenheiten, sondern auch auf die sorgfältigen Analysen der Lage durch Militär und Marine. Als am 21. Mai Fürst Menschikow, wütend über Abdülmecits Ablehnung russischer Protektion, nach Odessa aufbrach, gab er dem britischen Botschafter die Schuld: Er habe mit seiner ‹fieberhaften Aktivität› den Sultan und die Wesire ‹verhext›.

Wie so viele seiner Zeitgenossen übertrieb Menschikow Stratford de Redcliffes Einfluß und seine Vorrangstellung in der osmanischen Politik. Auch der britische Außenminister bezeichnete ihn in einem Brief an einen führenden schottischen Journalisten in jenem Sommer als ‹den eigentlichen Sultan›, und die historische Legende, die dem Botschafter vorwarf, er habe die osmanische Regierung zum Krieg ermuntert, hielt sich über ein Jahrhundert lang, obwohl die inzwischen zugänglichen Dokumente zeigten, daß er in Wirklichkeit Frieden wollte und sich für die Beilegung des Streites um die heiligen Stätten einsetzte.[31] Stratford de Redcliffe stärkte in der Tat den osmanischen Widerstand gegen Menschikows Einschüchterungsversuche, und er gab den Tanzimat-Ministern neuen Mut – beispielsweise überredete er Mitte Mai Abdülmecit, außenpolitische Angelegenheiten noch einmal Mustafa Reşit anzuvertrauen. Aber die Krise wurde durch Entscheidungen verschärft, die in den westeuropäischen Hauptstädten und nicht bei der Pforte getroffen wurden. Das Aberdeen-Kabinett in London befahl Admiral Dundas am 5. Juni, als Reaktion auf antirussische Demonstrationen in Großbritannien, in türkische Gewässer zu fahren; Stratford de Redcliffe hatte nicht um die Entsendung der Kriegsschiffe gebeten.[32] Und als Dundas' Geschwader von Malta aus aufbrach, war sein Ziel nicht die Küste bei Smyrna, wie Rose vorgeschlagen hatte, sondern die Besikabucht, ein Ankerplatz im Schutz der Insel Tenedos (Bozcaada), gerade 20 Meilen vom antiken Hellespont entfernt. Für eifrige Zeitungsleser in Großbritannien war der Gedanke an eine Flotte vor den Dardanellen erhebender als Berichte über ein hundert Meilen weiter entfernt ankerndes Geschwader. Leider wurde die öffentliche Meinung in Konstantinopel wie in London und Paris gefährlich angeheizt durch Berichte über ausländische Kriegsschiffe, die zur Unterstützung der osmanischen Sache auf dem Weg zu den Meerengen wären. Stratford de Redcliffe begriff das sehr wohl; Lord Aberdeen, Lord Clarendon und Kaiser Napoleon III. begriffen es nicht.

Anfang Juli überschritt die russische Armee den Pruth und besetzte, wie 1848, die Donaufürstentümer. Diesmal machte Nesselrode klar, daß die Russen in der Moldau und der Walachei bleiben würden, bis der Sultan Menschikows Forderungen akzeptierte. Der Feldzug rief die Österreicher auf den Plan, deren Handel leiden würde, wenn der Krieg die untere Donau erfaßte. Bei einer Botschafterkonferenz in Wien wurde ein Kompromiß gefunden, der den Streit zwischen dem Russischen und dem Osmanischen Reich dadurch beilegen sollte, daß die Rechte der orthodoxen Gläubigen noch einmal bestätigt wurden, während die den Russen durch die Verträge von Küçük-Kaynarça und Adrianopel zuerkannten Privilegien genauer definiert wurden. Nesselrode war bereit, die ‹Wiener Note› zu akzeptieren, wenn auch mit einer für den Zaren günstigeren ‹Interpretation›, als die Botschafter beabsichtigt hatten. Seltsamerweise wurde in Wien angenommen, Abdülmecit und Reşit würden einverstanden sein.

Die Pforte jedoch war durch den ganzen Vorfall verärgert. Reşit sah in der Botschafterkonferenz eine doppelte Mißachtung der Souveränität des Sultans: Kein osmanischer Sprecher war zu dem vorgeschlagenen Kompromiß gehört worden; außerdem war die Note an den Zaren gesandt worden, bevor der Sultan davon unterrichtet wurde. Die konferierenden Botschafter hätten sich ‹angemaßt, ohne Wissen der direkt betroffenen Partei eine Note aufzusetzen›, beschwerte sich Reşit.[33] Stratford de Redcliffe bewog Abdülmecit, in allgemeinen Wendungen die Bestätigung der ‹alten Religionsprivilegien› anzubieten, für die der ‹Kaiser von Rußland› eintrete; aber die Wien-Note blieb unannehmbar. Dem britischen Außenminister erschien es, so schrieb er in einem Brief an einen Freund, ‹empörend› und ‹unglaublich›, daß Europa die ‹furchtbare Katastrophe› eines Krieges drohen sollte, weil ‹ein paar Barbaren über Worte streiten›.[34]

Clarendons Entrüstung zeigt einmal mehr die Unfähigkeit der Europäer, die Stimmung in Konstantinopel zu interpretieren. Die Zeitungen enthielten Berichte über den wachsenden Zorn in der Hauptstadt und den Städten um den Bosporus, in denen fremdenfeindlicher Pöbel Leben und Hab und Gut von Europäern bedrohte; aber kein Berichterstatter zog eine Verbindung zwischen diesen Ereignissen und der Stellung Abdülmecits. Doch im Rückblick wird klar, daß das Schicksal des Sultanats in jenem Sommer auf der Kippe stand. Anfang des Jahrhunderts hatte Selim III. die Armee zu modernisieren versucht: Sie hatte sich gegen ihn gewandt. Mahmut II. hatte das Vorhaben weiterverfolgt: Seine Regentschaft endete in der von seinem ägyptischen Vasallen heraufbeschworenen Katastrophe. Abdülmecit hatte die Bildung einer reformierten Armee von Wehrpflichtigen zum ersten Gegenstand seiner Tanzimat gemacht: Jetzt, vierzehn Jahre nach seiner Thronbesteigung, stand er vor der großen Herausforderung seiner Herrschaft. Ein siegreicher Feldzug würde seine Kritiker endlich zum Schweigen bringen; Nachgiebigkeit gegenüber Rußland würde ihn so gut wie sicher seinen Thron kosten.

In der zweiten Augustwoche erwies sich die Politik des Sultans auf verblüffende Weise als gerechtfertigt, und es zeigte sich die neue Lebenskraft, die sie seinem Reich gebracht hatte. Die Gründer des modernen Ägypten, Vizekönig Muhammad Ali, und sein Sohn Ibrahim, der Feldherr, waren im Abstand von wenigen Monaten im Winter 1848/49 gestorben; seit 1853 amtierte Muhammad Alis Enkelsohn Abbas Hilmi als Vizekönig. Abbas verhielt sich in politischen und religiösen Fragen konservativ; 1850 war er zu einem Treffen mit Abdülmecit nach Rhodos gereist und hatte ihm als Sultan und Kalifen gehuldigt.[35] In seiner Eigenschaft als treuer Vasall hob Abbas pflichtschuldigst ein Expeditionsheer aus, das in einem Krieg gegen Rußland für die Osmanen kämpfen sollte. So erreichte am 12. August eine starke ägyptische Flotte mit 35 000 gut ausgebildeten Soldaten das Goldene Horn. Bald hatten die Ägypter ihre grünen Zelte in Hünkâr Iskelesi und Büyükdere aufgeschlagen, genau da, wo Mahmuts russische Hilfstruppen 1833 nach Ibrahims Sieg in Konya ihr Lager gehabt hatten – Ironie der Geschichte. Die Anwesenheit des ägyptischen Heers überzeugte die Untertanen des Sultans in seiner Hauptstadt, daß Abdülmecit ein würdiger Nachfolger Selims I. und Süleymans war, Souverän eines islamischen Reichs, das sich noch immer von der Donau bis zum Nil erstreckte.

Anfang September war Stratford de Redcliffe klar, daß er den Krieg vielleicht hinausschieben, aber nicht verhindern konnte. Den ganzen Monat über herrschte in der osmanischen Hauptstadt Gesetzlosigkeit: Religiöse Fanatiker hetzten die öffentliche Meinung gegen Fremde auf, während Hitzköpfe unter den Ulema den Heiligen Krieg (Dschihad) gegen Rußland verlangten. Am Dienstag, dem 4. Oktober, erhielt der Botschafter schließlich Instruktionen aus London, die ihn ermächtigten, Dundas' Geschwader aus der Besikabucht herbeizurufen, damit es entweder Konstantinopel vor einem russischen Angriff schützen oder in der Stadt die Ordnung aufrechterhalten könne, falls schwere Krawalle die Autorität des Sultans untergruben. Stratford jedoch schob die Entscheidung auf und rief die Schiffe noch nicht zum Bosporus, weil er wußte, daß ihre Präsenz die Kampflust der Minister des Sultans nur weiter steigern würde.[36]

Es war zu spät, den Frieden zu retten. Schon hatte sich der Sultan mit dem Säbel des Propheten gegürtet, als Gelöbnis eines Krieges gegen die Ungläubigen. Und an diesem Dienstag schickte Omar Pascha als Befehlshaber an der Donau einen Gesandten mit einem Ultimatum zum russischen Hauptquartier in der Walachei, das die sofortige Räumung der Fürstentümer verlangte. Drei Wochen lang geschah nichts, zum Ärger hitziger Russenfeinde in der Hauptstadt. Erneute Unruhen veranlaßten Stratford de Redcliffe schließlich am 20. Oktober 1853 – dem Jahrestag von Navarino, wie er sich spöttisch erinnerte –, die Flotte aus der Besikabucht herbeizurufen.[37]

Drei Tage später setzten türkische und ägyptische Truppen überraschend in der Nähe von Tutrakan über die Donau und griffen 50 Kilometer südlich von Bukarest russische Vorposten an. Als die Nachrichten von Omars Initiative Stambul erreichten, brach stürmischer Jubel aus. Mit einer schlagkräftigen osmanischen Armee nördlich der Donau, riesigen Lagern mit Verstärkung auf beiden Ufern des Bosporus und französischen und britischen Kriegsschiffen vor dem Goldenen Horn – was konnte da schon schiefgehen? In den ‹kranken Mann› war plötzlich Leben gekommen.

KAPITEL 9
Dolmabahçe

Zunächst schien die Wucht von Omar Paschas Offensive einen
schnellen Sieg zu versprechen. In den Fürstentümern war der
russische Befehlshaber an der unteren Donau, Fürst Michail
Gortschakow, gezwungen, sich auf neue Verteidigungsstellun-
gen um Bukarest zurückzuziehen. Gleichzeitig klagte Fürst
Woronzow im Südkaukasus, daß seine Armeen nicht die volle
Stärke hätten; es würde unmöglich sein, warnte Woronzow den
Zaren, die Stellungen in den Ausläufern der georgischen Ge-
birgskette das kommende Frühjahr über zu halten, wenn es
den Türken gelänge, Männer und Munition zum Kaukasus zu
befördern.[1] Aber die freudige Hochstimmung in der osmanischen Hauptstadt hielt nur einige Wochen an. Der einbrechen-
de Winter stoppte jede Aktivität an den Fronten in Europa und
in Asien, und vor Jahresende hatte sich das Gleichgewicht im
Schwarzen Meer entscheidend zugunsten der Russen verscho-
ben.

Am 24. November kreuzte Admiral Nachimows Flotte vor
der anatolischen Küste, als die Russen die Masten der osmanischen Flotte im Hafen von Sinop sichteten. Sie segelten zurück
in das nur 100 Meilen entfernte Sewastopol auf der anderen
Seite des Schwarzen Meers. Nachimows Zurückweichen deutete der türkische Befehlshaber Osman Pascha als Zeichen,
daß bald eine viel stärkere russische Flotte zurückkehren würde. Er schickte eine schnelle Fregatte an den Bosporus, um
Verstärkung anzufordern. Aber Sinop war von Konstantinopel
doppelt so weit entfernt wie von Sewastopol, und die Katastrophe geschah, bevor Hilfe eintraf. Ein kluger Befehlshaber wäre
in See gestochen; Osman, der die Lektionen von Çeşme und
Navarino ignorierte, blieb unmittelbar in Küstennähe. Seine

Voraussage jedoch war vollkommen richtig. Sechs Tage nach seiner Erkundungsfahrt kehrte Admiral Nachimow zurück, und diesmal befehligte er ein so mächtiges Geschwader, daß es 720 Kanonen gegen die türkische Flotte und die Küstenbatterien um Sinop richten konnte. Die meisten osmanischen Schiffe wurden versenkt oder liefen, wie Osmans Flaggschiff, auf Grund, während sie für den Kampf in Stellung gingen, andere wurden aufgebracht. Auf den getroffenen Kriegsschiffen brachen Feuer aus, die, angefacht durch starken auflandigen Wind, auf die Stadt übergriffen. Nur ein osmanisches Schiff, ein dampfgetriebenes Hilfsschiff unter dem Kommando eines britischen Kapitäns, entging der Zerstörung. Zwei Tage später fuhr es den Bosporus hinab und brachte Sultan Abdülmecit und den Kommandeuren der britisch-französischen Flotte, die vor seinem Palast vor Anker lag, die Nachricht von der Katastrophe. Falls Nachimow beschloß, seinen Sieg zu nutzen, konnte nur das alliierte Geschwader Konstantinopel Schutz bieten. Aber dazu würden die Alliierten ins Schwarze Meer hinausfahren müssen, und das würde einen Präzedenzfall schaffen.

Sinop war eine nicht weiter bemerkenswerte Schlacht, die eine osmanische Offensive im Kaukasus aufschob. In Großbritannien aber wurde Nachimows Bravourstück von der Presse und der öffentlichen Meinung verfälscht zum ‹Massaker von Sinop›. ‹Das britische Volk will verhindern, daß Rußland Europa die Bedingungen diktiert oder das Schwarze Meer... in ein russisches Meer verwandelt›, verkündete *The Times*. ‹Den Aggressor mit Gewalt zu stoppen› war ‹eine ebenso klare Pflicht gegenüber der Menschheit› wie ‹Beistand nach Sinop zu schicken›, kommentierte der *Morning Chronicle*.[2] Ende der ersten Januarwoche 1854 waren zehn britische und neun französische Kriegsschiffe den Bosporus hinaufgefahren. Alle russischen Schiffe, Kriegsschiffe wie Handelsschiffe, sollten ‹aufgefordert werden, nach Sewastopol zurückzukehren›, wurde Stratford de Redcliffe vom Außenministerium angewiesen. Kurz danach begannen vier britische Kriegsschiffe, osmanische Truppentransporte von Sinop nach Trapezunt zu geleiten.

Kaum jemand zweifelte daran, daß es im Frühjahr zum Krieg zwischen Rußland und den westlichen Alliierten der Türkei kommen würde. Er begann am 31. März.

Die Vorhut eines französischen und britischen Expeditionskorps erreichte die Halbinsel Gallipoli neun Tage nach der Kriegserklärung und machte sich anschließend auf den Weg nach Varna. Ursprünglich hatten die Alliierten beabsichtigt, zu Omar Paschas Armee an der Donau zu stoßen, durch die Fürstentümer zum Delta vorzudringen und schließlich Odessa einzunehmen. Aber auf österreichische Vermittlung räumten die Russen die Moldau und die Walachei, die danach während des gesamten Krieges vom österreichischen Heer kontrolliert wurden – eine neutrale Pufferzone zwischen den Kombattanten. Daraufhin änderten sich die Angriffsziele der Alliierten: Das britisch-französische Expeditionskorps sollte Sewastopol einnehmen und die für das ‹Massaker› von Sinop verantwortliche Flotte zerstören. Der Krieg gegen Rußland wurde zum Krieg um die Krim.

In den uns vertrauten Berichten über Heldentaten und Durcheinander in der Führung ist die Rolle Omar Paschas häufig übersehen worden. Doch 6000 osmanische Soldaten nahmen an der ersten Invasion auf der Krim teil, und es war ein osmanischer Vorposten, der das Vorrücken russischer Einheiten am Morgen von Balaklava meldete. Lord Raglan, der britische Oberbefehlshaber, hielt große Stücke auf die osmanische Infanterie. Laut Oberst Hugh Rose, der als Verbindungsoffizier im Hauptquartier Dienst tat, war es Raglans Sorge um die tapferen türkischen Verteidiger von Canroberts Berg, die den berühmten Angriff der leichten Brigade auslöste. ‹Wir müssen den armen Türken beistehen und die Höhen wieder nehmen›, hörte Rose Raglan an jenem historischen Oktobermorgen sagen.[3] ‹Johnny Turk›, wie die Briten ihren Verbündeten nannten, blieb bis zum letzten Angriff auf Sewastopol auf der Halbinsel. 13000 osmanische Soldaten verteidigten den alliierten Stützpunkt in Eupatoria (Jepatorija) gegen einen russischen Angriff, andere schlossen sich den Briten und Franzosen bei der Plünderung der östlichen Krim an, während im

August 1855 osmanische Artilleristen und Infanterie an der Seite der Franzosen und Piemontesen am Tschernaja kämpften.

Zweimal mußte Stratford de Redcliffe auf die Krim reisen, um zwischen Ömer und den Nachfolgern Raglans zu vermitteln, denn die Osmanen wollten sich gern von der Halbinsel zurückziehen. Ömer behauptete, daß die für den Sultan lebenswichtige Front im Kaukasus läge, nicht auf der Krim, diesem Anhängsel des Zarenreichs. Ende September 1855, als sich die Überreste Sewastopols in der Hand der Alliierten befanden, konnten Ömers Truppen schließlich zum kaukasischen Kriegsschauplatz segeln. Man hoffte, sie würden Kars befreien, wo eine osmanische Besatzung und eine Handvoll britischer Offiziere seit sieben Monaten einer Serie von russischen Angriffen widerstehen mußten. Aber Ömer war zu langsam. Die Garnison von Kars, wo mehr Menschen an Hunger starben als durch russische Gewehre, mußte am 25. November kapitulieren; Kars war die größte Beute für die Truppen des Zaren während dieses Kriegs.[4]

Auf der Krim und im Kaukasus endete der Kampf mit der Meldung von einem Waffenstillstand, der am 28. Februar 1856 weit weg in Paris geschlossen wurde. Großwesir Mehmet Emin Ali – der Tanzimat-Reformer – war der Hauptbevollmächtigte des Sultans auf dem Friedenskongreß, von dem sich Napoleon III. erhofft hatte, daß er nicht nur eine Lösung der Orientfrage bringen, sondern auch die übrigen Probleme Europas klären würde. Es war das einzige Mal im 19. Jahrhundert, daß ein osmanischer Vertreter nach einem Krieg gegen Rußland unter den siegreichen Friedensstiftern saß, und Ali machte seine Sache gut.[5] Er sprach fließend Französisch und hatte ein feines Gespür für taktvolle Zurückhaltung im Umgang mit dem obersten Repräsentanten des Zaren, Alexej Orlow, jenem trügerisch höflichen Altmeister im diplomatischen Feilschen. Es gab in Paris Momente, in denen zwischen Frankreich und Rußland eine engere Übereinstimmung zu herrschen schien als zwischen den Verbündeten, und Ali gab sich große Mühe, die Friedensstifter von Sultan Abdülmecits fester Absicht zu überzeugen, die siebzehn Jahre zuvor im Gülhane-Dekret versprochenen Reformen fortzusetzen. Alis Aufgabe wurde durch Abdülmecits Entschluß erleichtert, das zweite Großherrliche Handschreiben der Tanzimat-Ära genau eine Woche vor Eröffnung des Friedenskongresses in Paris herauszugeben. Dieses Hatt-î hümayun vom Februar 1856 bekräftigte die Grundsätze von Gülhane, indem es, noch kategorischer, die völlige Gleichstellung von Muslimen und Nichtmuslimen im Osmanischen Reich garantierte. Zugleich deutete das Handschreiben weitere Reformen der Verwaltung in den Provinzen an, es enthielt praktische Bestimmungen für eine direkte Einziehung der Steuern anstelle des in Mißkredit geratenen Steuerpacht-Systems und erkannte die Notwendigkeit an, offizielle Dekrete in einfacherem, osmanischem Türkisch zu verfassen statt in den häufig von den Persern oder Arabern übernommenen alten Formen.

Orlow hätte das Großherrliche Handschreiben gern in den endgültigen Friedensvertrag aufgenommen, um so den verbesserten Status der christlichen Untertanen des Sultans durch eine internationale Garantie abzusichern. Napoleon III. stimmte in diesem Punkt mit den Russen überein. Aber wie Palmerston an den Botschafter in Paris schrieb, hatten die Briten weniger darum gekämpft, ‹den Sultan und seine Muselmanen in der Türkei zu halten, als vielmehr darum, die Russen aus der Türkei herauszuhalten›; wenn Orlow schriftliche Garantien des Erlasses verlangte, lag das zweifellos darin begründet, daß er den Russen jenes Recht auf Einmischung erhalten wollte, das sie seit Küçük-Kaynarcz geltend gemacht hatten. Die Briten und mit ihnen die Österreicher stützten sich auf Alis Versicherung, wonach Abdülmecit zu Reformen entschlossen sei, und am 30. März 1856 gab der Friedensvertrag Ali, was er gewollt hatte. Während Paragraph 9 die ‹großmütigen Absichten› von Abdülmecits Erlaß vermerkte, betonte er andererseits nachdrücklich, daß die Großmächte kein Recht hätten, sich ‹in die Beziehungen Seiner Majestät des Sultans zu seinen Untertanen oder in die innere Verwaltung seines Reichs› einzumischen.[6]

Zar Alexander II., der zwölf Monate zuvor seinem Vater

Nikolaus I. auf den Thron gefolgt war, bezeichnete das Hatt-î hümayun als einen moralischen Sieg. In einem kaiserlichen Manifest, das am Tag nach der Unterzeichnung des Friedens in Paris in St. Petersburg veröffentlicht wurde, wurde dem russischen Volk verkündet, daß der Erlaß mit der feierlichen Anerkennung der Rechte der christlichen Untertanen des Sultans ‹die ursprünglichen und grundlegenden Ziele des Kriegs› befriedigte.[7] Doch es ließ sich nicht leugnen, daß der Vertrag das Werk Katharinas der Großen und ihrer Nachfolger zunichte machte. Kars und alle anderen von den Russen in den vergangenen zwei Jahren in Ostanatolien eroberten Städte und Dörfer wurden dem Osmanischen Reich zurückgegeben. Der Zar verlor sämtliche Ansprüche auf den Schutz der Donaufürstentümer Moldau und Walachei, die, obwohl sie theoretisch noch unter osmanischer Oberhoheit standen, ‹eine unabhängige, nationale› Verwaltung aufbauen sollten und ermächtigt wurden, ihre eigene Armee aufzustellen. Außerdem mußte Alexander II. das südliche Bessarabien an die Moldau abtreten, wodurch den Russen jede Möglichkeit genommen war, das Donaudelta zu kontrollieren. Am bemerkenswertesten von allen Bestimmungen des Vertrags waren die Klauseln, die Neutralität und Demilitarisierung für das Schwarze Meer vorsahen. Das Schwarze Meer wurde Handelsschiffen aller Nationen zugänglich gemacht, aber für alle Kriegsschiffe gesperrt, abgesehen von ‹leichten Schiffen› zur Sicherung der russischen und osmanischen Küsten. Alle Militär- und Marinearsenale in den Schwarzmeerhäfen waren zu schließen. Für einen so stolzen Herrscher wie Alexander II. war die Demontage der Festungen und Werften von Sewastopol und Odessa eine zu bittere Demütigung, als daß er sie lange hätte ertragen können.

Abdülmecit dagegen kümmerte es wenig, daß Sinop kein Marinestützpunkt mehr sein sollte. Auf dem Papier fuhr ‹Seine Majestät der Kaiser der Osmanen› gut mit dem Friedensvertrag. Die Unabhängigkeit und territoriale Unversehrtheit seiner Länder waren formell garantiert. Er bekam Kars zurück und blieb nomineller Herrscher über die zwei Donaufürstentümer und Oberherr von Serbien, wo er weiterhin das Recht hatte, Truppen zu unterhalten. Gleichzeitig wurde die Hohe Pforte offiziell zugelassen zu dem, was im Vertrag ‹das öffentliche Recht und das System Europas› genannt wurde; so konnten sich die Osmanen vertrauensvoll an Geldinstitute in London, Paris und Wien um Hilfe wenden. Nach Ansicht des Auslands würde dadurch die wirtschaftliche Macht der Türkei wachsen. Diese Annahme war falsch. Innerhalb von zwanzig Jahren nahm das Osmanische Reich vierzehn ausländische Anleihen auf – und 1875 mußte die Regierung Konkurs anmelden.

Aber zunächst schien der neue Status der Osmanen im europäischen Konzert und die Aussicht auf weitere Reformen den Verfall des Reichs gestoppt zu haben. Die Zusicherung der bürgerlichen Gleichstellung von Christen, Muslimen und Juden veranlaßte Flüchtlinge aus Ungarn und Polen, sich im Osmanischen Reich niederzulassen. Viele von ihnen waren moderne Handwerker und brachten neue Fertigkeiten mit. Einige traten zum Islam über und förderten das neue Bildungssystem der Tanzimat-Reformer. Aber es entstanden auch bäuerliche Gemeinden; am bekanntesten war ein zu Ehren von Adam Czartoryski gegründetes Dorf, das noch heute Polonezköy heißt, einige Kilometer abseits der heutigen Straße von Üsküdar nach Şile an der Schwarzmeerküste. Polonezköy bewahrte lange seinen für Weichsel-Christen typischen Charakter, mit Bauernhöfen und Kirschgärten und einem florierenden Schweinehandel, was im muslimischen Anatolien selten ist. Die Flüchtlinge brachten nicht nur neuen Schwung in diese Region nahe der Hauptstadt, sondern auch jenen romantischen Nationalismus, der Mitteleuropa und die westlichen Balkanländer in den vergangenen zwei Jahrzehnten aufgewühlt hatte und Anatolien bis dahin fremd gewesen war.[8]

Der Krimkrieg beschleunigte die Lebensabläufe in den osmanischen Kernländern. Zwei Jahre anhaltendes Kommen und Gehen von Militär und Marine machten die Türken mit europäischen Sitten und Gebräuchen vertrauter als frühere Einbrüche aus dem Westen. Die Neuankömmlinge stammten aus allen Schichten; sie waren einfache Soldaten und Matrosen, Journalisten, Krankenschwestern, Staatsbedienstete und angehende Politiker aus London und Paris, Ingenieure, protestantische und katholische Geistliche, Spezialisten für Eisenbahnen und elektrische Telegraphen und andere technische Errungenschaften. In entlegenen Bezirken regte sich manchmal empörter Protest der Ulema. Zu wissen, daß unverschleierte Frauen kranke und verwundete Soldaten in der riesigen Selimiye-Kışlası-Kaserne in Üsküdar pflegten, bereitete gläubigen Muslimen aufrichtiges Unbehagen. Als Ende Februar 1855 die Küsten des Bosporus von einem Erdbeben erschüttert wurden, sahen manche darin eine Anklage Allahs gegen ‹Frauen, die ihre Schönheit zur Schau stellen›. Doch insgesamt scheint die Anwesenheit so vieler Ausländer in Stambul, Pera und anderen Städten dazu beigetragen zu haben, den örtlichen Widerstand gegen die Verwestlichung zu brechen, und mag daher späteren Tanzimat-Reformern ihre Aufgabe erleichtert haben.

Ebenso bedeutsam war der Eindruck, den die osmanische Gesellschaft und ihre Bräuche auf diese Fremden aus dem Westen machten. Anders als frühere Reisende hatten diese Frauen und Männer meistens nicht damit gerechnet, sich am Bosporus wiederzufinden. Einige, wie Schwester Sarah Anne von einem frommen Schwesternorden der anglikanischen Kirche in Devon, hatten binnen drei Tagen in die Türkei aufbrechen müssen. Als Sarah Anne am 4. November 1854 in Konstantinopel ankam, herrschte dort so nasses Wetter, daß Florence Nightingale in einem Brief nach Hause schrieb: ‹Das Goldene Horn sieht aus wie eine schlechte, verwaschene Daguerreotypie.› Aber für Sarah Anne war es der ‹schönste Anblick auf der ganzen Welt›, ebenso wie für Lady Mary Wortley Montagu 130 Jahre vor ihr: ‹Schwindelig und verwirrt›, schrieb sie nach Hause, ‹konnten wir kaum glauben, daß diese gestrichenen Häuser, heiteren Gärten und glitzernden Minarette nicht eine Vision oder ein gemaltes Panorama waren.›[9] Im weiteren Verlauf des Jahrzehnts versuchte eine Reihe von Autoren – darunter viele Frauen – das jahrhundertealte Vorurteil gegen die ‹schrecklichen Türken› abzubauen.

Sie schilderten das kaiserliche Konstantinopel als eine Schatzkammer der Vergangenheit und zugleich lebendige Hauptstadt
eines Reichs, in der zu leben dank der Reformen des Herrschers und seiner Minister eine Freude war. Zwanzig Jahre
lang herrschte diese optimistische Sicht türkischer Lebensweise in der Londoner Gesellschaft vor, ein Traumbild, das nicht
einmal Gladstones flammendes Pamphlet von 1876 völlig aus-
löschen konnte.

Nicht alle Besucher sahen die Stadt so rosig wie Schwester
Sarah Anne. ‹Ich war über keine Stadt so enttäuscht wie über
Konstantinopel›, schrieb Oberst Charles Gordon im Mai 1854
an seinen Vater. ‹Ich hätte nicht für möglich gehalten, daß eine
so großartige Lage von einem Haufen Barbaren derart ver-
schenkt werden kann. Es ist wirklich an der Zeit, daß eine
zivilisierte Nation es in Besitz nimmt und eine ordentliche Stadt
baut.›[10] Empfänger des Briefs war Premierminister Lord Aberdeen, der ein halbes Jahrhundert zuvor selbst acht Wochen am
Bosporus verbracht hatte und daher die bösen Anmerkungen
seines Sohnes beurteilen konnte. Es gab reichlich Staub und
Dreck in Stambul und Üsküdar, aber gerade der Bau einer
‹ordentlichen Stadt› rangierte zu diesem Zeitpunkt unter den
Zielen des Sultans an oberster Stelle. In dem überwiegend
nichtmuslimischen Pera schufen die Tanzimat-Reformer eine
Stadt nach Pariser Vorbild; ein ernannter Rat war in diesem
‹sechsten Arrondissement› (Altıncı daire) für die Planung und
Benennung neuer Straßen und für die Überwachung von Restaurants, Hotels und Theatern verantwortlich und führte noch
im ersten Jahr erstmals die Gasbeleuchtung in einer türkischen
Straße ein. In einer Hinsicht hatte sich das Aussehen der Stadt
zwischen Lord Aberdeens Besuch und dem seines Sohnes
bereits dramatisch verändert. Beim Blick von Üsküdar (auf der
asiatischen Seite) nach Nordwesten über den Bosporus hinweg
konnte Oberst Gordon Abdülmecits neuesten Palast sehen,
den Dolmabahçe, der wenige Monate vor Beginn des Krieges
Hauptresidenz des Sultans geworden war. Der Palast war mehr
als eine Residenz: Er war ein Symbol für Abdülmecits Glauben
an ein erneuertes Reich.[11]

Der Dolmabahçe-Palast ist ein so charakteristisches Monument für die Tanzimat-Ära wie Garniers Grand Opéra in Paris für das Zweite Kaiserreich oder die St.-Pancras-Station für das viktorianische London. Im Laufe von 400 Jahren war aus dem Topkapı Sarayı ein trostloser funktionaler Komplex geworden, kulturell bereichert durch die kompakte Kunstfertigkeit in seinen Prunksälen. Im Gegensatz dazu war der Dolmabahçe-Palast vom ersten Tag an, als der Sultan dort einzog, ein pompöses Paradestück, ein Versailles auf venezianisch. Seine klassischen Säulen und seine Portiken erstreckten sich am Ufer des unteren Bosporus wie die Fassaden des Winterpalasts und der Eremitage an der Newa, aber wo die Romanows Rostrot gewählt hatten, fand Abdülmecit sein Entzücken an makellos weißer Marmorpracht, die die Architekten Nikoğos und Karabet Balyan für ihn herbeizauberten. Die Balyans entwarfen den Palast nicht als Kulisse für den Bosporus; sie schufen Seitentrakte, die von einem zentralen Thronsaal abgingen, der größer war als jeder andere in Europa. Architektonisch war ihr Palast eine Wiedergabe des zentralisierten Reichs im kleinen – und das hatte in Abdülmecits Absicht gelegen. Der Dolmabahçe Sarayı unterstrich sein Vertrauen in die Zukunft. Im Gegensatz zu früheren Sultanen verwestlichte er nicht nur die osmanische Vergangenheit; er war bestrebt, seinem Erbe eine imperialistische Größe zu geben, würdig der neuesten Großmacht, die gerade gönnerhaft im europäischen Konzert willkommen geheißen wurde.

Der Bau und die Erhaltung des Dolmabahçe-Palasts waren so teuer, daß die meisten zeitgenössischen Herrscher die Kosten für untragbar befunden hätten. Die laufenden Kosten beliefen sich auf umgerechnet zwei Millionen Pfund Sterling pro Jahr. Zu dieser Belastung der Staatsfinanzen kamen noch die Renovierung des daran angrenzenden ‹Privat›-Palasts Çirağan – einer herrscherlichen Villa neben Ahmets III. sagenhaftem Saadabad – und vor allem der Bau eines weiteren von den Balyans entworfenen Palastes jenseits des Bosporus in Beylerbey. Dieser Prachtbau wurde erst vier Jahre nach Abdülmecits Tod vollendet. Obzwar viel kleiner als Dolmabahçe, entfaltete Beylerbey das gleiche Rokoko-Gepränge. All das war den Tanzimat-Ministern zuviel. Sie mißbilligten wiederholt den aufwendigen Lebensstil Abdülmecits wie auch den seines Nachfolgers Abdülaziz. Im Oktober 1859 trat der hochgeachtete Mehmet Ali als Großwesir zurück, aus Protest gegen Abdülmecits fortgesetzte Aneignung von Geldern für den ‹Palast, der alle anderen auf der Welt übertreffen muß›.[12]

Es steht außer Zweifel, daß die Verschwendungssucht des Sultans einen großen Teil der Drei-Millionen-Pfund-Anleihe verschlang, die Ali und Mehmet Fuat im Sommer 1854 im Ausland aufnahmen. In Wirklichkeit jedoch erhielt die Pforte nur gut die Hälfte des Nennbetrags ausgezahlt, wegen der hohen Zinsen und der großzügigen Provisionen für mehrere Darlehenszeichner. Also wurde in weniger als einem Jahr eine zweite, etwas günstigere Anleihe über fünf Millionen Pfund aufgenommen.Die französische und die britische Regierung übernahmen die Bürgschaft, aber nur unter der Bedingung, daß das Geld für Zwecke ausgegeben wurde, die mit dem Krimkrieg in Zusammenhang standen, und daß die Verwendung von ihren Regierungskommissaren überwacht würde. Dies schuf einen Präzedenzfall für spätere Jahre, als die europäische Finanzkontrolle über das Osmanische Reich die Handlungsfreiheit des Sultans stark einschränkte. Aber zu Abdülmecits Lebzeiten war das nicht der Fall; es gab keine Beauftragten, die ihn daran hinderten, sich einen großen Teil einer dritten Anleihe anzueignen. Dieser spezielle Akt verschwenderischer Rücksichtslosigkeit veranlaßte Ali, sein Amt niederzulegen.

Doch nicht alle Geldgeschäfte waren derart verrückt. Die osmanische Regierung verwendete ausländisches Kapital auch, um das Verkehrswesen im Reich zu verbessern. Eisenbahnen kamen auf. 1856 wurde auf dem Balkan die wichtige Bahnlinie von Varna zur Donau begonnen. Es folgte in Südwestanatolien eine Strecke durch das Menderes-Tal, die den landwirtschaftlichen Reichtum des Hinterlands über den Hafen von Smyrna erschließen sollte. Neue Poststraßen entstanden in diesen letzten Jahren von Abdülmecits Regierungszeit, aber den Ehrenplatz unter den Neuerungen nahm der elektrische Telegraph ein, den die Briten und Franzosen im Krimkrieg weiterentwickelt hatten, begeistert unterstützt vom Sultan. Im September 1855 wurden zwischen Konstantinopel, London und Paris die ersten Telegramme ausgetauscht, und vor dem Tod des Sultans im Juni 1861 gab es zwischen Stambul, Bukarest, Belgrad und Saloniki sowie im asiatischen Teil des Osmanischen Reichs zwischen Üsküdar und Bagdad Telegraphenleitungen. Abdülmecit begrüßte die Verbindungen mit Westeuropa. Zudem erkannte er im elektrischen Telegraphen ein Mittel, um zentral Weisungen von der Pforte an Provinzgouverneure zu übermitteln, an jene lästigen Beys, die frühere Sultane so oft durch die unbekümmerte Unabhängigkeit verärgert hatten, mit der sie abgelegene Provinzen verwalteten. Der Telegraph trug zur Förderung des Zusammenhalts im Osmanischen Reich bei.[13]

Inzwischen war das Reich allerdings kleiner geworden. Algerien war französische Besitzung, Tunesien bereits von Frankreich abhängig, und obwohl die Osmanen in Tripolitanien faktisch die Herrschaft wiederhergestellt hatten, gehorchten die Beduinen der Cyrenaica dem streng puritanischen Senussi-Orden, den in der zweiten Hälfte des Jahrhunderts Sayyid Muhammad al-Mahdi lenkte. In Ägypten schwand die freundschaftliche Beziehung, die das Verhältnis zwischen dem Sultanat und dem Vizekönig vor dem Krimkrieg ausgezeichnet hatte, bald wieder, und bei Abbas Hilmis Tod 1854 und der Thronbesteigung seines Onkels Muhammad Said, dem Lieblingssohn Muhammad Alis, bestand sie nicht mehr.

Said wird manchmal als profranzösisch und antiosmanisch hingestellt, aber diese Zuschreibungen sind grob vereinfachend. Liebenswürdig und willensschwach wie er war, ließ Said den Ereignissen lieber ihren Lauf. Der ägyptische Tribut von 360 000 Pfund im Jahr für die Privatschatulle des Sultans wurde weiterhin regelmäßig gezahlt; dreimal diente das Geld als Kaution für eine osmanische Anleihe. Doch die blühende, auf Baumwollanbau beruhende ägyptische Wirtschaft machte auch ohne Abdülmecit oder Abdülaziz Fortschritte. Konstantinopel wurde auch nicht konsultiert, als Said einige Monate nach seinem Amtsantritt seinen Freund Ferdinand de Lesseps ermächtigte, Pläne für einen Kanal von Suez zu jenem neuen Mittelmeerhafen zu entwerfen, der noch heute den Namen des Vizekönigs trägt, Port Said. Das Kanalprojekt erregte heftigen Widerspruch in Konstantinopel. Die Briten, stets mißtrauisch gegenüber den Franzosen in Ägypten, versicherten der Pforte, daß die Eröffnung einer neuen Wasserstraße in der blühendsten der tributpflichtigen Provinzen des Sultans vielleicht für Unternehmen in Paris von Nutzen sein könnte, aber gewiß die Bedeutung der alten Handelswege von den Meerengen zum Euphrat und nach Persien schmälern würde. Doch die osmanische Regierung hatte keine wirkliche Einspruchsmöglichkeit. Die Verbindungen zwischen Sultan und Vizekönig waren so lose, daß die Arbeiten am Kanal schon fast sieben Jahre im Gang waren, bevor im März 1866 Sultan Abdülaziz dem Projekt schließlich seine offizielle Zustimmung gab.[14]

An den europäischen Grenzen ging die größte Bedrohung der Autorität des Sultans weiterhin von den nationalistischen Bewegungen auf dem Balkan aus. 1860 war Serbien praktisch schon verloren. Die Beibehaltung osmanischer Garnisonen in Belgrad und zweier weiterer Festungen erwies sich als teure Last, vor allem als 1862 während des Ramasan ein fanatischer türkischer Befehlshaber mehr als vier Stunden lang die christlichen Viertel der serbischen Hauptstadt beschoß; der osmanische Rückzug 1867 war daher politisch und wirtschaftlich vernünftig. Aber die Beziehungen mit Serbien blieben gespannt: Die Serben hetzten ihre Landsleute außerhalb ihres Fürstentums, vor allem in Bosnien und der Herzegowina (wo 1857 eine antiosmanische Revolte ausbrach) sowie Nationalisten in Bulgarien und Montenegro auf. Im Mai 1858 drang eine osmanische Strafexpedition in Montenegro ein, aber die Truppen wurden in einer Felsschlucht bei Grahovo eingekesselt und vernichtend geschlagen. Die Unruhen in diesem Land an der gebirgigen Nordwestgrenze hielten das folgende Jahrzehnt über an. Wie ein britischer Reisender trocken bemerkte, war es eine Region, in der der Kampf gegen die Türken ‹als ein

Zeitvertreib oder als eine bessere Art von Freiluftsport› angesehen wurde.[15]

Das ‹lateinische› Rumänien verdankte viel der Protektion
des Zweiten Kaiserreichs zu der Zeit, als der ehemalige französische Botschafter an der Pforte, Édouard de Thouvenel,
Außenminister Napoleons III. war. Die französische Unterstützung sorgte dafür, daß die Donaufürstentümer – lange die
Kornkammer Konstantinopels – binnen weniger Jahre nach
dem Pariser Frieden der Kontrolle des Sultans entglitten, wie
es die Vertragsbedingungen tatsächlich vorweggenommen hatten. Die Moldau und die Walachei schlossen sich 1859 unter
einem Hospodaren (Alexandru Cuza) zusammen, und ihr offi-
zieller Zusammenschluß als die ‹Vereinigten Fürstentümer
Rumäniens› wurde im Dezember 1861, wenige Monate nach
Abdülmecits Tod, proklamiert. Theoretisch blieb Rumänien
weitere sechzehn Jahre ein dem Osmanischen Reich Tribut
schuldender Staat; aber als christliches Fürstentum legte es
noch mehr politische Unabhängigkeit an den Tag als Ägypten,
vor allem nach 1866, als Rumäniens neugewählter Fürst Karl
von Hohenzollern-Sigmaringen als Carol I. seine achtundvierzig Jahre dauernde Regierung in Bukarest antrat.

Das Zentrum der Levante warf andere Probleme auf als die
Balkanländer, Ägypten oder der Maghreb. Syrien und Liba-
non hatten die Tanzimat-Minister immer wieder verblüfft.
Auseinandersetzungen zwischen maronitischen Bauern und
Gutsbesitzern am Libanon-Gebirge 1858 lösten einen weiteren
Bürgerkrieg zwischen drusischen und maronitischen Gruppierungen aus, der sich im Frühjahr 1860 bis nach Damaskus
ausdehnte. In diesem Jahr kamen allein im Libanon 8000
Maroniten und 1500 Drusen bei dörflichen Gefechten um oder
verhungerten, und in Damaskus wurden 5000 katholische
Christen ermordet. Die Nachricht von diesem Massaker veranlaßte Napoleon III., auf die Entsendung einer internationalen
Friedenstruppe zum Schutz der Maroniten zu drängen. Er
schlug eine Expedition nach Beirut und schließlich Syrien vor,
wobei die Franzosen den größten Teil der Truppen stellen
würden. Weder die osmanischen Behörden noch die Briten

wollten ein überwiegend französisches Expeditionskorps in der Levante; schließlich war die offizielle Hymne *Partant pour la Syrie*, ein von der Mutter Napoleons III. in ihrer Jugend für ihren Stiefvater, den großen Bonaparte, komponierter Marsch. Der osmanische Außenminister Fuat eilte den internationalen Friedenstruppen voraus nach Beirut und unterdrückte die Unruhen mit drastischen Mitteln: Osmanische Amtsträger und Armeeoffiziere, die es in den von ihnen verwalteten Distrikten zum Ausbruch von Unruhen hatten kommen lassen, wurden hingerichtet. Die Franzosen behaupteten mit einigem Recht, daß die Bevollmächtigten des Sultans versucht hätten, den Frieden in den voraufgegangenen schwierigen Jahren mit eiserner Hand aufrechtzuerhalten, und daß Libanon und Syrien in die Anarchie zurückfallen würden, sobald sie ihren festen Griff lockerten; dann würde es wieder zu Mord und Verwüstung in miteinander konkurrierenden Städten und Dörfern kommen. Trotz der feierlichen Versicherung der Großmächte im Vertrag von Paris, sich nicht in die inneren Angelegenheiten des Osmanischen Reichs einzumischen, drängten die Franzosen weiter auf irgendeine Form internationaler Überwachung, um die Gewähr zu haben, daß der Sultan grundlegende Reformen im Libanon und in Syrien durchführte. Im Januar 1861 berief Édouard de Thouvenel mit Billigung Napoleons III. eine Konferenz ein, um über die Probleme der Levante zu beraten. So wichtig war französische Finanzhilfe für osmanische Unternehmungen, daß die Pforte Thouvenels Vorschlag bereitwillig annahm und Delegierte nach Paris sandte.

Kritiker haben eingewendet, daß Thouvenels Konferenz einen Präzedenzfall geschaffen habe, der die Einheit des Osmanischen Reichs bedrohte.[16] Aber die Vertreter des Sultans leisteten dabei gute Dienste. Mit britischer Unterstützung verhinderten sie jede Debatte über speziell syrische Angelegenheiten, doch für den Libanon wurde im Frühjahr eine kluge Regelung erreicht. Man einigte sich darauf, daß der größte Teil des Landes autonome Provinz unter einem nichtlibanesischen christlichen Gouverneur werden sollte, mit einer Ratsversammlung, in der die verschiedenen Konfessionen gleichberechtigt vertreten waren, und mit Verwaltungsbezirken, die jeweils eine gesonderte Konfession repräsentierten. Erst als diese neue Übereinkunft in Kraft war, zog Napoleon III. seine Truppen ab. Zur Überraschung von Diplomaten, die sich seit zwanzig Jahren in der Region auskannten, erwies sich dieses Libanon-Abkommen als wirksam. Es bestand fort, bis die osmanischen Militärbefehlshaber die Krise von 1914 nutzten, um eine Direktherrschaft zu verhängen – womit sie ungeschickterweise dafür sorgten, daß die Libanesen für die Feinde des Sultans Partei ergriffen. Anders als seine Kritiker befürchteten, behinderte das Abkommen von 1861 die Tanzimat-Reformer nicht bei ihren Versuchen, einen modernen, einheitlichen Staat zu schaffen. Der Vorzug des Abkommens lag in der Anerkennung lokaler Unterschiede von einem Bezirk zum nächsten, so daß auf kommunaler Ebene die Menschen an Entscheidungen beteiligt waren, statt daß sie ihnen von einem weit entfernten Herrscher aufgezwungen wurden. Für andere durch soziale und religiöse Konflikte zerrüttete Regionen bot das Libanon-Abkommen ein Vorbild gerechter Verwaltung. Bedauerlicherweise übernahmen sie es nicht.

Abdülmecit gab dem neuen System im Libanon am 9. Juni 1861 seine offizielle Zustimmung. Drei Wochen später starb er, in seinem neununddreißigsten Lebensjahr, an Tuberkulose. Sein Nachfolger, sein Halbbruder Abdülaziz, war einunddreißig, ein bärtiger Riese, der über zwei Zentner wog und ein fast zweieinhalb Meter langes Bett benötigte (das noch heute im Dolmabahçe-Palast zu sehen ist). Abdülaziz war von Natur aus ein Autokrat und noch verschwenderischer als Abdülmecit. Versuche, die Ausgaben am Hof einzuschränken, lösten heftige Wutausbrüche aus. 1867 in Windsor nahm er Königin Viktoria für sich ein, als er sie am Arm zum Lunch geleitete; ihr gefielen ‹die aufrichtigen, glänzenden, sanften, orientalischen braunen Augen›, wie sie an ihre älteste Tochter schrieb, und sie fügte hinzu, daß ‹er keinen Tropfen Wein anrührte›.[17] Aber ausländische Würdenträger, die Konstantinopel besuchten, waren weniger nachsichtig. Auch wenn sie in Rechnung stellten, daß Gerüchte die Exzentrizität des Sultans übertrieben, war ihnen schnell klar, daß Abdülaziz ein aufgeklärtes reformiertes Sultanat bereitwillig abschütteln würde zugunsten der Willkürherrschaft eines kapriziösen Tyrannen.

Trotzdem wurde bis zu Ali Paschas Tod 1871 die Tanzimat-Neuordnung fortgesetzt, denn die französische, die britische und die österreichische Regierung übten Druck auf den Sultan aus, das Reformprogramm durchzuführen. Änderungen in der Verwaltung der Provinzen im Jahre 1858 wurden sechs Jahre später durch das Vilâyet-Gesetz ergänzt, das die Struktur großer Provinzeinheiten (Vilâyets) mit klar voneinander abgegrenzten Verwaltungsabteilungen auf das gesamte Reich ausdehnte. Generell hielt sich die Gesetzesreform eng an die im Zweiten Kaiserreich praktizierten französischen Vorbilder: Einem neuen osmanischen Strafgesetz von 1858 folgten ein Handelsgesetz, das zu Beginn von Abdülaziz' Regierungszeit verkündet wurde, sowie 1869 Ahmet Cevdets Zivilrecht, die Mecelle. Sie war ein meisterhafter Kompromiß, der die islamische Scharia-Tradition innerhalb eines im wesentlichen napoleonischen Rechtssystems aufrechterhielt, ja sogar noch stärkte. Französischer Einfluß setzte sich auch im Erziehungswesen durch. Das Galatasaray-Gymnasium (die kaiserlich-osmanische Schule), eine höhere Schule für Jungen im Zentrum von Pera, öffnete im September 1869 seine Tore. Das Mekteb-i Sultani wurde gegründet, um höhere Beamte auszubilden – ähnlich wie Eton und Harrow in Großbritannien oder, noch treffender, das Lycée Louis-le-Grand in Paris. Der Unterricht wurde den Schülern, Muslimen wie Christen, überwiegend in Französisch erteilt, er folgte einem westlichen Lehrplan und schloß sogar Latein ein.[18]

Es gab jedoch bereits Anzeichen für eine reaktionäre Bewegung gegen die Tanzimat. Im Januar 1865 rief ein Pressegesetz eine Sonderabteilung der Hohen Pforte ins Leben, die kurz darauf Zeitungen verbot, deren Ton als ‹feindselig› angesehen wurde. Es ist bezeichnend, daß im Juni desselben Jahres die erste einflußreiche Gruppe intellektueller Regimekritiker in der Hauptstadt auftauchte. Sie waren von dem Essayisten und Dramatiker Namık Kemal und den Schriften des älteren Reformers Sadık Rifat inspiriert. Wie die Dissidenten im Ostblock in den achtziger Jahren unseres Jahrhunderts verhielten sie sich stark individualistisch und kannten kein gemeinsames Allheilmittel für die Probleme des Reichs. Namıks Auffassung nach tendierten die Tanzimat-Reformer zu sehr dazu, Ideen und Einrichtungen aus dem Westen zu übernehmen, ohne die Grundsätze des Korans zu berücksichtigen, die noch immer die Gesellschaft bestimmten, besonders in den abgelegeneren Provinzen. Eine von Ali Suavi angeführte Splittergruppe ging sogar noch weiter als Namık: ihr gehörten islamische Fundamentalisten an, die voller Hingabe der Scharia den Vorrang gaben.[19]

Anfangs erhielten diese ‹Jungosmanen› (Yeni Osmanlılar) finanzielle Unterstützung von Prinz Mustafa Fâzil, dem Sohn des großen Kriegers Ibrahim Pascha; es ist möglich, daß der Prinz sich selbst als konstitutionellen Monarchen eines föderalistischen Reichs sah, das sich von der unteren Donau bis zum Euphrat und Nil erstrecken würde. Aber die Regimekritiker standen absolut loyal zum osmanischen Staat. Sie predigten einen osmanischen Patriotismus, der, zumindest von 1870 an, den *türkischen* Nationalismus betonte. Das war ein neuer Begriff. So setzten sie sich mit ihrer Kampagne in den osmanischen Ländern auch für eine ‹Verfassung› ein, ein Experiment, das in Tunesien bereits funktionierte und seit 1866 auch in Ägypten. Namık Kemal befürwortete die Einberufung eines Parlaments durch den Sultan nach britischem oder französischem Vorbild. Der kapriziöse Stil der persönlichen Herrschaft des Sultans sorgte dafür, daß die Kampagne der Jungosmanen für ein gewähltes Parlament zunehmend die Aufmerksamkeit der jungen Intelligenz in den größeren Städten auf sich zog. 1873 wurde Namık nach Famagusta verbannt und dort in strenger Haft gehalten, aber das konnte der Kampagne kaum ihre Dynamik nehmen. Es erhöhte den Reiz der Sache der Jungosmanen, indem sie ihnen einen heldenhaften Verbannten gab, der darauf wartete, in die Heimat gerufen zu werden.

‹Europäische Regierungssysteme, europäische Ideen, europäische Gesetze und Bräuche – kein *ehrlicher* Türke wird je so tun, als ob er sie bewunderte›, hatte Stratford de Redcliffe im Krimkrieg einem seiner Adjudanten gegenüber bemerkt. ‹Wenn Orientalen jemals von liberalen Ideen des Regierens durchdrungen werden, ist ihr Schicksal besiegelt›, fügte er hinzu.[20] Sir William Bulwer, 1858 Stratfords Nachfolger als Botschafter, machte sich ebenfalls mehr Gedanken über die Effizienz als über die ‹Liberalität› der Regierung, denn sein Aufenthalt in Pera fiel mit dem Höhepunkt unbeschränkter Eingriffe ausländischer Banken in die osmanische Wirtschaft zusammen. Bei seinem Rückzug aus der Diplomatie 1865 tat er etwas noch nie Dagewesenes: Er wurde Agent für ein französisches Bankinstitut in der Levante. Als Botschafter hatte er stets Reformen begrüßt, die Kredite ermöglichten.

Die Imperial Ottoman Bank wurde 1863 mit französischem und britischem Kapital gegründet: Generaldirektor war ein Franzose, sein Stellvertreter ein Bankier aus London. Eine kleinere Bank, die Société Générale de L'Empire Ottoman, folgte noch im gleichen Jahr, die Crédit Général Ottoman und eine kleinere russische Bank 1868.[21] In diesem Jahrzehnt floß französisches Kapital sowohl in Staatsanleihen als auch in Investmentpapiere, von denen anzunehmen war, daß sie den Handel fördern würden. Die Möglichkeiten für ausländische Beteiligungen waren so groß, daß mehrere Regierungen in London wie auch führende Politiker in Paris und Wien sich gern der Illusion hingaben, daß aus der ‹Türkei› ein moderner, reformierter Staat geworden sei. Als die Osmanen 1866/67 die kretische Rebellion niederschlugen, gab es weit weniger Proteste im Westen als während der früheren Konflikte mit den Griechen, ‹die um ihre Freiheit kämpften›.

Die offizielle internationale Anerkennung wurde Abdülaziz 1867 anläßlich der Einladung zu Napoleons III. ‹Großer Weltausstellung› in Paris zuteil. Es war das erste Mal, daß ein Sultan einen nichtislamischen Staat besuchte, ohne Krieg zu führen. Abdülaziz wurde von Kaiser Franz Joseph I. in Wien empfangen. Und nach einem Treffen mit Königin Victoria in Windsor fuhr er in einer farbenprächtigen Prozession durch die Straßen Londons. Er ‹sieht aus wie ein typischer Türke›, berichtete *The Times*, ohne sich besonders um einen angemessenen Ausdruck zu bemühen. Ein Schnellzug brachte den Sultan nach Portsmouth, wo die Königin ihm den Hosenbandorden verlieh. Vor Spithead sah der Sultan, wenn er nicht gerade unter Deck ruhte, die starke Royal Navy an sich vorbeiziehen und war tief beeindruckt, obwohl ihm ‹nicht wohl› war (so die Worte der Königin).[22] In Begleitung von Abdülaziz befanden sich sein neunjähriger Sohn und zwei Neffen, die späteren Sultane Murat V. und Abdülhamit II. Das Sultanat hatte die jahrhundertelange Isolation der Prinzen abgeschüttelt. Die strenge Kafes-Einkerkerung schien es nicht mehr zu geben.

Die ‹Bildungsreise› des Sultans hatte gesellschaftliche Konsequenzen. Sie steigerte seine Vorliebe für Extravaganzen in seinem Palast und weckte in ihm den Wunsch nach einer Flotte von gepanzerten Schiffen, die überwiegend in britischen Werften gebaut werden sollten. Vor allem stärkte sie seine Leidenschaft für Eisenbahnen, ‹une véritable fièvre de chemin de fer›, wie der russische Botschafter 1873 schrieb, in dem Jahr, in dem zum erstenmal der Rauch von Lokomotiven über den Bosporus wehte.[23] Von Haydarpaşa, dem Stambul gegenüberliegenden Bahnhof, entlang der Küste bis zu dem 80 Kilometer entfernten Izmit, verlief die neue Strecke, ebenso von Franzosen gebaut wie die im selben Jahr eröffnete kurze Verbindung zwischen Mudanya auf dem anatolischen Ufer des Marmarameers und dem landeinwärts gelegenen Bursa. Doch während französische und britische Beteiligungen noch immer die osmanische Wirtschaft beherrschten, waren die Hauptnutznießer von Abdülaziz' Eisenbahn-Manie Deutschland und Österreich-Ungarn. 1872 legte der deutsche Ingenieur Wilhelm Pressel der Pforte einen Zehnjahresplan zur Verlängerung der Izmit-Strecke bis nach Ankara und zum Persischen Golf vor, ein Projekt, das Abdülaziz reizte, obwohl wenig daran gearbeitet und es erst lange nach seinem Tod fertiggestellt wurde.[24]

Den Sultan reizten auch Pläne für eine Orientstrecke des in Bayern geborenen Baron Hirsch, der an Banken in Wien und Paris beteiligt war. 1870 schien es daher, als würde die osmanische Hauptstadt bald mit dem Schienennetz Mitteleuropas verbunden sein. Bezeichnenderweise wurden ein Jahr später die Banque Austro-Ottomane und die Banque Austro-Turque in Konstantinopel eröffnet. Aber alle österreichischen Bahnprojekte litten unter dem Wiener Börsenkrach vom Schwarzen Freitag, dem 9. Mai 1873. Bis zum Ende von Abdülaziz' Regierungszeit hatte die Orientstrecke wenig Fortschritte gemacht. Sie verband Konstantinopel mit Edirne und Plovdiv (Philippopolis); eine Zubringerlinie führte von Edirne südwärts zur ägäischen Küste nach Dedeağaç (heute Alexandrúpolis). Es hält sich die Mär, daß die Plovdiv-Strecke keiner geraden Linie über flaches, offenes Gelände folgte, weil Hirsch laut Vereinbarung keine Pauschalvergütung erhielt, sondern für jeden verlegten Kilometer Schiene bezahlt wurde. Vermutlich ist die Geschichte erfunden, aber fest steht, daß Korruption in jeder Phase des Eisenbahn-Booms verbreitet war.

Der Schwarze Freitag von Wien erschütterte auch das ohnehin brüchige osmanische Finanzsystem. Fast die Hälfte der Einkünfte der Regierung wurde für die Bezahlung von Renten, Zinsen und die Tilgung der Fremdanleihen benötigt, die die Sultane seit dem Krimkrieg aufgenommen hatten. Da die Staatsfinanzen nicht zwischen den Erfordernissen des Staats und der Inanspruchnahme des Souveräns unterschieden und weniger als ein Zehntel der Anleihen für Maßnahmen zur Erhöhung des ökonomischen Wohlergehens des Reichs ausgegeben wurde, ist es kein Wunder, daß Abdülaziz' Regierungsführung eine Reihe von Ministern zur Verzweiflung brachte. Als Emin Ali im September 1871 starb, hatte er fünf Amtsperioden als Großwesir hinter sich und achtzehn Jahre lang die Pforte dominiert, auch wenn er oft mit seinem Souverän aneinandergeraten war. Diese relative Kontinuität des Regierens endete mit Alis Tod, denn Abdülaziz beschloß, wieder als Autokrat zu herrschen. Er wählte fügsame Großwesire, die er entließ, sobald sie anfingen, politische Gruppierungen aus persönlichen Anhängern zu bilden; er ernannte auch Provinzgouverneure und wählte solche aus, die er für fähig hielt, in ihrem jeweiligen Vilâyet prompt Steuern einzutreiben. Zwischen September 1871 und Februar 1874 gab es sechs verschiedene Großwesire; in den Provinzen kam es zu so vielen Wechseln, daß die durchschnittliche Amtsdauer eines Gouverneurs nur etwas mehr als vier Monate betrug.[25] Mit Großwesiren, die alle sieben Monate, und Provinzgouverneuren, die alle vier Monate ins Amt kamen und wieder gingen, wandte sich die weitverbreitete Enttäuschung über ständige Mißwirtschaft gegen den Sultan selbst statt gegen seine Minister oder seine Amtsträger. Wenn er charakterstarke Wesire absetzte, konnten sie mit der Unterstützung der jungosmanischen Regimekritiker rechnen.

Zwei dieser kurzzeitigen Großwesire waren starke Persönlichkeiten. Ahmet Midhat hatte als aufgeklärter Provinzgouverneur an der unteren Donau und in Bagdad amtiert. Er wurde kurz nach seinem 50. Geburtstag in der letzten Juliwoche 1872 zum Großwesir ernannt. Drei Monate später jedoch wurde Midhat entlassen, nachdem er aus drei Gründen mit dem Sultan in Konflikt geraten war: Er hatte die Möglichkeit einer föderalistischen Struktur des Reichs zur Sprache gebracht, ein Rechnungsamt gebildet und, was am meisten beunruhigte, im Dolmabahçe selbst Ermittlungen über Korruption anstellen lassen. Der zweite eigenständige Großwesir war Hüseyin Avni, der von Februar 1874 bis April 1875 im Amt war. Ausländischen Diplomaten erschien Hüseyin beeindruckender als Midhat, er war aber weniger intelligent. Er hatte vier Jahre als Serasker (Oberbefehlshaber) Dienst getan: Keiner war besser geeignet, um eine militärische Operation zu organisieren. Daher war es dumm von Abdülaziz, Hüseyin zu entlassen, nur weil ihn dessen Versuche ärgerten, Gelder vom Palast umzuleiten und damit Bedürfnisse der Armee zu decken. Es war auch dumm vom Sultan, daß er, vier Monate später, Mahmut Nedim zum Großwesir ernannte, denn von Nedim hieß es allgemein, daß er für die Russen arbeitete. Fest stand, daß er den Botschafter des Zaren, General Nikolaj Ignatjew, höchst rücksichtsvoll behandelte, so wie frühere Wesire mit Stratford de Redcliffe übertrieben respektvoll umgegangen waren.

Mittlerweile schien Abdülaziz' Verhalten die Gerüchte über seine seelisch-geistige Labilität zu rechtfertigen. Die Wutanfälle wurden heftiger und häufiger. Der Sultan schien außerstande, seiner Verschwendungssucht Herr zu werden. Er gab noch immer großzügig Geld für den Harem und seinen Palast aus, vor allem für einen neuen Pavillon in Yıldız in der hügeligen Parklandschaft nördlich des Dolmabahçe. Doch im Oktober 1875 mußte der unglückliche Nedim eine Zinszahlungsverzögerung für die osmanischen Schulden verkünden, womit er praktisch den Staatsbankrott eingestand.[26] Das durch europäische Bankanleihen und durch eigene Mißwirtschaft verursachte finanzielle Chaos machte das Überleben des Osmanischen Reichs vom Wohlwollen ausländischer Regierungen abhängig.

Der Staatsbankrott hätte kaum zu einem ungünstigeren Zeitpunkt kommen können. Im Juni 1875 erhoben sich die christlichen Südslawen der Herzegowina, deren alter Groll über die Besteuerung durch intensive panslawistische Propaganda genährt wurde, die ihren Ursprung in Moskau hatte (im Unterschied zur offiziellen Politik des Zaren, die in St. Petersburg entschieden wurde). Der Aufstand breitete sich schnell von Nevesinje bei Mostar nach Bosnien und in das unruhige Grenzgebiet zu Montenegro aus. Im Frühjahr 1876 folgte eine bulgarische Rebellion in den Dörfern des Rhodopegebirges hinter Plovdiv. Gleichzeitig führte ein Aufruhr in Saloniki wegen einer orthodoxen Bulgarin – die angeblich gegen ihren Willen zum Islam übertreten mußte (was nicht stimmte) – zur Ermordung des französischen und des deutschen Konsuls; sie wurden in einer Moschee von Fanatikern getötet, die der osmanische Gouverneur nicht aufzuhalten vermochte. Die Saloniki-Morde lösten sofort Entrüstung in den europäischen Kanzleien aus. Doch es kam noch schlimmer. Den Juni über erschütterten Zeitungsmeldungen aus Bulgarien die Öffentlichkeit. Augenzeugenberichte, daß Tausende christlicher Männer, Frauen und Kinder nach sechs Wochen der Unterdrückung durch die örtliche Miliz (Başıbozuk) tot aufgefunden worden waren, bewegten humanitäre Kreuzritter im Westen und unter den orthodoxen Gläubigen des Heiligen Rußland.

Beteuerungen, daß Rebellen und Soldaten gleichermaßen Greueltaten begangen hatten, stießen auf taube Ohren. Die Regierungen konnten der wachsenden allgemeinen Wut auf ‹den Türken› nicht Einhalt gebieten, sosehr die großen Finanzinstitute die Wiederaufnahme der Orientfrage zu einem solchen Zeitpunkt bedauern mochten.[27]

Abdülaziz wurde abgesetzt, bevor Meldungen von den bulgarischen Greueltaten in den Zeitungen des Westens erschienen. Am 10. Mai drängten Tausende von muslimischen Studenten auf die Plätze vor den Moscheen in Stambul und am Galata-Ufer und forderten die Absetzung Nedims und des Şeyhülislâm. Sie waren grundsätzlich konservativ gesinnt, standen Druck von außen feindselig und ihren Glaubensgenossen in Saloniki wohlwollend gegenüber; sie beschuldigten die Pforte, nach der Ermordung der zwei ausländischen Konsuln unterwürfige Beschwichtigungsversuche gegenüber den Großmächten unternommen zu haben. Die Unruhen wurden von Midhat, Hüseyin Avni und dem inneren Führungskreis der Jungosmanen ausgenutzt. Abdülaziz entließ Nedim und setzte Hüseyin als Oberbefehlshaber wieder ein. Er berief sogar Midhat, den er haßte, in den Diwan. Doch er konnte seinen Thron nicht retten.

Vierzehn Tage nach Nedims Entlassung berichtete Sir Henry Elliot, der britische Botschafter, daß der Sturz des Sultans unvermeidlich scheine: Das Wort ‹«Verfassung» war in aller Munde›.[28] Da Sir Henry in dem Ruf stand, einen großen Teil seiner Zeit mit einem sinnenfrohen Griechen auf einer ruhigen Insel im Marmarameer zu verbringen, ist nicht klar, wo er die Leute, die dieses seltene Wort gebrauchten, beobachtet hat. Aber die Briten, die schlimme Unruhen in der Hauptstadt befürchteten, schickten die Mittelmeerflotte in die Besikabucht, vor dem Zugang zu den Dardanellen, und Ignatjew ließ die russische Botschaft befestigen. In den frühen Morgenstunden des 30. Mai riegelte der Kommandeur der Militärakademie auf Befehl Hüseyins den Dolmabahçe-Palast mit zwei Infanteriebataillonen ab, während vor der Küste ankernde Kriegsschiffe ihre Kanonen auf den Palast richteten. Die Serasker-

Leibwache führte Hüseyin in den Thronsaal, wo der Sultan am Vorabend zu seinem Vergnügen einen Hahnenkampf hatte stattfinden lassen.

Dort spielte sich ein minutenlanges Drama ab. Hüseyin sah sich plötzlich auf der Prunktreppe der riesigen Gestalt seines Sultans gegenüber, der, noch im Nachtgewand, ein Schwert schwang, so als wäre er zu einem Kampf auf Leben und Tod entschlossen. Hinter ihm erschien seine mächtige Mutter, die sechsundsechzigjährige Valide Sultan Pertevniyal, eine Tigerin, die ihren Sohn drängte, sich (und ihre eigene privilegierte Stellung) zu verteidigen. Es floß jedoch kein Blut; Serasker wie Sultan waren im Herzen Traditionalisten und Formalisten geblieben. Hüseyin präsentierte eine feierliche Fetva zur Absetzung, und Abdülaziz beugte sich dem Unausweichlichen. Seine Staatsbarke fuhr ihn über das Goldene Horn zum Topkapı Sarayı und passierte auf der kurzen Fahrt den Kajik seines Neffen Prinz Murat, der widerstrebend die Verantwortung für das Reich unter Midhats wachsamen Augen übernahm. Der verschreckte Murat flehte Midhat an, bei ihm im Dolmabahçe-Palast zu bleiben. Das tat der bereitwillig.[29]

Nach einer Nacht in dem alten Palast wurde Abdülaziz zurück nach Çırağan gerudert, wo sich ihm Pertevniyal und Angehörige seines Harems anschlossen. Am 4. Juni wurde der abgesetzte Sultan tot aufgefunden, die Pulsadern waren mit einer Schere aufgeschlitzt. Offiziell hatte er Selbstmord begangen, eine Diagnose, die die Botschafter gelten ließen. Aber der zur britischen Botschaft gehörende Arzt durfte mit anderen an der Untersuchung der Leiche teilnehmen und kam zu dem Schluß, daß der Sultan sich die Schnitte nicht selbst zugefügt haben konnte. Das Drama war noch nicht zu Ende. Acht Tage nach Abdülaziz' Tod starb seine junge tscherkessische Lieblingsfrau Nesrin, angeblich bei einer Entbindung. Die Tragödie brachte Nesrins Bruder, Çerkes Hasan, um den Verstand; der junge Offizier hatte als Adjutant im kaiserlichen Haushalt gedient. Am 14. Juni platzte er in eine Sitzung der Minister und schoß mit seinem Revolver wild um sich. Hüseyin Avni und der Außenminister wurden dabei getötet.[30]

Das war zuviel für den neuen Sultan, der die Selbstmord-Diagnose bei seinem Onkel durchaus angezweifelt haben könnte. Murat V. war durch seine Erziehung reformorientiert, stand der Freimaurerbewegung wohlwollend gegenüber und war Mitglied der Großen Orientalischen Loge. Sein Besuch in Paris hatte ihn auf den Geschmack von Champagner gebracht, den er mit gutem Kognak anreicherte. Mit Morden durchsetzte Palastpolitik war nicht nach seinem Geschmack. Sir Henry Elliot berichtete dem Außenministerium, daß Murat bei der Nachricht von Abdülaziz' Tod in Ohnmacht gefallen sei und in den folgenden eineinhalb Tagen unter Brechanfällen gelitten habe.[31] Auch Çerkes Hasans Schicksal traf ihn tief, der vier Tage nach seinem Amoklauf öffentlich gehängt wurde. Murats Verhalten in den ersten zwei Wochen seiner Regierungszeit führte dazu, daß die Kılıç kuşanması – die Krönungszeremonie in Eyüp – aufgeschoben wurde. Murat V. war der einzige Sultan seit dem Untergang von Byzanz, der nicht mit dem Säbel gegürtet wurde.

Neun Wochen nach seiner Thronbesteigung beschrieb ein britischer Zeitungskorrespondent den fünfunddreißigjährigen Sultan treffend als ‹einen Besessenen, der regungslos und schweigend auf dem Sofa sitzt, den lieben, langen Tag Stunde um Stunde mit der rechten Hand seinen dünnen Schnurrbart und sein bartloses Kinn streicht, über seine Abdankung nachdenkt und sich einzig und allein fragt, welchem seiner widerstrebenden Brüder die Last übertragen werden könnte, die für seine Schultern zu schwer ist›.[32] Diese Last wurde mit jeder Woche schwerer. Inzwischen befand sich das Osmanische Reich mit Serbien und Montenegro im Krieg: deren Fürsten hatten auf eine allgemeine Forderung ihrer Untertanen zur Unterstützung ihrer gegen die türkische Herrschaft in Bosnien-Herzegowina rebellierenden Landsleute reagiert. Obwohl es den osmanischen Befehlshabern vor Ort nicht schwerfiel, die Grenzen zu sichern, machte die Anwesenheit Tausender russischer Freiwilliger auf seiten der Serben und Montenegriner es wahrscheinlich, daß sich der Konflikt bald ausbreiten würde. Wenn das eintrat, brauchten die osmanischen Soldaten einen energischeren Herrscher als das nervöse Wrack, das Midhat auf den Thron gedrängt hatte.

Am 17. August beschrieb Sir Henry Elliot den Besuch eines angesehenen österreichischen Nervenarztes im Dolmabahçe-Palast: Der Sultan, so hieß es, litte ‹unter chronischer Trunksucht, verschlimmert durch die Gefühlswallungen, die er durchgemacht hat›; bei völliger Abstinenz und Ruhe könne sein Geisteszustand sich durchaus wieder bessern.[33] Aber diejenigen, die eine Verfassung anstrebten, hatten es eilig. Eine Fetva wurde vorbereitet, die diese zweite Absetzung innerhalb von drei Monaten mit der Geisteskrankheit des Sultans rechtfertigte. Es wurde keine Gewalt angewendet. Murats jüngerer Bruder Abdülhamit hatte Midhat seine Unterstützung der Reformen bereits zugesichert. Am 31. August 1876 wurde er zum Sultan Abdülhamit II. ausgerufen. Der abgesetzte Murat wurde zum Çirağan gebracht, wo er bis zu seinem Tod achtundzwanzig Jahre später in einem modernisierten Kafes saß.

KAPITEL 10
Yıldız

Abdülhamits II. Untertanen konnten ihrem Sultan und Kalifen eine Woche nach seiner Thronbesteigung zujubeln. An die 100 000 Menschen – Männer, Frauen und Kinder – säumten das Ufer oder schauten von höhergelegenen Punkten aus zu, als am späten Vormittag des 7. September 1876 achtundzwanzig Ruderer der kaiserlichen Barke den Sultan das Goldene Horn hinaufruderten, damit er in Eyüp mit dem Säbel gegürtet würde. Viel war allerdings nicht von ihm zu sehen: Die Schiffe, die die Flaggen dippten, als die Barke vorbeifuhr, schienen eher den karmesinroten Baldachin zu grüßen als einen Menschen, denn schon mit vierunddreißig Jahren ließ Abdülhamit seinen leichenhaften Körper zu jener finster grübelnden Gestalt zusammensacken, die Karikaturisten in späteren Jahren als ‹Abdul den Verdammten› darstellten.[1] Etwas eindrucksvoller wirkte er, als er nach Beendigung des rituellen Kılıç kuşanması auf dem traditionellen Schimmel mit dem goldenen Zaumzeug in die Stadt zurückritt. Aber auch dann noch machte ein Beobachter eine Bemerkung über die nachdenklichen Falten auf seinem Gesicht und den ‹Ausdruck tiefer Melancholie› in den dunklen Augen mit dem durchbohrenden Blick. Seine Adlernase, der bleiche Teint, die scharfgeschnittenen Wangenknochen und der üppige Bart spiegelten seine argwöhnische und mißtrauische Natur wider.

Abdülhamits Kindheit war alles andere als glücklich gewesen. Sein Vater Abdülmecit hatte dem häßlichen kleinen Jungen wenig Aufmerksamkeit gewidmet; seine Mutter, eine tscherkessische Tänzerin vom Sklavenmarkt in Trapezunt, war an Schwindsucht gestorben, als er zehn Jahre alt war, und seine Brüder hielten ihn für einen heimlichen Lauscher und Spielverderber. Er wuchs einsam, aber nie allein auf, so viel getadelt, daß er bis in seine Mannesjahre eine innere Ängstlichkeit bewahrte, die ihn Mord fürchten und ihn leicht schwankend werden ließ, wenn er unter politischen Druck geriet. Dennoch war er hartnäckig und entschlossen, als er den Thron bestieg: Er wollte nicht nur regieren, sondern herrschen. Das Zentrum der Macht sollte im kaiserlichen Palast liegen, nicht bei der Hohen Pforte.

Eine Woche nach der Zeremonie des Kılıç kuşanması teilte der britische Botschafter London seine wohlerwogene Meinung über den neuen Sultan mit. Sir Henry Elliot rühmte Abdülhamits ‹freundliches Wesen und seine aufgeklärten Ansichten›, bezweifelte allerdings, daß er ‹Einschränkungen, die die Reformpartei für notwendig hält, akzeptieren wird›.[2] Während der vorangegangenen zwölf Monate hatte sich der Sultan ernsthaft auf seine Pflichten vorbereitet. Er hatte den Dolmabahçe Sarayı nie gemocht und den Palast während der letzten Jahre seines Vorgängers nach Möglichkeit gemieden. Manchmal hielt er sich im Landhaus seiner Pflegemutter hinter Pera auf, zog aber seinen Sommerpavillon über der bewaldeten Bucht von Therapia (heute Tarabya), zehn Meilen von der Stadt entfernt bosporusaufwärts, vor. Dort erforschte er die Ansichten eines englischen Geschäftsmannes namens Thompson, dessen Ländereien und Haus an seinen Besitz grenzten. Thompson informierte Abdülhamit bestens über Disraeli und Derby und all die Absonderlichkeiten des britischen parlamentarischen Systems. Mit ziemlicher Sicherheit war er der anonyme ‹Engländer›, der Elliot am Vorabend der Thronbesteigung Abdülhamits über dessen Absicht in Kenntnis setzte, eine ‹völlig neue Ära› der Regierung zu beginnen, in der kompetente und saubere Minister sich ‹strenger Sparsamkeit› befleißigen würden.

Abdülhamit hatte einige Einsicht in das Finanzwesen gewonnen durch seinen Bankier Hakop Zarifi, einen Armenier, den er in dem Landhaus seiner Mutter und in Therapia zu Rate zog.[3] Er scheint auch seinem Arzt getraut zu haben, J. Mavroyeni, von dem er erfuhr, wie die Fanarioten zum Reich standen, wobei ihm deutlich wurde, wie wenig Sympathie die griechisch-orthodoxen Christen für Bulgaren oder irgendeine andere Gruppe ihrer südslawischen Glaubensbrüder hegten. Während der ersten Monate seiner Herrschaft fuhr Abdülhamit fort, die Meinungen anderer zu den aktuellen Problemen der Regierung zu erforschen und selbst wenig zu sagen. Als er allerdings den intellektuellen Führer der Jungosmanen, Namık Kemal, in Audienz empfing, ging er so weit, ihm ein mit neuem Leben erfülltes Sultanat in Aussicht zu stellen. Und in der ersten Oktoberwoche setzte Abdülhamit eine Kommission zur Vorbereitung einer Verfassung ein. Sechzehn Beamte mit Erfahrungen in der Zentralregierung und Verwaltung, zehn Ulema und zwei höhere Offiziere der Armee sollten ihn unter dem Vorsitz von Midhat Pascha beraten.

Ein vorbereitender Verfassungsentwurf wurde schnell fertiggestellt. Er ähnelte der belgischen Verfassung von 1831, einer parlamentarischen Monarchie, ihrerseits entwickelt nach britischem und französischem Vorbild. Aber Abdülhamit, von der Armee und den religiösen Führern unterstützt, beabsichtigte nicht, das Osmanische Reich in ein parlamentarisches Sultanat zu verwandeln. Er hatte nichts gegen eine Zweikammerlegislative, mit einer gewählten Abgeordnetenkammer und einer von ihm selbst ernannten Kammer von Notabeln (‹Senat›), und er sicherte auch die Gewährung einiger grundlegender Menschenrechte zu, sogar Pressefreiheit. Aber er sorgte dafür, daß die Verfassung doch vollkommen abhängig blieb von seinen Wünschen und Launen: Eine letzte Ergänzung im Entwurf sprach dem Sultan das Recht zu, den Belagerungszustand auszurufen, der im Notfall die Garantien der Verfassung außer Kraft setzte, und Artikel 113 ermächtigte den Sultan, jede Person in die Verbannung zu schicken, die er als für sich oder sein Reich gefährlich ansah.[4]

Die Verfassungskommission beendete ihre Arbeit in der Rekordzeit von nur neun Wochen. Es gab gute Gründe für solche Eile. Im Herbst verschärfte sich die internationale Krise auf dem Balkan, und Rußland drohte mit Krieg, um Serbien und Montenegro vor osmanischer Rache zu schützen und

Reformen in Bulgarien und Bosnien-Herzegowina zu ermöglichen. Gladstones Pamphlet *The Bulgarian Horrors and the
Question of the East* (‹Die Greuel in Bulgarien und die Orientfrage›) war einen Tag bevor Abdülhamit in Eyüp mit dem
Säbel gegürtet wurde, in London erschienen: In Großbritannien wurden innerhalb einer Woche 40000 Exemplare verkauft, und eine in Moskau gedruckte Übersetzung erreichte
innerhalb eines Monats eine Auflage von 10000 verkaufter
Exemplare – für das damalige Rußland ein Rekord. Der berühmte Aufruf an ‹die Türken›, sie sollten ‹ihre Missetaten
beenden, auf die einzig mögliche Weise, indem sie ihre Anwesenheit beenden...›, sie sollten ‹mit Sack und Pack aus der
Provinz abziehen, die sie verheert und geschändet› hätten, war
in Moskau und St. Petersburg eine willkommene Lektüre.
Allerdings wurde sie von Politikern, die noch hofften, die Krise
auf die Balkanhalbinsel beschränken zu können, als verhet-
zend angesehen. Aber die Streitschrift sowie die Protestver-
sammlungen in Großbritannien und Rußland gewannen Einfluß auf die Regierungspolitik. Am 4. November nahmen die
Großmächte den britischen Vorschlag zu einer internationalen
Konferenz an, die in Konstantinopel stattfinden und Möglichkeiten untersuchen sollte, Bosnien und Herzegowina die
Selbstverwaltung zu gewähren. Die Konferenz sollte die territoriale Unversehrtheit des Osmanischen Reichs bestätigen und
über geeignete Verwaltungsreformen für die bulgarischen Provinzen nachdenken.[5]

Abdülhamit sah den Vorschlag zu einer solchen Konferenz
in der kaiserlichen Hauptstadt als Einmischung von außen an,
eine Einmischung, die Völker betraf, zu deren Schutz Allah ihn
gerade erst berufen hatte. Noch nie war ein Sultan mit einem so
demütigenden Vorschlag konfrontiert worden. Vierzehn Tage
lang machte Abdülhamit Ausflüchte. Am 14. November veranlaßten ihn eine russische Teilmobilmachung und die anhaltende Abhängigkeit des osmanischen Staates von finanzieller
Hilfe aus dem Ausland, den Plan einer Konferenz zu akzeptieren, wenn auch mit starkem Widerwillen. Delegierte waren –
mit einer Ausnahme – die Botschafter bei der Pforte, verstärkt

durch Berufsdiplomaten aus Paris, Berlin, Wien und St. Petersburg, die in ihren Außenministerien als Balkanexperten galten. Die Ausnahme war der Leiter der britischen Delegation, der Marquess of Salisbury, Indien-Minister in Disraelis Kabinett. Sein sechswöchiger Besuch in der osmanischen Hauptstadt sollte von größerer Bedeutung sein als die Konferenz selbst.

Lord und Lady Salisbury kamen mit ihrem ältesten Sohn am 5. Dezember 1876, drei Monate nach Abdülhamits Thronbesteigung, in Konstantinopel an. Kein englischer Minister hatte so viele Stunden mit dem Studium der Außenpolitik verbracht oder soviel darüber geschrieben wie er, und es ist typisch für Salisbury, daß er die Ansichten in Paris, Berlin, Wien und Rom sondierte, bevor er ans Goldene Horn reiste. Während der britische Premierminister und der Botschafter türkenfreundlich gesinnt waren, glaubte Salisbury insgeheim bereits, daß der Krimkrieg ein katastrophaler politischer Fehler gewesen war. In dieser Meinung bestärkten ihn seine Gastgeber in den europäischen Hauptstädten, die der Ansicht waren, der Niedergang des Osmanischen Reiches sei nicht mehr aufzuhalten.

Nichts von dem, was Salisbury in Konstantinopel sah und erlebte, veranlaßte ihn, seine Meinung zu ändern. Abdülhamit gewährte ihm eine Audienz und zeigte die außerordentlich feinen Umgangsformen, die Elliot bewunderte. Aber zur Bestürzung des Botschafters blieb Salisbury unzugänglich. Er mißtraute dem Sultan und all seinen Ministern, trotz der Ehren, mit denen Abdülhamit seine Gäste überhäufte. Nicht einmal der Orden der Keuschheit (Dritter Klasse), den er der Marchioness so galant verlieh, besänftigte ihren Mann; er belustigte ihn nur. ‹Ein elendes, schwaches Geschöpf›, schrieb er Weihnachten in einem privaten Brief an seinen dritten Sohn. ‹Er sagte, er wagte mir nicht zu gewähren, was wir fordern, weil er in Lebensgefahr schwebte.›[6] Ein solcher Kommentar von einem an der Pforte akkreditierten Berufsdiplomaten wäre an sich kaum von Bedeutung. Aber Salisbury war 1876 der kommende Mann der britischen Weltmachtpolitik; als Außenminister oder Premierminister (oder beides gleichzeitig) bestimmte er die britischen Staatsgeschäfte fast die Hälfte der zweiunddreißig Jahre, die der Sultan regierte. Und nie revidierte er seine abschätzige Meinung über Abdülhamit.

Der Konferenz gingen neun Sitzungen am runden Tisch in der russischen Botschaft unter dem Vorsitz von General Ignatjew voraus, bei denen entschieden werden sollte, was der Sultan tun mußte, um sein Haus in Ordnung zu bringen. Als wollte er seine Bereitschaft zu Reformen unter Beweis stellen, ernannte Abdülhamit am 19. Dezember Midhat Pascha zum Großwesir. Als vier Tage später die Konferenz im Gebäude der osmanischen Admiralität an der Marinewerft am Goldenen Horn eröffnet wurde, störte plötzlich Kanonendonner die einleitenden Erklärungen der Delegationen. Höflich informierte der osmanische Außenminister die Delegierten, daß es sich dabei um ein Salutschießen zu Ehren der Amtseinführung Midhats handele.

Da nun den Völkern seines Reiches Reformen zugesagt seien, so argumentierten die Vertreter des Sultans, sei die Konferenz überflüssig und bedeutungslos geworden. Gut organisierte patriotische Demonstrationen der muslimischen Studenten prangerten den Panslawismus an und riefen zum Krieg gegen Rußland auf, und den Delegierten entging nicht, daß die Griechen und Armenier sich genauso lautstark gegen Rußland äußerten wie die Jungosmanen. Diese öffentlichen Bekundungen bestärkten den Sultan in seinem Entschluß: Jeder Vorschlag der ausländischen Delegierten wurde abgelehnt. Am 20. Januar 1877 gaben sie auf. Ihr gemeinsamer Aufbruch, als Ausdruck würdevoller Mißbilligung geplant, verlor an Wirkung, als die Küste von einem Sturm so schwer gepeitscht wurde, daß nur der entrüstete Lord Salisbury dem schrecklichen Wetter trotzte.[7]

Abdülhamit war gar nicht unzufrieden mit der Enttäuschung der ausländischen Delegierten, die sich in seiner Hauptstadt versammelt hatten, um ihm Reformen zu diktieren. Nichtsdestoweniger versperrte das Scheitern dessen, was die Türken mit einer Andeutung von Hohn die Werft-Konferenz (Tersane Konferansı) nannten, dem ausgelaugten osmanischen Staat den Zugang zu den internationalen Finanzmärkten und rückte gleichzeitig die Aussicht auf Krieg mit Rußland näher. Und so konnte der Sultan, der seinen Großwesir Midhat haßte, ihm die Verantwortung zuschieben: Er habe die ausländischen Gesandten gedemütigt. Mit Wohlgefallen nahm Abdülhamit auch die Klagen der militärischen und religiösen Führer darüber zur Kenntnis, daß der Großwesir versuchte, Christen ebenso wie Muslime als Kadetten der Kriegsakademie zuzulassen. Vierzehn Tage nach dem Abbruch der Konferenz wurde Midhat in den Dolmabahçe gerufen. Als er ankam, bemerkte er, daß die kaiserliche Motoryacht am Pier unter Dampf stand; dabei war Februar kaum die Jahreszeit, in der Abdülhamit eine Seereise unternehmen würde. Aber der Sultan war gar nicht anwesend. Ein Offizier des Hofes teilte Midhat mit, daß gemäß der Notstandsklausel der Verfassung (Artikel 113) der Sultan seine Festnahme und Verbannung angeordnet habe, weil er eine Gefahr für den Staat sei. Midhat wurde auf die kaiserliche Yacht verbracht, die sofort nach Brindisi abfuhr. Ein kleiner Bürokrat, der völlig von seinem Herrn abhängig war, ersetzte ihn als Großwesir. Dem Diplomatischen Korps wurde versichert, daß der Sultan, auch wenn der Architekt der Verfassung von 1876 nunmehr im Exil sei, nicht die Absicht habe, das parlamentarische Experiment aufzugeben.[8]

In mehreren Provinzen war bereits gewählt worden, und in der Hauptstadt standen Wahlen bevor. Das war kein Grund zur Aufregung: Das Stimmrecht war eingeschränkt, und die indirekte Wahl wurde durch ein kompliziertes System von Wahlkollegien geregelt. Unter den entfernter wohnenden Untertanen des Sultans stieß die Aussicht auf eine parlamentarische Vertretung in der Hauptstadt auf nur geringes Interesse; die Maroniten im Libanon weigerten sich sogar, überhaupt an den Wahlen teilzunehmen, weil sie befürchteten, ein allosmanisches Parlament könnte die Autonomie bedrohen, die sie fünfzehn Jahre zuvor errungen hatten. Aber in der dritten Woche des März 1877 eröffnete der Sultan die Meclis-i-mebusan (Abgeordnetenkammer) in einer kunstvollen Zeremonie im Dolmabahçe-Palast; das Diplomatische Korps, die religiösen Notabeln und die Würdenträger des Staates waren dazu eingeladen.

Abdülhamit ernannte der Einfachheit halber den Parlamentsvorsitzenden selbst, ungeachtet der Tatsache, daß gemäß der Verfassung die Abgeordneten ihren Vorsitzenden hätten wählen sollen. Dafür wurde die Rede des Sultans den Abgeordneten durch seinen Palastsekretär Küçük Mehmet Said vorgelesen, der während der Regierung Abdülhamits siebenmal Großwesir war; der Sultan versprach darin ein Reformprogramm für Verwaltung, Justiz und Landwirtschaft. Anschließend zogen sich die Abgeordneten – einundsiebzig Muslime, vierundvierzig Christen, vier Juden – in den ihnen zugewiesenen Sitzungssaal in Stambul zurück, ein Gebäude in der Nähe der Hagia Sophia. Es war 1840 für die neue Universität gebaut worden, diente dann aber als Sitz mehrerer Regierungsämter. Dort diskutierten in den folgenden drei Monaten die Deputierten über Themen wie die Zusammensetzung von Beratungsausschüssen in den Provinzen, ein einschränkendes Pressegesetz und die Notwendigkeit, die Bezüge von Beamten zu kürzen. Der Korrespondent der *Times* nahm an einer der ersten Sitzungen teil und war beeindruckt von dem multinationalen Charakter der Meclis-i mebusan: ‹Wir haben Angehörige zehn verschiedener Nationalitäten in der Kammer gezählt, die vierzehn Sprachen sprachen›, berichtete er.[9] Im Laufe des Sommers ernannte der Sultan einundzwanzig Muslime und fünf Nichtmuslime, die sich zu einem Senat konstituieren sollten, der Meclis-i ayan (Kammer der Notabeln). Abdülhamit überließ den beiden Kammern jedoch keine Macht und wenig Handlungsmöglichkeiten. Die Sitzungsperiode fiel in eine beginnende Krise, die für das Osmanische Reich noch bedrohlicher werden sollte als jedes andere Ereignis seit Sinop; trotzdem berührten die drängenden Probleme die Arbeit des ‹Unterhauses› kaum. Es wurde zu Recht angenommen, daß die Delegierten den Widerstand des Sultans und seiner Minister gegen jede ausländische Einmischung gutheißen würden.

Auf das Scheitern der Konferenz von Konstantinopel folgte

eine diplomatische Offensive Rußlands in den europäischen Hauptstädten, die in dem gemeinsamen Londoner Protokoll vom 13. März gipfelte: Der Sultan, der Zar und die Herrscher auf der Balkanhalbinsel sollten ihre Armeen demobilisieren, bis das Osmanische Reich Reformen durchführte, die von den Großmächten überwacht werden sollten. Der Sultan mochte ein solches Diktat aus Europa nicht hinnehmen, und innerhalb von zehn Tagen lehnte die Pforte das Protokoll ab. Die Russen hatten bereits geheime Vereinbarungen mit Österreich-Ungarn über das Schicksal von Bosnien-Herzegowina getroffen; sie schlossen jetzt zwei Verträge mit Rumänien, die den Truppen des Zaren freien Durchmarsch bis zur bulgarischen Grenze ermöglichten. Acht Tage später – am 24. April 1877 – erklärte Zar Alexander II. dem Osmanischen Reich den Krieg und rief seine Armeen auf, für ‹Orthodoxie und Slawentum› ins Feld zu ziehen.[10]

Dieser vierte russisch-türkische Krieg innerhalb eines Jahrhunderts dauerte zehneinhalb Monate. Als die Russen im Juni die untere Donau überschritten, schien es, als würden sie jeden Widerstand hinwegfegen, denn obwohl die osmanischen Truppen tapfer kämpften und ihre Artillerie gut ausgebildet war, fehlte es doch fast völlig an einer strategischen Stabsplanung. An der Kaukasusfront nahmen die Russen schnell mehrere Festungen ein und zwangen den osmanischen Befehlshaber Ahmet Muhtar, seine Kräfte bei Kars zu konzentrieren, der Festung, die im vergangenen halben Jahrhundert schon zweimal von den Russen erstürmt worden war. Abermals wurde jetzt Kars mit Geschick fünf Monate lang verteidigt. Auf dem Balkan zeigte trotz der anfänglichen russischen Siege der ehemalige Leiter der Kriegsakademie, Hüsnü Süleyman, Initiative; er brachte eine Armee von Albanien übers Meer nach Dedeağaç und startete eine überraschende Gegenoffensive, die den Vormarsch der Invasoren am Schipkapaß im Hohen Balkan stoppte. Aber der Held des Feldzugs war Omar Pascha. Am 20. Juli und zehn Tage später noch einmal widerstand er mit Mut und Feldherrnkunst russischen Angriffen gegen die kleine befestigte Stadt Plevna (Plewen) 140 Kilometer nordöstlich von Sofia. Ein dritter Versuch Mitte September brachte den Russen noch größere Verluste. Darauf wurde Plevna von Eduard Totleben, dem großen General der russischen Pioniertruppen, eingeschlossen. Er wollte die Stadt nicht stürmen, sondern ihre Verteidiger aushungern, bis sie kapitulierten.[11]

Vor dem Einbruch des Winters herrschte eine Weile Optimismus am Goldenen Horn. Man hoffte, daß Nebel, Regen und Schnee an den Fronten den Zaren veranlassen würden, einen Frieden anzustreben. Die langen russischen Nachschubwege waren im Winter anfällig, und die osmanischen Panzerschiffe sorgten für die Überlegenheit des Sultans im Schwarzen Meer. Gleichzeitig stärkte Abdülhamit den Kampfgeist mit dem, was sich im Rückblick als erster Appell an panislamische Gefühle erweist: Der Beschwörungsformel des Zaren von ‹Orthodoxie und Slawentum› stellte er mit neuem Nachdruck seine Ansprüche als Kalif entgegen. Das Heilige Banner des Propheten wurde feierlich aus dem Topkapı Sarayı herausgetragen. Mit diesem islamischen Fanal in den Händen und mit der Unterstützung des Şeyhülislâm rief der Sultan und Kalif den Heiligen Krieg (Dschihad) gegen die Armeen der zaristischen Ungläubigen aus. Da dem Reich Alexanders II. rund zehn Millionen muslimische Untertanen angehörten, hätte ein umfassendes Echo auf den Aufruf zum Dschihad eine gefährliche Entwicklung innerhalb des russischen Reiches hervorrufen können. Ein Beauftragter des Sultans reiste nach Kabul, um die afghanischen Muslime zu ermuntern, eine neue Front in Asien zu eröffnen. Doch im Augenblick schien eine islamische Massenerhebung unwahrscheinlich. Die unmittelbare Folge des Dschihad im osmanischen Kernland war ein Aufwallen patriotischer Gefühle, das der Armee Rekruten verschaffte und der Kriegskasse Spenden. Bezeichnenderweise erwiesen am 21. Mai die Parlamentsabgeordneten ihrem Souverän die Ehre, ihm vorzuschlagen, er möge den Ehrentitel eines Gazi, eines Kämpfers im Heiligen Krieg, annehmen.[12]

Während des Sommers hatte der Sultan zunehmend auf Unterstützung aus London gehofft. Vier Tage vor der russischen Kriegserklärung war, als Nachfolger Sir Henry Elliots, Henry Layard Botschafter geworden, ein turkophiler Archäologe, der in den vierziger Jahren, als Attaché unter Stratford de Redcliffe, Ninive ausgegraben hatte. Layards offizielle und private Aufzeichnungen zeigen, in welchem Maße er sich Stratfords Auftreten zum Vorbild genommen hatte; er bot Abdülhamit jene Art konstruktiver Kritik, die dessen Vater im Krimkrieg von dem ‹Großen Gesandten› akzeptiert hatte. ‹Ein Mann, aus dem noch etwas werden kann›, schrieb Layard nach seiner ersten Audienz bei Abdülhamit gönnerhaft nach London, und bei seiner zweiten Audienz hatte er, wie er erklärte, einen ‹noch günstigeren Eindruck› von den Eigenschaften des Sultans.[13] Premierminister Disraeli (im Sommer zuvor zum Earl of Beaconsfield ernannt) nahm Layards Urteile und Warnungen für bare Münze, obwohl sein Außenminister (Lord Derby), sein Indien-Minister (Lord Salisbury) und andere Kabinettsmitglieder skeptisch blieben. Im Juli, als es nicht ausgeschlossen schien, daß die Russen nach Edirne und zur Halbinsel Gallipoli durchbrechen würden, sandte Disraeli dem Sultan Freundschaftsbekundungen und deutete seine Bereitschaft an, die britische Flotte durch die Dardanellen zu schicken, um Konstantinopel vor einer russischen Besetzung zu schützen. Abdülhamit jedoch wollte die Panzerschiffe der englischen Mittelmeerflotte nicht im Marmarameer sehen. Die hartnäckige Verteidigung von Plevna und das Scheitern des russischen Versuchs, Süleyman Paschas Truppen nach Thrakien zurückzudrängen, milderten die Bedrohung der osmanischen Hauptstadt, und die Kriegsschiffe fuhren nicht weiter als bis Smyrna.

Abdülhamits spätere Feindseligkeit gegenüber Großbritannien rührte zum Teil von dem unangebrachten Vertrauen her, das er in diesen Monaten der Dauerkrise in die Beziehung zu Layard setzte. Er wußte, daß Botschaftstelegramme immer über das Außenministerium gingen, aber auch, daß Layard außerdem in direktem privatem Briefwechsel mit Disraeli stand. Der Sultan behandelte den Botschafter und seine Frau mit außergewöhnlicher Zuvorkommenheit und lud sie mehrmals zum ‹zwanglosen Diner› ein. Er ahnte mit ziemlicher Wahrscheinlichkeit, daß Layards Mitteilungen an eine noch erhabenere Russenfeindin als den Premierminister weitergegeben wurden. Bei einer Audienz in dem Winter brachte der Sultan, wie Layard Disraeli wissen ließ, ‹die größte Bewunderung und Zuneigung für die Queen› zum Ausdruck, ‹sprach wie ein aufgeklärter Christ› und bezog sich mehr als einmal auf ‹Prinz Alberts und Ihrer Majestät vorbildliches Eheleben›. Layard fand die Unterhaltung ‹kurios›.[14]

Der Winter war nicht auf seiten der Verteidiger, wie die Türken gehofft hatten. Starker Schneefall auf dem Balkan machte es völlig unmöglich, Plevna zu entsetzen, das am 11. Dezember schließlich kapitulieren mußte. Innerhalb eines Monats waren die Truppen des Zaren in Sofia, eben rechtzeitig, um den großen orthodoxen Feiertag Epiphanias zu begehen. Am 20. Januar 1878 hatten sie Edirne eingenommen und bedrohten sowohl Konstantinopel als auch die Halbinsel Gallipoli. Der Krieg fiel mit der zweiten Sitzungsperiode des osmanischen Parlaments zusammen; es war im November gewählt und am letzten Tag des alten Jahres vom Sultan offiziell eröffnet worden. Der militärische Zusammenbruch führte dazu, daß dieses zweite Parlament sich lautstärker äußerte, als es das erste je getan hatte; es griff die unzulängliche Kriegführung mit detaillierter Kritik an. Da das zu einer Zeit geschah, in der man das Feuer der feindlichen Artillerie in der Hauptstadt hören konnte, begann Abdülhamit zu fürchten, daß der religiöse Patriotismus, den er am Anfang des Krieges geschürt hatte, sich gegen ihn persönlich wenden könnte. Aber wie immer die Stimmung im Parlament sein mochte, der Sultan selbst erkannte, daß Frieden notwendig war. Am 31. Januar einigte man sich in Edirne auf einen Waffenstillstand.

Nach Beendigung der Kampfhandlungen mußte Abdülhamit vor allem mit drei Problemen fertig werden: dem Ärger der Parlamentsabgeordneten, weiteren Übergriffen des Feindes und provozierendem Vorgehen seines angeblichen Verbündeten. Die Meclis-i mebusan beunruhigte den Sultan am wenigsten. Vierzehn Tage nach dem Waffenstillstand begab er sich höchstpersönlich ins Unterhaus. Ein Abgeordneter beklagte sich, daß die gewählten Vertreter des Volkes nicht gehört worden waren, um über Möglichkeiten zur Abwendung einer militärischen Katastrophe zu beraten. Ein anderer Abgeordneter ging so weit, die Einschränkung der persönlichen Ausgaben des Sultans zu fordern. Abdülhamit hörte ungerührt zu. Am Abend löste er die Abgeordnetenkammer mit der Begründung auf, daß sie ihre Pflichten in einem für das Reich so kritischen Augenblick nicht wirksam ausüben könne. Der Sultan verfügte außerdem die Verhaftung der Abgeordneten, die sich allzu unverblümt geäußert hatten, aber sein Großwesir überredete ihn, diesen Befehl zu widerrufen, weil er fürchtete, daß die Festnahmen eine allgemeine Revolte hervorrufen könnten. Die Abgeordneten kehrten sicher heim. Das Parlament sei, so erklärte der Sultan hinterher, nicht abgeschafft, es sei nur suspendiert, bis das Reich für ein Parlament bereit sei. Die Kammer blieb ein Jahr ums andere leer. Drei Jahrzehnte sollten vergehen, bevor Abdülhamit ein drittes Parlament eröffnete.[15]

Die russischen Truppen konnte man nicht so leicht und so schnell heimschicken. Drei Wochen nach dem Waffenstillstand von Edirne drohten sie noch immer Konstantinopel selbst zu besetzen. Um die Armee von Großfürst Nikolaus zu stoppen, war der Sultan zu einer bedingungslosen Kapitulation gezwungen gewesen. Die Bestimmungen des Waffenstillstands verlangten den sofortigen Rückzug der restlichen osmanischen Streitkräfte aus Bulgarien; festgelegt war auch bereits, daß der endgültige Friedensvertrag Entschädigungszahlungen einschließen sowie die Autonomie für Bulgarien, Bosnien und Herzegowina, die völlige Unabhängigkeit Rumäniens, Serbiens und Montenegros und eine Revision der Meerengen-Konvention zusichern sollte, so daß Rußland neue Rechte bei Öffnung oder Sperrung von Bosporus und Dardanellen zugestanden würden. Sollte die osmanische Regierung irgendeine dieser Waffenstillstandsbedingungen zu umgehen versuchen, behielt sich Großfürst Nikolaus das Recht vor, seine Truppen vorrücken zu lassen. Einige Vorausabteilungen hatten bereits die ägäische Küste bei Dedeağaç erreicht, und die örtlichen osmanischen Kommandeure beteuerten, daß die Bewegungen der russischen Einheiten mit der Unterzeichnung des Waffenstillstands nicht aufgehört hätten. Das stimmte nicht; der Großfürst hielt sich peinlich genau an die Bedingungen, die er ausgemacht hatte. Aber Gerüchte verschlimmerten die an Panik grenzende Stimmung in Konstantinopel. Am 5. Februar telegraphierte Layard nach London: ‹Waffenstillstand stoppt russischen Vormarsch nicht. Pforte sehr beunruhigt.›[16] Zwei Tage später unterbrachen die Russen in Bulgarien alle Telegraphenverbindungen zwischen Konstantinopel und Westeuropa; Layard war gezwungen, seine Botschaften über Bombay zu schicken. Diese Entwicklung brachte Disraeli zu der Überzeugung, daß die Russen dabei seien, die osmanische Hauptstadt einzunehmen. Am 8. Februar bekam Admiral Sir Phipps Hornby, der vierzehn Tage zuvor die besten Schlachtschiffe der Mittelmeerflotte zur Besikabucht geführt hatte, den Befehl, in die Meerenge zu fahren, Feuer wenn nötig zu erwidern und vor Konstantinopel Posten zu beziehen.

Obwohl Abdülhamit Disraelis Zusicherungen des Beistands begrüßte, die ihm sowohl Layard als auch sein eigener Botschafter in London übermittelten, war er über die britischen Schiffsbewegungen beunruhigt. ‹Der Sultan scheint zu dem Schluß gekommen zu sein, daß das Eindringen unserer Flotte den Verlust seines Lebens oder zumindest seines Thrones zur Folge haben wird, daß es die Russen in seine Hauptstadt holen und daß ein allgemeines Massaker an Muslimen und die Vernichtung ihres Besitzes folgen wird›, schrieb Layard an Lord Derby. ‹Es vergeht Tag und Nacht kaum eine Stunde, ohne daß mich einer seiner Minister in meinem Haus aufsucht oder mir einen Brief schickt. Sie flehen mich an, die Flotte zu stoppen.›[17] Der Sultan wagte nicht, den Kriegsschiffen die Einfahrt in die Dardanellen zu gestatten. Hornby lief dennoch am 13. Februar in die Meerenge ein und brach damit die Meerengen-Konvention. Dreizehn Monate sollten vergehen, bevor das britische Geschwader wieder in die Ägäis zurückkehrte.

Wie der Sultan befürchtet hatte, betrachteten die Russen die

1. Selim III.,
Sultan von
1789 bis 1807.

2. Topkapı-Sarayı:
Das Tor des Heils,
der Eingang zum
‹ Alten Serail ›.

3. *Sultan Abdülaziz:*
ein Mann von
kräftiger Statur.

4. *Die Briten bezweifel*
die Reformwilligkeit
der Osmanen: Punch,
6. Januar 1877.

5. *Sultan Abdülhamit kurz nach seiner Thronbesteigung 1876.*

6. *Das Satiremagazin* Punch *beklagt die armenischen Massaker von 1896:*
‹*Der unsägliche Türke: «Haha! Niemand da. Ich kann weitermachen!»*›

7. Die Hohe Pforte: das Tor zum Amtssitz des Großwesirs. Die ‹Hohe Pforte› steht als bildhafte Chiffre für die osmanische Regierung.

8. Menschenmenge vor dem Yıldız-Palast bei Abdülhamits letztem Selâmlık am 23. April 1909.

9. ‹ Abdul der Verdammte ›, 7. August 1908, kurz nach Wiedereinsetzung der Verfassung: Der Sultan betrachtet seine Untertanen mißtrauisch.

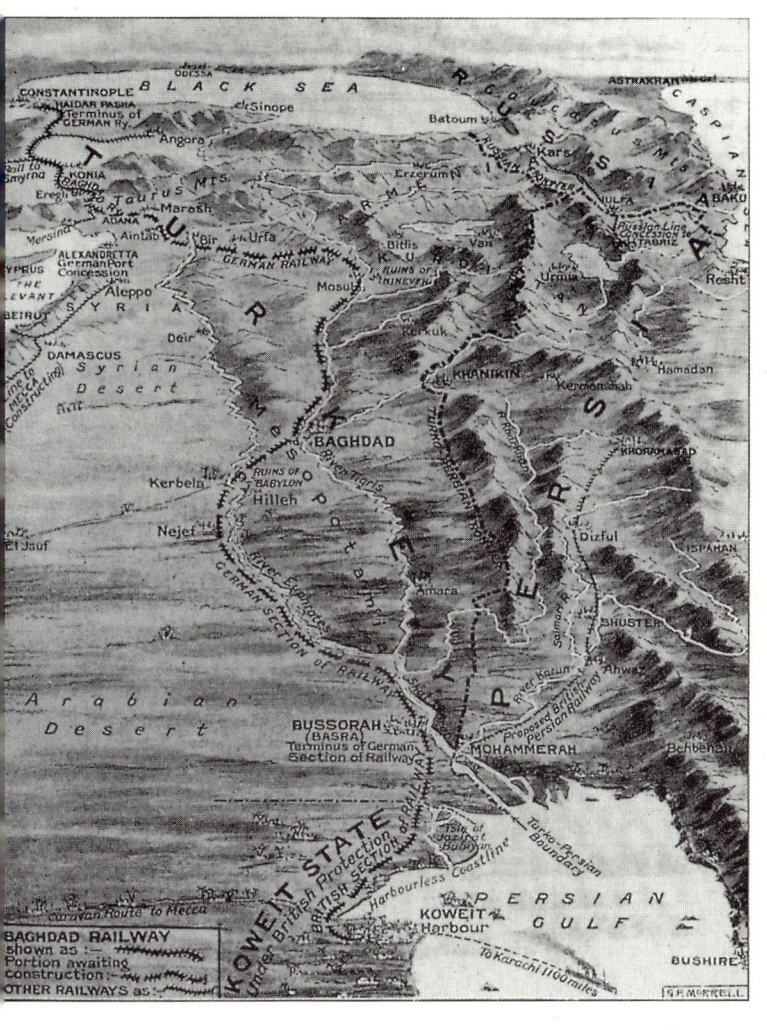

10. *Bahnlinien zum Golf: Plan vom Juni 1913 über vorgesehene Routen.*

11. und 12. Modernisierung der osmanischen Flotte. Oben: Das Kriegsschiff Sultan Osman I, in Großbritannien für die Türkei gebaut, auf Befehl Churchills aber 1914 beschlagnahmt und als HMS Agincourt in Dienst gestellt. Unten: Die deutsche Goeben im Bosporus, nachdem sie zum osmanischen Flaggschiff Yavuz Sultan Selim wurde.

13. General Liman von Sanders, Leiter der deutschen Militärmission,
mit osmanischen Offizieren in Haifa.

14. Luftaufnahme von Konstantinopel 1918. Mitte: Hagia Sophia;
oben links: Galatabrücke; Mitte links: Blaue Moschee, neben dem
Hippodrom (Meydan); rechts oberhalb der Hagia Sophia liegt der
Topkapı Sarayı.

15. Enver Pascha im Gespräch mit einem deutschen Militärberater beim Besuch der Kaukasusfront 1917.

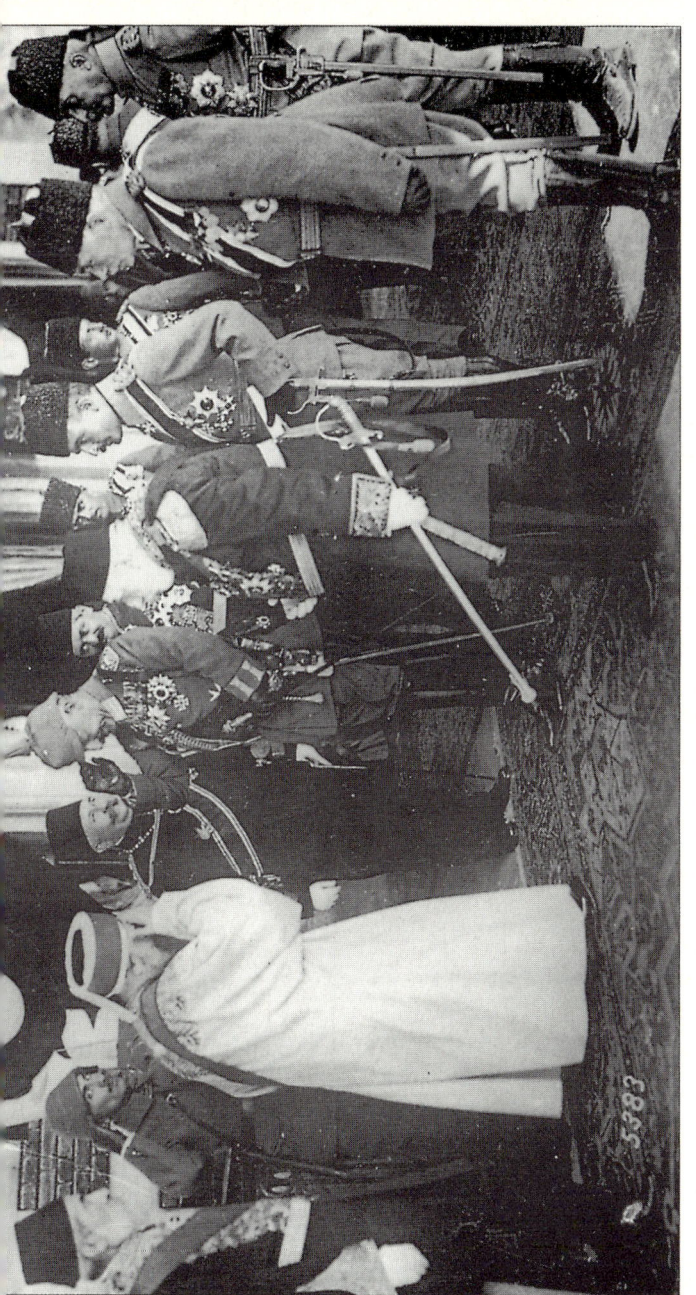

16. Oktober 1917: Der Şeyhülislâm heißt Kaiser Wilhelm II. in Konstantinopel willkommen; Sultan Mehmet V. steht links vom Kaiser, Enver hinter ihm.

17. 1919: Alliierte Kriegsschiffe liegen vor dem Dolmabahçe-Palast vor Anker.

Ankunft der britischen Flotte als feindseligen Akt. Ihr Oberbefehlshaber, Großfürst Nikolaus, befahl den Vormarsch bis ans Marmarameer. Seine Truppen erreichten es bei San Stefano (dem heutigen Yeşilköy, wo jetzt der Istanbuler Flughafen liegt), gut zehn Kilometer von der äußeren Umfassungsmauer Konstantinopels entfernt. In diesem Augenblick, als Großbritannien und Rußland auf einen Krieg zuzutreiben schienen, einigte man sich auf einen Kompromiß: Der Großfürst sollte sich die neue Orient-Eisenbahnstrecke zunutze machen und sein Hauptquartier von Edirne nach San Stefano verlegen, aber keine Truppen näher an die Stadt heranrücken lassen. Hornbys Schlachtschiffe sollten acht Meilen südlich des Goldenen Horns vor der Insel Prinkipo vor Anker gehen, dort, wo 1807 auch Admiral Duckworth sein Geschwader hatte ankern lassen, als britische Schiffe erstmals durch die Dardanellen gefahren waren. Die Spannung ließ nicht nach. Die Engländer fürchteten, daß die Russen sich der türkischen Flotte bemächtigen könnten, deshalb wurde am 14. Februar Layard angewiesen, die vier neuesten osmanischen Panzerschiffe – wenn möglich – zu kaufen.[18] Aber obwohl die osmanische Staatskasse leer war, wies die Pforte einen solchen Handel ärgerlich von sich. Inzwischen fanden in San Stefano mühsame Gespräche über den Entwurf eines Friedensvertrags statt.

Es war eine eigentümliche Situation. Kein russischer Befehlshaber war je so nahe daran gewesen, Konstantinopel einzunehmen, wie der militärisch eher inkompetente Großfürst Nikolaus. Zu den Hauptleuten in seinem Stab gehörte in diesen frustrierenden Wochen Prinz Alexander von Battenberg, dessen Bruder Ludwig an Bord des britischen Schlachtschiffs mit dem passenden Namen HMS *Sultan* diente, das vor der Insel Prinkipo lag. ‹Heute morgen ritt ich mit dem Großfürsten (...) auf die Höhen von San Stefano, und wir sahen vor uns Konstantinopel!!, die Hagia Sophia, die vielen Minaretts, Skutari usw.›, schrieb Alexander von Battenberg an seine Eltern. ‹Dem armen Großfürsten standen die Tränen in den Augen; welche Genugtuung, mit seiner Armee vor den Toren Konstantinopels zu stehen!!...›[19] In diesen Wochen der Unge-

wißheit, als russische Truppen die Masten britischer Kriegsschiffe am Horizont ausmachen konnten, wurde Prinz Alexander von seinem Bruder und dem Kapitän des Schlachtschiffs an
Bord der *Sultan* empfangen. Dies war ein weiteres Beispiel für
die adligen Verwandtschaftsverhältnisse, die eine englisch-
russische Zusammenarbeit natürlicher aussehen ließen als eine
englisch-türkische: Der Kommandant der *Sultan* war Prinz
Alfred, Duke of Edinburgh, der zweite Sohn von Queen
Victoria und Ehemann der einzigen überlebenden Tochter des
Zaren.

‹Russischer gesinnt als die Russen selbst›, so beurteilte Prinz
Alexander die Gefühle der Besatzung des Schiffes in einem
Brief an seine Eltern. Einen deutlich anderen Eindruck von
den Sympathien der Mannschaft unter Hornbys Befehl bekam
Abdülhamit von Layard und von seinem fanariotischen Arzt
Mavroyeni.[20] In England blieb die öffentliche Meinung über die
Orientkrise gespalten; in der Provinz wurde Gladstones
moralischer Kreuzzug zugunsten der Christen vom Balkan
unterstützt. In London jedoch lebte der russenfeindliche
Patriotismus wieder auf; die Stimmung wurde durch James
MacDermotts Schlager ‹Jingo› mit seinem heiseren Beharren
auf *The Russians shall not have Constantinopel* (‹Die Russen
sollen Konstantinopel nicht bekommen›) allgemein verbreitet.
Eine Übersetzung des herzerquickenden Refrains wurde dem
Sultan von Mavroyeni nahegebracht. Es heißt, er habe ein
ungewöhnliches Lächeln der Befriedigung auf die dünnen,
grausamen Lippen gezaubert. Der Sultan redete sich ein, daß
die britischen Seeleute auf den Panzerschiffen vor Prinkipo
durchweg ‹Jingos› (kriegerische Nationalchauvinisten) seien.
So sehr er ihre Ankunft beklagt haben mochte, seit Ende
Februar 1878 betrachtete Abdülhamit Hornbys Flotte als eine
Rettungsleine zum Westen.

Am 3. März wurde in San Stefano ein Friedensvertrag unterzeichnet, entsprechend den in Edirne zuvor festgelegten
Bedingungen. Es war ein Triumph des Panslawismus.[21] Der
Vertrag verlangte eine hohe Entschädigungszahlung und verschaffte Rußland beträchtliche Gewinne in Ostanatolien; er

bestätigte die Unabhängigkeit von Rumänien sowie dem erweiterten Montenegro und Serbien, und er schuf ein ‹Großbulgarien› als autonomes, aber dem Osmanischen Reich noch tributpflichtiges Fürstentum. Nie zuvor hatte ein Sultan solche Bedingungen akzeptieren müssen! Abdülhamits einzige Hoffnung war, daß die Rivalen Rußlands dieses Abkommen nicht akzeptieren würden.

Noch bevor der Vertrag unterzeichnet war, zeigte sich Graf Andrássy, der Außenminister Österreich-Ungarns, von den vorgeschlagenen Grenzziehungen beunruhigt, denn sie tangierten österreichische Einflußbereiche. Er setzte sich daher für die Einberufung eines neuen Wiener Kongresses ein, bei dem ein akzeptables Abkommen ausgehandelt werden sollte. Aber die Russen wollten ihrem traditionellen Rivalen im Donaubecken eine solche Initiative nicht zugestehen. Alles was der Zar und seine Minister zugestehen wollten, war ein Kongreß in Berlin später im Sommer, und zwar unter deutschem statt unter österreichischem Vorsitz. Obwohl den deutschen Kanzler und Außenminister, Otto von Bismarck, die Spannungen auf der Balkanhalbinsel kaum interessierten, wollte er nicht zusehen, wie der ganze Kontinent wegen der Reibungen zwischen Wien und St. Petersburg in einen Krieg stürzte. Auf Bismarcks Ersuchen verschickte Andrássy die Einladungen zu einem Kongreß in Berlin, und zwar genau in der Woche, in der die Bedingungen von San Stefano allgemein bekannt wurden.[22]

Abdülhamit mißtraute Andrássy, nicht zuletzt, weil der Wiener Börsenkrach fünf Jahre zuvor die Glaubwürdigkeit jeden Ministers der Habsburger Monarchie geschwächt hatte. Der Sultan setzte eher auf Disraeli. An dem Tag, an dem der Vertrag von San Stefano unterzeichnet wurde, lud er Layard ein, mit ihm zu speisen und über die Möglichkeiten zu diskutieren, die Abmachungen zu revidieren. Der Botschafter verbrachte die folgende Woche damit, ein Memorandum von 32 Seiten für das Auswärtige Amt zu entwerfen, in dem er die Ungeheuerlichkeit von San Stefano darlegte.[23] Er befaßte sich nicht nur mit den die Balkanhalbinsel betreffenden Aspekten des Vertrages, sondern hob auch die Vorverlegung der Kaukasusgrenze hervor, die Rußland die Kontrolle über die historischen Karawanenwege von Trapezunt nach Täbris und Zentralasien gab. Layards Memorandum steigerte die ‹Falkenstimmung› in Downing Street. Eine Diskussion über die Frage, ob man im Osmanischen Reich nach einem permanenten ‹Waffenplatz› für Großbritannien suchen sollte, veranlaßte Derby zum Rücktritt als Außenminister, und am 2. April stärkte Disraeli seine Regierung, indem er Lord Salisbury zu seinem Nachfolger ernannte. Der neue Außenminister teilte die romantische Begeisterung seines Chefs für das Sultanat als historische Institution nicht, aber er erkannte die Gefahr, die einer Regelung innewohnte, welche die Orientfrage so entscheidend zu Rußlands Gunsten ‹löste›. Zugleich machte Salisburys eigenständiges Urteil ihn für die Russen akzeptabler, als es sein Vorgänger gewesen war, und durch geschickte Verhandlungen im April und Mai erreichte er vom Botschafter des Zaren das Eingeständnis, daß der Friedensvertrag von San Stefano revisionsbedürftig sei.[24] Ohne Salisburys geduldige diplomatische Vorbereitung hätte es keine Neufestlegung der osmanischen Grenzen auf dem Berliner Kongreß Ende Juni und Juli gegeben.

Obwohl sich Salisbury nie davon überzeugen ließ, daß das Osmanische Reich eine ‹wirklich zuverlässige Macht› sei, war er zu einem geheimen Bündnis bereit, das dem Sultan die Unversehrtheit der verbleibenden Gebiete in Anatolien garantierte. Allerdings zu einem hohen Preis. Disraeli beharrte darauf, daß eine solche Bürgschaft nur möglich sei, wenn Großbritannien eine Operationsbasis in Kleinasien habe. Erforderlich, so sagte er der Queen Anfang März, sei ein Stützpunkt, der ‹die Handels- und Verkehrswege Europas mit dem Osten vor einer drohenden Einmischung Rußlands sichern› würde. Kreta wurde ernsthaft in Betracht gezogen (‹ungeheure Vorteile›, aber der Wunsch nach der Vereinigung mit Griechenland ‹würde unweigerlich politische Probleme hervorrufen›), ebenso die Insel Stampalia (Astipalia) im Dodekanes oder die Pacht von Mytilini oder Iskenderun. Im Mai entschied Disraeli: ‹Zypern ist der Schlüssel für Westasien.›[25] Am 4. Juni wurde die Zypern-Konvention in Konstantinopel unterzeichnet: Wenn Rußland Kars, Batum oder Ardahan behielt, würde Großbritannien das Osmanische Reich gegen weitere russische Angriffe in Asien verteidigen. Dafür durfte es Zypern besetzen, das jedoch unter der Souveränität des Sultans blieb. Erst in der vierten Woche des Kongresses in Berlin verfügte der Sultan den Ferman (Verfügung), der britischen Truppen gestattete, sich auf der Insel festzusetzen, und er tat das nur, nachdem die Briten Verstimmung darüber geäußert hatten, daß die von ihm zum Berliner Kongreß geschickte Delegation nichts von der Zypern-Konvention wußte.

Bei dem Pariser Friedenskongreß von 1856 hatte Ali Pascha seine Kollegen durch seine Staatskunst beeindruckt. Die drei osmanischen Delegierten in Berlin zweiundzwanzig Jahre danach waren politisch höchst unbedarft: ein fanariotischer Grieche, der einmal Minister für öffentliche Bauten gewesen war, ein türkischer Dichter und Palastbeamter mit zwei Jahren Erfahrung in der Berliner Botschaft, und – ziemlich umstritten – ein in Magdeburg geborener Konvertit zum Islam, der aus der preußischen Armee desertiert war und dem mit Höflichkeit zu begegnen Bismarck keinen Grund sah. Abdülhamit hatte dieses traurige Trio persönlich ausgesucht und seinen Delegierten mündliche Anweisungen gegeben, aber keine schriftlichen Instruktionen. Sie sollten soviel wie möglich auf der Balkanhalbinsel retten, die Kriegsentschädigung verringern und dafür sorgen, daß Varna, Batum und ganz Armenien wieder osmanischer Oberhoheit unterstellt würden. Kein Wunder, daß ein russischer Delegierter in seinem Kongreßtagebuch notierte: ‹Die Türken sitzen da und reden wie die Holzklötze.›[26]

Ihre Schwierigkeiten wurden noch verstärkt durch die Ungewißheit über das, was in Konstantinopel geschah. Als sie in Berlin ankamen, war schon nicht mehr sicher, ob der Herrscher, der sie mit so einem unklaren Auftrag losgeschickt hatte, noch lange auf dem Thron bleiben würde. Der russische Vormarsch auf dem Balkan hatte Tausende von Flüchtlingen nach Konstantinopel getrieben und die Einwohnerzahl der Stadt mehr als verdoppelt. Lebensmittel waren knapp, und Arbeit gab es für die Flüchtlinge nicht. Sie waren Zunder für jeden

Demagogen, der den Mob zu Gewalttätigkeiten aufhetzen wollte.

Am 20. Mai bewaffnete Ali Suavi, einst ein jungosmanischer Radikaler und inzwischen ein leidenschaftlicher islamischer Fundamentalist, eine kleine Gruppe dieser unglücklichen Menschen. Er führte rund hundert Männer zum Çiraǧan-Palast und versuchte, den abgesetzten Murat V. zu befreien, den er zum Sultan auszurufen gedachte. Der örtliche Polizeichef schlug Ali Suavi mit seinem Knüppel nieder und tötete oder verwundete mit Hilfe der Gendarmerie die Hälfte der Aufrührer.

Der ganze Zwischenfall dauerte keine Stunde.[27] Es ist eine unbedeutende Episode in der langen Geschichte eines verfallenden Reiches, aber bei Abdülhamit hinterließ der mißlungene Coup einen bleibenden Eindruck. Zunächst versetzte er ihn in Panik. Mindestens vierzehn Tage lang verfolgte er eine schwankende Politik, wechselte seine Minister immer wieder aus und gab Befehle, die er innerhalb weniger Stunden widerrief. Einer der Nutznießer dieses Wankelmuts war der abgesetzte Sultan: Abdülhamit befahl seine heimliche Hinrichtung, aber die Anweisung wurde nicht ausgeführt, vielleicht weil Murat, ein Freimaurer, dem Logenmeister der Fanariotenloge eine Nachricht hatte zukommen lassen, in der er Hilfe von Kaiser Wilhelm I. und vom Prinzen von Wales erflehte. Eines Abends in jenem Mai schickte Abdülhamit seinen Sekretär zur britischen Botschaft: Er bat darum, daß HMS *Antelope*, das dem Botschafter zugewiesene Wachschiff, vor dem Dolmabahçe ankerte, um dem Sultan notfalls Asyl zu gewähren. Kaum hatte die *Antelope* diesen neuen Standort erreicht, als eine zweite Nachricht von der Botschaft verlangte, die Motoryacht wieder an ihren alten Liegeplatz zurückzubeordern. Am nächsten Morgen empfing der Sultan Layard allein im Harem. Er sei, sagte er, ‹in allergrößter Gefahr›; die Armee haßte ihn, das Volk liebte ihn nicht, und seit seiner Thronbesteigung habe er noch keine einzige ruhige Nacht erlebt. Er fürchte weniger den Tod als die lebenslange Einschließung im Kafes: Ob Layard seine Familie schützen wolle, wenn er im Kampf um seinen

Thron getötet würde? Eine Mitteilung am folgenden Tag, vom Sultan selbst geschrieben, unterstrich abermals sein Gefühl, gefährdet zu sein. ‹Ich bin ernsthaft bekümmert wegen des armen Sultans, für den ich nur Mitleid und sogar Zuneigung empfinden kann›, schrieb Layard an Salisbury, sechs Tage bevor in Berlin der Kongreß eröffnet wurde. ‹Wenn aber die Sicherheit des Staates und unsere übergeordneten Interessen es erfordern, daß er beseitigt wird, muß er geopfert werden.›[28] Kein britischer Botschafter – nicht einmal Stratford de Redcliffe in seiner Blütezeit – hatte sich jemals auf diese Weise als Möchtegernrichter in osmanischen Angelegenheiten hervorgetan.

Abdülhamit wurde nicht ‹geopfert›. Aber seine Stellung blieb monatelang ungewiß. Mindestens zwei weitere Verschwörungen zur Wiedereinsetzung Murats V. wurden von fanariotischen Freimaurern ausgeheckt und dem Sultan durch das immer dichter werdende Netz von Polizeispitzeln in der Hauptstadt hinterbracht. Die Unfähigkeit der Verschwörer scheint Abdülhamit geholfen zu haben, seine Nervosität zu überwinden. Bis die Katastrophen des Krieges sein Sendungsbewußtsein schwächten, hatte er auf eine neue Autokratie hingearbeitet; vor dem Einbruch des Winters 1878 begann sich dieser despotische Zug in seinem Wesen erneut bemerkbar zu machen. Seit seiner Thronbesteigung hatte er dem prachtvollen Dolmabahçe seinen höhergelegenen Sommerpavillon in Yıldız vorgezogen, den Abdülaziz oberhalb alter Friedhöfe mit Blick über den Çirağan-Palast hatte bauen lassen. Jetzt verwandelte Abdülhamit Yıldız in einen streng gesicherten Bezirk, der genauso unübersichtlich war wie der Topkapı Sarayı im Jahrhundert zuvor und der an die 6000 Menschen beherbergte; dabei war er geräumiger als jeder andere kaiserlich-osmanische Herrschersitz.[29] Eine zentrale Residenz gab es nicht. Es war sicherer, öfter von einem kleinen Haus in ein anderes umzuziehen und etwaige Meuchelmörder zu verwirren. Äußerlich war Yıldız – und sein Erscheinungsbild hat sich bis heute nicht geändert – eine friedliche und reizvolle Parklandschaft, mit Buschwerk, Teichen und Brunnen, Kieswegen zu Landhaus-Köşks und überraschenden Ausblicken auf die anatolische Küste, den Bosporus oder auf die Landspitze von Stambul. Aber Yıldız hatte auch ein eigenes Gefängnis; es befand sich in der Nähe der Menagerie, damit – so hieß es – Vögel und andere Tiere die Schreie der Gefangenen übertönten.

Diese beiden Gesichter von Yıldız machten den Herrscherbezirk zum Symbol der Regierung Abdülhamits, wie der Dolmabahçe das Symbol der Regierung seines Vaters gewesen war. Nur zuverlässige Wachen und Vertraute durften innerhalb der gelb verputzten Mauern für den Sultan arbeiten. Nach seiner Entlassung aus russischer Internierung leitete der Held von Plevna, Gazi Omar Pascha, neunzehn Jahre lang die Verwaltung von Yıldız und war für die Sicherheit verantwortlich. Omar war außerdem Vorsitzender des neu eingerichteten Kaiserlichen Staatsrats, zu dessen Aufgaben es gehörte, Korruption und Inkompetenz – militärische wie zivile – selbst auf höchster Ebene auszurotten. Der Sekretär des Sultans, Mehmet Said, organisierte – bis er im Oktober 1879 zum Großwesir ernannt wurde – die Beamtenschaft in Yıldız, und der Palast blieb während der ganzen Regierungszeit Saids Machtbasis. Aber in Yıldız existierte auch eine eigene Presseabteilung, ein Amt für auswärtige Politik und Abdülhamits persönliches Finanzsekretariat, das von Hakop Zarifi geleitet wurde. Die finsterste Institution in Yıldız war die Hafiye (Geheimpolizei), die rund zwanzig Jahre lang von einem tscherkessischen Günstling des Sultans Ahmet Celâlet-tim, beherrscht wurde. Der Hafiye zugeordnet waren Hunderte von Spitzeln (Curnalcı), die dafür bezahlt wurden, daß sie den Sultan mit hübschen kleinen Stimmungsberichten nicht nur aus seiner Hauptstadt, sondern ebenso aus fernen Städten und Dörfern versorgten. Araber aus Syrien und Tripolitanien – die meisten von ihnen einflußreiche Angehörige der Ulema – fanden ihren Platz in der Hafiye, neben Spionen aus dem Kapalı Çarşı, dem großen ‹Gedeckten Basar› Stambuls. Viele Berichte wurden erfunden, viele weitere konnten gar nicht verifiziert werden, aber Abdülhamit las sie alle sorgfältig. Die Auswirkung der Meldungen dieser überbesetzten Geheimpolizei auf den Sultan war verhängnisvoll; die Informationsfetzen verstärkten seine Paranoia und den Eindruck, hintergangen zu werden. Für den Rest seiner Regierungszeit blieb Abdülhamit vom Schreckgespenst einer stets bevorstehenden Ermordung beherrscht. In Yıldız empfangene Gäste berichteten, daß der Sultan nicht nur Vorkoster beschäftigte, die die Speisen prüften, ehe sie seine Lippen berühren durften, sondern auch einen Vorraucher, der den ersten Zug einzog für den Fall, daß jemand seine Zigaretten vergiftet hatte.[30]

Der dunkle Verdacht auf Verrat, der Abdülhamits brütenden Geist so oft belastete, wandte sich ebenso gegen ausländische Botschafter und Politiker wie gegen osmanische Minister und Bürokraten. So fiel Layard bald in Ungnade, trotz seiner turkophilen Begeisterung. Berichte aus Berlin und den anderen europäischen Hauptstädten überzeugten den Sultan von britischer Treulosigkeit. Kurz vor der Eröffnung des Kongresses berichtete die Zeitung *The Globe* in London über ein englisch-russisches Protokoll, das vorsah, daß die Russen Kars und Batum behalten, die Stadt Bayazıt jedoch zurückgeben und die Spaltung Großbulgariens in zwei Provinzen zulassen sollten. Außerdem sei man sich in der geheimen Abmachung einig, daß, da Großbritannien besondere Interessen in Griechenland habe, die Großmächte miteinander über die Zukunft von Epirus, Thessalien ‹und anderen christlichen Provinzen unter der Herrschaft der Pforte› beraten sollten. Die Enthüllungen des *Globe* hatten ‹bedenkliche› Folgen für Großbritanniens Ansehen in Konstantinopel: ‹Es gibt nicht einen Türken oder Christen, der jetzt nicht überzeugt wäre, daß wir mit der Türkei und Europa falsches Spiel getrieben haben›, schrieb Layard in einem persönlichen Brief an seinen Vorgänger Elliot, ‹daß... wir die ganze Zeit mit Rußland und Österreich darin übereingestimmt hätten, daß das Türkische Reich zerstückelt werden sollte und wir unseren Teil an der Beute nehmen würden.›[31]

Die von den Enthüllungen des *Globe* geweckte Angst wurde bestätigt, als Nachrichten von den endgültigen Vertragsbedingungen Konstantinopel erreichten. Großbulgarien wurde tatsächlich aufgeteilt, und der Sultan mußte ein Fürstentum Bulgarien akzeptieren, das von der Donau bis zur Balkankette reichte, sowie eine Provinz Ostrumelien, die, obwohl unter osmanischer Oberherrschaft, einen christlichen Gouverneur und eine eigene Verwaltung bekommen sollte. Bayazıt und das Tal des Eleskirt sollten wieder an den Sultan fallen, ebenso Makedonien südlich von Niš. Bosnien und Herzegowina blieben osmanische Provinzen, sollten aber von Truppen Österreich-Ungarns besetzt und durch in Wien ernannte Zivilbeamte verwaltet werden. An der Meerengen-Konvention wurde nichts geändert, die osmanische Regierung verpflichtete sich jedoch, Reformen in den verbleibenden armenischen Provinzen durchzuführen, und bestätigte abermals die Religionsfreiheit im ganzen Reich. Montenegro vergrößerte sich damit auf mehr als das Doppelte, während Serbien Niš übernahm sowie einige Gebiete, die in San Stefano Bulgarien zugeschlagen worden waren. Nur die Bestimmungen über Griechenland waren weniger weitreichend, als Abdülhamit nach den Veröffentlichungen des *Globe* befürchtet hatte. Die britische Unterstützung der Regierung in Athen war nur halbherzig; Disraeli äußerte auf dem Kongreß sogar, daß weitere Veränderungen der politischen Landkarte auf dem Balkan nicht klug wären, nachdem das Osmanische Reich so viele Gebiete verloren hätte.[32] Der Sultan wurde jedoch aufgefordert, Gespräche mit den Griechen über Grenzkorrekturen in Thessalien zu führen; es wurde ihm mitgeteilt, daß, wenn die beiden Regierungen nicht in der Lage seien, eine neue Grenze festzulegen, die Großmächte sich dieses Problems annehmen würden. 1881 räumten die Truppen des Sultans schließlich das nördliche Thessalien bis zum Fluß Pinios und dem Arta-Bezirk im südlichen Epirus, aber griechische Ansprüche auf Nordepirus und Makedonien lehnte die Pforte ab. Arta, Larissa und Trikkala wurden griechisch: Ioánnina und der historische Hafen von Saloniki (Thessaloniki) blieben in osmanischer Hand.

Abdülhamits Hoffnung, daß der Kongreß die Entschädigungszahlungen kürzen würde, erfüllte sich nicht. Aber sie stellten ein weniger großes Problem dar, als er gefürchtet hatte, denn im Vertrag von Berlin war gar nicht die Rede von den Kriegsschulden; diese Angelegenheit blieb bilateralen Verhandlungen überlassen. Die Russen forderten rund 32 Millionen Pfund, aber im privaten Gespräch gab der Botschafter des Zaren Salisbury gegenüber zu, daß man die Zahlung einer solchen Summe für unmöglich halte. Nach vierjährigen Gesprächen voller Ausflüchte verpflichtete sich die Pforte, Rußland jährlich 320000 Pfund zu zahlen – bis zum Jahre 1982; der Zar war dafür bereit, auf alle Zinsforderungen zu verzichten. Er wußte sehr gut, daß unter einem chronischen Bankrott des Osmanischen Reichs die eigene Wirtschaft leiden würde; so versuchte Rußland selten, den türkischen Nachbarn zu dieser jährlichen Zahlung zu zwingen. Um der Pforte zu helfen, Ordnung in die Finanzen zu bringen, wurde in Berlin verabredet, daß die in die Unabhängigkeit entlassenen Gebiete des Reichs jeweils einen Anteil der osmanischen Staatsschulden übernehmen sollten. Zugleich empfahl der Kongreß der Pforte die Einberufung einer internationalen Kommission von Finanzexperten; sie sollten die Interessen der Besitzer von osmanischen Staatsaktien wahrnehmen.

Aus Unmut über die ausländische Einmischung leistete Abdülhamit so lange wie möglich Widerstand gegen die Bildung dieser internationalen Kommission. Es gab einen Augenblick auf dem Kongreß, in dem Rußland so weit ging, die völlige Überwachung der osmanischen Finanzen durch europäische Staaten vorzuschlagen, unterstützt durch eine gemeinsame militärische Besetzung des Reichs, bis die Wirtschaft auf ein gesundes Fundament gestellt worden wäre; eine ähnliche Lösung hatte einige Monate zuvor der neunzigjährige Stratford de Redcliffe bereits vorgeschlagen, allerdings nur als letzten Ausweg und zeitlich streng begrenzt.[33] Der Gedanke, Finanzkontrolle und militärische Besetzung miteinander zu verbinden, wurde von den anderen Kongreßabgeordneten mit einem aus der Erfahrung stammenden Zynismus aufgenommen: Wenn fremde Truppen erst einmal Stützpunkte errichtet hätten, wann würden sie sich dann wieder zurückziehen? Der Vorschlag verschwand schnell vom Tisch. Aber für Abdülhamit unterstrich dieser abscheuliche Gedanke den Ernst seiner finanziellen Krise. Als er die Regierung übernahm, war er entschlossen gewesen, weitere ausländische Anleihen zu vermeiden. Seine Erfahrungen im Winter 1877/78 bestätigten die Weisheit dieses Vorsatzes, denn die Bonität des osmanischen Schatzamtes war so gering, daß kriegsbedingte Notkredite in London und Paris nicht mehr als drei Fünftel der Vertragssumme erbrachten; zwei Fünftel verschlangen Abzüge und Zinsen. Die Gehälter der Beamten waren rund vier Jahre im Rückstand, und die Preise stiegen Woche um Woche; der Sultan wußte, daß in der Hauptstadt, die immer noch voll von bedürftigen Flüchtlingen war, Unruhen drohten. Eine Finanzreform zählte zu seinen Prioritäten.

Glücklicherweise besaß Abdülhamit in seinem armenischen Bankier Zarifi einen guten Berater. Ein kaiserlicher Erlaß rief im November 1879 eine Kommission von Bankiers aus Galata ein, die zusammen mit Vertretern der Ottomanischen Bank helfen sollten, die Staatsschulden abzuzahlen. Gleichzeitig wurde das Finanzministerium reorganisiert; es übernahm die Verantwortung für das gesamte Reich und koordinierte die Erhebung von Steuern in allen Provinzen. Die Tanzimat-Reformen hatten die Bürokratie kopflastig werden lassen – zu viele Ministerien in der Hauptstadt beschäftigten zu viele Beamte. Sparsamkeit wurde den Ministerien des Inneren und des Äußeren gepredigt und gelegentlich aufgezwungen; eine Ertragssteuer wurde eingeführt und theoretisch im ganzen Reich erhoben und eine Finanzreformkommission geschaffen, um die Budgets aller staatlichen Ämter zu überprüfen und zu beschneiden, wobei allerdings oft ‹besondere Interessen› geltend gemacht wurden, was die Wirksamkeit dieser Einrichtung verminderte. Berichte von Reisenden, gestützt von den vorsichtigen Kommentaren der Handelsattachés und Konsuln, legen die Vermutung nahe, daß hinter der eindrucksvollen Fassade die Korruption blühte. Aber die gute Absicht war vorhanden.

Wenn diese Maßnahmen ausländische Botschafter auch von Abdülhamits Aufrichtigkeit überzeugten, so wurde doch bald klar, daß größere Anstrengungen nötig waren, um den Rückfall in jene Mißwirtschaft zu verhindern, wie sie vor Großwesir Nedims Eingeständnis des Staatsbankrotts geherrscht hatte. Schließlich akzeptierte der Sultan im Dezember 1881 die langfristige Überwachung der osmanischen Finanzen durch europäische Bankiers. Der ‹Muharrem-Erlaß› schuf die ‹Osmanische Staatsschuldkommission›, eine Einrichtung, die faktisch zu einem gesonderten Finanzministerium heranwuchs, geleitet von einem internationalen Direktorium aus Franzosen, Holländern, Briten, Italienern, Deutschen, Österreich-Ungarn und Osmanen. Sie beschäftigte rund hundert ausländische Fachleute und 5000 Angestellte. Auf lange Sicht steigerten diese Veränderungen die Staatseinnahmen während Abdülhamits Regierungszeit um 43 Prozent; die Gefahr eines staatlichen Bankrotts verringerte sich, obwohl ein jährliches Haushaltsdefizit blieb. Die Redlichkeit der Osmanischen Staatsschuldkommission machte es Abdülhamit in späteren Jahren möglich, europäische Investoren anzuziehen, wodurch die Wirtschaft seines Reiches insgesamt angeregt wurde. Die französischen Interessen blieben bedeutend, die Briten zogen sich um die Jahrhundertwende aus vielen Beteiligungen zurück, und Deutschland avancierte zum größten Investor in Anatolien.[34]

Diese Entwicklung schien nach dem Krieg gegen Rußland noch unwahrscheinlich. Das Deutschland Bismarcks richtete sich ganz nach dem Kanzler und zeigte einstweilen wenig Interesse am Osmanischen Reich; Abdülhamits flehenden Delegierten, die mit dem Fez in der Hand zum Kongreß kamen, ging es in Berlin schlecht. Der endgültige russisch-osmanische Friedensvertrag vom Februar 1879 bestätigte Abdülhamit den Verlust von rund zwei Fünfteln seines Reiches und einem Fünftel seiner Untertanen. In Berlin schied das Osmanische Reich aus dem Kreis der europäischen Großmächte aus, in den es nach dem Ende des Krimkriegs aufgestiegen war, obwohl sich die osmanischen Provinzen auf der Balkaninsel immer noch von Edirne bis zum albanischen Vilâyet Skutari an der Adria erstreckten. Aber das Sultanat umfaßte weiterhin ein riesiges multinationales Reich, auch wenn sich 1879 viele Bindungen lockerten. Abdülhamit blieb oberster Herrscher über Syrien, Mesopotamien, Arabien, Ägypten und den Maghreb bis zur algerischen Grenze, und obwohl am Kaukasus die Grenze zurückverlegt worden war, war er immer noch Herr über fünf Vilâyets in Armenien und Kurdistan sowie über das Gebiet, das die Geographen ‹Kleinasien› nannten. Außerdem war er sich mehr als seine direkten Vorgänger seiner moralischen Autorität als Kalif bewußt. Die Niederlage, die ihm die Russen beigebracht hatten, stellte Abdülhamit vor die Notwendigkeit, eine neue Auffassung von seinem Imperium zu entwickeln, und er nahm die Herausforderung an. Es war offensichtlich, daß der Sultan von den Hängen von Yıldız aus weiter nach Asien hinein blicken konnte als von den Palästen unten an der Küste.

KAPITEL 11
Das Reich Abdülhamits II.

In den ersten zehn Jahren seiner Regierung mußte Abdülhamit II. die ständige Verringerung der osmanischen Macht und ihres Ansehens in Europa hinnehmen. Auf die Demütigungen von San Stefano und Berlin folgte 1880 die erzwungene Übergabe von Ulcinj und einigen Meilen adriatischen Küstengebiets an Montenegro, ein Jahr später schließlich die Abtretung Thessaliens und des Bezirks Arta in Epirus an Griechenland. Ein im April 1879 unterzeichnetes Abkommen mit Österreich-Ungarn bestätigte noch einmal, daß Bosnien und Herzogowina osmanische Provinzen waren, die nur vorübergehend der Verwaltung durch das österreichisch-ungarische Finanzministerium unterstanden. Aber es war ein harter Schlag für den osmanischen Stolz, daß 1881 junge Männer in Bosnien und Herzegowina zu Franz Josephs Armee eingezogen wurden, als wären sie bereits österreichische Untertanen. Die Errichtung einer islamischen juristischen Fakultät der Scharia in Sarajevo, aus Mitteln der Habsburger bezahlt und mit einem schönen Säulenvorbau geschmückt, freute sicher den Kalifen Abdülhamit mehr als den Sultan Abdülhamit. Die habsburgisch-osmanischen Beziehungen blieben nach 1878 kühl und korrekt: Wien und Budapest bestanden darauf, alle möglichen Handelskonzessionen zu nutzen, während der Sultan auf höhere Einnahmen aus österreichischen Eisenbahnprojekten hoffte. Der Sandschak von Novi Pazar, jener strategisch wichtige Keil, der Serbien von Montenegro trennte, blieb unter osmanischer Herrschaft, aber in der überwiegenden Zeit von Abdülhamits Regierung hatte das österreichisch-ungarische XV. Armeekorps Garnisonen in vier der wenigen Städte dieses Sandschaks.

Auch das Gespenst eines ‹Großbulgarien› zu bannen wurde

immer schwieriger. Ostrumelien, die auf dem Berliner Kongreß ersonnene autonome osmanische Provinz, erwies sich als nicht lebensfähiges Gebilde. Zwar brachte die Provinz dem Sultan regelmäßige Einnahmen, aber die miserable Politik des von ihm eingesetzten Gouverneurs – eines griechisch-orthodoxen Bürokraten von Samos – verstärkte panbulgarische Gefühle und provozierte im September 1885 eine Erhebung in Plovdiv. Deren Anführer, Stefan Stambulow, erklärte Ostrumelien für nunmehr mit Bulgarien vereint. Während der folgenden anderthalb Jahre zeigten die osmanischen Behörden Zurückhaltung und Besonnenheit, nicht zuletzt, weil Abdülhamit jedem weiteren Vorwurf von ‹Massakern› an Bulgaren aus dem Weg gehen wollte. Er begrüßte eine Botschafterkonferenz in seiner Hauptstadt, mußte aber im April 1886 feststellen, daß für die Rückgabe einer Handvoll muslimischer Dörfer im Rhodopegebiet die Botschafter von ihm einen Ferman forderten, in dem er die Vereinigung der ‹zwei Bulgarien› zu einem einzigen tributpflichtigen Fürstentum bestätigte. Theoretisch blieb Bulgarien bis zum Oktober 1908 unter Abdülhamits Oberhoheit. Und Prinz Ferdinand von Sachsen-Coburg sorgte nach seiner Thronbesteigung im Juli 1887 dafür, daß der jährliche Tribut regelmäßig von Sofia an Konstantinopel gezahlt wurde. Aber das nationale Streben Bulgariens richtete sich noch immer auf einen Zugang zur Ägäis. Tatsächlich war von 1885 an Bulgarien für den osmanischen Herrn genauso verloren wie Serbien und Rumänien.[1]

In den frühen achtziger Jahren zog Abdülhamit kurz die Möglichkeit in Betracht, den Niedergang der Macht des Reichs auf dem Balkan dadurch auszugleichen, daß er die osmanische Autorität in Ägypten wiederherstellte. Einige Jahre zuvor wäre allein der Gedanke an eine solche Umkehrung der Geschichte nicht in Frage gekommen; bei mindestens zwei Gelegenheiten hatte es so ausgesehen, als ob Kairo jede Verbindung zu Konstantinopel abbrechen und Ägyptens völlige Unabhängigkeit erklären wollte. Während der ausgedehnten Feierlichkeiten zur Eröffnung des Suezkanals im November 1869 war es Ismail gewesen, der Herrscher über Ägypten, und nicht

nicht der Sultan, sein Herr, der die Kaiserin der Franzosen, den Kaiser von Österreich, den Kronprinzen von Preußen und die Prinzen von Oranien und Hessen zu Gast gehabt hatte. Kaiserin Eugénie, Franz Joseph und die anderen ausländischen Hoheiten und Würdenträger mochten dem Sultan, damals Abdülaziz, in Konstantinopel einen Höflichkeitsbesuch abstatten, wie es auch der Prinz und die Prinzessin von Wales einige Monate vorher getan hatten, aber im Nildelta war Ismail der Erbe der Pharaonen. Um seine Gäste zu beeindrucken, sorgte er dafür, daß Kairo ein Opernhaus bekam, und gab die Oper *Aida* bei Verdi in Auftrag (die zwei Jahre später aufgeführt wurde). Stolz versicherte Ismail einmal einem bedeutenden ausländischen Bankier: ‹Mein Land liegt nicht mehr in Afrika, sondern in Europa.›[2]

Zweifellos beschleunigte der in Frankreich erzogene Ismail, der 1863 seinem Onkel Said als Vizekönig auf den Thron gefolgt war, die Verwestlichung des Landes, indem er Ägypten von der Türkei löste. Er nutzte den Reichtum aus dem expandierenden Baumwollhandel, um im Ausland Anleihen aufzunehmen, und bis zur europäischen Finanzkrise 1873 blühte Ägyptens Wirtschaft auf und zog Gewinn aus dem ordentlichen Eisenbahnsystem und dem sehr einträglichen Suezkanal, dessen größter Einzelaktionär Ismail war. Im Frühling 1866 schloß Ismail das erste von zwei Geschäften mit seinem osmanischen Oberherrn ab: Er verdoppelte den von Ägypten zu zahlenden Tribut im Austausch dafür, daß er als Khedive anerkannt wurde mit dem Recht, die ägyptische Armee zu vergrößern, eigene Münzen zu prägen und kraft eigener Macht Titel und Orden zu vergeben. Nach einem Staatsbesuch in Konstantinopel, bei dem er freigebig Bestechungsgelder an Sultan Abdülaziz und an einflußreiche Höflinge zahlte, beschaffte sich der Khedive noch großzügigere Konzessionen: Ein im Juni 1873 erlassener Ferman gab dem ägyptischen Herrscher faktisch Autonomie in den Finanzen und bei der Verwaltung. Bisher waren ihm nur Kredite mit kurzer Laufzeit gestattet gewesen; jetzt konnte er sich um Langzeitkredite bei ausländischen Banken bemühen.

Doch das dem Sultan entlockte Zugeständnis kam zu spät. Vier Wochen zuvor hatte der Wiener Börsenkrach das Vertrauen europäischer Bankiers erschüttert. Die Kreditquellen versiegten, und innerhalb von zwei Jahren war Ismail nicht mehr in der Lage, die hohen Zinsen für seine Anleihen mit kurzen Laufzeiten zu bezahlen. Seine Suezkanal-Aktien gingen an die britische Regierung über, dank der Initiative Disraelis und des Kapitals der Rothschilds. Britische und französische Experten versuchten die ägyptische Wirtschaft zu retten; sie erlangten größere Kontrolle über die staatlichen Mittel, als die Osmanen je gehabt hatten. Hastig versuchte Ismail sich bei den osmanischen Beamten einzuschmeicheln: 1877 kämpften rund 30000 ägyptische Soldaten für den Sultan gegen die Russen. Aber die beiden Bevollmächtigten – die britisch-französischen Kontrolleure der ägyptischen Finanzen – befahlen drastische Einsparungen bei der Armee des Khediven. Sie hielten – obwohl man ihnen da kaum zustimmen kann – Ismail für einen ebenso sorglosen Verschwender wie Abdülaziz und unternahmen Schritte, ihn von seinem Thron zu vertreiben. Verzweifelt wandte sich Ismail an Abdülhamit: Eine Absetzung durch Fremde in Kairo sei ein unheilvoller Präzedenzfall für Konstantinopel, meinte er.

Der Sultan war wenig beeindruckt. Ihm machte es gar nichts aus, den unerschütterlichen Verfechter der ägyptischen Unabhängigkeit in die Verbannung gehen zu sehen. Am 26. Juni 1879 befahl er mit britischer und französischer Rückendeckung Ismails Absetzung. Zum Herrn über Ägypten berief er Ismails siebenundzwanzigjährigen Sohn Taufik auf den Thron. Zugleich setzte Abdülhamit eine Obergrenze von 18000 Mann für die Armee des Khediven durch und hob den Ferman vom Juni 1873 auf, womit die ägyptische Autonomie wieder wirkungsvoll eingeschränkt wurde.

Das war jedoch nicht das, was die zwei Bevollmächtigten gewollt hatten. In diesem Punkt hatte der Sultan sie mißverstanden. Sie erwarteten zwar von ihm, daß er Ismail absetzte und die Armee verkleinerte, aber Taufik sollte *ihre* Marionette sein, nicht die von Abdülhamit. Die Botschafter in Konstantinopel übten Druck aus, und zwei Monate später veröffentlichte der Sultan eine revidierte Fassung des Absetzungs-Fermans: der Khedive Taufik bekam die gleichen Rechte wie sein Vater, vorausgesetzt, er zahlte den jährlichen Tribut an den Sultan und hielt seine Armee in den vereinbarten Grenzen. Diese Beschränkung verstärkte die ägyptische Krise jedoch nur. Welche Offiziere sollten ihren Beruf weiter ausüben dürfen: die Arabisch sprechenden Ägypter oder die türkischen Tscherkessen, die bisher immer in die höheren Dienstränge befördert worden waren? Während der folgenden zwei Jahre drohte ein fremdenfeindlicher Arabisch sprechender Interessenverband junger Offiziere immer wieder mit Aufruhr in Kairo und Alexandria. Ihr Führer war Oberstleutnant Ahmed Urabi, der in Westeuropa als ‹Arabi Pascha› bekannt wurde.

Abdülhamit glaubte, er könne mit Urabi so geschickt fertig werden wie mit Midhat. Er war bereit, die Meuterer Urabis zu benutzen, um die Autorität des Khediven zu untergraben und in Ägypten eine solche Anarchie zu verbreiten, daß die zwei Bevollmächtigten die Direktherrschaft der Osmanen begrüßen würden. Die Politik des Sultans war deshalb sehr gewunden. Während der Großwesir und andere Mitglieder des Diwan die britische Initiative begrüßten, die im Juni 1881 zu einer weiteren Botschafter-Konferenz in Konstantinopel führte, lehnte Abdülhamit eine osmanische Teilnahme an den Gesprächen ab und wies beharrlich alle Forderungen nach der Entsendung einer osmanischen Expeditionsstreitmacht nach Ägypten von sich. Statt dessen ließ er Urabi nach Konstantinopel kommen und schickte gleichzeitig einen persönlichen Gesandten zu Gesprächen mit Taufik nach Kairo. Zur selben Zeit beschaffte er sich von den Botschaftern eine eigentümlich vage Zusicherung, daß ausländische Truppen nicht in Ägypten intervenieren würden – ‹außer im Fall unvorhergesehener Umstände›.[3]

Zunächst spielte der Lauf der Ereignisse Abdülhamit in die Hände. Unruhen in Alexandria – die mit großer Wahrscheinlichkeit spontan ausgebrochen waren – führten zu Plünderungen und zur Ermordung von rund fünfzig Christen. Britische Kriegsschiffe beschossen daraufhin die Stadt. Einige Wochen

später sicherten ihre Kanonen die Landung einer Expeditions-
streitmacht unter dem Kommando von Sir Garnet Wolseley.
Am 13. September 1881 vernichtete Wolseley Urabis Armee
bei Tell el-Kebir. Der Sultan protestierte gegen die britische
Handlungsweise mit zwei Begründungen: Der Einmarsch in
Ägypten verletzte die osmanische Souveränität, und die Intervention diskreditierte die Versuche zu einer Versöhnung, die
er als osmanischer Kaiser förderte. Die Versicherungen der
Briten, daß ihre militärische Präsenz in Ägypten – wie die
Österreich-Ungarns in Novi Pazar – nur vorübergehend sei,
besänftigten ihn nicht vollständig.

Abdülhamits Bestreben, die direkte osmanische Autorität in
Kairo und Alexandria wieder geltend zu machen, schien zumindest auf dem Papier dem Erfolg nahe zu sein. Mehrere
aufeinanderfolgende britische Premierminister hatten tatsächlich die Absicht, sich so bald wie möglich aus Ägypten zurückzuziehen. Die fortdauernde militärische Besetzung wurde in
erster Linie durch die Notwendigkeit hervorgerufen, den Mah-
di-Aufstand im Sudan zu unterdrücken und damit sowohl die
fruchtbaren Gebiete in Ägypten als auch die Häfen am Roten
Meer zu schützen. Aber der Entschluß, in Ägypten zu bleiben,
war auch die indirekte Folge einer unerwarteten Wende in der
osmanischen Politik. Bis 1887 und vielleicht sogar noch bis
1894 suchten die Briten eine Verständigung mit dem Sultan:
Ägypten sollte von der Pforte durch einen Vizekönig und
Khediven regiert werden, und zwar mit Garantien für ausländische Aktionäre und für die ungehinderte Benutzung des Suezkanals. Im Falle internationaler Bürgschaften für Ägyptens
Neutralität würden sich die britischen Truppen zurückziehen.
Sir Henry Drummond Wolff wurde mit Sonderauftrag nach
Konstantinopel geschickt: Er sollte den Sultan überreden, die
Regierungskontrolle über Ägypten zu teilen. Eine vorläufige
Vereinbarung war schnell unterzeichnet. Ihr folgte im Mai 1887
ein offizielles englisch-türkisches Abkommen: Großbritannien
sollte Vorzugsrechte in einem osmanisierten Ägypten bekom-
men, das innerhalb von drei Jahren frei von militärischer
Besetzung sein würde. Acht Wochen lang wartete Drummond

Wolff in Konstantinopel, während Abdülhamit noch einmal – und ein zweites und ein drittes Mal – über den Vertrag nachdachte. Die Franzosen stießen sich an dem britischen Sonderstatus in Ägypten, und der französische Botschafter wurde von seinem russischen Kollegen unterstützt. Es wurde sogar mit Krieg gedroht für den Fall, daß die Abmachung unterzeichnet würde. Die starken Worte der Botschafter sollten den nervenschwachen Sultan verzagen lassen – und er nahm sie ernst. Abdülhamit fiel es nicht schwer, sich einzureden, daß ihn die Briten verführen wollten, ihnen Ägypten zu überlassen. Die dünne Luft der Isolierung im Yıldız-Köşk machte ihn sehr empfänglich für die mystischen Enthüllungen von Abdul Hauda al-Sayyadi, einem Visionär aus Aleppo, der die Weltpolitik völlig anders sah als die Minister und Beamten des Sultans fünf Kilometer entfernt bei der Hohen Pforte.[4]

Schließlich weigerte sich Abdülhamit, den Vertrag zu ratifizieren. Der Augenblick schien ihm nicht günstig zu sein. Die Unschlüssigkeit des Sultans – oder, wie viele glaubten, sein großzügig geschmierter syrischer Wahrsager – machten es möglich, daß ihm Ägypten entglitt. Von 1887 bis 1914 residierte in Kairo ein osmanischer Hochkommissar, und jedes Jahr flossen rund 665 000 Pfund Sterling Tribut (etwa vier Prozent der Staatseinkünfte) an das osmanische Schatzamt. Doch obwohl mit Lippenbekenntnissen die Oberhoheit des Sultans anerkannt wurde, solange die Welt Frieden hielt, war Ägypten von 1883 bis 1922 genauso fest in das britische Empire eingebunden wie ein indisches Fürstentum. Abdülhamit hatte nichts davon, daß er das Abkommen nicht unterzeichnet hatte, denn spätere britische Regierungen berücksichtigten die türkischen Empfindlichkeiten nicht mehr. Und in den strategischen Planungen in Whitehall sollte die Bedeutung des Suezkanals die der Meerengen bald übertreffen. ‹Kairo ist für Europa... das Tor zu Asien und zu Australien›, erklärte ein Beamter des Außenministeriums seinen Kollegen vom Schatzamt im November 1898 geduldig. ‹Neuere Ereignisse haben es außerdem zum Tor zu einem großen Teil Afrikas gemacht›, setzte er hinzu.[5]

Zweimal versuchte Abdülhamit seinen politischen Fehler zu

korrigieren, aber er bemühte sich vergebens, dieses strategisch wichtige Tor wieder in seine Gewalt zu bekommen. Im August 1894 erkundigte sich ein Botschafter bei der liberalen Regierung Lord Roseberys nach der Möglichkeit einer revidierten Drummond-Wolff-Konvention, und anderthalb Jahre später versuchte der Sultan beharrlich, Salisbury zu überreden, wieder Gespräche über Ägypten aufzunehmen, trotz der Weigerung des Außenministeriums und der Botschaft in Pera. Übrigens zog der Sultan Salisbury und die Konservativen den Liberalen vor, unter denen der große Gladstone sich bis zum Herbst 1896 (als er im 87. Lebensjahr stand) noch immer für die Rechte der Christen unter osmanischer Herrschaft einsetzte. Dabei verhehlte Lord Salisbury nie, daß er kein Vertrauen zum osmanischen Überlebenswillen hatte. Die anderen Staatsmänner seiner Generation übrigens ebensowenig. Alle schienen darauf erpicht, die ‹reife Frucht› zu pflücken, wie Bismarck es ausdrückte. Die Franzosen, die sich auf dem Höhepunkt der Ägyptenkrise die ‹Birne› Tunesien angeeignet hatten, zeigten weiterhin Interesse an Syrien. Obwohl die offizielle Politik des Zaren weniger panslawistisch angelegt war als in den siebziger Jahren, stellten die Russen im Kaukasus nach wie vor eine Bedrohung dar, ebenso wie die österreichischen Handelsunternehmungen auf dem westlichen Balkan. Selbst die Italiener, die begehrliche Blicke auf Tunesien geworfen hatten, bevor die Franzosen dort ihr Protektorat errichteten, hatten Interesse an Tripolitanien und den Inseln des Dodekanes. Nur die Deutschen zeigten keine Neigung, vorab Forderungen auf osmanische Beute zu umreißen, und so unterhielt Abdülhamit zu den Deutschen die engsten Beziehungen.

‹Das neue, das deutsche Element in der Orientpolitik verdient unsere ganze Aufmerksamkeit›, hatte Layard 1877, bald nach seiner Ankunft in Konstantinopel, an Disraeli geschrieben.[6] Diese Warnung war zu diesem Zeitpunkt kaum mehr als eine scharfsinnige Vermutung. Obwohl preußische Offiziere seit den späten Jahren Mahmuts II. immer wieder für kurze Zeit in der osmanischen Armee Dienst getan hatten, bestanden in der Bismarck-Ära nur selten engere Kontakte zwischen Konstantinopel und Berlin; das schon 1842 eingerichtete preußische Konsulat in Jerusalem war oft aktiver als die Botschaft, wenn es die religiösen Rechte der Protestanten schützte und die von urprotestantischen Sekten gegründeten landwirtschaftlichen Siedlungen in Palästina förderte. Selbst nachdem Wilhelm von Pressel 1872 seinen Gesamtplan eines anatolischen Eisenbahnnetzes vorgelegt hatte, war wenig unternommen worden, um Unterstützung für dieses Unternehmen in seinem Heimatland zu gewinnen.[7] Deutsche Geldinstitute schienen sich vor einer Expansion zu hüten. Die einflußreiche Deutsche Bank war zwar bereit, sich im September 1888 der Württembergischen Vereinsbank anzuschließen und für eine anatolische Eisenbahnlinie Geld zuzusagen, besaß aber am Ende der Regierung Abdülhamits noch immer keine einzige Niederlassung im Reiche des Sultans. Und als 1899 endlich eine erste deutsche Bank im Osmanischen Reich eröffnet wurde, handelte es sich um eine regionale Institution, die Deutsche Palästinabank, mit Zweigstellen von Damaskus bis Gaza. Sieben weitere Jahre vergingen, bevor eine Deutsche Orientbank die deutschen Interessen in der Levante und Ägypten zu unterstützen begann.

Wenn die Untertanen des Sultans überhaupt an Deutschland dachten, dann eher an die Militärmacht als an einen Kapitalgeber. Bankiers kamen immer aus Paris, London oder Wien. Moltke, der berühmteste preußische Offizier, der Sultan Mahmut gedient hatte, verachtete die Türken noch in seinen späteren Jahren als Chef des deutschen Generalstabs. Und als 1882 Abdülhamit einen neuen Stab von militärischen Beratern suchte, betraute Moltke einen obskuren Stabsoffizier, General Otto Kähler, mit dieser Aufgabe. Als Kähler zwei Jahre nach seiner Ankunft in Konstantinopel starb, hatte er sich als erstklassiger Vertreter der Firma Krupp in Essen erwiesen. Oberst Colmar von der Goltz, Kählers Vertreter und Nachfolger, unterrichtete die Armee des Sultans über die drei ‹Bismarckschen Kriege› und gewann europaweite Berühmtheit – und einen Marschallstab. Hunderte von schweren Kanonen und

Feldgeschützen wurden von Hamburg aus ans Goldene Horn verschifft: Goltz sorgte dafür, daß moderne Artillerie die Dardanellen verteidigen konnte, während Krupps Spezialisten die alten Befestigungen an der Çatalca-Linie westlich der Hauptstadt auf den neuesten Stand der Technik brachten. Goltzens Memoiren zeigen, daß er Abdülhamit selbst verachtete; er fand ihn höchst mißtrauisch gegenüber ausländischem Einfluß in der Kriegsakademie und so voller Angst vor einem Anschlag, daß er Schießübungen mit dem Revolver in der Hauptstadt einschränkte. Wie andere Beobachter bemerkte auch Goltz, daß der Sultan Yıldız im Lauf der Jahre immer seltener verließ. Seine Arbeit in der Türkei blieb frustrierend. Der Versuch, einen funktionierenden Generalstab aufzubauen, wurde durch Rivalitäten innerhalb des osmanischen Oberkommandos behindert, aber wenigstens konnte Goltz den Sultan veranlassen, die militärische Struktur zu reorganisieren und damit die Mobilisierung sowie die Befehlsübermittlung vom Oberkommando an die Kampfverbände und an ferne Garnisonen zu beschleunigen.[8]

Mit bemerkenswerter Geduld begegnete Goltz, ein geistreicher Mann aus gebildeter Familie, den Einwänden der Ulema und überredete Abdülhamit, ausgewählte Offiziere zur weiteren Ausbildung nach Potsdam zu schicken. Schon in den späten Jahren Mahmuts II. hatten einige türkische Kadetten ihre Ausbildung im englischen Woolwich erhalten, aber die von Goltz hergestellte deutsche Verbindung war besser durchorganisiert als das eher zufällige Experiment dieser Jahre und wurde bis zum Ersten Weltkrieg fortgeführt. Zwar befanden sich selten mehr als 20 Offiziere pro Jahr in Deutschland, aber manche wurden über längere Zeiträume abkommandiert. Als 1889 Kaiser Wilhelm II. dem Sultan den ersten von zwei demonstrativen Besuchen abstattete, erregte der militärische Einfluß Deutschlands lebhaftes Interesse in den Botschaften anderer Regierungen. Im Mai 1890 informierte ein nachrichtendienstliches Dossier aus Pera mit einiger Überraschung (und leichter Übertreibung) das Außenministerium in London davon, daß die meisten Gefechtseinheiten der türkischen Infanterie bereits mit Mauser-Gewehren von bester Qualität ausgerüstet seien.[9]

Die Rekrutierung ausländischer Experten bei der Modernisierung der Armee war natürlich ein altes Hilfsmittel, zu dem alle reformorientierten Sultane gegriffen hatten, von Abdülhamit I. über Selim III. bis hin zu Mahmut II. Aber Abdülhamit II. als einziger stellte eine neu geschaffene Kavallerietruppe nach einem Vorbild auf, das in vielerlei Hinsicht überholt war. Im März 1891 schuf er eine Reitertruppe, die an die Akıncı-Reiter des 17. Jahrhunderts erinnerte, oder an die Başibozuk, die ‹Baschi-Bosuks›, von deren Bestialität in allen westeuropäischen und amerikanischen Berichten über die Greuel in Bulgarien die Rede ist. Diese neuen Bataillone – Hamidiye genannt – rekrutierten sich aus nomadischen Kurden und den Turkvölkern Ostanatoliens. Stammeshäuptlinge, denen osmanische Offiziere als Inspekteure beigegeben waren, führten sie. Man nahm an, daß die Russen, die jederzeit aus ihren transkaukasischen Besitzungen nach Süden vorstoßen konnten, ihre natürlichen Feinde wären.[10]

Zunächst wurden die Hamidiye in 30 Regimentern von je 600 Mann organisiert, doch die Truppe vergrößerte sich schnell: am Ende des Jahrhunderts standen 60 Regimenter mit je 800 bis 1500 Mann. Auf den ersten Blick ähnelten sie den Kosakentruppen, die seit 200 Jahren im Dienste der Zaren gestanden hatten. Aber während die Kosaken schon eine Kampftruppe gewesen waren, bevor sie Soldaten des Zaren wurden, hatten die kurdischen und türkischen Stämme lange auch von der Straßenräuberei gelebt; ihre sechs oder sieben Häuptlinge hatten nur gelegentlich lockere Bündnisse geschlossen, vor allem um sich gegen Strafexpeditionen zu wehren. Alte Gewohnheiten sind zählebig, und die Umstände, unter denen die osmanischen Kommandeure vor Ort die ‹Stammes-Gendarmerie› des Sultans einsetzten, veranlaßten sie nicht, auf ihr überliefertes Verhalten zu verzichten, vor allem nicht in den Bergen um Erzurum. Diese Entwicklung rief Entsetzen unter den konsularischen Vertretern der Großmächte hervor und verstärkte die weitverbreitete Abneigung gegen

‹Abdul den Verdammten›. Wenn die Kurden ihre Waffen und ihre Organisation in Regimentern dazu benutzten, die armenischen Christen in Ostanatolien zu quälen, so war ihr Sultan und Kalif nicht geneigt, diesem blutigen Ausdruck von Fanatismus Einhalt zu gebieten. Die Kurden, militante Muslime, die der Verwestlichung des Tanzimat immer mißtraut hatten, dienten stolz in der Hamidiye, in der sie ihre nationale Identität durch ihren osmanischen Souverän anerkannt sahen. Tragischerweise hinterließ die Hamidiye – wie die ‹Blacks and Tans› in Irland – ein Erbe von rassistischem und religiösem Haß, der die Osmanen und ihre direkten Nachfolger überlebte.

Die Schaffung der Hamidiye war typisch für die Regierung Abdülhamits. Frühere Herrscher wollten das osmanische Reich nach westlichen Vorbildern reformieren; Abdülhamit versuchte, die Institutionen, die aus Europa importiert waren, zu islamisieren. Und er wurde zum Verfechter der arabischen Sache, die sie vernachlässigt hatten. Nie zuvor hatten Araber aus Libanon und Syrien in einer osmanischen Regierung solche Aufstiegschancen wie in der ersten Hälfte seiner Herrschaft. Sie bestärkten ihn in der Annahme, daß er als Kalif die Muslime schützen müsse, die unter britischer, französischer oder russischer Macht lebten, und er persönlich bestimmte und bestätigte religiöse Würdenträger, die auf der Krim oder auf Zypern, im tributpflichtigen Bulgarien, in Ägypten oder in dem von Österreich besetzten westlichen Balkan die geistliche Autorität ausüben sollten. Man könnte auch sagen, Abdülhamit hat die stürmischen panislamischen Gefühle erfolgreich gesteuert, die sich als Reaktion auf den westlichen Imperialismus über einen großen Teil Asiens und Nordafrikas ausbreiteten.

Abdülhamits Frömmigkeit war keine politische Pflichtübung. Im Gegensatz zu seinen letzten Vorgängern betonte er die Ernsthaftigkeit seines Glaubens und hielt die muslimischen Feiertage gewissenhaft ein, und er spendete Gelder aus seiner Privatschatulle, um Moscheen zu restaurieren, weitere muslimische Schulen zu errichten und die Mittel der Ulema zu vermehren. Seine Untertanen betrachteten ihn mit scheuem

Respekt, der von Ehrfürchtigkeit kaum zu unterscheiden war. Sir Charles Eliot, von 1893 bis 1898 Dritter Sekretär an der britischen Botschaft, beschrieb die Namaz-Gebete in der Yıldız-Moschee im 22. Jahr der Regierung Abdülhamits:

‹Lange vor dem Mittag beginnen am Freitag Soldaten und Zuschauer – unter ihnen viele türkische Frauen – den Raum zu füllen... Schließlich erschallt eine Trompete... Eine Viktoria mit geschlossenem Verdeck kommt langsam die steile Straße herab. Ein alter Mann in Uniform, Feldmarschall Omar Pascha, der Held von Plevna, sitzt mit dem Rücken den Pferden zugewandt und spricht in tiefer Ehrerbietung mit jemandem, den man unter dem Klappverdeck weniger gut sieht. Die Kutsche hält an einer Treppe, die zu dem privaten Eingang in die Moschee führt. Das Verdeck wird mit einem Mechanismus heruntergeklappt, und der, der darunter gesessen hat, steigt aus und schreitet die Stufen hinauf; in dem Augenblick tiefster Stille wendet er sich dann und grüßt die Menge. Er ist nicht so aufgetreten, wie der Chef einer Militärmacht auftreten sollte, auf einem tänzelnden Hengst oder voller Glanz und Gloria. Es ist keine Pracht in seiner Kleidung oder seiner Haltung, aber in dem Augenblick, den er allein da steht, senkt sich Feierlichkeit auf die Szene herab... und wir stehen im Angesicht des Geistes einer großen Nation und einer großen Religion in der Gestalt eines Mannes.›[11]

Das Interesse an den fundamentalen Lehren des Islam stärkte naturgemäß den autokratischen Charakter des Sultans. Dennoch gab es keine Konterrevolution gegen die Tanzimat-Rekonstruktion. Die Reformära dauerte fort, mit Verbesserungen im Schulwesen und dem Aufbau einer Landwirtschaftsbank, um auch dem am weitesten verbreiteten und am wenigsten fortschrittlichen Berufszweig die Kapitalaufnahme zu ermöglichen; mit mehr kommunaler Selbstverwaltung, dem Bau gepflasterter Straßen und einer Gasbeleuchtung in den Städten sowie der Vereinheitlichung der Verfahren im Strafrecht wie im Zivilrecht – obwohl der Sultan zu seinem großen Ärger die Sonderrechte für ausländische Einwohner durch die alten ‹Kapitulations›-Verträge nicht abschaffen konnte. In einer Hinsicht gelang dem Reich Abdülhamits II. der Anschluß an Europa: durch die Fertigstellung von Baron Hirschs Teilstück der Bahnverbindung nach Serbien. Am 12. August 1888 erreichte der erste durchgehende Zug aus Westeuropa Konstantinopel. Ab November war es einem Reisenden möglich, Paris an einem Mittwoch um 19.30 Uhr im Orientexpreß zu verlassen und nach einer Reise von 3000 Kilometern über München, Wien, Budapest und Belgrad am Sonnabendnachmittag um 17.35 Uhr an Stambuls ‹langgezogenem Schuppen in öder Wildnis› wieder aus demselben Waggon auszusteigen. Kurz darauf wurde der Kopfbahnhof Sirkeci gebaut, und die internationale Schlafwagengesellschaft eröffnete auf der anderen Seite des Goldenen Horns ein Luxushotel, das Pera Palace, in ‹absolut gesunder Lage, hoch am Hang, rundherum isoliert›. Natürlich erschlossen eine Bahnlinie und ein elegantes Hotel nicht die Küste des Bosporus für den Fremdenverkehr, aber sie vermehrten die Geschäftskontakte mit West- und Mitteleuropa, sei es zum Besseren, sei es zum Schlechteren. Der britische Botschafter glaubte, daß Abdülhamit persönlich der neuen Bahnverbindung feindselig gegenüberstünde. Die Ankunft des ersten Zuges aus dem Westen wurde schlichtweg nicht zur Kenntnis genommen: ‹Die türkischen Behörden hatten am Tag vorher alle Flaggen und anderen Zeichen der Freude entfernt, und kein osmanischer Beamter durfte an dem bedeutenden Ereignis teilnehmen›, berichtete der Botschafter.[12] Die Reaktionen des Sultans verwirrten ausländische Beobachter auch weiterhin, weil sie allzu bereitwillig annahmen, daß westliche Kleidung Osmanen auch westlich denken und handeln ließe.

Das Sultanat Abdülhamits war mehr denn je ein Reich der Widersprüche. Die Gaslaternen in Pera und Stambul beleuchteten für den Reisenden Bilder eines Lebens, das in seinem kulturellen Charakter und in den Farben zum Teil europäisch, zum Teil afrikanisch, aber vor allem überwältigend asiatisch anmutete. Manchen Außenstehenden wurde es beklommen bei dem Schauspiel; sie waren ebenso durch das beunruhigt, was ihnen verborgen blieb, wie durch das, was sich vor ihren Augen abspielte. Ein kluger und erfahrener britischer Diplomat, der 1893 nach zehnjähriger Abwesenheit nach Konstantinopel zurückkehrte, war entsetzt über die Entwicklung; das ‹ganze System› sei ‹verfault bis an die Wurzel›, schrieb er. Er klagte darüber, daß ‹die Männer, mit denen wir es zu tun haben›, das ‹Produkt einer auf der alten (türkischen) Schicht aufgepfropften, verderbten französischen Erziehung› seien, mit ‹der Leidenschaft für Spekulationen und Geldmachen›. Er sprach von den Yıldız-Festen ‹mit ihrem falschen Prunk und den fast auf allen vieren kriechenden Höflingen› und merkte dazu an: ‹(Aber) wir sehen den Palast nicht – die Scheichs und die Astrologen und die Intrigen und all die dunklen Worte und Taten.›[13] Trotz der zynischen Zweifel außenstehender Beobachter war diese Welt nicht ohne Frömmigkeit. Wenn etwa ein ausländischer Besucher sich in einem türkischen Bad (Hamam) zu entspannen wünschte, stellte er oft fest, daß es sich um eine religiöse Stiftung, ein Vakıf, handelte; die Tradition des Hamam implizierte Sauberkeit der Seele wie des Körpers. Noch ausdrücklicher war die Förderung der geheiligten Sprache des Heiligen Korans durch den Sultan. Klassisches Arabisch hätte offiziell gleichberechtigt neben dem osmanischen Türkisch stehen können, aber der Großwesir konnte Abdülhamit davon überzeugen, daß die Begünstigung auch des reinsten Arabisch Verstimmung in Stambul hervorrufen würde, wo sich ein engstirniges türkisches Nationalgefühl zu regen begann.

Das war ein wirksames Argument, denn Abdülhamit reagierte empfindlich auf die Stimmung seiner Völker. Nur ungern fuhr er noch durch die Straßen seiner Hauptstadt, weil er ständig Attentate fürchtete. Er war davon so besessen, daß er den Zeitungen seines Landes verbot, ihre Leser über die Ermordung eines ausländischen Herrschers oder Staatsmannes zu informieren. Es gab keinerlei Andeutungen, daß Zar Alexander II., Präsident Garfield, Präsident Sadi Carnot, Schah Nasir ed-Din oder Kaiserin Elisabeth gewaltsam zu Tode gekommen waren. Ein- oder zweimal die Woche wagte sich Abdülhamit aus dem Yıldız-Park heraus; gelegentlich fuhr er den Bosporus hinauf an die anatolische Küste, aber er zeigte keine Neigung, tiefer in sein Reich vorzudringen oder gar nach

Europa zu reisen. Auch wenn er vielleicht visionäre Vorstellungen von seiner kaiserlichen und geistlichen Autorität hatte, machte er sich ebenso zum Gefangenen seines Palastes wie in jenen Tagen der Papst in Rom. Die Direktoren der Orient-Eisenbahn-Gesellschaft hatten dem Sultan einen prächtigen königlichen Waggon geschenkt. Er wurde nicht benutzt, bis er Abdülhamit 1909 ins Exil brachte.

KAPITEL 12

Armenien, Kreta und der Dreißig-Tage-Krieg

Im letzten Jahrzehnt des 19. Jahrhunderts alarmierten drei Krisen – in Armenien, auf Kreta und in Makedonien – die europäischen Kanzleien abermals: wieder sah es so aus, als ob der Zusammenbruch des Osmanischen Reiches unmittelbar bevorstünde. Im historischen Rückblick ist klar, daß die drei Krisen eng miteinander zusammenhingen, was Zeitpunkt und Eigenart anging. Den Zeitgenossen aber war das nicht bewußt. Die Massaker in Armenien erregten die Menschen auf beiden Seiten des Atlantik tiefer, als es die Greuel in Bulgarien zwanzig Jahre zuvor getan hatten. Verglichen mit den Leiden des armenischen Volkes waren der kretische Kampf um die Vereinigung mit Griechenland und die Verwicklungen der Nationalitäten in Makedonien nur irritierende Variationen eines allzu vertrauten Themas.

Die meisten Armenier waren seit 500 Jahren osmanische Untertanen gewesen.[1] Wie die Griechen und die Perser waren sie ein altes Volk, das erste, das gemeinsam das Christentum angenommen hatte: um 295 taufte Gregor der Erleuchter ihren König Tiridates III. Um 430 jedoch war die armenische Monarchie verschwunden, das Land zwischen Byzanz und Persien aufgeteilt. Die Gebirgsketten und die Hochplateaus, die die Armenier seit frühester Zeit bewohnten, kamen im 14. und 15. Jahrhundert unter osmanische Herrschaft, aber große armenische Gemeinden blieben bis 1828 Persien untertan; dann wurden ihre Gebiete an Rußland abgetreten. Trotz dieser Erschütterungen in der Geschichte machten gemeinsame Sprache, Literatur und Religion es den Armeniern möglich, ein Gefühl nationaler Identität zu bewahren. Zur Zeit der osmanischen Eroberung war ihre ‹Armenisch-Gregorianische Kirche› schon über anderthalb Jahrhunderte mit Rom vereint gewesen. Auch wenn sie später die meisten der orthodoxen Dogmen und die Liturgie übernahm, zeigte die armenisch-gregorianische Hierarchie größere Unabhängigkeit als andere, zahlenmäßig stärkere Kirchen im Ostchristentum. Die Armenier schlagen zum Beispiel das Kreuz so wie die römisch-katholischen Christen, nicht wie die griechisch-orthodoxen. Unter den Sultanen erhielten sie einen eigenen Status als Gregorianisches Millet, mit einem armenisch-gregorianischen Patriarchen in Konstantinopel.

Diese geistlichen Führer spielten keinerlei politische Rolle bis zum Januar 1878, als der Patriarch Nerses Varjabedian von einigen westlich gebildeten Mitgliedern seiner Gemeinde in der Hauptstadt überredet wurde, nach San Stefano ins russische Hauptquartier zu reisen, um die Unterstützung des Zaren für eine armenische Selbstverwaltung in Ostanatolien zu erbitten. Aber Alexander II. und noch mehr sein Nachfolger Alexander III. mißtrauten dem politischen Streben der Armenier. Weder in San Stefano noch bei dem folgenden Kongreß übten die Russen in ihrem Sinne Druck aus. Lord Salisburys Interesse an den Armeniern 1878 führte dazu, daß acht britische ‹Militärkonsuln› ernannt wurden, die dafür sorgen sollten, daß der Sultan in Ostanatolien Reformen durchführte, aber ihr Einsatz war minimal – wie die Reformen selbst. Ihre kurze Anwesenheit ermutigte jedoch armenische Aufwiegler, das Interesse der folgenden britischen Regierungen an ihrer Sache übertrieben darzustellen. Trotz der Enttäuschung über die Berliner Vereinbarungen gab es ab 1878 eine aktive nationale Unabhängigkeitsbewegung unter den Armeniern, obwohl die Schrittmacher eher Exilarmenier waren als Untertanen des Zaren oder des Sultans.

Anders als die slawischen Völker im Osmanischen Reich blieben die Armenier in allen Provinzen, in denen sie sich niedergelassen hatten, in der Minderheit. Eine starke Konzentration gab es in Kilikien in der Gegend von Adana, aber die meisten lebten in den sechs östlichen Vilâyets Erzurum, Van, Bitlis, Diyarbakır, Sıvas und Mamuret, eine bäuerliche Bevölkerung, die in ständigem Streit mit den nomadischen muslimischen Kurden in diesen Regionen lag. Intelligente oder ehrgeizige Armenier wanderten nach Konstantinopel, Smyrna oder Aleppo aus. Ende der achtziger Jahre lebten rund 150000 Angehörige der armenischen Kirche in der Hauptstadt, neben 153000 griechisch-orthodoxen Christen und 385000 Muslimen. Viele Armenier wurden kleine Händler. Manche machten sich als Kaufleute oder Bankiers selbständig, oft mit bemerkenswertem Erfolg. Hakop Zarifi war der angesehene und zuverlässige Finanzberater Abdülhamits, lange bevor dieser den Thron bestieg. Und 1890 war der Sultan so beeindruckt von dem Bericht eines einundzwanzigjährigen Armeniers aus Üsküdar über Erdölvorkommen in den Vilâyets Bagdad und Mosul, daß er in einem Ferman alle Einkünfte aus dem Erdölgeschäft in seine Privatschatulle statt in den osmanischen Staatssäckel zu leiten befahl. Der weitsichtige junge Armenier hieß Calouste Gulbenkian.[2]

Nicht alle Armenier gehörten der Armenisch-Gregorianischen Kirche an. In Sıvas und Diyarbakır gab es viele Katholiken, die sich traditionell mit Frankreich verbunden fühlten, und seit 1839 arbeiteten protestantische Missionare aus den USA in der Gegend um Erzurum, gewannen Konvertiten und verschafften ihnen eine bessere Ausbildung. Es ist ein eigenartiger Gedanke, daß in der gleichen Zeit, zu der in Amerika Unionisten und Konföderierte zu den Fahnen eilten, einige ihrer Landsleute 9000 Kilometer von den Schlachtfeldern des Bürgerkriegs entfernt eine Missionsstation in Bitlis vor marodierenden Kurden beschützten mußten, deren Scheichs allen armenischen Christen feindlich gesinnt waren, egal ob Protestanten, Katholiken oder Gregorianer. Dreißig Jahre später, als das armenische Problem deutlich wurde, gab es fast hundert interkonfessionelle Missionsstationen in Armenien. Kein US-Präsident vor Woodrow Wilson schenkte ihren Berichten über den armenischen Kampf viel Aufmerksamkeit, aber durch ihre Anwesenheit in Anatolien weckten sie das Interesse an der armenischen Sache bei Zeitungslesern beiderseits des Atlantik. Anfang der neunziger Jahre konnten die Armenier mit mehr

Anteilnahme im Ausland rechnen als jedes andere um seine Freiheit kämpfende Volk seit dem griechischen Unabhängigkeitskrieg.

Während des vorausgegangenen Jahrzehnts hatte es in den Vilâyets Ostanatoliens zunehmend Spannungen gegeben. Aufgestachelt von der Propaganda ihrer vertriebenen Landsleute weigerten sich die Armenier, die ‹legalisierten› Schutzgelder an die Kurden zu zahlen, und beklagten sich über die Habgier der lokalen Vertreter des Sultans. Ausländische Konsuln berichteten über Entführungen und Morde. Das Töten begann 1890 in Erzurum, als in einem spontanen Ausbruch wechselseitigen Hasses armenische Kirchen, Häuser und Läden zerstört wurden. Es folgten Massaker in den Dörfern und die Verhärtung der Positionen auf beiden Seiten. 1891 hob der Sultan Hamidiye-Regimenter unter den Kurden aus. Zwei Gruppen von Exilarmeniern begannen aktiv zu werden: die halbmarxistische Hundschak(‹Glocken›-)-Bewegung, entstanden um 1887 in Genf, und die ebenso radikale, aber weniger marxistisch ausgerichtete nationalfreiheitliche Partei (Daschnakzutiun oder ‹Daschnaks›), gegründet in Tiflis. Keine der beiden Gruppen hatte Verbindung zur russischen Regierung, wie osmanische Apologeten behaupten; sieben Jahre lang hatten die zaristischen Behörden ihre Minderheiten zu russifizieren versucht und waren nun noch viel weniger geneigt, eine nationalistische Bewegung der Armenier zu dulden als während der großen Orientkrise in den späten siebziger Jahren. Es gibt jedoch keinen Zweifel, daß fanatische Angehörige der Hundschak-Bewegung Hoffnungen auf eine armenische Revolution in Dörfern weckten, in denen tiefer Groll über die unterschiedliche Besteuerung herrschte, die die Kurden begünstigte. Im übrigen ist die Absicht hinter der Erhebung im Distrikt Sason südlich von Muş im Herbst 1894 schwer zu verstehen, es sei denn, sie sollte Märtyrer schaffen, indem sie vor den Augen Europas strenge Vergeltungsmaßnahmen provozierte. Wenn der Erhebung in Sason diese politische Berechnung zugrunde lag, dann erreichten die zynischen Planer ihr grausiges Ziel tatsächlich. Die Hamidiye waren vor der Erhebung bestens eingestimmt und übten schreckliche Rache: fünfundzwanzig Dörfer wurden in jenem Herbst zerstört und mehr als 10000 Armenier ermordet. Britische Konsulatsbeamte zweifelten kaum daran, daß die Massaker von den örtlichen osmanischen Behörden befohlen worden waren.[3]

Während des Winters 1894/95 kam der antitürkische Protest im Ausland in Schwung. In Großbritannien wirkte er parteiübergreifend: Liberale und Konservative, Radikale und Unionisten erschienen zur Verteidigung der Humanität und des christlichen Glaubens eines gequälten Volkes auf derselben Tribüne. Die Berichte über die armenischen Massaker ließen einen Redner nach dem anderen die Bestrafung von ‹Abdul dem Verdammten› fordern, weil sich unter ihm die Lage seiner christlichen Untertanen verschlechtert statt verbessert hatte. Kein britischer Politiker konnte auf die Unterstützung seiner Wähler zählen, wenn er an das Krim-Bündnis oder die nationalchauvinistischen Zusagen zur Rettung Konstantinopels zu erinnern wagte. Mitte April 1895 entwarfen auf Druck von Lord Rosebery in London der britische, der russische und der französische Botschafter Vorschläge für Verbesserungen der Verwaltung in den sechs Vilâyets Ostanatoliens.[4] Abdülhamit, der zu Recht vermutete, daß Paris und St. Petersburg ihren Absichten nicht gleich mit Zwangsmaßnahmen Nachdruck verleihen würden, ignorierte die Vorschläge einfach.

Zu diesem Zeitpunkt – in den letzten Junitagen 1895 – mußte Roseberys schwache liberale Regierung einer starken konservativ-unionistischen Regierung weichen. Lord Salisbury wurde wieder Premierminister und Außenminister, und einen Monat später stärkte er seine Autorität mit einem eindrucksvollen Wahlsieg. Die Orientfrage nahm sofort seine Aufmerksamkeit in Anspruch. Die Türkei, so sagte er dem deutschen Botschafter, sei zu morsch, um noch lange zu überdauern, und er fügte hinzu, es würde ‹heute keine Schwierigkeiten geben, hätte England nicht den Fehler gemacht, den Vorschlag abzulehnen, den Zar Nikolaus den britischen Vertretern vor dem Krimkrieg gemacht hat›. Diese Ansicht wiederholte Salisbury bei anderen Gelegenheiten. Kein Zweifel, er war überzeugt, daß das Osmanische Reich innerhalb weniger Jahre zerbrechen würde. Dennoch wäre es falsch anzunehmen, daß er einen klar umrissenen Teilungsplan im Kopf gehabt hätte. Während der folgenden Monate sprach er die Deutschen, die Franzosen und die Russen an auf der Suche nach einer gemeinsamen Politik, stieß aber nur auf Mißtrauen und Verdrehungen.[5]

Zunächst glaubte Salisbury, er könne den Sultan unter Druck setzen durch ‹mit lauter Stimme gesprochene große Worte› – und unterstützt von einer Kriegsflotte vor dem Zugang zu den Dardanellen. Es hieß, die Briten planten die Einnahme von Limnos oder Unternehmungen der Flotte vor Smyrna oder Iskenderun. Die Pforte reagierte bestürzt, und auf den Stambuler Straßen zeigte sich Unruhe: ›Lassen Sie den Sultan die Wirkung, die die Flotte auf die anderen Teile seines Reiches haben wird, an der Wirkung ablesen, die sie auf die Stimmung in Konstantinopel hat›, telegraphierte Salisbury an Currie, den britischen Botschafter.[6] Für kurze Zeit schien diese Politik Erfolg zu zeigen. Abdülhamit entließ seine Minister, ernannte Mehmet Kâmil zum Großwesir einer Reformregierung und verkündete, er werde das Reformprogramm der Botschafter durchführen, dem er sechs Monate lang widerstanden hatte. Aber die zunehmenden Reibungen zwischen Großbritannien und Rußland, zusammen mit dem nicht unberechtigten Argwohn, Kâmil könnte mit den ausländischen Botschaften zusammenarbeiten, um die Politik aus Yıldız zu konterkarieren, bestimmten den Sultan, seine Meinung zu ändern, und Mehmet Kâmil wurde nach nur fünf Wochen aus dem Amt entlassen. Es war wenig erreicht worden. Die Konsulate berichteten von einer Terrorherrschaft in den sechs Vilâyets Ostanatoliens. Ende des Winters 1895/96 wurde gemeldet, daß mehr als 30 000 Armenier bei den Massakern der vergangenen zwei Jahre umgekommen seien. Diese Zahlen wurden von einer osmanischen Untersuchungskommission bestritten; es überrascht nicht, daß ihre Angaben von Historikern, die sich auf die Yıldız-Palast-Archive stützen, angezweifelt werden.[7]

Salisbury wollte gern, wie früher Palmerston, dem Botschafter die ‹uneingeschränkte Vollmacht› geben, die britische Flotte im Notfall ohne Rückfrage in London nach Konstantinopel zu rufen. Gegen dieses Vorhaben leistete der Erste Lord der Admiralität, George Goschen, der 1880/81 selbst Botschafter beim Sultan gewesen war, erbittert Widerstand. Er führte an, das Risiko sei zu groß, daß die Flotte in den Meerengen in eine Falle geriete – eingeklemmt zwischen einem russischen Geschwader, das der Sultan ‹einladen› könnte, in den Bosporus einzufahren, und einem französischen Geschwader, das von Saloniki ostwärts segeln könnte. Der Erste Seelord hielt diese Gefahr für so groß, daß er sich weigerte, weiter über den Plan Salisburys zu diskutieren. Auch wenn er sarkastisch fragte, ob Ihrer Majestät Großkampfschiffe aus Porzellan wären, akzeptierte Salisbury das Urteil der Fachleute.[8] Trotzdem unterstützte er Planungen für den Fall, daß Gewaltanwendung gegenüber dem Sultan nötig werden sollte, und in der zweiten Woche des Februar 1896 erhielt er eine geheime Denkschrift von Oberst Chermside, dem Militärattaché in Konstantinopel, in der erstmals die Aussichten für die Landung von Truppen zur Einnahme der Südwestspitze der Halbinsel Gallipoli untersucht wurden. Chermside äußerte die Ansicht – und darin stimmte ihm der Oberkommandierende der Mittelmeerflotte zu –, daß Marinesoldaten, wenn man sie unter dem Schutz der Flotte an Land setzte, rasch die gesamte Halbinsel besetzen könnten. Sowohl der Leiter des Marinegeheimdienstes als auch der des Militärgeheimdienstes warnten das Kabinett nachdrücklich vor einer solchen Maßnahme, für die ihrer Ansicht nach mindestens 20000 Soldaten nötig wären. Der Vorschlag wurde fallengelassen und Chermsides Bericht als hochgeheimes Dokument zur späteren Nutzung aufbewahrt. Als fünfzig Jahre später die meisten britischen Archive mit Beständen aus dem 19. Jahrhundert geöffnet wurden, durfte es noch immer nicht eingesehen werden.[9]

Am 11. Februar 1896 teilte der Erste Lord der Admiralität dem Parlament mit, da der Sultan die versprochenen Reformen in Anatolien nicht durchgeführt habe, sei man jetzt ‹von jeder Verpflichtung befreit, das Osmanische Reich zu erhalten›.[10] Diese Feststellung war weniger als direkte Warnung an die Pforte gedacht denn als Beschwichtigung der britischen Öffentlichkeit, die durch die fortgesetzten Berichte über Massaker in Armenien aufgebracht war. Außenminister Ahmet Tevfik ließ den Wunsch nach Versöhnung erkennen, aber in den ersten Monaten des Jahres komplizierte sich die Orientfrage rasch. In der dritten Januarwoche 1896 legte der britische Generalkonsul in Saloniki dem Außenministerium eindeutige Beweise vor, daß armenische Revolutionäre Unruhe unter den Griechen in Makedonien schürten.[11] Ende Februar erhob sich die griechische Gemeinde auf Kreta gegen die osmanische Herrschaft. Im Spätfrühling kamen in Konstantinopel Gerüchte auf, daß britische Agenten die Kreter aufwiegelten, um Salisbury einen Vorwand für die Besetzung der Insel und ihre Eingliederung ins britische Empire zu liefern. Das war allerdings Unsinn; die Unruhen in Kreta brachten die Briten nur in Verlegenheit zu einer Zeit, in der es mit den USA Spannungen wegen Venezuela gab und eine englisch-deutsche Verstimmung nach der taktlosen Krüger-Depesche von Wilhelm II. Aber die Zypern-Konvention und die Besetzung Ägyptens war den anderen Mächten, die den strategischen Wert Kretas für eine große Seemacht erkannten, ein Dorn im Auge.

Die Nachricht von der kretischen Erhebung hatte im Ausland wenig Überraschung ausgelöst. Wiederholte Revolten in den Jahren 1770, 1821, 1857, 1866–68, 1879 und 1889 hatten bei den Inselbewohnern Groll gegen die osmanische Unterdrückung hinterlassen, und sie waren zunehmend verbittert über die strenge Verwaltung durch Mahmut Celâlettin, einen konservativen Vali. Im Spätsommer 1894 spitzten sich die Dinge auf der Insel zu, nachdem Celâlettin vier prominente Mitglieder der orthodoxen Kirche hatte hängen lassen. Obwohl er durch einen Vali griechischer Herkunft ersetzt wurde, kam es während der folgenden achtzehn Monate immer wieder zu Akten des Terrors und des Gegenterrors in abgelegenen Dörfern. Die bedenklichsten Nachrichten wurden Ende Mai 1896 aus Chania gemeldet. Gleichzeitig gab es in Stambul und Pera Gerüchte über geheime Gespräche zwischen armenischen Revolutionären, kretischen Aufständischen und der griechischnationalistischen Bewegung Ethnike Hetairia in Athen. Drei griechische Guerillagruppen hätten, so hieß es, und das entsprach den Tatsachen, die Grenzen nach Thessalien und Epirus überschritten. Die Gouverneure der Vilâyets von Saloniki, Monastir und Kosovo mobilisierten den Redif (die Reservisten) in Erwartung einer Rebellion der Ethnike Hetairia in allen griechischen Provinzen des Osmanischen Reiches.[12]

Für kurze Zeit ging im Sommer 1896 die diplomatische Initiative an den österreichisch-ungarischen Außenminister Graf Goluchowski über. Kaiser Franz Josephs Botschafter bei der Pforte, Baron Calice, war auch Doyen des Diplomatischen Korps in Konstantinopel. In der ersten Juliwoche warnte Calice die osmanischen Behörden: sollten sie der griechischen Mehrheit auf Kreta nicht Autonomie gewähren, werde es ernste Unruhen in ganz Thessalien, Epirus und Makedonien geben, und die Großmächte könnten gezwungen sein, einen neuen Kongreß einzuberufen und den osmanischen Ländern eine neue Ordnung aufzuerlegen. Zugleich forderte Goluchowski die britische Regierung auf, sich mit der Royal Navy den österreichischen, russischen, französischen und italienischen Flottenverbänden bei einer vorbeugenden internationalen Blockade Kretas anzuschließen, damit nicht griechische Nationalisten ihren Landsleuten zu Hilfe kämen. Salisbury lehnte dies ab: ‹In Anbetracht der Gefühle, die die Grausamkeit der osmanischen Regierung in England geweckt hat, sollten wir große Bedenken dagegen hegen, irgendwelche Schritte zu unternehmen, die uns zum Verbündeten des Sultans gegen eine aufständische christliche Bevölkerung machen›, erklärte er dem Ständigen Unterstaatssekretär im Außenministerium in einem Schreiben, das die Grundlage für seine Antwort an Goluchowski bildete.[13] Dieser Haltung blieben die Briten treu, solange das Osmanische Reich bestand.

In der zweiten Augustwoche 1896 hielt der Sultan 420000 Mann in ständiger Kriegsbereitschaft – eine schwere Belastung für eine Regierung, die noch immer von ausländischen Krediten abhängig war. Seine Minister drängten Abdülhamit, die kretische Frage zu lösen. Abermals gab es eine Kontroverse

zwischen der Hohen Pforte und Yıldız, weil der ‹zweite Sekretär›, Ahmet Izzet, den Sultan mahnte, allen Forderungen nach
Reformen zu widerstehen. Aber auch wenn die Diplomaten
den 32jährigen Izzet in dieser Phase für die ‹Person von Einfluß
hinter dem Thron› hielten – Abdülhamit stand zu diesem
Zeitpunkt eher unter dem Druck der deutschen, französischen
und russischen Botschafter. Am 25. August akzeptierte er ein
Reformprogramm für Kreta, das ein Ausschuß aus Vertretern
aller Botschaften in Pera erarbeitet hatte: Die Kreter sollten
einen christlichen Gouverneur bekommen und eine General-
versammlung mit weitreichenden Kompetenzen, außerdem
sollten sie zwei Drittel der öffentlichen Ämter besetzen können. Auch die Gendarmerie würde unter Aufsicht eines europäischen Beauftragten reorganisiert werden. Aus dem Vilâyet
Van kamen zwar Berichte über neue Morde an Armeniern und
neue Terrorakte, aber in Kreta, so schien es, waren tief verwur-
zelte Ressentiments endlich ausgeräumt.[14]

Am Morgen des 25. August 1896, einem Dienstag, stimmte
Abdülhamit dem Reformprogramm für Kreta zu. Am frühen
Nachmittag des nächsten Tages überfielen armenische Extre-
misten des Daschnak die Zentrale der Ottomanischen Bank in
Galata (Beyoğlu). Sie nahmen damit die Methode vorweg, die
unzählige Terroristenorganisationen im Nahen Osten in den
folgenden hundert Jahren immer wieder anwandten. Sie brach-
ten Sprengladungen am Gebäude an, nahmen Geiseln und
forderten sofortige Reformen in den sechs östlichen Vilâyets:
Sie wollten, daß den Armeniern ähnliche Rechte wie den
Kretern zugestanden würden – auch wenn im Gegensatz zu den
Kretern die Armenier in keiner Region die Mehrheit der
Bevölkerung stellten. Zwei Stunden dauerte die Schießerei.
Verhandlungen zwischen den Bankangestellten, dem Dragoman der russischen Botschaft und den Terroristen machten
deutlich, daß es das eigentliche Ziel der Daschnaks war, Europa auf die elende Lage der Armenier aufmerksam zu machen.
Das gelang ihnen. Am frühen Donnerstagmorgen wurden die
überlebenden Terroristen unter freiem Geleit zur Segelyacht
des Bankdirektors gebracht und ins Exil entlassen.[15]

Sie hatten Glück. Denn nun lief der Mob Amok und ermordete innerhalb von sechsunddreißig Stunden in der Hauptstadt 5000 bis 6000 Armenier. In der Nacht des Mittwoch und den ganzen Donnerstag hindurch bis zum Abend unternahmen die osmanischen Truppen nichts, um die Gewalttätigkeit zu beenden. Britische Marinesoldaten und russische Matrosen gingen von ihren Schiffen an Land. Am Donnerstag früh forderten die Botschafter gemeinsam den Sultan auf, ‹präzise und unmißverständliche Befehle zu erlassen, um diesen unerhörten Zustand zu beenden, der die ernstesten Folgen für Eurer Majestät Reich haben kann›. Als Abdülhamit protestierte, er habe ‹noch nie solche Worte vernommen in den zwanzig Jahren, die er auf dem Thron herrsche›, mußte er sich noch deutlichere Worte von Baron Calice und General Nelidow, dem Botschafter des Zaren, sagen lassen. Die Großmächte, so wurde ihm bedeutet, würden erwägen, ‹welche Mittel es gegen solches Unheil gebe›: Wenn er dieses Massaker nicht beende, seien Thron und Dynastie in Gefahr. Nach den Gebeten beim Freitags-Selâmlık unternahm der Sultan schließlich etwas: Es sei den Gläubigen jetzt ‹verboten zu töten›.[16]

Die kretische Rebellion hatte in Westeuropa oder den USA wenig Interesse geweckt, aber mit dem Blutbad in den Straßen von Konstantinopel war das anders. Die Nachricht von dem Massaker belebte erneut die Empörung über ‹Abdul den Verdammten›, über den ‹Großen Mörder› oder, wie Clemenceau in Paris sagte, ‹das Monster in Yıldız, den von Blut geröteten Sultan›. Für britische Staatsmänner, ob Konservative oder Liberale, wie für französische Radikale schien es wenig Aussicht auf ein stabiles, blühendes Osmanisches Reich zu geben, solange Abdülhamit auf dem Thron blieb. Selbst Kaiser Wilhelm II., sieben Jahre zuvor ein verständnisvoller und gefeierter Gast des Sultans, schrieb an den Rand einer Depesche seines Botschafters: ‹Der Sultan muß abgesetzt werden.› Kaiser Wilhelm ermunterte den britischen Botschafter in Berlin, die Frage der Einsetzung eines neuen Sultans mit seinem Außenminister zu diskutieren. Aber wohl doch nicht allzu ernsthaft; wenige Tage später waren sich der deutsche, der russische und der österreichische Kaiser darin einig, daß das Osmanische Reich, wenn man es ‹mit ausländischer Einmischung verschonte›, noch viele Jahre erhalten bleiben könnte. Daraufhin schickte der Kaiser – und das war typisch für ihn – Abdülhamit das neueste Familienfoto der Hohenzollern mit eigenhändiger Unterschrift als persönliche Geste des guten Willens.[17]

Der Sultan verdankte sein Überleben nicht ausschließlich dem tiefen Mißtrauen, das die Großmächte gegeneinander hegten, aber er zog weiterhin Nutzen aus ihrem Argwohn gegen ihre jeweiligen politischen Ziele. Kaum hatte der armenische Überfall auf die Ottomanische Bank stattgefunden, rätselten die Diplomaten bereits über Fragen, auf die es keine eindeutigen Antworten gab. Wer hatte vorher von dem Überfall gewußt? Warum verließen so viele wohlhabende Armenier die Hauptstadt an jenem Dienstag und am Mittwochmorgen? Warum schickten die Italiener in der Woche, in der das Massaker in Konstantinopel stattfand, ‹leise› Kriegsschiffe nach Saloniki und Smyrna? Warum fuhr die britische Mittelmeerflotte von Malta nach Limnos, entsprechend einem Einsatzplan, der etliche Monate zuvor festgelegt worden war? In der britischen Botschaft hegte man den Verdacht, daß die Russen hinter dem Überfall steckten, denn ‹der gegenwärtige Augenblick ergäbe eine hervorragende Gelegenheit für einen russischen *Coup de main* auf Konstantinopel›.[18]

Tatsächlich kehrte Botschafter Nelidow zwei Monate später nach St. Petersburg zurück. Dort versuchte er die Unterstützung des jungen Zaren Nikolaus II. für ein Projekt zu gewinnen, das er seit vier Jahren befürwortete – einen Überraschungsangriff der Flotte auf den Bosporus, wobei Truppen in Kilyos, Sarıyer und Büyükdere landen und einen Blitzvorstoß auf das Goldene Horn unternehmen sollten. Nelidow legte dar, daß die traditionellen Feinde Rußlands es nicht wagen würden, in einer solchen Zeit den Sultan zu unterstützen. ‹Verwandelt den Bosporus in ein russisches Gibraltar›, drängte er den Kronrat. Vorübergehend reizte den Zaren Nikolaus der Gedanke, daß russische Truppen ‹für immer› die Meerengen beherrschen könnten. Aber seine engsten Berater waren mehr am Fernen Osten interessiert; sie veranlaßten ihn, den Nahen Osten ‹auf Eis› zu legen. Die ganze Geschichte beunruhigte London, auch wenn sie keine Veränderung der Politik bewirkte. Geheimdienstberichte aus Odessa informierten das Außenministerium bestens über russische Pläne und Truppenbewegungen, aber Salisbury, der im September in Balmoral die Orientfrage mit Nikolaus II. diskutiert hatte, rechnete nicht mit übereilten russischen Maßnahmen. Nelidows nervöse Betriebsamkeit in diesem Winter führte vor allem dazu, daß der gemeinsame Druck der westlichen Mächte nachließ, der den Sultan zu Reformen hätte treiben sollen. Trotz des tiefen Mißtrauens, das jeder der Botschafter in Konstantinopel gegenüber den anderen hegte, begannen sie auf eine britische Initiative hin Ende Dezember 1896 mit Gesprächen, und sechs Wochen später, Mitte Februar, hatten sie ein umfassendes Reformprogramm fertiggestellt, das Abdülhamit vorgelegt wurde. Aber es gab für den Sultan keinen Grund, sich dem zu beugen, was er ganz zu Recht als erneute ‹Einmischung von außen› ansah.[19]

Er konnte inzwischen auch geltend machen, daß die letzten Reformmaßnahmen nicht gegriffen hatten. Obwohl die Kreter die im August vorgeschlagenen Abmachungen akzeptiert hatten, kam es im Winter häufig zu Zusammenstößen zwischen Christen und Muslimen, und Anfang Februar telegraphierte der griechische Konsul aus Chania nach Athen und behauptete steif und fest, ein Massaker an orthodoxen Familien stehe bevor – eine Behauptung, die nie erhärtet wurde. Ein Komitee kretischer Revolutionäre in den Bergen proklamierte den Anschluß der Insel an das Königreich der Hellenen, und am 11. Februar fuhr eine Flottille von Torpedobooten unter dem Kommando von Prinz Georg, dem zweiten Sohn des griechischen Königs, von Salamis aus los, um die Insel in Besitz zu nehmen. Hastige diplomatische Aktivitäten sowie starker Druck von seiten des Zaren bewogen den griechischen König, die Flottille zwei Tage später wieder heimzurufen. Doch solche Befehle konnten die Ethnike Hetairia nicht mehr aufhalten.

1500 bewaffnete Freiwillige schifften sich in Piräus ein und fuhren nach Kreta, entschlossen, Garibaldis ‹Zug der Tausend› von 1860 gegen Sizilien nachzuahmen, mit dem er die rasche Einigung Italiens erreicht hatte. Weiter im Norden unternahmen bewaffnete Banden provozierende Streifzüge über die Grenze nach Thessalien hinein.

Auch dringende Bitten ihrer Verwandten in Westeuropa und Rußland an das griechische Königspaar konnten nicht verhindern, daß alles auf einen Krieg zutrieb. Philhellenische Liberale aus Großbritannien, die sich in jenem Frühjahr in Athen aufhielten, drängten zur Vorsicht, denn man nahm an, daß der Sultan, rechnete man die Reservisten hinzu, eine Million Soldaten würde aufbieten können. Vergeblich. Zu Canon MacColl, einem beharrlichen Kämpfer für die Rechte der christlichen Völker unter osmanischer Herrschaft, sagte der griechische König Georg I., daß sich die Griechen im Falle eines Krieges gegen ihre türkischen Unterdrücker erheben würden, und im gesamten Osmanischen Reich würden andere Nationalitäten ihrem Beispiel folgen. Aufgebracht von der Aktivität der ‹Briganten›, erklärte Sultan Abdülhamit Griechenland in der zweiten Aprilwoche den Krieg. In seinem Reich blieb es ruhig.[20]

Die von General von der Goltz vervollkommneten Mobilisierungspläne funktionierten. Ein erster Vorstoß der griechischen Armee am Meluna-Paß wurde durch zahlenmäßig überlegene türkische Verbände, deren Stützpunkt bei Elasson lag, aufgehalten. Bald rückte die osmanische Armee auf das griechische Feldhauptquartier in Larissa vor. ›In wenigen Minuten verwandelte sich die Armee von einer organisierten und disziplinierten Einheit in eine brodelnde, unorganisierte Masse, die Hals über Kopf über die Ebene in Richtung Larissa floh, über eine Entfernung von fast vierzig Meilen‹, schrieb Prinz Nikolaus viele Jahre später, als er sich an seine Feuertaufe als Kommandeur einer Artillerieabteilung am 23. April, dem vierten Tag des Krieges, erinnerte.[21] Die Griechen sammelten sich so weit, daß sie die Osmanen kurz vor den Thermopylen aufhalten konnten, während General Smolenski den Gegner in einer heldenhaften Verteidigungsschlacht bei Valestino stoppte. Doch nach dreißigtägigem Kampf mußte Georg I. widerwillig den Waffenstill-stand akzeptieren, den ihm die osmanischen Kommandeure durch Vermittlung der Russen angeboten hatten. Alle griechi-schen Kombattanten wurden aus Kreta abgezogen, das durch eine internationale Streitmacht aus Österreich-Ungarn, Frank-reich, Deutschland, Großbritannien, Italien und Rußland überwacht wurde. In der Hauptkampfzone, auf der Ebene von Pharsala und in Epirus, wurde eine Waffenruhe durchgesetzt, während die europäischen Botschafter sich um eine Friedens-regelung bemühten.

Der osmanische Sieg hob das Ansehen des Sultans und die Erwartungen der Pforte. Salisbury in London jedoch blieb unnachgiebig: Es dürfe keine Rückgabe christlicher Städte unter osmanische Herrschaft geben. Er glaubte, daß der Zar als der wichtigste unter den orthodoxen Herrschern seine Überzeugung teilte. Vier Monate zuvor hatte Salisbury dem österreichisch-ungarischen Botschafter gegenüber die Mög-lichkeit einer gemeinsamen Flottendemonstration an den Meerengen zur Sprache gebracht, war aber abgewiesen wor-den. Jetzt war er geneigt, Großbritanniens traditionellem Kon-kurrenten um die Meerengen ein gemeinsames Vorgehen ge-genüber der Pforte vorzuschlagen. Ein Telegramm, das er zu Beginn der Friedensgespräche an Sir Nicholas O'Connor, den britischen Botschafter in St. Petersburg, schickte, dokumen-tiert Salisburys Überzeugung, daß Abdülhamit trotz seines militärischen Siegs eine von den europäischen Mächten diktier-te Regelung würde akzeptieren müssen:

‹Wenn der Sultan halsstarrig bleibt und die Rückgabe Thes-saliens fordert, verlangt die Angelegenheit nach sehr ernst-hafter Erwägung der Großmächte... Zu Lande gibt es kein Mittel, ihn zu zwingen, außer um den Preis eines schwierigen und ausgedehnten Feldzugs. Leicht ist der Weg, ihn zu Wasser zu zwingen... Es ist Zeit für England und Rußland, zu überle-gen, ob es nicht möglich wäre, eine Vereinbarung zu finden, die sie in die Lage versetzen würde, zusammen mit anderen koope-rationsbereiten Großmächten eine begrenzte Zahl von Schif-fen vor Yıldız ankern zu lassen.›[22]

Eine solche Demonstration der Macht wurde nicht versucht, denn die Russen waren – zu Recht – überzeugt, daß Abdülhamit die Griechen mit Nachsicht behandeln würde. Salisburys Plan ist von Interesse als Zeichen dafür, daß er die traditionelle Politik der Erhaltung des Osmanischen Reiches als einer Barriere gegen eine russische Expansion in Richtung Mittelmeer aufgegeben hatte. Von da an würden die Osmanen entweder ohne fremde Hilfe auskommen und ihre Waffen und das Kalifat nutzen müssen, um sich auf die asiatische Aufgabe der Dynastie zu konzentrieren, oder sich einen anderen Verbündeten unter den europäischen Großmächten suchen müssen. Der Erfolg der deutschen Waffen im Dreißig-Tage-Krieg ließ wenig Zweifel daran, wohin sich Abdülhamit um Unterstützung wenden würde.

Zunächst jedoch wurde wieder ein Frieden auf der Balkanhalbinsel geschlossen. Griechenland, das kurz vor dem Bankrott stand, mußte eine Entschädigung ans Osmanische Reich zahlen und die ungehinderte Abwanderung von Muslimen gestatten, die in Anatolien Zuflucht suchen wollten. Es gab keine großen Veränderungen der Grenzen: Die Griechen behielten Thessalien bis auf rund zwanzig Dörfer, die zur Begradigung der Grenze zwischen dem Berg Ossa und den Ausläufern des Pindus abgetreten werden mußten. Kreta bekam die Autonomie; die Insel blieb zwar unter osmanischer Oberherrschaft, aber mit einem christlichen Gouverneur, den der Sultan nach Konsultationen mit Athen ernannte. Im September 1898 zogen die letzten osmanischen Truppen von der Insel – nach Unruhen bei Chania, in deren Verlauf die Soldaten viele griechische Christen und acht britische Marinesoldaten getötet hatten. Zwei Monate später wurde Prinz Georg von Griechenland zum Hochkommissar in Kreta ernannt, wo er acht Jahre lang als Sonderbeauftragter seines Vaters tätig war. Russische, britische, französische und italienische Truppen hielten die größeren Städte besetzt – ein früher und erfolgreicher Versuch internationaler Befriedung einer unruhigen Region.[23]

Äußerlich schien die osmanische Herrschaft in Makedonien durch den Sieg über die Griechen im Dreißig-Tage-Krieg gestärkt zu sein. Die Rebellion der Ethnike Hetairia war erstickt, auch wenn antiosmanischer Groll weiter glomm. Andere Balkanstaaten, die bereit gewesen waren, im Falle einer osmanischen Niederlage Ansprüche auf Teile von Makedonien zu erheben, zogen sich zurück, und zwei oder drei Jahre lang herrschte in der Provinz relative Ruhe. Dennoch blieb Makedonien ein potentiell gefährlicherer Krisenherd als Kreta oder Armenien, denn sein Vielvölkergemisch zog die Expansionsgelüste von Nachbarstaaten nur so an. Die Griechen stellten wohl die gebildetste christliche Minorität in der Provinz, aber sowohl sie als auch die Türken wurden zahlenmäßig weit übertroffen durch die Südslawen, die anfällig für Propaganda aus Bulgarien oder Serbien waren; daneben gab es in Saloniki eine große jüdische Gemeinde und in mehreren Bezirken eine Minderheit von Walachen, die allerdings weit verstreut lebten und an die sich ihre Verwandtschaft in Bukarest nur gelegentlich erinnerte. In britischen Konsulatsberichten wurde auf die Gefahr durch die terroristische bulgarische Untergrundbewegung zur Befreiung von osmanischer Herrschaft IMRO (Interne Makedonische Revolutionäre Organisation) hingewiesen, die seit 1893 aktiv war. Allerdings gelang es dem Sultan, sich die Rivalität der IMRO zu den fanatisch nationalistischen bulgarischen ‹Supremisten› der EMRO (Externe Makedonische Revolutionäre Organisation) zunutze zu machen, die direkt von Sofia aus kontrolliert wurden. Die treuesten Verfechter der Herrschaft Abdülhamits waren die muslimischen Albaner; ihr Haß auf fremde Einmischung und christliche Bekehrungsversuche war so stark, daß sie Anfang 1899 in Ipek, dem heutigen Peć in Montenegro, ein Treffen der Notabeln der Clans abhielten, bei dem sie eine Albanische Liga zu gründen beschlossen, die die Länder des Sultans verteidigen und die Autorität des Kalifen gegen die Ungläubigen stützen sollte.

Zwar ergriff Abdülhamit die Initiative, setzte einen Reformausschuß für die rumelischen Provinzen ein und schloß Saloniki, Kosovo und Monastir zu einem einzigen Vilâyet-i Selâse (‹Drei Provinzen›) zusammen; doch es war mehr vonnöten als eine Verwaltungsreform auf dem Papier, wenn Makedonien unter osmanischer Herrschaft bleiben sollte.[24] An erster Stelle unter den Maßnahmen stand eine Bodenreform, denn abgesehen von der Region um Saloniki und Serres, in der griechische Christen große Güter besaßen, befand sich die überwiegend slawische Landbevölkerung weiter in fast feudalistischer Abhängigkeit von den Launen muslimischer Beys.

Der britische Botschafter in Konstantinopel erkannte die Bedeutung des Dreißig-Tage-Krieges für Abdülhamits Regierung schnell. Anfang Juni 1897 schrieb Currie an Salisbury:

‹Eine Reformbewegung hatte sich unter den Türken ausgebreitet und strenge Repressionsmaßnahmen von seiten des Sultans hervorgerufen. Die Unzufriedenheit mit der Willkürherrschaft des Palasts gewann an Boden. Die Botschafter warteten nur auf Weisungen ihrer Regierungen, um dem Sultan Reformen aufzudrängen. Durch den griechischen Krieg ist die Situation jetzt völlig verändert. Die prompte Mobilisierung und gute Organisation haben eine Reaktion ausgelöst. Die Siege in Thessalien haben das Prestige des Sultans und seiner muselmanischen Untertanen wiederhergestellt und bis zu einem gewissen Grade den Bruch zwischen ihnen gekittet.›[25]

All das stimmte, wenngleich ausländische Militärbeobachter bemerkten, daß der Krieg nicht lange genug gedauert habe, um zu zeigen, ob die Armeeführer genügend Initiative besessen hätten, einen entschlossenen Widerstand niederzukämpfen. Der Krieg machte den europäischen Regierungen klar, daß das Osmanische Reich dem Zusammenbruch noch nicht so nahe war, wie sie zehn Monate zuvor angenommen hatten, als die Pöbelherrschaft in der Hauptstadt eine Intervention von außen zu provozieren schien.

Der Dreißig-Tage-Krieg hatte eine merkwürdige Konsequenz, die von den Zeitgenossen unbemerkt blieb. Als im Februar 1897 griechische Freiwillige aus Salamis und Piräus aufgebrochen waren, um die kretischen Aufständischen zu unterstützen, hatten in Konstantinopel die Botschafter Konferenzen abgehalten, in denen sie nach Möglichkeiten suchten, die armenischen Untertanen des Sultans vor Unterdrückung und Massenmord zu bewahren. Der Krieg beendete diese

Treffen plötzlich, und die armenische Frage, die im Ausland soeben noch Anlaß für heftige Emotionen gewesen war, blieb ungelöst. Die Morde in den sechs anatolischen Vilâyets nahmen ab, als die armenischen Nationalistengruppen untereinander zu streiten begannen. Es herrschte eine bedrückende Waffenruhe, bis 1909 weitere Berichte von Massakern im Gebiet um Adana eintrafen. Zu der Zeit hatten einige Armenier Posten in der Verwaltung inne, besonders im Finanzministerium, und viele wohlhabendere Armenier aus der Hauptstadt und den größeren Handelsstädten waren glücklich, daß sie mit dem Leben davongekommen waren, und verließen das Land. Sie brachten ihren Wohlstand und ihre Fähigkeiten mit nach England, Amerika, Ägypten und Frankreich, während ihre noch in den Ländern des Sultans lebenden Landsleute vom Westen wieder weitgehend vergessen wurden.

Aber die Erinnerung an die Massaker blieb im Bewußtsein Europas haften, auch wenn die Armenienkrise an Bedeutung verlor. Im Januar 1896 hatte der Cartoonist des *Punch*, Lindsay Sandemann, eine Figur geschaffen, die er ‹The Unspeakable Turk› (‹Der unsägliche Türke›) nannte: Ein unheimlich wirkender Sultan, der vor einem zerstörten Haus und mehreren Leichen steht, streicht über die Schneide eines Säbels und ruft: ‹Haha! Niemand da. Ich kann weitermachen!› Jede neue Bedrohung der osmanischen Herrschaft brachte den ‹unsäglichen Türken› wieder auf die Seiten der populären Zeitungen. Das Sultanat wurde den Ruch der armenischen Massaker nie wieder los.[26]

KAPITEL 13

Alte Völker und Jungtürken

Trotz des Abscheus, den man ihm in so vielen europäischen Hauptstädten entgegenbrachte, konnte Abdülhamit noch immer auf Unterstützung durch den lautstärksten aller europäischen Monarchen rechnen: Im August 1896 hatte Kaiser Wilhelm II. kurze Zeit gemeint, der Sultan müßte abgesetzt werden, sich dann aber schnell entschlossen, ihn weiter zu unterstützen. Er wurde durch den Sieg der von deutschen Offizieren ausgebildeten osmanischen Truppen über die Griechen belohnt. Innerhalb von zwei Jahren faßte Wilhelm einen zweiten Besuch im Osmanischen Reich ins Auge, eine ‹Expedition in den Orient›, die weiter führen würde als die üblichen Kreuzfahrten seiner kaiserlichen Yacht.[1] Kein christlicher Herrscher hatte Jerusalem betreten, seit der Hohenstaufenkaiser Friedrich II. während des Fünften Kreuzzugs die Heilige Stadt übernommen hatte. Jetzt, sechseinhalb Jahrhunderte später, wollte ein Hohenzollernkaiser als Botschafter des guten Willens nach Jerusalem und Damaskus reisen, ein Pilger, der auf die wohlwollende Protektion des Sultans und Kalifen zählte. Zunächst aber sah er es als erforderlich an, Abdülhamit in seiner Hauptstadt einen Höflichkeitsbesuch abzustatten.

Am 18. Oktober 1898 machte die Motoryacht *Hohenzollern*, strahlend weiß im frischen Herbstsonnenschein, vor dem Dolmabahçe-Palast fest: So konnte der Kaiser seinen zweiten Staatsbesuch mit einer Zurschaustellung seiner Marine beginnen, der Tausende von Untertanen seines Gastgebers beiwohnten. 1889, als eine frühere *Hohenzollern* das deutsche Kaiserpaar zum ersten Mal nach Konstantinopel gebracht hatte, war der Einfluß der Deutschen in der Türkei noch gering, und die Gäste des Sultans waren von der osmanischen Gastfreundschaft überwältigt gewesen: Es sei fast wie in *Tausend-undeine Nacht* gewesen, hatte die Kaiserin damals notiert. Jetzt lag der Vorteil für Deutschland eher in Kleinasien als am Bosporus. Die letzte Entscheidung über die wichtige Bahnverbindung von Konya ostwärts durch Mesopotamien bis an den Persischen Golf hatte der Sultan noch nicht gefällt. Da erste Berichte über reiche Ölvorkommen um Mosul herum zu dieser Zeit die Aufmerksamkeit britischer und holländischer Gesellschaften erregten, schien es für Deutschland wichtig zu sein, eine Vereinbarung über die Fertigstellung dieses letzten Teilstücks der berühmten Bahnlinie Berlin – Bagdad zu erreichen. Die europäischen Regierungen hatten den strategischen Wert einer solchen Eisenbahn durch Kleinasien, die die Reisezeit zwischen Konstantinopel und Bagdad von dreiundzwanzig Tagen auf achtundvierzig Stunden verkürzen würde, längst erkannt. Die Gerüchte über die Erdölvorkommen belebten das Interesse an dem Projekt, denn es wurde angenommen, daß die Eisenbahnkonzession auch exklusive Öl- und Bergbaurechte auf mehrere Kilometer beiderseits des Schienenwegs einschließen würde. Während die *Hohenzollern* noch in der Ägäis weilte, wurde von geschäftstüchtigen Druckern in Halle eine Karte über Handelswege und Rohstoffe in Kleinasien angeboten. Sie verkaufte sich erstaunlich gut.[2]

Schon 1897 hatte Wilhelm II. unterstrichen, welche Bedeutung er seiner Botschaft in Pera beimaß, indem er Adolf Freiherr Marschall von Bieberstein zum Botschafter ernannte, der nach dem Sturz Bismarcks sieben Jahre zuvor Chef des Außenministeriums gewesen war. Jetzt hatte der Kaiser in seiner Suite auf der *Hohenzollern* dessen Nachfolger an Bord, Graf von Bülow, den Staatssekretär des Äußeren und späteren Kanzler. Gemeinsam kümmerten sich von Bülow und Marschall um die Minister und Favoriten des Sultans, fest entschlossen, Deutschlands kommerziellen Einfluß in Anatolien zu festigen. Gute Argumente wurden überzeugend unterstützt durch freigebige Zuwendungen; vor allem Ahmet Izzet profitierte davon.

Abdülhamit selbst war zu gewitzt, zu stolz und zu argwöhnisch, um sich auf diese Weise verführen zu lassen. Er brauchte die diplomatische Unterstützung, das Kapital und das technische Know-how Deutschlands. Aber nicht allzu hastig. Er wollte ja sein Reich nicht zu einer Hohenzollern-Dependance machen. Obwohl sparsam in kleinen Dingen, war er, wenn kaiserliche Geschenke auszutauschen waren, auch großzügig, und er scheute keine Kosten, um seine Gäste zu beeindrucken: Nach der nüchternen Schätzung eines französischen Diplomaten hatte der Besuch des Kaisers die osmanische Staatskasse rund dreißig Millionen Francs gekostet, sechs Millionen hätten allein die Geschenke verschlungen.[3] Aber Verträge über Konzessionen wurden nicht unterzeichnet, solange die deutschen Besucher im Osmanischen Reich weilten. Als symbolische Geste fuhren Sultan und Kaiser über den Bosporus zur anatolischen Küste und eröffneten offiziell die eindrucksvolle Endstation der Bahnstrecke in Haydarpaşa. Abdülhamit gab bekannt, daß er bereit sei, Hafenanlagen in unmittelbarer Nähe dieser Endstation an die deutschen Direktoren der Anatolischen Eisenbahn zu verpachten. Im November 1899 machte der Sultan endlich seinen Entschluß deutlich, Deutschland eine weitere Konzession einzuräumen, aber dann dauerte es noch fast dreieinhalb Jahre, bis die förmliche Bewilligung unterschrieben und besiegelt war. Anfang März 1903 wurde ein Konsortium unter deutscher Leitung ermächtigt, die Bagdadbahn über gut 2000 Kilometer von Konya bis Basra fertigzustellen. Gleichzeitig bekam das Konsortium wie vorausgesehen die Ölbohrrechte auf 20 Kilometer Breite beiderseits der Gleisanlagen.[4]

Der Kaiser war überzeugt, daß seine Orientreise den deutschen Handel und die Investitionen im Osmanischen Reich entscheidend gefördert hätte, und vielleicht stimmte das auch. In Berlin geriet das Bagdadbahn-Projekt zu einem nationalen Prestigeobjekt, es war mehr als nur ein geschäftliches Unternehmen. Aber der Wert der Konzessionen wurde nie voll ausgeschöpft. Technische Probleme und Schikanen der Russen, Franzosen und Engländer verzögerten den Bau der Bahn über Taurus und Amanus hinaus. Die Bahnlinie war noch nicht fertig, als im Oktober 1917 Wilhelm II. einen letzten Besuch in der osmanischen Hauptstadt machte.

Wie immer er später darüber dachte: 1898 ärgerte sich der Kaiser über Anspielungen, daß er als Deutschlands oberster Handelsvertreter ins Osmanische Reich gereist sei. Er ließ gelten, daß politische Notwendigkeiten seinen Besuch in Konstantinopel diktiert hätten, behauptete aber, seine Absicht sei vor allem gewesen, eine erfolgreiche Regierung in den osmanischen Gebieten zu unterstützen zu einer Zeit, als die Autorität des Sultans gemindert worden sei durch die Propaganda von Terroristen in fremdem Sold. Mehr als dreißig Jahre später, im niederländischen Exil, würzte Wilhelm II. die deutsche Ausgabe von Harold Nicolsons *Lord Carnock* mit Randbemerkungen, in denen er die Politik Abdülhamits rechtfertigte und zu erklären versuchte, weshalb der Sultan so ‹scharf› gegen die Armenier vorgegangen war, als sie die Ottomanische Bank überfallen hatten.[5] Er erinnerte sich an ‹neue Bomben – die ich im Museum selbst gesehen –› und an ‹nagelneue, blanke Britische Pfunde in Gold›, die man bei den ‹von der Stambuler Polizei auf der Straße gegriffenen Armeniern› gefunden hätte, und er legte in einer sorgfältigen Beweisführung dar, die Armenier hätten vom ‹Armenischen Comitee in London den Befehl... erhalten, einen Aufstand zu inszenieren, damit die Brit. Regierung die Möglichkeit habe, ihn als Vorwand zum militärischen Einschreiten... zu benutzen›. Aber, so behauptete der Kaiser weiter, ‹die Redcoats blieben aus, und die auf sie harrenden Armenier wurden erschlagen. So verrieth England die auf seine Anregung hin aufgestandenen Armenier›. Was er in Pera und Stambul zu sehen bekommen hatte, hatte ihn überzeugt, daß die westliche Verurteilung ‹Abduls des Verdammten› Heuchelei war. Im Gegensatz dazu wollte der deutsche Herrscher die Hand der Freundschaft nicht nur Abdülhamit, sondern allen loyalen Osmanen reichen, gleichgültig welchen Glaubens und welcher Volkszugehörigkeit.

Auf dieses Leitmotiv der freundschaftlichen Protektion kam Wilhelm II. während seiner Pilgerfahrt ins Heilige Land mehrfach zurück. Die Planung sah vor, daß die *Hohenzollern* südwärts bis Haifa fahren sollte, so daß der Kaiser dann in einer von Thomas Cook und Sohn organisierten geführten Reise durch Palästina, Syrien und Libanon ziehen konnte. Wenn die Yacht vor Jaffa geankert hätte statt vor Haifa, hätte er mit dem Zug nach Jerusalem fahren können, denn schon 1892 war die Bahnlinie zur Küste in Betrieb genommen worden. ‹Der Weg von Haifa nach Jerusalem wurde nicht mit der Eisenbahn, sondern zu Pferde oder im Wagen zurückgelegt, und darüber freuten wir uns alle›, erklärte Graf Bülow später. ‹Eine Eisenbahn... paßte wirklich nicht in die Szenerie...›[6] Bülow erwähnte nicht, daß die Linie Jaffa – Jerusalem von einer französischen, nicht von einer deutschen Gesellschaft gebaut war und betrieben wurde.

Als Grund für die kaiserliche Reise mit Thomas Cook war angegeben worden, daß der deutsche Kaiser am Reformationstag (31. Oktober) an der Einweihung der neuen, protestantischen Erlöserkirche in Jerusalem teilnehmen wollte. Aber natürlich vergaß er die deutschen Katholiken nicht. Von seinem Freund, dem Sultan, hatte Wilhelm die Dormitio erworben, nach der Überlieferung der Sterbeort der Jungfrau Maria, die schenkte er dem katholischen ‹Deutschen Verein vom Heiligen Land›. Vor allem versuchte der Kaiser die Untertanen des Sultans als Weltherrscher zu beeindrucken. Sein Einzug in Jerusalem auf einem schwarzen Roß und in weißer Zeremonialuniform, den Helm geschmückt mit einem brünierten goldenen Adler, zeigte die Macht und Größe des deutschen Kaiserreichs, als wollte er damit einer geplagten Stadt, die zu besuchen Abdülhamit Angst hatte, Ehrfurcht einflößen.

Wie Bonaparte in Ägypten fühlte sich Wilhelm vom Islam angezogen. ‹Mein persönliches Gefühl... war..., daß, wenn ich hierher ohne Religion gekommen wäre, ich sicher als Mohammedaner zurückgekommen sein würde›, schrieb er dem Zaren.[7] Er war auch durch Berichte der Konsulate beeinflußt, die zeigten, wie man die wachsende panislamische Bewegung für deutsche Wünsche nutzen konnte. Dementsprechend legte Wilhelm eine Woche nach seinem Einzug in Jerusalem in Damaskus einen Kranz am Grab Saladins nieder. Hier reagierte er auch auf ein Willkommen der Ulema, indem er sagte: ‹Möge Seine Majestät der Sultan und mögen die dreihundert Millionen Mohammedaner, die... in ihm ihren Kalifen verehren, dessen versichert sein, daß zu allen Zeiten der Deutsche Kaiser ihr Freund sein wird!› Der Kaiser konnte eine solche Versicherung abgeben, weil in seinen Kolonien wenig muslimische Gläubige lebten.[8]

Die Deutschen zogen kulturelle und materielle Vorteile aus der Expedition ihres Monarchen zu diesen ‹alten Völkern›, wie er sie gern nannte. Was die materielle Seite angeht: Die türkischen Importe aus Deutschland stiegen von sechs Prozent im Jahre 1897 auf 21 Prozent im Jahre 1910, vor allem zu Lasten der Briten und Franzosen. Abgesehen von gelegentlichen Phasen des Argwohns und der Spannungen (besonders 1908/09) blieben die Beziehungen zwischen Berlin und der Pforte herzlich. Ordensleute und Pädagogen verbreiteten die deutsche Sprache und deutsche Kultur in Kleinasien und dem Heiligen Land. Eine protestantische Organisation, der Jerusalems-Verein, unterhielt acht Schulen in Judäa, während der katholische Palästinaverein in der weiteren Region aktiv war und die Deutsche Orient-Mission in den armenischen Bezirken, in denen früher die Amerikaner tätig gewesen waren. Aber der größte deutsche Einfluß in der Türkei ging von Waffenhändlern, Bankiers und Eisenbahningenieuren aus. Innerhalb von sechzehn Jahren lieferte die deutsche Industrie 200 Lokomotiven und rund 3500 Personen- oder Güterwaggons an die Anatolische Eisenbahn und ihren Bagdader Ausläufer, dazu Stahlschienen für die Gleisanlagen selbst. Ein sächsischer Ingenieur, Heinrich Meissner, wurde mit dem Bau der Hedschasbahn betraut, die von 1900 bis 1908 von Damaskus südwärts bis nach Medina gelegt wurde. Bestellungen für weitere 100 Lokomotiven und rund 1100 Waggons speziell für diese Schmalspurbahn, die ‹Pilgerbahn›, gingen nach Deutschland.[9] Die Haydarpaşa-Konzession für Kais an der anatolischen Küste des Bosporus zog ebenfalls deutsche Investitionen an, obwohl französische Firmen weiterhin die Hafenarbeiten am europäischen Ufer des Bosporus sowie in Smyrna, Saloniki und Beirut kontrollierten, den gewinnträchtigsten Häfen des Osmanischen Reiches.

Zu der Zeit, als Wilhelm II. die drei Vilâyets besuchte, die geographisch Palästina ausmachten, übertraf die arabische Bevölkerung die jüdische im Verhältnis zehn zu eins. Aber Jerusalem war natürlich dem ältesten der biblischen Völker ebenso heilig wie den Christen und Muslimen, und der Kaiser wußte, welche Emotionen die ‹Judenfrage› in Mitteleuropa wie in der Levante erregte. Am Tag nach seiner Ankunft in Konstantinopel hatte er Theodor Herzl empfangen; zwölf Monate zuvor hatte Herzl den Zionismus bei einem Weltkongreß in Basel offiziell begründet. Die Möglichkeit, der zionistischen Siedlung in Palästina kaiserliche Protektion zu gewähren, reizte den Kaiser, denn jeder hundertste seiner Untertanen war Jude, viele von ihnen wohlhabend und mit Einfluß in der Wirtschaft. ‹Ihre Bewegung, die ich genau kenne, enthält einen gesunden Gedanken›, sagte er zu Herzl. Aber als zwei Wochen später Herzl um eine zweite Audienz beim Kaiser nachsuchte, diesmal vor Jerusalem, fand er Wilhelm viel weniger zugänglich. Die Vertreter Abdülhamits, die mit der kaiserlichen Gesellschaft reisten, hatten ihren Gästen klargemacht, daß der Sultan ernsthaft beunruhigt war von Herzls Streben nach ‹Schaffung einer öffentlich-rechtlichen Heimstätte für das jüdische Volk› in Palästina, und die Anwesenheit Herzls und seiner Gefährten in Jerusalem war eine Peinlichkeit. Als Abdülhamit 1901 bereit war, Herzl zu einer Audienz in Yıldız zu empfangen, verhehlte er seine Ablehnung des Zionismus nicht.[10]

Die Juden waren für die Osmanen nie ein besonderes Problem gewesen. Um die Jahrhundertwende herrschte der Sultan unmittelbar über rund 20 Millionen Untertanen, von denen fast drei Viertel Muslime waren und nur 230 000 Menschen jüdischen Glaubens. Dieser Minderheit war es im Osmanischen Reich besser gegangen als in Rußland und vielen anderen Teilen Osteuropas. Seit 1868 saßen mindestens zwei Juden als reguläre Mitglieder im Tanzimat-Staatsrat und arbeiteten an Gesetzen für das Reich mit. Das jüdische Millet hatte längst den gleichen Status wie das griechisch-orthodoxe oder das armenische Millet; der Oberrabbiner von Konstantinopel nahm in der osmanischen Gesellschaft den gleichen Stand wie die zwei christlichen Patriarchen ein, obwohl die meisten Juden weit entfernt von der Hauptstadt lebten – in Saloniki, am Nordwestufer des Sees Genezareth und in Jerusalem selbst. Die russischen Pogrome zur Zeit Alexanders III. (1881–1894) stellten das Osmanische Reich vor dieselben Probleme wie andere Staaten, die mit dem Exodus eines verfolgten Volkes konfrontiert wurden. In Palästina stieg die jüdische Bevölkerung von 24000 im Jahre 1880 auf 49000 im Jahre 1903 und 90000 zu Beginn des Ersten Weltkriegs; in derselben Region lebten zu dieser Zeit schätzungsweise eine halbe Million Araber. 1882, als die Einwanderung im großen Maßstab begann, unternahmen die osmanischen Behörden Schritte, um die Landung von Juden aus Rußland und anderen Teilen Osteuropas in den Häfen Lattakia, Beirut, Haifa und Jaffa zu verhindern. Sechs Jahre später wurde Jerusalem – das seit 1516 unter osmanischer Herrschaft gestanden hatte – das Zentrum einer besonderen Verwaltungseinheit, des Mutasarrıflık, das vom Toten Meer bis nach Jaffa und Gaza reichte und direkt von der Pforte regiert wurde.[11]

Die Einwanderung an der Küste Palästinas zu kontrollieren schien den Osmanen und auch den ausländischen Konsuln in der Region politisch und wirtschaftlich sinnvoll. Im Gegensatz zu anderen arabischen Ländern der Levante und trotz des kosmopolitischen Charakters von Jerusalem selbst war Palästina um die Jahrhundertwende erstaunlich homogen und seine Bewohner überwiegend sunnitisch. Sie waren zum größten Teil loyale Osmanen, und Sultan Abdülhamit war geneigt, ihre Vorstellungen mit besonderem Wohlwollen anzuhören; mehrere gebildete Araber berief er in Vertrauensstellungen in Yıldız. Im Heiligen Land waren die Araber ein ebenso altes Volk wie die Juden. Es existierten Gemeinden, die zum Teil seit tausend Jahren oder länger dort lebten und vielleicht sogar auf die biblischen Kanaaniter zurückgingen. Wenn Tausende von armen jüdischen Bauern aus Rußland in diese sensible Region strömten, so fürchtete die osmanische Regierung, drohten ein anhaltender Konflikt mit den Arabern und eine Belastung auch für die dort bereits existierenden jüdischen Siedlungen, von denen einige mehr als dreißig Jahre zuvor gegründet worden waren. Als 1891 Abdülhamit die erste Bittschrift arabischer Notabeln aus Jerusalem erhielt, in der sie ein Verbot jüdischer Einwanderung und jüdischen Landkaufs forderten, prüfte er ihre Bitte daher voller Verständnis. Noch bevor Herzl seine Kampagne für eine nationale jüdische Heimstätte begann, hatte die osmanische Zensur entschieden, daß es in Zeitungen und Büchern keinen Hinweis auf das Gelobte Land der Juden, auf die Grenzen Palästinas oder auf den Bund Abrahams geben dürfe. Arabische Überfälle auf die jüdischen Pioniersiedlungen zwischen Jaffa und Jerusalem, die schon 1886 begonnen hatten, nahmen zu, während sich die Aufmerksamkeit des Auslands auf andere Dinge richtete, etwa auf die elende Lage der armenischen Untertanen des Sultans. Die Zähigkeit der Siedler – viele von ihnen nichtpolitische Zionisten, die vor Herzl ins Land gekommen waren – verdient Hochachtung: Auch wenn sie oft im Streit sowohl mit dem konservativen Rabbinat als auch mit den örtlichen Muslimen lagen, hielten sie durch und bemühten sich zuversichtlich um finanzielle Unterstützung aus dem Ausland, um ihren Lebensunterhalt einem Land abzutrotzen, das bedauerlich wenig Neigung zeigte, von Milch und Honig überzufließen.

Obwohl der Sultan ein weiteres Eindringen von Juden ins Heilige Land offensichtlich ablehnte, unterstützten die deutschen Behörden gelegentlich die deutsch-jüdischen Wohltätigkeitsorganisationen innerhalb des Osmanischen Reichs, jedenfalls bis zum Beginn des Ersten Weltkriegs. 1904 richtete die Zionistische Weltorganisation ihr Hauptquartier im Rheinland ein; sieben Jahre später zog sie nach Berlin. Aber da der Antisemitismus in Deutschland und in Mitteleuropa insgesamt zunahm, bekam sie keinen Einfluß auf Entscheidungsprozesse in der Wilhelmstraße. Doch auch wenn die Osmanen Herzl und seinen Nachfolgern in der Zionistischen Weltorganisation gründlich mißtrauten, duldeten sie es, daß Baron Edmond de Rothschild, der Chef der französischen Linie der Bankiers-

Dynastie, Pioniersiedlungen für polnische und südrussische Juden finanzierte. Die Arbeit in diesen Modellsiedlungen wurde seit 1884 von Landwirtschaftsexperten geleitet, die meist aus Frankreich kamen, und ihr Erfolg versprach Wohlstand und weitere Investitionen in einem Teil des Osmanischen Reiches, der im wesentlichen noch arm und rückständig war. Baron Edmond selbst regte viele Verbesserungen an, etwa den Anbau von Wein und Grapefruits, und 1900 gründete er die Jüdische Siedlungsgesellschaft, deren Präsident er bis zu seinem Tode vierunddreißig Jahre später blieb. Solange die Osmanen auf in Paris aufgelegte Anleihen hofften, wagten sie nicht, die Siedlungsgesellschaft allzu strengen Beschränkungen zu unterwerfen.[12]

Aber all diese jüdischen Initiativen standen im Gegensatz zu Abdülhamits deutlicher Absicht, die islamische Einheit zu festigen und die arabischen Länder stärker in den türkischen Kern seines Reiches zu integrieren. Außerdem gab es, weil das osmanische Herrschaftsgebiet schrumpfte, ein Flüchtlingsproblem im gesamten Reich. Die Flucht der Muslime vom Balkan, aus Rußland und aus dem von Frankreich beherrschten Maghreb schuf großes soziales Elend in der Hauptstadt und im Gebiet von Smyrna. Das Hedschasbahn-Projekt, das auf Ahmet Izzet zurückging, war in gewisser Weise ein ideologisches Gegenstück zu den jüdischen Siedlungen; es verband Gläubigkeit mit materiellem Nutzen, denn es verlangte die Beschaffung von einer Million Pfund Sterling durch freiwillige Spenden in der gesamten muslimischen Welt, um die Beförderung der Pilger von Damaskus nach Medina und schließlich Mekka zu erleichtern. Aber ebenso wie Pilger konnten Truppen ins Herz Arabiens transportiert werden, und sobald Amman und Ma'an mit den syrischen Städten und mit Beirut verbunden waren, bestand Aussicht, das Vilâyet Suriya bis nach Akaba hinunter mit muslimischen Flüchtlingen besiedeln zu können. Die Hedschasbahn und die an ihr entlanglaufenden Telegraphenleitungen gaben dem Sultanat Gelegenheit, die osmanische Kontrolle über Provinzen wieder geltend zu machen, die ihm allmählich entglitten waren.

Aber wie konnte man diese ‹Aussichten› und ‹Gelegenheiten› nutzen, wenn die osmanische Regierung weiterhin durch die finstere, unbeständige Psyche Abdülhamits und durch seine konsequente Weigerung, Macht zu delegieren, gehemmt wurde? Der Sultan hatte eine schnelle Auffassungsgabe, deshalb konnte er Vorteile aus Ideen ziehen, die er nur halb verstanden hatte. So versuchte er – oft gleichzeitig – von der panislamischen Propaganda, großosmanischen Strömungen und dem ‹Türkismus› zu profitieren, einer intellektuellen Bewegung, die das (im allgemeinen bäuerische) türkische Element im kulturellen Erbe des Reiches zu fördern trachtete. Aber seine Gönnerschaft war sprunghaft: verworrene Berichte von erfinderischen Spionen konnten heute die Begeisterung von gestern ersticken, so daß vieles unvollendet blieb, was der Sultan einmal unterstützt hatte. Sir Philip Currie berichtete seinem Außenministerium mehrmals von der weitverbreiteten ‹Unzufriedenheit mit der Willkürregierung des Palastes›, die das Wachstum einer geheimen Reformbewegung förderte.[13] Kurz nach der Jahrhundertwende, zur Zeit von Curries Nachfolger in Pera, Sir Nicholas O'Conor, wurde die Protestbewegung als ‹jungtürkisch› bezeichnet.

Türkische Historiker behaupten mit einiger Berechtigung, daß die früheste jungtürkische Zelle im Mai 1889 von Medizinstudenten der Armee in Stambul gegründet worden sei, und daß schon im Sommer 1896 mehr als siebzig jungtürkische Offiziere und Kadetten nach Tripoli verbannt worden seien, nachdem man sie wegen Konspiration vor ein Kriegsgericht gestellt hatte.[14] Es blieben jedoch drei fundamentale Probleme bestehen, wenn man die Frühgeschichte der Bewegung nachzuzeichnen versucht: zum einen die gleichzeitige Existenz von notwendig geheimen Zellen in osmanischen Garnisonen und von jungtürkischen Exilgruppen in Genf, Paris und Kairo, die durch ihre lautstarken Äußerungen bekannt wurden; zum anderen Rivalitäten und das Sektierertum von selbsternannten Führern im Ausland, und schließlich die Neigung konspirativer Gruppen, die Bezeichnung ‹Jungtürken› für sich in Anspruch zu nehmen, obwohl sie sich in ihrem Vorgehen und oft auch in ihren langfristigen Zielen voneinander unterschieden. Zum Teil waren die Jungtürken von den Jungosmanen der Tanzimat-Ära beeinflußt, aber die neue Protestbewegung hatte eine breitere gesellschaftliche Basis. Ihre Anhänger profitierten von den Bildungsreformen, vor allem von der Wiederbelebung der Universität in Stambul und dem soliden Unterricht an höheren Schulen und Militärschulen. Außerdem lieferte um 1900 die 1859 gegründete Zivilverwaltungsschule (Mektep-i Mülkiye) der Verwaltung jährlich hundert Absolventen. Von zwanzig Männern, die im ersten Jahrzehnt des Jahrhunderts Bedeutung erlangten, hatten sechs die Militärschule absolviert und sieben kamen aus der Mülkiye.[15]

Aber der revolutionärste Führer in der Bewegung konnte eine fast makellose dynastische Abstammung nachweisen: Prinz Sabahettin, der 1899 freiwillig mit seinem Vater und seinem Bruder ins Exil gegangen war, war ein Urenkel von Mahmut II., ein Enkel von Abdülmecit und der Sohn von Abdülhamits Halbschwester Prinzessin Seniha. Sabahettin war es, der im Februar 1902 den Vorsitz bei einem jungtürkischen Kongreß in Paris führte, auf dem eine Entschließung verabschiedet wurde, welche die Großmächte aufforderte, ‹im allgemeinen Interesse der Menschlichkeit› dafür zu sorgen, daß die Hohe Pforte ihre Vertragsverpflichtungen erfüllte, was ‹allen Teilen des Osmanischen Reiches zugute kommen› würde. Diese Resolution wurde jedoch von einer einflußreichen Minderheit mißbilligt, die erklärte, daß die Großmächte von einem Interesse geleitet würden, ‹das nicht immer in Übereinstimmung mit dem unseres Landes steht›. Wie so oft bei Kongressen politischer Verbannter setzte sich der Wille der Minderheit durch: Auch wenn die Jungtürken versicherten, sie wünschten ‹eine Ausbreitung der europäischen Zivilisation in unserem Land›, so wurden sie praktisch doch patriotische Verfechter der Unabhängigkeit ihres Landes. Der aristokratische Sabahettin leitete nur noch eine Splittergruppe, die ‹Osmanische Liga für Privatinitiative und Dezentralisierung›. Es war ein klobiger Name, aber er benannte präzise ihr Anliegen.

Die Entwicklung der jungtürkischen Bewegung war eng

verbunden mit der wachsenden Anarchie in der größten der noch unter direkter osmanischer Herrschaft stehenden europäischen Provinzen. Auf das kurze Abflauen terroristischer Aktivitäten in Makedonien nach der griechischen Niederlage im Dreißig-Tage-Krieg folgte um die Jahrhundertwende eine Welle des Terrorismus, ausgelöst von den rivalisierenden Gruppen, die ein Großbulgarien anstrebten. Den aufsehenerregendsten Coup landete die IMRO im September 1901, als sie die amerikanische Missionarin Helen Stone gefangennahm, die als Geisel in den Bergen um den Doiranes-See festgehalten und schließlich in Strumica freigelassen wurde, nachdem die US-Regierung 66 000 Dollar Lösegeld gezahlt hatte. Miss Stone wurde von ihren Komitadschi-Kidnappern so anständig behandelt, daß sie nach ihrer Rückkehr nach Boston die Forderungen der IMRO nachdrücklich unterstützte.[16]

Diese Episode hatte an sich keine große Bedeutung, aber das Kidnappen einer Missionarin erregte viel Aufsehen in der amerikanischen, britischen, französischen und italienischen Presse. Die Journalisten unterstrichen die Unfähigkeit der Türken zu verhindern, daß Dorfvorsteher von rivalisierenden Kommandeuren der Supremisten und der IMRO so eingeschüchtert wurden, daß sie sie unterstützten. Nach Helen Stones Freilassung begannen die europäischen Großmächte gemächlich diplomatische Gespräche mit der Pforte über die Notwendigkeit weiterer Reformen in Makedonien sowie in Thrakien. Die Diplomaten wurden bald daran erinnert, wie drängend das Problem war. Im Frühjahr 1903 erschütterte eine Serie von Bombenanschlägen Saloniki: Die Ottomanische Bank wurde in die Luft gejagt, und wenige Monate später begann ein ununterbrochener Guerillakrieg von bulgarischen Komitadschi in den Bergen. Bei den Bombenattentaten waren auch in Saloniki lebende Griechen umgekommen. Der osmanische Vali, Hassan Fehmi Pascha, sorgte mit Entschlossenheit und solcher Unparteilichkeit für Ordnung in der Stadt, daß sich die Griechen noch lange seiner erinnerten. Aber die unmittelbare Folge der IMRO-Aktivitäten 1903 war eine Wiederbelebung der patriotischen Vereinigungen in Saloniki und den umliegenden Städten und Dörfern. Das griechische Konsulat wurde zum Zentrum der neuen Bewegung. Ein Historiker erinnert sich, wie ‹Konferenz auf Konferenz... in der Kathedrale stattfand und immer wieder Pläne entworfen wurden für die von verschiedenen Gruppen durchzuführenden Unternehmungen›.[17]

Nicht nur Bulgaren und Griechen drohten die Lunte ans Pulverfaß Balkan zu legen. Der neue, aggressiv nationalistische Geist, der auf die Wiedereinsetzung der Karadjordjević-Dynastie in Belgrad im Juni 1903 folgte, führte zur Wiederbelebung serbischer revolutionärer Zellen, vor allem in Üsküp (Skopje) und Monastir (Bitolj). Innerhalb von achtzehn Monaten wurde eine ‹kleine Armee› von Tschetniks, ausgebildet in Belgrad und in Niš, im oberen Vadartal und um den Ochridsee herum aktiv. Sie bekämpften die regulären osmanischen Truppen nur, wenn sie angegriffen wurden, sprachen aber ständig von den serbischen Forderungen, die erhoben werden müßten, sobald sich die Türken zurückzögen. Die Karten der Rassen, Kulturen und Religionen in der Region waren bemerkenswert buntscheckig. In Üsküp zum Beispiel, wo die Ulema immer noch mächtig waren und ein serbisch-orthodoxer Bischof residierte, eröffneten zwei katholische Kaufleute das erste Theater der Stadt: Der eine war Italiener, der andere, Kole Bojaxhiu, ein Fez tragender Albaner, der eine Serbin geheiratet hatte. Dieser typisch kosmopolitischen makedonischen Familie wurde am Ende dieses unruhigen Jahrzehnts eine Tochter geboren, deren Berufung fern vom Balkan lag: Ganxhe Agnes Bojaxhiu, von Geburt osmanische Untertanin, wurde als Mutter Teresa von Kalkutta berühmt.[18]

Daß eine Friedensnobelpreisträgerin aus dieser konfliktgeschüttelten Region kommen sollte, hätte damals wohl kaum jemand für möglich gehalten. 1903 wurden die ohnehin durch ihre Rivalitäten gespaltenen Großmächte von neuerlich drohenden Krisen auf dem Balkan aufgeschreckt. Die Ereignisse riefen unangenehme Erinnerungen an Bulgarien in den siebziger Jahren und – weniger lange zurückliegend – Armenien wach. Keine Regierung wollte neue Massenunruhen gegen den ‹unsäglichen Türken›. Unter den britischen Liberalen gab es noch eine starke probulgarische Lobby, und sowohl in London als auch in Paris wurde der Gedanke eines autonomen Makedonien zum Teil unterstützt; aber die meisten Regierungen waren gewillt, die osmanische Herrschaft in dieser Provinz fortdauern zu lassen, unter internationaler Kontrolle durch eine fähige Gendarmerie-Streitmacht. Nur die Briten wollten, daß die osmanischen Truppen ganz aus Makedonien (wie von Kreta) abgezogen würden. Im Oktober trafen sich Zar Nikolaus II. und Kaiser Franz Joseph, begleitet von ihren Außenministern, in Mürzsteg, einem Jagdschloß des Kaisers 160 Kilometer südwestlich von Wien. Dort einigten sich die beiden Monarchen auf ein Reformprogramm, das sie dem Sultan empfehlen wollten: Ein russischer und ein österreichischer Zivilbeamter sollten den türkischen Gouverneur beraten, außerdem sollte ein europäischer Kommandeur die Gendarmerie befehligen und die Provinz in ‹Sphären der Aufsicht› jeweils unter der Verantwortung einer der Großmächte geteilt werden.

In der letzten Novemberwoche 1903 nahm der Sultan die ‹Mürzsteger Punktation› an; eine angedrohte Flottendemonstration der Großmächte hatte ihn veranlaßt, einem Programm zuzustimmen, das er bekanntermaßen verabscheute.[19] Abdülhamit war jedoch ein Meister der Verstellung und der Verzögerung, und es wurde wenig unternommen, um die hochkomplizierten Vorschläge durchzuführen. Ein Italiener übernahm das Kommando über die Gendarmerie, und Offiziere der fünf Großmächte entwarfen vorläufige Pläne zur Überwachung der Region. Zwei Jahre später – nach einer weiteren Zurschaustellung der Flottenstärke Großbritanniens, Frankreichs, Italiens und Rußlands – machte der Sultan ein weiteres Zugeständnis; eine internationale Kommission sollte zur Überwachung von Einnahmen und Ausgaben in Makedonien eingesetzt werden. Nur der Kaiser und sein geschickter Botschafter Marschall von Bieberstein enthielten sich jeder Form von Einschüchterung. ‹Die Deutschen nützen mir so sehr, wie ich es zulasse, während das übrige Europa mir schadet, wie es nur kann›, bemerkte

Abdülhamit säuerlich in einem Privatgespräch.[20] Was ihm nicht bewußt war: Die jüngere Generation von Armeeoffizieren konnte kaum einen Unterschied sehen zwischen den Franzosen, Briten, Italienern oder Russen, denen der Sultan so servil zu begegnen schien, und den Deutschen, die offensichtlich von den Handelskonzessionen profitierten, die er ihnen eingeräumt hatte. Außerdem zeigten die militärischen Ausbilder aus Deutschland, wie viele der früheren Fachleute aus dem Ausland, eine herablassende Arroganz, die für stolze und ehrgeizige junge Männer unerträglich war. Dieser starke Haß auf alle ausländischen Einflüsse, aus dem sich osmanische Oppositionsbewegungen so oft gespeist hatten, schien 1905/06 wieder in beunruhigender Weise aufzubrechen – aber diesmal mit einem Unterschied.

In Serbien, Bulgarien und Griechenland bildeten junge Armeeoffiziere, die aus Familien ohne militärische Tradition stammten, bereits gefährliche Gruppierungen und drohten ihren jeweiligen Regierungen eine nationalistische Politik nach eigenen Vorstellungen aufzudrängen. Eine ähnliche Entwicklung deutete sich an in den Positionsveränderungen der Jungtürken-Bewegung zwischen dem Kongreß vom Februar 1902 und einem zweiten, ebenfalls in Paris abgehaltenen Kongreß vom Dezember 1907. Zur Bestürzung von Abdülhamits Geheimagenten gab es 1906/07 Beweise für Dissidentenzellen in mehreren Armeen des Sultans. Eine Osmanische Freiheitsgesellschaft (Osmanlı Hürriyet Cemiyeti), im September 1906 in Saloniki von dem Postbeamten Mehmet Talaat ins Leben gerufen, gewann die Unterstützung von Offizieren des 3. Armeekorps. Zwei Monate später gründete der in Saloniki geborene und in Monastir ausgebildete fünfundzwanzigjährige Stabshauptmann Mustafa Kemal eine geheime Vaterlandsbewegung (Vatan) mit Offizieren des 5. Armeekorps in Damaskus. Vatan bildete bald Zellen in Jaffa, Jerusalem und Beirut. Im folgenden September nahm die Osmanische Freiheitsgesellschaft Verbindung zu Jungtürken im Exil in Genf auf, und bald nach dem zweiten Pariser Kongreß vereinigten sich die Führer dieser jungtürkischen Bewegung zu einem Komitee für

Einheit und Fortschritt (Ittihad ve Terakki Cemiyeti); dieser Organisation schlossen sich Kemals Vatan und verschiedene andere Gruppierungen an.[21] Das geographische Bindeglied für die Dissidenten war Makedonien. Die meisten Mitglieder dienten in dieser unruhigen Provinz oder stammten aus ihr. 1908 war Saloniki, die zweite Stadt im heutigen Griechenland, das Kraftwerk der jungtürkischen Revolution.

Die Ereignisse jenes Sommers ließen keine Strategie erkennen; die dramatischsten Geschehnisse fanden in einer so abgelegenen Region statt, daß es schien, als könne daraus keine Gefahr für den osmanischen Thron erwachsen. Der militärische Mufti der Garnison der 3. Armee in Monastir war ein Agent der Polizei, ein Spitzel des Yıldız-Palastes. Zufällig stieß er Anfang Juni auf eine Verschwörung des Komitees, an der Major Ahmet Niyazi beteiligt war, ein Offizier von zweifelhafter Loyalität, der in Resne (heute Resen), zwischen Monastir und Ochrid, stationiert war. Der Mufti wurde angeschossen und verwundet, man wollte verhindern, daß er einen Bericht in die Hauptstadt schickte, und Niyazi beschloß, die Revolte zu beschleunigen, indem er sich während des Freitagsgebets am 3. Juli Waffen und Munition besorgte und in offener Empörung in die Berge um Ochrid floh. Das Komitee, das Gegenmaßnahmen fürchtete, unterstützte Niyazi. Viele junge Offiziere schlossen sich ihm in den Bergen an. Der bekannteste unter ihnen war Major Enver, der im Stab des Generalinspekteurs von Rumelien, Hüseyin Hilmi, gedient hatte, welcher selbst den Jungtürken wohlwollend gegenüberstand. Auf Niyazis Veranlassung nahm das Komitee Kontakt zu ausländischen Konsuln in Saloniki auf und schickte Bevollmächtigte in alle wichtigen Städte Makedoniens, wo sie die Wiedereinsetzung der Verfassung von 1876 forderten. Zunächst spielte Abdülhamit die Bedeutung des Aufruhrs herunter. Aufgerüttelt wurde er jedoch durch die Ermordung eines seiner treuesten Generäle in Monastir und durch die rebellische Stimmung bei den Truppen, die er eilig aus Anatolien aufmarschieren ließ, um die makedonische Rebellion zu ersticken. Berichte, die die Hauptstadt erreichten, zeigten, wie schnell sich die Garnisonen in

Rumelien für eine Verfassung aussprachen. Was genau sie anstrebten, war unklar, aber offensichtlich erhielten die Aufrührer in verschiedenen Bezirken Unterstützung von den Albanern und von einigen griechischen und bulgarischen Gemeinden. Und es gab auch deutlichere Parolen: ‹La Patrie, Liberté, Égalité, Fraternité!› hörte der britische Vizekonsul einen jungen Offizier in der kleinen Stadt Drama auf französisch rufen.[22]

Während der Kampfgeist im Yıldız-Palast verfiel, unternahm Sultan Abdülhamit eine letzte Anstrengung, um die politische Initiative zurückzugewinnen. Nicht zum ersten Mal in seiner Regierungszeit beschloß er, der Opposition zuvorzukommen. Er entließ Mehmet Ferid, der fünfeinhalb Jahre lang Großwesir gewesen war, und holte zum siebten Mal Küçük Mehmet Said ins Amt, den Mann, der einunddreißig Jahre zuvor, in jenem Scheinfrühling des osmanischen Konstitutionalismus, die Rede des Sultans an die Meclis-i mebusan verlesen hatte. Innerhalb von achtundvierzig Stunden hatten sich Said Pascha und sein Herr darauf geeinigt, die wichtigste Forderung der makedonischen Revolutionäre zu erfüllen. Der Sultan glaubte, so erklärte er zumindest fünf Monate später, daß die Völker seines Reiches inzwischen ausreichend entwickelt seien für eine parlamentarische Regierung. Eine kaiserliche Irade, veröffentlicht am 24. Juli 1908, kündigte an, daß die außer Kraft gesetzte Verfassung von 1876 wieder Gültigkeit besitze. Einige Tage später rief der Sultan eine Generalamnestie für politische Gefangene und Verbannte aus. Am 1. August bestätigte ein Hatt-î hümayun die Auflösung der Geheimpolizei, das Verbot willkürlicher Festnahmen, die Abschaffung der Genehmigungspflicht für Reisen ins Ausland, die Gleichheit der Rassen und Religionen und die Neuorganisation der bestehenden Regierung. Die Charta versprach auch die Einberufung eines gewählten Parlaments innerhalb von drei Monaten. Eine Welle der Begeisterung, die von mehr als einem Dutzend Volksgruppen getragen wurde, wogte durch Städte und Dörfer in Europa und Asien.[23]

Die Ära Abdülhamits II. war zu Ende. Die Jungtürken

vernichteten die Autokratie, ohne einen Schuß auf den Sultanspalast abfeuern zu müssen. Aber noch regierte der Sultan. Am 31. August begann der am längsten herrschende und verschlagenste Überlebende einer dreihundertjährigen Tradition das dreiunddreißigste Jahr seiner Regentschaft unter dem fremdartigen Mantel einer konstitutionellen Monarchie. Er lag ihm unbequem auf den gebeugten Schultern.

KAPITEL 14

Das Streben nach Einheit und Fortschritt

Die plötzliche Wiedereinsetzung der Verfassung überraschte
das Komitee für Einheit und Fortschritt. Seine Gründungsmit-
glieder hatten einen längeren Kampf erwartet, bis der Sultan
bereit war, die zaghaften Versuche mit dem parlamentarischen
Regierungssystem nach einer Pause von zweiunddreißig Jahren wiederaufzunehmen. Wahrscheinlicher hatte es geschie-
nen, daß die Jungtürken in Zusammenarbeit mit gleichgesinn-
ten Ulema-Würdenträgern eine Möglichkeit ersonnen hätten,
den regierenden Herrscher abzusetzen. Statt dessen wurde
schnell deutlich, daß die kaiserliche Irade die Beziehungen
zwischen Herrscher und Beherrschten verändert hatte. Am
31. Juli, dem ersten Freitag nach der Verkündung der Irade,
wagte sich Abdülhamit zum wöchentlichen Selâmlık in die
Hagia Sophia – es war das erste Mal nach einem Vierteljahrhundert, daß er den Mut aufbrachte, das Goldene Horn zu
überqueren, um in der alten byzantinischen Basilika zu beten.
Die Wagenfahrt war ein kleiner persönlicher Triumph für ihn:
das Volk jubelte ihm zu in den engen Straßen, in denen er
Attentate am meisten gefürchtet hatte.[1] Mit einigem Widerwillen räumte er Anfang August ein, daß er immer noch eine
Abordnung des Komitees empfangen und die Vorzüge ihres
Reformprogramms mit ihnen diskutieren müßte.

Diese huldvolle Leutseligkeit des nicht unpopulären Sultans
stellte die Revolutionäre vor ein Problem: Wer sollte als ihr
Sprecher nach Yıldız gehen? Das Komitee war keine politische
Partei, es war nicht einmal eine landesweite Protestbewegung.
Außerhalb von Makedonien fehlte es an einer koordinierten
Organisation, und bisher gab es noch keine Einzelpersönlich-
keit, die sich als Führer profiliert hätte. Für Major Niyazi,

Major Cemal, Major Enver oder einen der anderen jungen Offiziere war es zu gefährlich, in die Hauptstadt zu reisen; man konnte sie zu Recht als Rebellen und Meuterer ansehen. Das erfahrenste Komiteemitglied in Makedonien war Dr. Nazım, Leiter des Städtischen Krankenhauses von Saloniki und wichtigster Verbindungsmann zwischen den jungtürkischen Verschwörern und den Exiltürken in Paris. Aber obwohl er zwei Monate später Generalsekretär des Komitees wurde, zog Nazım es stets vor, möglichst wenig an die Öffentlichkeit zu treten. Neben ihm gab es noch Hüseyin Hilmi, eine in ganz Rumelien geachtete Persönlichkeit, der die Irade des Sultans in Saloniki unter allgemeiner Begeisterung verlesen hatte. Aber Hilmi war ebenfalls nicht geeignet, denn wenn er auch mit den Zielen der Jungtürken sympathisierte, so war er doch dem überlebten Liberalismus einer älteren Generation verhaftet. Mit fünfundfünfzig Jahren konnte Hilmi kaum als Sprecher für Offiziere und Beamte fungieren, die mehr als zwanzig Jahre jünger waren als er.[2]

Schließlich wählte das Komitee drei fähige Bürokraten: Mehmet Cavit, den Sohn eines Kaufmanns aus Saloniki, mit einem Sinn für Wirtschaftsfragen; Mustafa Rahmi, der aus einer der wohlhabendsten Großgrundbesitzerfamilien Rumeliens stammte, und Mehmet Talaat, der fast zwei Jahre zuvor die Osmanische Freiheitsgesellschaft in Saloniki mitgegründet hatte. Talaat kam aus einer Bauernfamilie in Edirne und war außerordentlich intelligent. Er war einerseits zu sehr Selfmade-Politiker, um eine Isolierung durch vorschnelle Kompromisse zu riskieren, andererseits aber auch zu ehrgeizig, um seine Entscheidungsfreiheit durch blinde Übernahme eines doktrinären Fanatismus einzuengen. Während der folgenden zehn Jahre war es eher Talaat als einer seiner glänzenderen Kollegen, der die Beschlüsse des Komitees in politisches Handeln umsetzte. Major Ahmet Cemal und Major Enver, beide durchsetzungsfähige Stabsoffiziere der 3. Armee, erlangten im Ausland größere Bekanntheit. Aber heute, wo das verworrene Material der Memoiren der jungtürkischen Bewegung klarer wird, zeigt sich Mehmet Talaat, der ehemalige Telegraphenbeamte, immer mehr als überlegener Geist in diesem bemerkenswerten Triumvirat.

Schon bei seiner ersten Audienz bei Abdülhamit scheint Talaat durch seine Persönlichkeit beeindruckt zu haben. Bei ihrer Ankunft in der Hauptstadt war die Abordnung von Said Pascha mit verächtlicher Geringschätzung behandelt worden; so ersuchten Talaat und seine zwei Gefährten den Sultan, Said zu entlassen und eine liberalere Regierung zu ernennen. Innerhalb von vier Tagen schied Said aus dem Amt, und der anglophile Kâmil Pascha wurde zum dritten Mal Großwesir. Er bildete ein Kabinett aus Reformern, von denen nur der Şeyhülislâm und der Außenminister Regierungserfahrung hatten. Die neue Zuversicht des Komitees zog vier weitere Mitglieder des inneren Kreises in die Hauptstadt, unter ihnen Cemal und Enver. Dieses innere Komitee beschloß, nicht selbst die Übernahme der Regierung anzustreben, sondern hinter den Kulissen die Entscheidungen des Palasts, der Pforte und schließlich auch des Parlaments zu beeinflussen. Ende August informierte Sir Gerard Lowther, kurz zuvor als neuer britischer Botschafter angekommen, London herablassend, daß ‹in Anbetracht der Tatsache, daß das Land von dem Komitee der Liga geführt wird, einem Haufen von Kindern mit guten Absichten, alles recht gut läuft›.[3]

Wie frühere Reformer unterstrichen sowohl Kâmils Regierung als auch das Komitee die Notwendigkeit, das Osmanische Reich in einen modernen, zentralistischen Staat zu verwandeln. Ein solches Programm war in dem vorangegangenen Jahrhundert mindestens viermal verkündet worden, aber die Ergebnisse blieben stets bedauerlich weit hinter den guten Absichten zurück, die Lowther auch jetzt um sich herum zu entdecken glaubte. Während aber die von Kâmil vorgeschlagenen Reformen sehr vertraut wirkten, strebte das Komitee drastischere Maßnahmen an. Sein Ideal war eine muslimische, kapitalistische bürgerliche Gesellschaft, die stolz war auf ihre anatolisch-türkischen Ursprünge: Alle osmanischen Staatsbürger sollten unabhängig von Rasse und Religion gleiche Rechte genießen *und* die gleichen Pflichten im Dienste eines zentrali-

stischen Staates übernehmen. Es sollte keine Rechtsunter-
schiede im Millet-System und keine ‹Kapitulationen› mehr
geben, diese von Ausländern genossenen Privilegien im Handel und in der Justiz. Das Komitee setzte sich für eine Agrarre-
form und für ein gerechteres Steuersystem ein. Aber selbst
dieses energische neue Programm von Veränderungen sah ein
interessantes Detail der Kontinuität vor: Die Jungtürken forderten die Erweiterung und Vervollkommnung der Mecelle,
des Bürgerlichen Gesetzbuches, das Ahmet Cevdets Kommission vierzig Jahre zuvor ausgearbeitet hatte.

Die neu eingeführte Pressefreiheit und das Recht auf politi-
sche Bündnisse begünstigten die Entwicklung eines Vielpartei-
ensystems.[4] Aber obwohl es einen harten Kern von islamischen
Traditionalisten und eine kleine Osmanische Demokratische
Partei gab, wurden die Wahlen 1908 von nur zwei großen
Gruppierungen bestritten: Das Komitee trat, obwohl es noch
nicht als Partei organisiert war, unter dem Namen ‹Unionisten›
(Ittihatçılar) an, und Mitte September wurde eine dezentrali-
stische liberale Partei gegründet, die ‹Osmanische Liberale
Union› (Osmanlı Ahrar Fırkası), zu deren Mitgliedern der
Großwesir sowie Prinz Sabahettin gehörten, der eilig aus Paris
zurückgekehrt war, um die politische Arena zu betreten. Die
im November und noch einmal im Dezember durch einen
indirekten Wahlmännerausschuß durchgeführten Wahlen
stützten vor allem die Unionisten. Einstweilen blieb jedoch die
Regierung Mehmet Kâmil im Amt. Am 17. Dezember bot
Sultan Abdülhamit abermals den Gefahren der engen Straßen
Stambuls die Stirn, um das dritte Parlament seiner Regierungszeit in dem Gebäude hinter der Hagia Sophia zu eröffnen.
Wenige Monate später wurde der Çirağan-Palast zum Sitz
beider Kammern des Parlaments umgewandelt; er hatte seit
August 1904 leergestanden, seit die Gefangenschaft des unglücklichen Exsultans Murat V. mit seinem Tod durch Diabe-
tes geendet hatte.

Die Entwicklung einer konstitutionellen Monarchie im Osmanischen Reich wurde durch eine Reihe von Krisen im Ausland behindert. Die Nachricht von der jungtürkischen Revolu-

tion rief in Wien und Budapest Bestürzung hervor. Dreißig Jahre lang hatten Franz Josephs Minister und Militärs die nominell osmanischen Provinzen Bosnien-Herzegowina faktisch wie eine Kolonie behandelt. Was würde geschehen, wenn das neue Regime in Konstantinopel die habsburgische Autorität anfocht und die Entsendung von Abgeordneten aus Bosnien und Herzegowina anstrebte? Und was, wenn das osmanische Parlament eine Vertretung aus tributpflichtigen Staaten wie Bulgarien forderte? Es lag im Interesse der Nachbarn des Sultans, die Grenzen seiner Autorität auf der Balkanhalbinsel klarzustellen und zu definieren. Schon vor der Revolution der Jungtürken hatte Baron von Aehrenthal, der österreichisch-ungarische Außenminister, die Gefahr von Feindseligkeiten auf dem Balkan erneut geweckt, als er das Projekt einer Eisenbahnlinie von Sarajevo durch den Sandschak von Novi Pazar nach Mitrowitza und weiter zum Hafen von Saloniki förderte; er erschloß damit das habsburgische Kroatien auf Kosten des unabhängigen Serbien. Die Aktivitäten des Komitees ließen Aehrenthal und den bulgarischen Regenten tätig werden. In der ersten Woche des Oktober 1908 annektierte Österreich-Ungarn formell Bosnien-Herzegowina, und in Sofia wurde Fürst Ferdinand zum unabhängigen ‹Zaren der Bulgaren› ausgerufen. (Er beschied sich mit dem Titel eines ‹Königs›, als sechs Monate später die Unabhängigkeit von den Großmächten anerkannt wurde.) Bald darauf begehrten auch die Kreter die formelle Anerkennung ihrer Freiheit von osmanischer Oberherrschaft und ihre Vereinigung mit Griechenland.[5]

Die erste Auswirkung der Krise innerhalb des Osmanischen Reichs war, daß sie den Anglophilen gute Karten gab. Zwei führende Vertreter des Komitees, Dr. Nazım und Ahmet Riza, reisten in der zweiten Novemberwoche 1908 nach London, um über ein englisch-osmanisches Bündnis zu sprechen. Außenminister Sir Edward Grey empfing sie. Sie erklärten ihm, daß das Komitee den Charakter des Osmanischen Reiches zu verändern wünsche; potentiell sei ‹die Türkei das Japan des Nahen Ostens›, behaupteten sie. Grey sagte, daß ihnen ‹unsere ganze

Sympathie für die gute Arbeit, die sie in der Türkei leisteten, sicher sei›, und bot an, ihnen ‹Männer für die Organisierung von Zoll und Polizei und so weiter› zu stellen, wenn sie dies wünschten. Aber er erklärte auch, eine enge englisch-osmanische Partnerschaft könne es nicht geben, weil sich Großbritannien außer im Fernen Osten aus Bündnissystemen heraushielte. Es war ein liebenswürdiges, aber unproduktives Gespräch.[6]
Obwohl Grey und seine Berater die Bedeutung der zwei Besucher kannten, scheint dem Außenministerium die Tatsache durchaus bewußt gewesen zu sein, daß sie genaugenommen nur private Reisende waren, nicht Gesandte der osmanischen Regierung. Und es gibt keinen Zweifel, daß der Außenminister selbst die Aussicht auf eine dauerhafte jungtürkische Zivilverwaltung als gering einstufte. ‹Es kann sehr gut sein, daß die Gewöhnung an eine verderbte und korrupte Regierung für Reformen zu stark ist›, hatte Grey schon an Lowther geschrieben, zehn Wochen bevor er mit Dr. Nazım und Ahmet Riza zusammentraf. ‹Aus der gegenwärtigen Revolte könnte sich eine starke und effiziente Militärdiktatur entwickeln.›[7]

Dennoch kann man sich kaum des Eindrucks erwehren, daß die Briten sich während der Bosnienkrise eine günstige Gelegenheit entgehen ließen. Da Deutschland, Österreich-Ungarns zuverlässigster Verbündeter, in Konstantinopel vorübergehend in Mißkredit geraten war, hätte Grey die Chance begrüßen können, den verlorengegangenen Einfluß Großbritanniens bei der Pforte zurückzugewinnen. Die Interessen hatten sich natürlich im Lauf der vergangenen zwanzig Jahre verändert. Kein Außenminister hätte den Frieden in Europa gefährden wollen durch territoriale Streitereien, als sich das Osmanische Reich endlich vom Balkan zurückzog. Aber seit der Jahrhundertwende hatte sich das Außenministerium – und mehr noch das Indien-Ministerium – größere Sorgen um den Persischen Golf und die Zukunft von Mesopotamien gemacht als um die Meerengen, und das Komitee war sich der Bedeutung der asiatischen Länder des Sultans genauso bewußt wie Abdülhamit selbst. 1899 hatten geschickte Verhandlungen, meistens vor Ort von Vertretern des Vizekönigs von Indien geführt, dafür gesorgt, daß all die kleinen Scheichtümer am Golf, einschließlich Kuwait, praktisch britische Protektorate geworden waren, selbst wenn sie formell noch der Oberherrschaft des Sultans unterstanden, und das Monopol der in London eingetragenen Euphrates and Tigris Steam Navigation Company auf die Hafenrechte in Bagdad und Basra blieb bis zu den osmanischen Konzessionen an Berlin in den Bagdadbahn-Vereinbarungen unangefochten. Deutschlands Mißerfolge im Winter 1908/09 hätten Grey Gelegenheit geben sollen, sich Handelsinteressen in einer Region zu sichern, in der das traditionelle anglo-indische Übergewicht im Handel bedroht war. Es stand mehr auf dem Spiel als nur der Bau einer Eisenbahnlinie. Inzwischen spielte Erdöl eine große Rolle bei der Entscheidungsfindung im britischen Außenministerium und bei der Pforte. Am 26. Mai 1908 – gerade neun Wochen vor der jungtürkischen Revolution – trafen Berichte aus Masjid-i-Suleiman über die erste bedeutende Ölförderung in der Golfregion ein: Der Ort lag zwar hinter der persischen Grenze, aber nur 250 Kilometer von Basra entfernt. Es überrascht nicht, daß eine der ersten Maßnahmen der Regierung Kâmil Pascha unter dem Druck des Komitees eine Verordnung war, mit der die Einkünfte aus dem Ölgeschäft und dem Privatbesitz des Sultans wieder dem osmanischen Staat zugeführt wurden; damit wurde Abdülhamits schneller Entschluß achtzehn Jahre zuvor rückgängig gemacht. Ausländische Angebote für Ölbohrkonzessionen, die das alte Regime vorläufig genehmigt hatte oder um die schon länger gefeilscht worden war, mußten jetzt beim Finanzministerium neu beantragt werden. In diesen Dingen waren die ‹Kinder mit guten Absichten›, wie Botschafter Lowther sie genannt hatte, frühreif gewitzt.[8]

Die Bosnienkrise beschäftigte die europäischen Regierungen sechs Monate lang, und in dieser Zeit betonte die osmanische Regierung immer wieder ihren Wunsch nach Freundschaft mit Großbritannien. In gewissem Maße sorgte die britische Diplomatie für eine Entschädigung der Jungtürken: Grey überredete seine russischen Entente-Partner, die Diskussion über eine Revision der Meerengen-Konvention zu verschieben, mit der Begründung, daß es nicht der geeignete Moment sei, ein so umfassendes Problem zu behandeln. Und die Anwesenheit eines britischen Geschwaders vor Kreta machte nachdrücklich deutlich, daß Grey eine sofortige Übertragung der Souveränität auf der Insel an Griechenland nicht zulassen würde. Beim englisch-russischen Gedankenaustausch wurde schließlich ein kurioser Handel abgeschlossen: Für die türkische Anerkennung der bulgarischen Unabhängigkeit wollten die Russen auf vierzig Raten der Kriegsentschädigung von 1878 verzichten.[9] Zur gleichen Zeit wurde eine britische Marinemission unter der Leitung von Konteradmiral Sir Douglas Gamble nach Konstantinopel geschickt, um wieder einmal die Flotte des Sultans zu reformieren.

All diese Gesten konnten kaum die traurige Tatsache verhüllen, daß der Beginn der konstitutionellen Regierung mit einer Reihe von unangenehmen territorialen Verlusten zusammenfiel. Muslimische Puristen, die sich ohnehin schon vom Anblick unverschleierter ‹moderner› Frauen und Töchter in den schickeren Straßen der Städte verletzt fühlten, begannen gegen die Reformer zu Felde zu ziehen. Eine konservative ‹Gesellschaft für Islamische Einheit› wurde gegründet, der auch der vierte Sohn des Sultans, Mehmet Burhanettin, als Mitglied angehörte; es hieß, daß der Palast sie finanziell unterstützte. In der zweiten Februarwoche 1909 erzwang das Komitee den Sturz des liberalen Kâmil Pascha und ersetzte ihn durch seinen Kandidaten Hüseyin Hilmi. Dieses politische Manöver ließ die Beschwerden der Islamischen Einheit berechtigt erscheinen, die Männer aus Makedonien wollten eine neue Autokratie schaffen. Es gab Reibungen zwischen der 1. Armee, die in der Hauptstadt lag, und den Offiziers-Politikern von der 3. Armee, die aus Saloniki herbeigereist waren, um die konstitutionelle Revolution zu leiten. In der Nacht vom 12. auf den 13. April 1909 taten sich Soldaten aus den Kasernen der 1. Armee mit Religionsstudenten in Stambul zusammen und forderten den Rücktritt der Regierung und die Errichtung eines muslimisch-fundamentalistischen Regimes, das die Gesetze der Scharia befolgte und die Autorität des Sultans als Kalifen anerkannte. Am nächsten Morgen brach der Mob ins Parlamentsgebäude ein und tötete zwei Abgeordnete. Abdülhamit gab den Forderungen der Demonstranten gern nach, und Ahmet Tevfik stampfte eine neue loyale Koalition aus dem Boden, die man vielleicht als ‹Regierung der Freunde von Yıldız› bezeichnen könnte. Ausländische Diplomaten berichteten prompt, daß die kaiserliche Autokratie wiederhergestellt sei.[10]

Diese Einschätzung war voreilig. Der konterrevolutionäre Coup hatte sich nicht an das herkömmliche Muster gehalten; die Demonstranten hatten weder die Führer des Komitees gefangengenommen, noch hatten sie mehr als eine Handvoll von Parlamentsabgeordneten festgehalten oder getötet. Außerdem gab es andersdenkende Offiziere, die zwar vielen Reformen kritisch gegenüberstanden, aber die patriotische Ideologie der Unionisten dennoch der Unzuverlässigkeit der Autokratie von Yıldız vorzogen. Zu diesen Offizieren gehörte der dreiundfünfzigjährige General Mahmut Şevket Pascha. Er hatte neun Jahre in Preußen zugebracht, wo er die Versetzung osmanischer Offiziere zur deutschen Armee koordiniert hatte, und er amtierte als Gouverneur des Kosovo, als die Revolution der Jungtürken begann. Der Pascha trat dem Komitee nie bei, aber das neue Regime gab ihm, dem kommandierenden General der 3. Armee in Makedonien, entscheidende Verantwortung. Als die Berichte von den Ereignissen in der Hauptstadt Saloniki erreichten, befahl Şevket Pascha seinem Divisionsstabschef, Major Mustafa Kemal, die Verlegung der 3. Armee in die Peripherie der Hauptstadt zu organisieren. Am 22. April machten Kemals logistische Planung und die Vorteile einer strategischen Bahnlinie es möglich, daß Mannschaften und Artillerie bei San Stefano konzentriert wurden. Dort konnte Şevkets ansehnliche Armee einer Schar von Parlamentsabgeordneten Schutz bieten, die ein Manifest veröffentlichten, in dem das Verhalten des Sultans verurteilt wurde. Nach ziellosen Scharmützeln vor den Verwaltungsgebäuden der Pforte und den Kasernen in Taksim gab Abdülhamit nach und entließ Tevfiks Regierung. Diesmal allerdings rettete den

Sultan seine schnelle Meinungsänderung nicht. Das Komitee hatte sich entschieden: Seine Regierung war zu Ende.[11]

Nach außen hin ging alles nach Brauch und Gesetz vor sich. Unter dem beträchtlichen Druck von Talaat billigte der Şeyhülislâm eine Fetva, die die Absetzung des Sultans verlangte, und am 27. April 1909 folgte dem sechsundsechzigjährigen Abdülhamit II. sein fünfundsechzigjähriger Halbbruder Mehmet V. auf den Thron. In zweifacher Hinsicht unterschied sich jedoch diese Absetzung deutlich von den dreizehn vorangegangenen. Die Forderung an den Şeyhülislâm ging nicht von den Wesiren im Kronrat aus, sondern von den Parlamentsabgeordneten. Der Herrscher hatte sie verletzt, weil er ‹den Pfad der Redlichkeit wieder zu betreten› geschworen hatte, ‹seinen Eid jedoch brach und einen Bürgerkrieg begann›. Der Sultan wurde von einer Delegation aus zwei Senatoren und zwei Abgeordneten über sein Los informiert. Sie teilten ihm mit, ‹die *Nation* hat Sie abgesetzt›.[12] Zweitens wurde Abdülhamit nicht im Kafes eines osmanischen Palastes eingesperrt. Das Parlament habe beschlossen, ihn ins Exil in die Provinz zu schicken: man würde ihm eine Villa in Saloniki besorgen. Als er von diesem Schicksal erfuhr, sank Abdülhamit ohnmächtig in die Arme seines Obereunuchen – eines Unglücklichen, der bald ein schlimmeres Schicksal erleiden sollte: Er wurde auf der Galatabrücke öffentlich gehängt wegen der Grausamkeiten, die er im Namen seines Herrn in den verborgenen Kellern des Yıldız-Palastes begangen hatte. Abdülhamits Bitten und Proteste waren vergeblich. Am gleichen Abend zu später Stunde mußte der Exsultan mit zwei Prinzen, drei Frauen, vier Konkubinen, fünf Eunuchen und vierzehn Dienern die zwanzigstündige Bahnreise in jene Stadt antreten, in der sein Unglück begonnen hatte.[13]

Abgesehen von Abdülhamits verhaßten Henkersknechten im Yıldız-Palast gab es keine blutigen Säuberungen unter den Politikern von gestern, denn das neue Regime war verschiedentlich auf ihre Unterstützung angewiesen. Ahmet Tevfik ging als Botschafter nach London und enthielt sich die nächsten zehn Jahre der Politik; er lehnte es ab, eine Rückkehr ins Amt in Erwägung zu ziehen, solange die Unionisten die Macht fest in Händen hielten. Am 5. Mai kehrte Hüseyin Hilmi als Großwesir zurück; er stand bis Ende des Jahres an der Spitze der Regierung, bis ihm der Jurist und ehemalige Diplomat Ibrahim Hakkı Pascha im Amt folgte. Zwei prominente Unionisten hatten Kabinettsposten sowohl unter Hilmi als auch unter Hakkı inne: Talaat als Innenminister und Cavit als Finanzminister. Von den anderen Führern des Komitees war Oberst Cemal Gouverneur zunächst von Üsküdar und dann von Adana, während Major Enver als Militärattaché nach Berlin ging. Vier Monate nach der Absetzung Abdülhamits wohnte Enver deutschen Militärmanövern bei Würzburg bei und beeindruckte seine Umgebung, nicht zuletzt einen der anderen Gäste: Winston Churchill.[14] Wenn in den folgenden Jahren Politiker und Militärs in Westeuropa glaubten, daß der gutaussehende junge Major der eigentliche Herrscher des Osmanischen Reiches sei, dann lag es nicht in Envers Charakter, sie eines Besseren zu belehren. Es gab Augenblicke, in denen er selbst das auch meinte.

Wer aber *war* Herr am Goldenen Horn nach Abdülhamits Absetzung? Nie wieder gab es im Osmanischen Reich einen Monarchen mit dem Anspruch, zu regieren *und* zu herrschen. Mehmet V. war ein gutartiger Tattergreis. Bei seiner Thronbesteigung war er durch seinen ausschweifenden Lebenswandel bereits physisch und psychisch geschwächt; dreißig Jahre lang hatte ihn sein Halbbruder dazu ermuntert in der Annahme, daß er den möglichen Erben von politischen Intrigen abhalten würde. Aber selbst wenn er ein Asket mit schneller Auffassungsgabe gewesen wäre, hätte er feststellen müssen, daß seine Macht nun beschnitten war durch die umfassenden Ergänzungen zur Verfassung von 1867, die das Parlament im August verabschiedet hatte.[15] Nur der Großwesir und der Şeyhülislâm sollten in Zukunft noch vom Sultan bestimmt werden; er würde also die übrigen Minister und die Vorsitzenden der zwei Kammern (die von den Mitgliedern zu wählen waren) nicht mehr ernennen. Selbst der persönliche Stab des Sultans sollte vom Parlament eingesetzt werden; mit dieser Vorkehrung wollte man die Schaffung einer neuen heimlichen Yıldız-Regierung verhindern. Das Parlament sollte jedes Jahr von November bis Mai zusammentreten; Minister waren eher den Abgeordneten als dem Großwesir verantwortlich, und dem Sultan stand nur ein suspensives (aufschiebendes) Vetorecht bei Gesetzgebungsmaßnahmen zu, die von einer der Kammern des Parlaments eingebracht werden konnten. Grundlage für all diese revolutionären Neuerungen war der verbesserte Artikel 3 der Verfassung: Die Herrschaft wurde dem Oberhaupt der Osmanlı-Dynastie nur so lange übertragen, wie es einen zur Thronbesteigung geleisteten Eid der Loyalität gegenüber dem Vaterland und der Nation einhielt, der ihn auf die Scharia und die Verfassung verpflichtete. So sicherte sich das Parlament das unveräußerliche Recht, jeden Sultan abzusetzen, der die fundamentalen Gesetze des Reiches verletzte.

Auf dem Papier versprachen diese Verbesserungen der Verfassung von 1909 den osmanischen Völkern ein System der parlamentarischen Regierung, das fester verankert war als im zaristischen Rußland oder im Deutschland der Hohenzollern. Leider blieb die Realität weit hinter den Hoffnungen der Reformer zurück. Die gesetzgebenden Maßnahmen der Jungtürken im ersten Jahr der Regierung Mehmets V. waren bedauerlich repressiv. Das Gesetz über die Landstreicherei (8. Mai 1909) behandelte Bettler, die keinen Unterhalt nachweisen konnten, weniger großzügig als das im England der frühen Tudorzeit. Das Vereinsrecht (16. August 1909) verbot die Bildung von politischen Gruppierungen mit dem Namen von Nationalitäten oder Rassen; diese Maßnahme führte zur Schließung von albanischen, griechischen und bulgarischen Vereinen, schränkte aber die im Januar gegründete Turk Derneği (Türkische Gesellschaft) nicht ein, weil argumentiert wurde, ‹Türkisch› bedeute die gesprochene Sprache oder die allgemeine Kultur und hätte deshalb keinen politischen Beiklang. Ein ‹Gesetz zur Verhinderung von Brigantentum und Aufwiegelei› (27. September 1909) sorgte für die Aufstellung von ‹Verfolgungsbataillonen›, die bewaffnete Banden ausrotten und unterdrücken sollten, vor allem die Komitadschi auf der

Balkanhalbinsel. Gleichzeitig führte ein Einberufungsgesetz das neue Prinzip der Militärpflicht für Nichtmuslime ein; diese Anwendung der erklärten Abneigung des Komitees gegen ‹Unterscheidungen nach Rasse und Glauben› ließ die Unionisten schnell die Unterstützung der Christen und Juden verlieren. Andere Gesetze verboten den Druck von Büchern oder Zeitungsartikeln, die Unruhe stiften konnten; Organisatoren öffentlicher Versammlungen wurden verpflichtet, sich Genehmigungen von der Polizei zu beschaffen und dafür zu sorgen, daß nur die im voraus festgelegten Themen bei ihren Treffen diskutiert wurden.[16] Zugleich aber leitete man die Reform der kommunalen Verwaltung ein und gründete weitere Schulen, vor allem für Mädchen; auch sollten endlich die Bodenreform in Angriff genommen und die letzten Spuren des Iltizam-Systems getilgt werden. Aber die ‹Kapitulationen› blieben bestehen, obwohl die Unionisten ihre Abneigung gegen Sonderrechte für Ausländer sehr deutlich machten. Auch wenn das neue Regime für die osmanische Unabhängigkeit eintrat, ermunterte es weiterhin ausländische Fachleute, nach Konstantinopel zu kommen und Wege zur Modernisierung der Verwaltung vorzuschlagen. Sir Richard Crawford prüfte mit dem erfahrenen Blick eines britischen Zivilbeamten die osmanische Zollbehörde, M. Sterpin kam aus Brüssel und leitete das Post- und Telegraphenamt (Talaat hatte keine sehr hohe Meinung von der Leistungsfähigkeit seiner alten Abteilung), und Graf Leon Ostrorog, der schon als Justizberater tätig gewesen war, erhielt erweiterte Vollmachten bei dem Versuch, die osmanische Gesetzgebung mit den wichtigsten Gesetzen Westeuropas in Übereinstimmung zu bringen – eine Aufgabe, auf die er zwei Jahre später verzichtete, voller Abscheu über den Druck, den traditionalistische religiöse Gruppen ausübten, über deren Obskurantismus sich die aufgeklärteren Jungtürken schon lange empörten.

Sowohl in der Hauptstadt als auch im Ausland wurde angenommen, daß das Komitee selbst die Reformen vorantrieb, und zwar, wie von der Verfassung vorgeschrieben, durch den Großwesir und seine gewählten Minister. Der Eindruck trog.

In der Hauptstadt mißtraute man dem Komitee, seine Sprecher wurden beschuldigt, gottlose Egoisten zu sein, Freimaurer und Zionisten. Bezeichnenderweise blieb das Hauptquartier des Komitees bis 1912 in Saloniki. Außerdem hatten weder Hilmi noch Hakkı, obwohl sie während ihrer Amtszeit praktisch Unionisten waren, das letzte Wort bei der Festlegung ihrer Politik. Die eigentliche Macht hinter Thron und Parlament hatte General Şevket, und der hielt Distanz zur Union und zur Fortschrittsbewegung.[17] Sein Ruf als Kommandeur der 3. Armee und als Anstifter zum Marsch auf Stambul machten es Şevket Pascha möglich, in den vier Jahren nach dem Sturz Abdülhamits eine verschleierte Militärdiktatur zu errichten. Im Mai 1909 wurde Şevket als Generalinspekteur der 2. und 3. Armee bestätigt. Einige Tage später avancierte er zum Kriegsrechtsbevollmächtigten und erhielt zwei Jahre lang faktisch den Belagerungszustand in den Städten aufrecht, in denen die Gefahr eines Aufruhrs bestand. Anfang 1910 gehörte er als Kriegsminister dem Kabinett Hakkı an, schwieg aber so verbissen über die Verteilung der Armeen und die Verwendung seines Militärbudgets, daß sogar Talaat und Cavit sich nie sicher waren, ob er als Freund oder Feind zu betrachten sei. Schließlich trat Şevket aus dem Hintergrund hervor und amtierte im ersten Halbjahr 1913 selbst als Großwesir.

Die Enttäuschung über das Komitee und vor allem der zunehmende Ärger darüber, daß es engstirnig nationalistische türkische Gruppen unterstützte, rief in verschiedenen, weit voneinander entfernt liegenden Regionen des Reiches Opposition hervor. Verstimmung über das Vereinsrecht förderte die Entwicklung von konspirativen Vereinigungen vor allem bei den Arabern der Levante. Unter französischer Schirmherrschaft in Syrien und Libanon ausgebildete Muslime gründeten 1910 in Paris eine ‹Jungarabische Gesellschaft› als Reaktion auf die jungtürkische Politik des Zentralismus. Unmittelbar bedrohlich war jedoch der Aufstand in Albanien. Im Gebiet von Lyuma war schon im Mai 1909 gekämpft worden, als neue Steuern erhoben wurden, aber größeren Eindruck auf die Behörden machte ein Aufstand im Frühling 1910, nicht zuletzt, weil er sich auf den Kosovo konzentrierte, die Region, in der Şevket Pascha bis vor kurzen als Militärgouverneur geherrscht hatte. In einer Überreaktion auf das, was er als persönlichen Affront betrachtete, schickte er 50 000 Soldaten, die Ruhe und Ordnung wiederherstellen sollten, und ermächtigte sie zu öffentlichen Auspeitschungen der Stammeshäuptlinge als Mittel zur Einschüchterung eines leidenschaftlich stolzen Volkes. Die Rebellion breitete sich nun erst recht aus und schloß christliche wie muslimische Clans ein, so daß Şevket selbst im April 1911 eine Streitmacht führen mußte und zwei Monate später einen offiziellen Besuch des Sultans und Kalifen in Albanien unterstützte. Aber die Auseinandersetzungen gingen weiter.[18]

Während die Armee im Nordwesten des Reiches in Kämpfe verstrickt war, zettelten die armenischen Daschnaks im Nordosten neue Unruhen an. Zur gleichen Zeit brachen im äußersten Südosten zwei arabische Aufstände los, der eine unter Scheich Muhammad al-Idrisi in der Asir-Region südlich von Dschidda, der andere unter dem Imam Jahja Hamid-al-Din noch weiter südlich an der Grenze zum britischen Protektorat Aden. Daraufhin schickte der Kriegsminister weitere 30 000 Mann nach Arabien, die er aus Provinzen abzog, in denen die jungtürkischen Reformen noch nicht angefochten wurden: aus Üsküdar und Smyrna, Tripolis und Derna. Im Hochsommer 1911 lagen im Vilâyet Tripolis und dem Sandschak Bengasi – den letzten nordafrikanischen Ländern unter der direkten Herrschaft des Sultans – nicht mehr als 3400 einsatzfähige reguläre Soldaten. Und diese schwache Verteidigungsstreitmacht war auf mindestens 1500 Kilometer Berberküste verteilt, die nur eine nächtliche Dampfschiffahrt von den Häfen Süditaliens entfernt lag.[19]

Seit die Franzosen in Tunesien einmarschiert waren, hatten italienische Interessengruppen ihre jeweiligen Regierungen immer wieder gedrängt, sich in Libyen zu engagieren. In den ersten Jahren des 20. Jahrhunderts nahmen die französischen Aktivitäten östlich von Marokko zu, und immer mehr Geschäftsleute in Rom und Mailand glaubten eine Gelegenheit zu verpassen, wenn ihre Regierung nicht bald Tripolitanien und die Cyrenaika annektierte. Es gäbe, so schrieb der italienische Außenminister später, unter seinen Landsleuten ‹einen allgemeinen, vagen Wunsch, etwas zu unternehmen›.[20] Schon im Februar 1911 äußerte der osmanische Botschafter in Rom der Pforte gegenüber die Befürchtung, daß Italien einen Angriff plane, und im Juni sandte er eine weitere Warnung, die diesmal an Şevket Pascha selbst weitergeleitet wurde. Allerdings konnte Şevket wenig tun – außer in einem schnellen Dampfer 20000 Mauser-Gewehre und zwei Millionen Patronen nach Tripolis zu schicken mit dem Befehl, sie im Kriegsfall an die Angehörigen der arabischen Stämme zu verteilen. Trotz der jungarabischen Dissidenten in Paris und trotz der Revolten an der Küste des Roten Meeres wußte Şevket, daß das Eindringen italienischer Katholiken in muslimisches Land die Stämme zur Unterstützung ihres Sultans und Kalifen gegen alle christlichen Giaurs einigen würde.

Am 27. September 1911 beklagten sich die Italiener über die Mißhandlung von Händlern und Kaufleuten in Libyen durch Osmanen und stellten der Pforte ein vollkommen unannehmbares Ultimatum. Der Krieg begann am nächsten Tag; ein Flotteneinsatz ebnete den Italienern den Weg für Landungen in Tripolis, Bengasi, Derna und Tobruk. Die ausgedünnten osmanischen Abteilungen konnten den Angriffen kaum etwas entgegensetzen, in denen neben der Beschießung von modernen Kriegsschiffen aus erstmals Flugzeuge zum Einsatz kamen, aus denen von Hand kleine Bomben geworfen wurden. Dabei funktionierte der improvisierte strategische Plan des osmanischen Generalstabs gar nicht schlecht. Die Invasoren nahmen zwar die Küstenstädte ein, aber ins Innere des Landes vorzudringen wagten sie nicht; ihre Truppen waren für den Wüstenkrieg gegen gewandte arabische Reiter nicht ausgebildet. So blieb ihnen der in Rom und Mailand angestrebte schnelle Sieg versagt. Eine Seeblockade verhinderte, daß osmanische Verstärkung aus der Ägäis oder der Levante Libyen erreichte, aber einzelne Offiziere in Zivil durchquerten heimlich das von den Briten kontrollierte Ägypten und schlüpften über die Grenze, um den Widerstand in der Cyrenaika zu unterstützen. Zu ihnen gehörten Enver Bey und Mustafa Kemal, die sich regulären osmanischen Truppen und arabischen Senussi-Kämpfern anschlossen, welche die italienische Garnison in Tobruk belauerten. Enver Bey reiste weiter durch die Wüste nach Tripolitanien, während Kemal in der Gegend von Bengasi und Derna blieb. Als Anfang November Libyen offiziell vom Königreich Italien annektiert wurde, war der Krieg auf einem toten Punkt angekommen: die ‹Eroberer› hielten weiterhin nur einen Küstenstreifen.[21]

Als die Nachricht, daß Tripolis, Bengasi und Derna verloren waren, Konstantinopel erreichte, war der Zorn allgemein. Hakkı Pascha trat sofort als Großwesir zurück, und das Komitee sah sich mit Vorwürfen konfrontiert, es habe die Armee geschwächt, weil es das Offizierskorps zu indoktrinieren versucht hatte. Einige Monate später gab Şevket als Kriegsminister auf; es sei unmöglich, klagte er, die osmanische Armee zu modernisieren, wenn die untereinander zerstrittenen Gruppen der Jungtürken und Liberalen darauf bestünden, in den Kasernen jeder Garnisonsstadt Politik zu spielen.[22]

Im Frühling 1912 weiteten die Italiener den Krieg aus. Am 18. und 19. April beschoß das aus zwölf Kriegsschiffen bestehende Geschwader des Vizeadmirals Leone Viale die Dardanellenfestungen. Aber seinen Plan, eine Flottille von Torpedobooten die Meerengen hinauf zu eskortieren, damit sie dort vor Anker liegende Schiffe angreifen könnten, mußte Viale aufgeben: Die osmanischen Geschütze zielten zu genau. Und seine Aktivitäten riefen Aufregung bei den Großmächten hervor, denn natürlich schlossen die Türken die Meerengen sofort für jeglichen Verkehr – ein schwerer Schlag für den russischen Schwarzmeerhandel. Als er seinen Plan durchkreuzt sah, kehrte Viale in die Ägäis zurück. In Stampalia schlossen sich mehrere Truppentransporter seinem Verband an, und im Mai besetzten sie gemeinsam Rhodos und die letzten Inseln des Dodekanes.

Militärisch zeigten die Ereignisse des italienisch-türkischen Kriegs ausländischen Beobachtern sowohl die Stärken als auch die Schwächen des Osmanischen Reichs. Außerhalb Europas konnten gut bewaffnete Beduinen, die die regulären Truppen des Sultans unterstützten, durch gewitzte Führung einen endgültigen Sieg der Angreifer verhindern, indem sie die feindliche Streitmacht durch Überfälle und Hinterhalte zermürbten, und im Umkreis der Hauptstadt konnte die Artillerie in ihren Befestigungen jeden feindlichen Angriff abwehren. Die osmanische Marine war, obwohl sie drei moderne Kreuzer, acht Zerstörer, vierzehn Torpedoboote sowie einige ehrwürdige Schlachtschiffe besaß, als kämpfende Flotte kaum von Bedeutung: Admiral Williams, 1910 Nachfolger von Sir Douglas Gamble als Chef der britischen Mission geworden, stellte fest, daß die türkischen Offiziere alle Ansätze zu einer Reform durchkreuzten; aus Prestigegründen waren sie mehr daran interessiert, zwei neu gekaufte, zwanzig Jahre alte deutsche Schlachtschiffe auszurüsten, als ihre kleineren Kriegsschiffe angemessen zu bemannen.[23] Es gab keine Probleme mit dem Personalbestand in der erst kürzlich vergrößerten Wehrpflichtigen-Armee, aber die meisten Rekruten waren nicht an modernen Waffen ausgebildet. Außerdem leisteten die Stäbe zwar gute Arbeit bei begrenzten Operationen, aber sie waren nicht in der Lage, die logistischen Probleme eines größeren Kriegs an mehreren Fronten zu lösen. Hätten die jungtürkischen Reformer fünf oder sechs Jahre des Friedens gehabt, in denen sie echte Formen von ‹Einheit und Fortschritt› im Reich hätten durchsetzen können, dann wäre vielleicht der osmanische Staat noch einmal militärisch erstarkt. So aber erwischten die Krisenjahre 1911 und 1912 den Staat in seinem schwächsten Augenblick eines nur teilweise durchgeführten Übergangs, zu einer Zeit, in der es wenig Hoffnung auf Siege geben konnte in Verteidigungskriegen, die kein loyaler Untertan des Sultans und Kalifen führen mochte.

Es sollte bald noch schlimmer kommen. Die unerfreuliche Lage ihres einst mächtigen Nachbarn ermutigte die Balkanländer, sich unter russischer Schirmherrschaft zu sammeln und einen entschlossenen Vorstoß zu unternehmen, um die Osmanen nach fünfeinhalb Jahrhunderten aus Europa zu vertreiben. Trotz konkurrierender Bestrebungen in den rebellischen albanischen Gebieten und in Makedonien schlossen sich im Sommer 1912 Serbien, Bulgarien, Griechenland und Montenegro in einem Balkanbund zusammen; klarer umrissene geheime Militärbündnisse folgten im Frühherbst. Der Balkankrieg begann am 8. Oktober, als montenegrinische Truppen nach Nordalbanien und in den Sandschak Novi Pazar vorstießen.[24] Die drei größeren Königreiche begannen ihren Feldzug einen Tag später mit einem gemeinsamen Angriff auf Makedonien, einem bulgarischen Vorstoß nach Thrakien hinein (bei dem Edirne schnell eingeschlossen wurde) und griechischen Flottenoperationen im Ägäischen Meer. Die Balkan-Verbündeten konnten mehr als 700000 Mann aufstellen. Nazım Pascha, ein ehrgeiziger General, der Anfang Juni das Kriegsministerium von Şevket übernommen hatte, konnte ihnen nicht mehr als 325000 Mann entgegenstellen.

Am 15. Oktober wurde eilig Frieden mit Italien geschlossen. Im Vertrag von Lausanne mußte der Sultan den Verlust von Libyen hinnehmen, dafür wurde seine religiöse Stellung in den abgetretenen Provinzen anerkannt; außerdem versprachen die Italiener, die Inseln des Dodekanes zu räumen und wieder osmanischer Oberhoheit zu unterstellen (sie erfüllten dieses Versprechen nie). Aber es gab keine Möglichkeit, die osmanischen Truppen schnell aus Libyen abzuziehen und in Rumelien zu konzentrieren. Kemal und Enver benötigten mehr als einen Monat, um in die Hauptstadt zurückzukehren – Kemal reiste zum Beispiel mit einem Dampfschiff von Alexandria nach Marseille, mit dem Zug nach Bukarest und wieder per Schiff von Konstanza an den Bosporus. Als er Mitte November ankam, war Thrakien bereits an die Bulgaren verloren, Kosovo, Monastir, Ochrid und Skopje in serbischer Hand und der Hafen von Saloniki an die Griechen gefallen. Das deutsche Wachtschiff *Loreley* hatte den Exsultan Abdülhamit eilig in den Beylerbey-Palast zurückgebracht, als griechische und bulgarische Streitkräfte auf den Ort seines Exils zumarschierten.

Konstantinopel war inzwischen überfüllt von weniger illustren Flüchtlingen; sie waren aus Städten und Dörfern geflohen, die ihre Familien seit Generationen als ihre Heimat angesehen hatten. Die bulgarische Armee belagerte weiterhin Edirne, griff aber außerdem die Hauptverteidigungslinie der Hauptstadt an, die Çatalca-Linie, nur 30 Kilometer vor den Mauern des alten Byzanz. Mehmet Kâmil, am 29. Oktober zum Großwesir ernannt in der Hoffnung, daß er als Anglophiler die Unterstützung der britischen Regierung gewinnen könne, bat die Großmächte dringend, ihre Kriegsschiffe durch die Dardanellen zu schicken und die Stadt vor der Besetzung zu schützen. Zur gleichen Zeit befahl er der Polizei, mehrere aktive Mitglieder des Komitees festzunehmen, die er verdächtigte, einen Staatsstreich zu planen. Aber in der dritten Novemberwoche hatte sich die Lage etwas entspannt, sowohl in der Hauptstadt als auch an der Front. Die Çatalca-Linie hielt, und die Kampfmoral stieg wegen der Erfolge des leichten Kreuzers *Hamidiye*, dessen Kommandant, Hüseyin Rauf, durch die Dardanellen entwischt war und die griechische Herrschaft zur See in der Ägäis bedrohte. Als der erste Schnee in Rumelien fiel, einigten sich die Gegner auf eine Waffenruhe. Am 3. Dezember schwiegen die Geschütze. Innerhalb einer Woche begannen in London Friedensgespräche unter dem Vorsitz von Sir Edward Grey.

Gerüchte, daß Kâmil Pascha bereit sei, demütigende Bedingungen anzunehmen, um seine englischen Freunde zu beschwichtigen, gestatteten es dem Komitee, wieder die politische Initiative zu ergreifen.[25] Der Großwesir hatte recht gehabt, als er einen Staatsstreich fürchtete. Zunächst versuchte Talaat die Unterstützung von General Nazım zu erlangen, aber der betrachtete das Komitee mit soviel Argwohn, daß er es ablehnte, sich in eine Verschwörung verwickeln zu lassen. Am 23. Januar 1913 trieben Berichte, daß Kâmil bereit sei, Edirne den Bulgaren zu überlassen, die Unionisten dazu, endlich jenen Coup auszuführen, den sie seit mehreren Wochen vorbereitet hatten. Oberst Enver drang mit einer Gruppe von Offizieren in den Hauptsitzungssaal der Hohen Pforte ein und erzwang Kâmils Rücktritt mit vorgehaltener Waffe, während einer seiner Gefährten General Nazım erschoß, der mehr über die Aktivitäten des Komitees gewußt haben muß, als gut für

312

ihn war. Der jungtürkische General Ahmet Cemal übernahm in dieser Notlage die Macht als Gouverneur der Hauptstadt, und Enver ging in den Palast und nötigte den Sultan, Şevket zum Großwesir zu ernennen. Bald darauf fuhr ein ägyptisches Dampfschiff mit Kâmil an Bord ab nach Alexandria: Ein britischer Diplomat hatte ihm freies Geleit erwirkt.[26]

‹Der Überfall auf die Hohe Pforte›, eine dramatische Episode, die in der jungtürkischen Legende eine große Rolle spielt, fand zu einer Zeit statt, als die Friedensgespräche in London kurz vor dem Scheitern zu stehen schienen, vor allem wegen der Unnachgiebigkeit der Bulgaren. Am 3. Februar wurden die Kämpfe wieder aufgenommen, aber die Hoffnung, daß die neue Regierung Şevket einen militärischen Sieg erringen könnte, zerschlug sich bald. Am 6. März eroberten die Griechen schließlich Joánnina, wo in Ali Paschas altem Fuchsbau Esad Pascha den ganzen Winter hindurch tapfer Widerstand geleistet hatte. Auch gelang es den Osmanen nicht, die bulgarische Umklammerung von Edirne zu lockern: der Mangel an Nahrungsmitteln zwang am 26. März nach heftigen und verlustreichen Kämpfen zur Aufgabe der Stadt. Am 14. April kam es erneut zu einem Waffenstillstand; die Friedensgespräche wurden wieder aufgenommen, und Anfang Juni mußte die osmanische Regierung den Verlust von Kreta, Makedonien, Thrakien, Albanien und den meisten der ägäischen Inseln hinnehmen. Die ‹Europäische Türkei› sollte auf das Hinterland von Konstantinopel beschränkt werden; die Grenze verlief in beinahe gerader Linie von Enez (Enos) bis Midye (Media); Edirne lag 50 Kilometer tief in Bulgarien.

Noch vor dem völligen Zusammenbruch der Armee sahen die Berichte von Botschafter Lowther ans Außenministerium in London einen weiteren Staatsstreich für die Sommermonate voraus.[27] Es besteht kein Zweifel, daß die britischen Behörden in Ägypten Kâmil wieder einzusetzen hofften, weil sie ihm als dem ‹erprobten und überzeugten Verfechter der traditionellen Freundschaft zwischen der Türkei und Großbritannien› vertrauten. Kâmil wurde von seinem Geburtsort Zypern aus heimlich nach Konstantinopel eingeschmuggelt, dann aber hastig wieder fortgebracht, und es war das Komitee, das von dem nächsten Zug in dem unbarmherzigen Machtspiel profitierte. Am 6. Juni wurde Mahmut Şevket auf dem Beyazıt-Platz erschossen, als er im Wagen vom Kriegsministerium zur Hohen Pforte fahren wollte. Cemal, der Militärgouverneur, reagierte sofort. Er machte für den Mord die politische Opposition verantwortlich, die Partei der Osmanischen Liberalen Union, und er verbannte viele ihrer Mitglieder unter strenger Bewachung nach Sinop. Kriegsgerichte verurteilten mehrere der Führer der Liberalen zum Tode – oft, wie im Falle von Prinz Sabahettin, in Abwesenheit. Jetzt endlich ergriffen die Jungtürken des Komitees die Macht. Ihr Generalsekretär, Mehmet Said Halim Pascha, einer von Muhammad Alis zahlreichen Enkeln, folgte Şevket als Großwesir und blieb mehr als dreieinhalb Jahre im Amt. Aber eigentlicher Herr des Reiches war ein Triumvirat: Talaat als Innenminister, Cemal als Militärgouverneur der Hauptstadt, sowie Enver, der sich einstweilen damit begnügte, seine Autorität zu vergrößern, indem er ein Ministeramt ausschlug, ein Kämpfer blieb und die Nichte des Sultans heiratete, Prinzessin Emine Naciye. Zur Zeit der Ermordung Şevkets war die Prinzessin noch keine fünfzehn Jahre alt.

Bulgarische Torheit und eigene Kühnheit vollendeten Envers Aufstieg und stärkten die Macht des Komitees.[28] Verstimmung über griechische und serbische Gewinne, vor allem in Teilen Makedoniens, die sie als ihr Eigentum betrachteten, verführte die Bulgaren dazu, in der Nacht vom 29. auf den 30. Juni 1913 einen Überraschungsangriff auf ihre bisherigen Verbündeten zu unternehmen. Nach sechs Tagen schwerer Kämpfe befanden sich König Ferdinands Truppen in einer verzweifelten Lage; sie wurde noch verschlimmert durch eine Entscheidung Rumäniens vom 11. Juni, die Dobrudscha zu besetzen, so daß eine neue Front im bulgarischen Norden entstand. Zwei Tage später drang die osmanische Armee von der Linie Enez-Midye nach Westen vor, wobei sie kaum auf Widerstand stieß. Als sich die Armee Edirne näherte, setzte sich Oberst Enver mit seiner Kavallerie im Galopp vor die marschierenden Kolonnen und wurde so zum Befreier der Stadt und zum Kriegshelden. Er begab sich sofort in die Moschee Selims II., Sinans Meisterwerk, und als guter Muslim, der immer einen Koran im Waffenrock trägt, betete er zu Allah. Obwohl Enver bei vielen seiner Kollegen alles andere als beliebt war, ließ ihn sein propagandistisches Talent den rund 200 000 Flüchtlingen aus den Balkanprovinzen, die sich in dem Sommer in und um die Hauptstadt aufhielten, wie ein Held erscheinen.

Bei den in Bukarest überarbeiteten Friedensbedingungen wurde die Enez-Midye-Grenze so weit nach Westen vorgeschoben, daß Edirne wieder unter osmanische Herrschaft zurückkehrte. So konnte das Komitee auf Erfolge im zweiten Balkankrieg verweisen, und diese Erfolge brauchte es, damit seine Propagandisten die Begeisterung der Revolution von 1908 neu entfachen konnten. Auf dem Papier wirkten die Errungenschaften nach fünf Jahren Verfassungsstaat mager. Die Macht des Sultans war beschnitten; es gab mehr Schulen, eine effektivere Polizei und eine weiter ausgebaute Kanalisation (vor allem in Konstantinopel), und in den aufgeklärteren Städten wurde die berufliche Stellung der Frauen verbessert, so daß sie erstmals Ärztinnen, Juristinnen oder Beamtinnen werden konnten. In dieser Hinsicht und durch vorsichtige Experimente in der Volkswirtschaft setzten die Jungtürken einerseits die Arbeit der Tanzimat-Ära fort und lieferten andererseits den republikanischen Reformern der folgenden Generation Anhaltspunkte dafür, was sich weiterentwickeln ließ, oder was man besser gar nicht erst begann. Diese Erfolge wurden aufgehoben durch die repressiven Bestimmungen, die in den ersten Monaten der Regierung Mehmets V. erlassen worden waren, sowie durch die anhaltende Minderung des parlamentarischen Einflusses in der Folgezeit. Als ein Feuer, ausgelöst durch einen Kurzschluß, im Januar 1910 die neu eingerichteten Sitzungssäle des Parlaments im Çirağan-Palast völlig zerstörte, hatte dieses Ereignis etwas Symbolisches. Fortan waren die Abgeordneten gezwungen, ihre politischen Fähigkeiten in den beengten Räumen der Akademie der Schönen Künste zu entwickeln. Obwohl die männlichen Untertanen des Sultans ihr Stimmrecht im Winter 1913/14 ausüben durften, sorgte die militärische Repression dafür, daß das Komitee die einzige organisierte politische Partei stellte, die die Wahlen bestritt. Inzwischen hatten sich die Kandidaten der Unionisten eine borniere türkische Ideologie zu eigen gemacht, statt jene rassische Gleichstellung in einem osmanischen Staatenbund anzustreben, die das Ziel der früheren Jungtürken gewesen war. Da alternative Parteien nicht existierten, war es unvermeidlich, daß die Opposition (soweit sie 1913 überhaupt noch existierte) ebenfalls nationalistisch ausgerichtet war, mit einer größeren arabischen Fraktion und kleineren Gruppierungen, die die griechische, die armenische und die jüdische Gemeinde vertraten. Die meisten Abgeordneten waren vom Komitee überprüft worden, ehe sie sich überhaupt zur Wahl stellten.[29]

Stolz auf die türkische Sprache und Kultur hatte sich schon vor der Jahrhundertwende gezeigt. Er wurde jedoch vertieft durch die verhängnisvollen Gebietsverluste in den fünf Jahren nach der jungtürkischen Revolution. 1878/79 war Abdülhamit gezwungen gewesen, zwei Fünftel seines Landes aufzugeben. Zwischen 1908 und 1913 waren es noch einmal über 1 100 000 Quadratkilometer oder mehr als ein Drittel der verbliebenen Fläche des Reichs, die aus osmanischer Herrschaft entlassen werden mußten, und selbst nach der Wiedergewinnung von Edirne besaß der Sultan 1914 in Europa nicht mehr als 11 700 Quadratkilometer einer Region, die so lange das kaiserliche Rekrutierungsgebiet Rumelien gewesen war. Wenn das Komitee-Triumvirat verhindern wollte, daß noch weitere Teile des Reiches abbröckelten, schien es sinnvoll, den türkischen Nationalstolz einzuspannen im Dienste der einen Institution, von der diese Männer etwas verstanden – der osmanischen Armee. Kurz vor seiner Ermordung hatte Şevket dem deutschen Botschafter gesagt, daß sein Land eine besondere Rolle übernehmen müsse bei der Umgestaltung des osmanischen Staates: Die Armee müsse ‹von Grund auf reformiert werden›, ‹unter der fast diktatorischen Oberleitung eines deutschen Generals›, hatte er erklärt.[30] Enver sah in der erklärten Absicht des ermordeten Großwesirs ein Testament des Vertrauens zu zwei Armeen, die er, wie Şevket, hoch achtete. Am 30. Juni 1913 ernannte Kaiser Wilhelm II. General Liman von Sanders zum Leiter einer neuen Militärmission in Konstantinopel.[31]

KAPITEL 15

Deutschlands Verbündeter

Wer so heroische Legenden kennt wie die von Gallipoli oder der arabischen Revolte des Lawrence, kann kaum verstehen, daß noch im Hochsommer 1914 das Osmanische Reich außerhalb des Netzes von konkurrierenden Allianzen stand und die Freiheit hatte, zwischen den Mittelmächten und der Entente zu wählen oder seine Neutralität zu wahren. Während der ganzen Juli-Krise wußte niemand genau, welche Richtung Said Halims Regierung einschlagen würde. Die Beziehungen zu Großbritannien und Frankreich hatten sich in den vorangegangenen zwölf Monaten wesentlich verbessert, und beide Länder waren wichtigere Handelspartner für das Reich als Deutschland oder Österreich-Ungarn. Die internationale Zusammenarbeit in der Organisation der türkischen Erdölgesellschaft, die 1911/12 in London eingetragen worden war und die Ölreserven in den Vilâyets Mosul und Bagdad erschließen sollte, hatte große Fortschritte gemacht. Die englisch-türkischen Beziehungen waren noch vierzehn Tage nach den Morden von Sarajevo so ungetrübt, daß der britische Botschafter auf Urlaub in seine Heimat fuhr, und am 21. Juli wurden osmanische Staatsanleihen zur Finanzierung britischer Unternehmen am Bosporus in London zum Verkauf angeboten.[1]

Dabei war der politische Einfluß Deutschlands unverändert groß. Kaiser Wilhelm II. nahm an, daß sein Reich immer noch das Übergewicht hatte, das aufrechtzuerhalten er entschlossen war. Im Dezember 1913 hatte er die Offiziere der neuen Militärmission, die General Liman von Sanders leitete, gedrängt, ‹wenig auffällig... beharrlich und einträchtig› für ‹die Germanisierung der türkischen Armee› zu wirken.[2] Und ganz realistisch und praktisch bestand er darauf, daß Liman die Mittel für Bakschisch haben müßte, die er für richtig hielte, und wenn die Summe auf bis zu einer Million Mark im Jahr klettern sollte auf diesem von Konkurrenz beherrschten und inflationären Markt. Goltz hatte mit 30 000 Mark auskommen müssen.

Nur wenige Minister und Beamte in Berlin teilten die zuversichtliche Schwärmerei des Kaisers für den geheimnisvollen Osten. Der deutsche Botschafter hielt die Türkei insgeheim für ‹vollkommen bündnisunfähig›.[3] Die Eisenbahnverbindung Berlin – Bagdad, die eine fixe Idee des Kaisers blieb, konnte nicht zur Leitlinie der Politik werden, denn bis 1913/14 war das ganze Projekt in Schwierigkeiten geraten. Für die Fertigstellung war weiteres Kapital notwendig, wofür die deutschen Investoren weitere Privilegien verlangten; außerdem mußte von den Briten der Verzicht auf Einwände gegen den südlichsten Abschnitt erreicht werden; sie hatten zwar den Streit mit den osmanischen Behörden im August 1913 beilegen können, aber die parallel verlaufenden Verhandlungen mit den Deutschen bis zum folgenden Juni nicht abgeschlossen. Andererseits konnte sich Deutschland auch nicht auf ständige Unterstützung der ‹Prodeutschen› in Konstantinopel verlassen. Zwar begrüßte der Kaiser die Ernennung Envers zum Kriegsminister im Januar 1914, aber innerhalb von zehn Wochen hatte ‹die letzte Hoffnung der Türkei› (wie Wilhelm II. ihn genannt hatte) ernsthaft Streit mit Liman. Der Held und Befreier von Edirne war wütend über die deutschen Versuche, die Schlüsselpositionen in den Festungen am Bosporus deutschen Artilleriefachleuten zuzuschanzen. Wenn man russischen Quellen glauben will, war schon im März 1914 das osmanische Offizierskorps der ‹deutschen Tyrannei› so überdrüssig, daß man überlegte, wie man Liman durch Ermordung beseitigen könnte.[4]

Die Führer des Komitees selbst hätten eine so unbesonnene Tat nicht gutgeheißen, aber sie waren auch nie die prodeutschen Marionetten, als die sie die Kriegspropaganda der Entente darstellte. Talaat, von 1913 bis 1918 die einflußreichste

Gestalt in der osmanischen Regierung, trat zunächst für engere Beziehungen zu Rußland ein; er glaubte, daß er ein gutes Geschäft machen könne mit den Ministern des Zaren, die durch die wachsende militärische Präsenz der Deutschen an den Meerengen beunruhigt waren. Im Februar 1914 akzeptierte Talaat russische Vorschläge für einen Vertrag, mit dem den christlichen Gemeinden in den armenischen Vilâyets im Osten ein gewisser Schutz zugestanden werden sollte, und im Mai führte er eine osmanische Delegation zur Krim an, wo er von Zar Nikolaus II. in Liwadija in Audienz empfangen wurde und dem russischen Außenminister Sasonow vorsichtig ein Bündnisangebot machte.[5] Talaats Kollege im Finanzministerium, Mehmet Cavit, zog verbesserte Beziehungen zu Frankreich vor. Fachleute aus Paris beherrschten noch immer die osmanische Staatsschuldkommission und waren bereit, eine weitere Anleihe zu genehmigen, als das Reich abermals vor dem Bankrott stand. Sie teilten die Kontrolle über die osmanische Staatsbank mit den Briten und berieten das Finanzministerium scharfsinnig. Und französische Experten waren auch mit der Organisation der Gendarmerie in der Hauptstadt und verschiedenen anderen Städten und Häfen betraut. Cavit war übrigens nicht der einzige unter den Führern des Komitees, der auf Paris schaute. In der zweiten Woche des Juli 1914 besuchte Ahmet Cemal den Quai d'Orsay und ließ wissen, daß die osmanische Regierung unter geeigneten Bedingungen ‹ihre Politik auf die Tripelentente ausrichten› würde.[6] Weder Rußland noch Frankreich reagierten positiv auf diese jungtürkischen Initiativen.

Während Enver von Şevket eine neue starke deutsche Militärmission erbte, übernahm Cemal als Marineminister eine ebenso bindende Verpflichtung, zur Reorganisation der osmanischen Flotte verstärkt britische Hilfe zu suchen. Konteradmiral Arthur Limpus war der dritte Flaggoffizier der Royal Navy innerhalb von fünf Jahren, der im Frühjahr 1912 als Chefberater zu den Türken abkommandiert wurde, und bis zum August 1914 hatten sich ihm mehr als 70 britische Marineoffiziere angeschlossen (fast genau die Zahl der deutschen Armeeoffiziere, die mit Liman von Sanders gekommen waren;

allerdings nahm die deutsche Mission mit Beginn des Krieges in Europa schnell an Umfang zu). Limpus' direkter Vorgänger Admiral Williams hatte bereits den Kauf eines Schlachtschiffs angeregt, und die in Großbritannien gebaute *Reşadiye* lief im September 1913 vom Stapel, wenn es auch noch einige Monate dauern sollte, bis sie mit Ziel Türkei würde fahren können. Bis Ende des Jahres 1912 konnte Admiral Limpus zwei bemerkenswerte Erfolge für sich verbuchen: Armstrong Whitworth und Vickers erhielten Verträge zum Bau neuer Marinewerften, und Armstrong übernahm es auch, ein zweites und noch größeres Schlachtschiff, die *Sultan Osman I.*, zu bauen. Cavit und Cemal waren sicher, die für diese ruhmreichen Symbole imperialer Macht notwendigen dreieinhalb Millionen Pfund (etwa 70 Millionen Mark) aufbringen zu können.

Die öffentliche Begeisterung über das neue Marineprogramm entsprach der ebensogut organisierten Begeisterung für die Hedschas-‹Pilgerbahn› in den letzten Jahren der Regierung Abdülhamits. Die Komitee-Vereine, die in den vergangenen zwei Jahren in Städten und großen Dörfern gebildet worden waren, überwachten die Spendensammlungen in den Ortsgemeinden und betonten in den für das Ausland bestimmten Berichten, daß sogar Schulkinder diese große patriotische Sache unterstützten. Eine feierliche ‹Marinewoche› sollte am Goldenen Horn stattfinden, und es wurde der Vorschlag gemacht, daß die gesamte Flotte des Sultans die neuen Schlachtschiffe durch die Dardanellen begleiten sollte, um die neue Ära osmanischer Macht zur See einzuleiten.[7]

Als im Juli 1914 400 türkische Offiziere und Matrosen nach Tyneside reisten, um die neuen Schiffe zu übernehmen, fiel die Ankunft der Besatzung mit der britischen Mobilmachung zusammen: Am 1. August wurden beide Schiffe, noch bevor die Flagge mit dem Halbmond gehißt werden konnte, von der Admiralität beschlagnahmt und ‹vorübergehend› in die Royal Navy übernommen. Die nach Konstantinopel telegraphierte Nachricht über die Maßnahme der Admiralität rief dort Schrecken und Bestürzung hervor.[8] Der Ärger der Türken wurde durch eine von der deutschen Botschaft finanzierte antibritische Pressekampagne genährt, in der verständlicherweise das britische Versäumnis ausgeschlachtet wurde, umgehend Entschädigung anzubieten. Die Beschlagnahme der Schiffe brachte die Entente-Sympathisanten in Said Halims Kabinett in Mißkredit. Mehrere Wochen lang hatten die ‹Prodeutschen› argumentiert, daß Deutschland und Österreich-Ungarn nach einem gewonnenen Krieg, in dem die Osmanen nicht auf ihrer Seite gestanden hätten, das Osmanische Reich rücksichtslos aufteilen würden. Jetzt wirkten die Entente-Mächte kaum weniger zynisch: Nicht nur stießen Angebote zu einem Bündnis bei ihnen auf taube Ohren, sie zeigten auch deutlich Verachtung für die Hoffnungen des Komitees, daß das Reich wieder eine Rolle spielen könnte. Am 2. August schlossen Said Halim und Enver ein Bündnis mit Deutschland, das so geheim war, daß Cavit, Cemal und die meisten ihrer Kabinettskollegen noch mehrere Wochen später keine Kenntnis davon hatten. Der Vertrag sah die gemeinsame Verteidigung gegen einen russischen Angriff vor – für diesen Fall wurde akzeptiert, daß Liman von Sanders ‹tatsächlichen Einfluß auf die allgemeine Führung der (osmanischen) Armee bekäme›.

Es ist behauptet worden, daß der Abschluß des Geheimvertrags ‹ein schwerer Fehler war, der das Osmanische Reich geschwächt› habe.[9] Dabei ließen die Vertragsbedingungen der Pforte durchaus Raum zum Manövrieren. Enver und Said Halim drängten weiterhin auf definitive Zusagen über Vertragsrevisionen auf dem Balkan, bevor sie sich auf militärische Maßnahmen einließen; Deutschland, so forderten sie, sollte Druck auf Bulgarien und Griechenland ausüben, damit sie Teile von Thrakien und Inseln in der Ägäis zurückgäben. Aber aus Berlin kam keine Reaktion. Noch Mitte August betonte der britische Botschafter, daß Ahmet Cemal und Dr. Nazım der Entente zuneigten, und er drängte den Ersten Lord der Admiralität, Winston Churchill, eine ‹mitfühlende und freundschaftliche Botschaft an den Marineminister zu schicken›. Churchill hatte bereits eine Nachricht an Enver telegraphiert, den er kannte und bewunderte, und ihm geraten, jede Verwicklung mit Deutschland zu vermeiden. Jetzt ließ er ihm eine weitere Mitteilung zugehen, in der er genau die Entschädigung nannte, die Großbritannien für die beschlagnahmten Schlachtschiffe zahlen wollte: 1000 Pfund Sterling pro Tag, zahlbar wöchentlich, solange die Türkei neutral blieb. Enver lehnte es ab, eine Botschaft auch nur entgegenzunehmen, die, auch wenn sie liebenswürdig formuliert war, deutlich ans Feilschen im Basar erinnerte.[10]

Die Deutschen konnten mehr als Mietzahlungen und ‹tiefes Bedauern› bieten. Sie schlugen Kapital aus der türkischen Verstimmung. Am Abend des 10. August liefen der Schlachtkreuzer SMS *Goeben* und der leichte Kreuzer SMS *Breslau* in die Dardanellen ein, nachdem sie der Royal Navy entkommen waren, die sie seit der Straße von Messina verfolgt hatte. Die *Goeben* hatte ein paar Monate zuvor bereits Interesse und Neid erregt: sie war das größte Kriegsschiff gewesen, das je vor dem Goldenen Horn geankert hatte. Jetzt sollte dies schöne Schiff dem Sultan übergeben werden – am 12. August teilte Berlin mit, daß Deutschland die beiden Kriegsschiffe an die Türken verkauft hätte. Aus der *Goeben* wurde die *Yavuz Sultan Selim*, und die Breslau wurde in *Midilli* umgetauft. Auch wenn sie nicht so gewaltig waren wie die von den Briten beschlagnahmten Dreadnoughts, besaßen sie doch einen unschätzbaren Vorteil: Sie waren einsatzbereit und konnten sofort unter osmanischer Flagge in See stechen, mit deutschen Offizieren und Mannschaften an Bord.

Die britische Marinemission hörte offiziell am 15. August auf zu arbeiten, wenn auch Admiral Limpus noch in Konstantinopel blieb, bis ihn die Admiralität am 9. September nach Malta rief.[11] Inzwischen ließ Admiral Wilhelm Souchon, der ‹hängebackige, entschlossene kleine Mann in dem langen, schlechtsitzenden Gehrock›, dessen seemännischer Leistung es zu verdanken war, daß die *Goeben* und die *Breslau* es bis in die Dardanellen geschafft hatten, seinen Stander als Oberbefehlshaber der osmanischen Flotte wehen, und die Zahl der deutschen Arbeiter, Seeleute und Kanoniere der Küstenartillerie an den Meerengen stieg auf rund 800 an.[12]

In London nahm man an, daß das Osmanische Reich bald als

Deutschlands Verbündeter in den Krieg eintreten würde. Aber in Said Halims Kabinett wurde immer noch gezaudert, und als wollten sie die Minister an ihre Pflicht erinnern, betonten die von den Deutschen subventionierten Zeitungen weiterhin den hohen Wert des Patriotismus und der Selbstaufopferung im Dienste des Staates. Die Wirkung dieser Pressekampagne entsprach nicht immer den Intentionen der Deutschen. Ein starker türkischer Nationalismus, der im Libyen- und im Balkankrieg belebt worden war und sich besonders mit den Schriften des freidenkerischen Soziologen und Schriftstellers Ziya Gökalp verband, erreichte in jenem Herbst seinen Höhepunkt. Anfang September ermutigte die allgemeine Stimmung die Jungtürken zur Abschaffung der ‹Kapitulationen›: Alle Ausländer im Reich sollten ab sofort dem osmanischen Zivilrecht, Strafrecht und Handelsrecht unterstehen.[13] Aber wenngleich dieser Schritt vor allem die Engländer und Franzosen treffen sollte, rief er in Berlin ebenfalls Proteste hervor, denn er bedrohte auch den Status der wachsenden Zahl von Deutschen im Osmanischen Reich. Glühende türkische Nationalisten machten sich nicht immer die Mühe, zwischen dem einen und dem anderen Giaur zu unterscheiden. Für die Jungtürken wären Neutralität und Reformen 1914 weiser gewesen als die Erfüllung von Envers Bündnisvertrag.

Das Ausmaß des deutschen Sieges bei Tannenberg überzeugte sowohl den Großwesir als auch Enver, daß, was immer an den anderen Fronten in Europa geschah, Rußland jedenfalls nie wieder in der Lage sein würde, einen Offensivkrieg an den fernen Grenzen des Zarenreichs zu führen. Die Versuchung, verlorenes Land im Kaukasus wiederzugewinnen, war deshalb unwiderstehlich. Gleichzeitig wurde der Druck der Briten zur See fast unerträglich. Es schien besser, eine schnelle Entscheidung mit Waffengewalt herbeizuführen, als die langsame Strangulierung zu riskieren. Am 27. September stoppten Kriegsschiffe der Royal Navy, die vor den Dardanellen patrouillierten, ein türkisches Torpedoboot, das in die Ägäis einfahren wollte, und schickten es zurück. Das Vorgehen war weniger anmaßend, als man meinen könnte, denn zur Besatzung gehörten mehrere Deutsche.[14] Die Türken reagierten mit der sofortigen Schließung der Meerengen und verminten die Hauptfahrrinne. Der Handel zwischen dem Schwarzen Meer und der übrigen Welt endete abrupt, und die Seehäfen Bulgariens, Rumäniens, Rußlands und der Türkei wurden, außer für den Küstenverkehr, geschlossen. So litten zwar Odessa und Konstanza unter der von der Türkei auferlegten Blockade, aber ebenso Trabzon, Samsun und Konstantinopel selbst. Zum Ausgleich für den finanziellen Verlust des Osmanischen Reiches stellte Deutschland ab dem 21. Oktober Goldbarren im Wert von 200 Millionen Pfund Sterling zur Verfügung, die dem osmanischen Schatzamt übergeben werden sollten, sobald der Sultan den Krieg erklärt hätte. Am 28. Oktober führte Admiral Souchon unter eigener Flagge auf der *Yavuz Sultan Selim* türkische Schiffe ins Schwarze Meer und beschoß Odessa, Nikolajew und Sewastopol. Dieser Überfall Souchons brachte die Entscheidung. Ein russisches Ultimatum vom 1. November wurde zurückgewiesen, ebenso britische und französische Ultimaten vier Tage später. Am Ende der ersten Novemberwoche befand sich das Osmanische Reich im Krieg. Trotz der zunehmenden Säkularisierung unter den Intellektuellen seiner Hauptstadt befolgte Mehmet V. die traditionellen Verhaltensweisen eines Sultans und Kalifen. Am 11. November rief er einen Dschihad, einen Heiligen Krieg, aus und forderte alle Muslime in britischen, russischen und französischen Ländern auf, sich zu erheben und die Ungläubigen zu strafen.[15]

Ein Herrscher reagierte sofort. Im Hochsommer 1914 war Abbas Hilmi II., Khedive von Ägypten seit 1892, in den Palast gereist, den seine Familie am Bosporus besaß. Dort hielt er sich auch noch auf, als die Kriegserklärung ausgesprochen wurde, und er unterstützte die Ausrufung eines Dschihad durch den Kalifen sogleich: Jeder pflichtgetreue Ägypter sollte sich gegen die britische Herrschaft auflehnen.[16] Niemand befolgte die Aufforderung, trotzdem hatte sie weitreichende Konsequenzen. Sie unterbrach die letzten verfassungsmäßigen Bindungen zwischen Kairo und Konstantinopel, denn Großbritannien errichtete am 18. Dezember das Protektorat über Ägypten, setzte den unglücklichen Abbas Hilmi II. ab und rief seinen Onkel Hussein Kâmil zum ‹Sultan von Ägypten› aus. Klugerweise ging London nicht so weit, Ägypten zu annektieren, wenn es auch die Insel Zypern offiziell dem British Empire einverleibte an dem Tag, an dem der Krieg mit der Türkei begann. Zur gleichen Zeit wurde das Scheichtum Kuwait, dessen Beziehungen zu den osmanischen Behörden immer unklar gewesen waren, zur unabhängigen Regierung unter britischer Protektion erklärt.

In London waren auch die letzten verbliebenen Zweifel daran, ob das Osmanische Reich erhalten werden sollte, über Bord geworfen worden, als die *Goeben* und die *Breslau* vor dem Goldenen Horn Anker warfen. Die strategischen Interessen änderten sich schnell. Für die Russen wäre jetzt wichtiger gewesen, Konstantinopel zu ‹kriegen› als die Deutschen: Das Zarenreich wurde immer stärker von britischen Investitionen abhängig. Und die Möglichkeit, historische Ambitionen an den Meerengen zu befriedigen, würde das Risiko verkleinern, daß Engländer und Russen in Zentralasien und an den persischen Ölfeldern aufeinanderprallten. ‹Es ist klar, daß Konstantinopel Ihnen gehören muß›, schrieb König Georg V. dem russischen Botschafter eine Woche nach dem Kriegseintritt der Türkei, und gleichzeitig versprach sein Außenminister Rußland eine gütliche Regelung der Meerengenfrage, sobald das Osmanische Reich um Frieden gebeten habe.[17] Dabei war man im britischen Kabinett überzeugt, daß es noch besser wäre, wenn die englische und die französische Flotte vor dem Dolmabahçe und Yıldız lägen und London und Paris in die Lage versetzten, endgültige Pläne zur Teilung des Reiches zu entwerfen – natürlich nie, ohne die Bedürfnisse ‹unseres russischen Verbündeten› zu berücksichtigen.

Anfang September 1914 diskutierten Winston Churchill als Erster Lord der Admiralität, Lord Kitchener als Kriegsminister und ihre wichtigsten Marine- und Militärberater die große Strategie für den Krieg, der bald gegen die Türkei geführt werden würde, wie sie annahmen. Ganz oben auf der Liste möglicher Unternehmungen stand die Eroberung der Dardanellen durch die mächtige Flotte, die bereits in der Nordägäis konzentriert war. Wenn nötig, sollte die Halbinsel Gallipoli besetzt werden, um die Durchfahrt der Kriegsschiffe zu erleichtern. Die Komplexität dieser Aufgabe wurde unterschätzt. Die vorbereitende Beschießung der Befestigungen am Kap Helles Anfang November durch britische und französische Schiffe brachte die Kanonen bei Seddülbahir zum Schweigen, vor allem deshalb, weil das Magazin getroffen wurde und eine riesige Explosion erfolgte. Und sechs Wochen später torpedierte und versenkte ein britisches U-Boot ein vierzig Jahre altes Schlachtschiff, das in der Meerenge ankerte. Bis zum neuen Jahr gab es dann in diesen Gewässern keine Kampfhandlungen mehr. Inzwischen aber waren Torpedorohre, die Admiral Limpus viele Monate zuvor empfohlen hatte, zur Verteidigung der Meerengen in Kilitbahir installiert. Bis zum Beginn des Frühjahrs wollte Liman von Sanders sechs der fünfzig osmanischen Divisionen zum Schutz der Dardanellenküsten vor Invasionen einsetzen.[18]

Kitchener, der in Ägypten und der Levante viel Erfahrung gesammelt hatte, hätte ein schnelles Unternehmen anderswo, am liebsten gegen die Bagdadbahn, vorgezogen. Eine Woche vor Weihnachten ging ein Kommando unter dem Schutz der elf 15-cm-Geschütze des leichten Kreuzers HMS *Doris* nördlich von Iskenderun an Land. Die Angreifer trafen nicht nur nicht auf Widerstand, sondern stellten fest, daß die örtlichen Soldaten keine Einwände gegen das Sprengen von Lokomotiven, Waggons und Lagerhallen hatten; sie halfen den Marineoffizieren sogar, Sprengladungen anzubringen, und freuten sich an der sensationellen Explosion am Nachthimmel. Diese Episode stärkte, wie Churchill zwei Jahre später zugab, die britische Illusion, daß der Feind eine leichte Beute sein würde. ‹Gegen was für Türken kämpfen wir hier?› fragte sich die Admiralität.[19]

Die Antwort erhielt sie in den furchtbaren Schlachten um die Halbinsel Gallipoli. Am 15. Januar 1915 beschloß der Kriegsrat in London eine Expedition der Marine ‹mit Ziel Konstantinopel›, um eine Nachschublinie nach Rußland zu öffnen, das an der Ostfront unter starkem Druck stand. Aber als am

18. März ein Drittel der Großschiffe, die in die Meerenge einfahren wollten, versenkt war, mußte der Feldzugsplan geändert werden: Die ‹Konstantinopel-Expeditionsstreitmacht›, von der in nachlässiger Verachtung der Sicherheit viel die Rede war, wurde von Ägypten, wo sie sich gesammelt hatte, nach Mudros auf Limnos in der nördlichen Ägäis verlegt. Fünf Wochen nach der Beschießung unternahmen britische, australische und neuseeländische Truppen eine Reihe von Landungen auf der Halbinsel, während ein französisches Armeekorps an der Küste gegenüber landete, wo einst das alte Troja gelegen hatte. Aber inzwischen war der größte Teil der osmanischen Armee – rund 84 000 Mann – einsatzbereit. Mangelhafte Planung, Verwirrung zwischen den Waffengattungen, unschlüssige Führung und all die unerwarteten Probleme der ersten amphibischen Operation des modernen Kriegs wirkten zusammen und verwandelten ein heroisches Unternehmen, das phantasievoll entworfen worden war, in eine Tragödie. Am 9. Januar 1916, fast ein Jahr nach dem Entschluß des Kriegsrats, räumten die letzten britischen Truppen heimlich Kap Helles; sie hinterließen genug Nahrung und Ausrüstung, um vier türkische Divisionen mehr als vier Monate lang zu erhalten. Sie hinterließen außerdem 34 000 Tote aus Großbritannien und seinem Weltreich und 10 000 Tote aus dem französischen Mutterland und seinen Überseebesitzungen an den Küsten der Dardanellen. Nur jeder vierte Gefallene wurde begraben.[20]

Gallipoli war der größte Verteidigungssieg der osmanischen Geschichte. Die Zähigkeit der ‹Mehmetçik› – der türkischen Entsprechung zum britischen ‹Tommy› – brachte dem Reich des Sultans einen sechsjährigen Aufschub. Aber zu einem schrecklichen Preis. Die türkischen Verluste wurden zwar nie genau gezählt, aber sie müssen mindestens doppelt so hoch gewesen sein wie die der angreifenden Armeen. Enver als Kriegsminister rechnete sich selbst den Sieg als Verdienst an, genaugenommen aber hatte Liman von Sanders die strategischen Maßnahmen befohlen, während an der Spitze der Halbinsel Esad Pascha und sein Stab den Vorstoß der ‹Anzacs› – der australischen und neuseeländischen Truppen – ins Landesinne-

re erfolgreich aufhielten. Wenn in dieser Kampagne ein Volks-
held sichtbar wurde, war es Mustafa Kemal, der Oberst, der die
Wankenden und Zurückweichenden seiner XIX. Division zu
einer heldenhaften Verteidigung entlang der Felsenkämme
von Sari Bair und Anafarta angefeuert hatte. Die offizielle
Propaganda-Zeitschrift des osmanischen Kriegsministeriums
wollte Kemals Porträt auf dem Umschlag bringen, aber Enver
persönlich intervenierte; es durfte keine öffentlichen Fanfaren-
stöße für einen Zeitgenossen geben, dessen militärische Leistungen die seinen zu übertreffen begannen. Kemal bekam das
Kommando über die 16. Armee und wurde zum Kampf gegen
die Russen nach Anatolien geschickt. Vierzehn Jahre später
bewertete ein britischer Stabsoffizier in einer offiziellen Geschichte von Gallipoli Kemals Rolle bei der Verteidigung der
Halbinsel objektiv so: ‹Nur selten in der Geschichte können die
Bemühungen eines einzelnen Divisionskommandeurs einen so
nachhaltigen Einfluß ausüben, nicht nur auf den Verlauf einer
Schlacht, sondern vielleicht auf den eines Feldzugs und sogar
das Schicksal eines Volkes.›[21]

Die Kämpfe an den Dardanellen wurden den Osmanen von
ihren Feinden aufgezwungen. Ebenso der schreckliche Kampf
an der alten russischen Grenze in Transkaukasien, wo Mitte
Februar 1916 die historische Festung Erzurum bei einem überraschenden Angriff des Feindes fiel: wahrscheinlich dank der
Informationen, die arabisch-osmanische Offiziere den Befehlshabern des Zaren zugespielt hatten, weil sie erzürnt waren über
den dogmatischen ‹Türkismus›, der sich in der Armee des
Sultans ausbreitete. Im Gegensatz zu den Verteidigungsan-
strengungen an den Dardanellen und in Ostanatolien standen
die Versuche Deutschlands und des Osmanischen Reiches,
durch Anstiftung zur Rebellion den Dschihad zu verbreiten.
‹Unsere Konsuln... müssen die ganze mohammedanische
Welt... zum wilden Aufstande entflammen›, erklärte Kaiser
Wilhelm II. Auf jeden Fall ‹soll England wenigstens Indien
verlieren›.[22] Das fand offenbar auch Enver. Vor Gallipoli hatte
er Kemal aufgefordert, das Kommando über drei Regimenter
zu übernehmen und sie durch Persien hindurch zu führen,

damit sie die Muslime von Belutschistan, Sind und dem Pandschab gegen die britische Herrschaft aufwiegelten – ein Angebot, das Kemal klugerweise ablehnte. Die indischen Muslime kümmerten sich wenig um den Aufruf des Kalifen, und indische Truppen, die in Gallipoli an der Seite der Briten und ‹Anzacs› kämpfen, reagierten nicht auf türkische Anstiftungen zur Meuterei.

Enver unterstützte auch Pläne, nach denen Saboteure die Grenze von Mesopotamien nach Südpersien überschreiten und die neue Raffinerie der Anglo-Persian Oil Company bei Abadan sprengen sollten. Dieses Vorhaben vereitelten rasche englische Gegenmaßnahmen, aber immerhin konnte der deutsche Agent Wilhelm Wassmuss später eine antibritische Rebellion in weiten Teilen Südpersiens anzetteln.[23] Als letzte Maßnahme schickte Enver jungtürkische Offiziere nach Libyen, damit sie den puritanischen islamischen Orden der Senussi ermunterten, die britischen Vorposten anzugreifen und, wenn Italien den Krieg gegen die Türkei wieder aufnehmen sollte, Überfälle aus der Wüste auf die Küstenstädte der Cyrenaika zu starten. Dabei hatte Enver mehr Erfolg. Unter Sajed Ahmed kämpften die Senussi in der westlichen Wüste bis zum endgültigen Zusammenbruch des Reichs loyal für ihren Kalifen. Andererseits unterstützte später ein prominenter osmanischer Agent, Jafar Pascha el-Askiri, den die Briten bei einem Kavallerie-Scharmützel in der Wüste gefangengenommen hatten, die arabische Erhebung in Mesopotamien, dem Land seiner Geburt, und half, die irakische Armee aufzubauen.[24]

Auf Deutschlands Bitte hin versuchte das osmanische Oberkommando einen umfassenden Plan für ‹die Vernichtung der britischen Herrschaft in Ägypten› durchzuführen, indem es ein Projekt entwickelte, das ursprünglich in Berlin entworfen worden war, drei Monate bevor die Türkei in den Krieg eintrat. General Ahmet Cemal gab sein Ministeramt auf, um in den aktiven Dienst zurückzukehren, und übernahm im November 1914 in Damaskus das Kommando über die osmanische 4. Armee. Zwei Monate später zog er rund 20 000 Mann samt Artillerieunterstützung bei Beerscheba zusammen, um einen

Angriff auf den Suezkanal zu unternehmen, die ‹Halsschlagader des British Empire›. Bei den türkischen Truppen befanden sich deutsche Spezialisten, und Cemals Stabschef war ein bayerischer Oberst, Baron Franz von Kress von Kressenstein. Pontonbrücken, in Deutschland konstruiert und durch das neutrale Bulgarien geschmuggelt, sollten es den Angreifern ermöglichen, auf das Westufer des Kanals hinüberzuwechseln. Sowohl Cemal als auch Kress glaubten, daß ein Überraschungsangriff mit starken Kräften auf britische Positionen ägyptische Nationalisten anregen würde, sich gegen die ‹Kolonialisten› zu wenden und ihren Khediven Abbas Hilmi II. freudig wieder aufzunehmen. Die Angreifer dürften ‹den Anschluß von 70 000 arabischen Nomaden erwarten›, meinte Ernst Jäckh, der Lieblingsorientalist des deutschen Oberkommandos.[25]

Cemals Überfall kam nicht, wie oft behauptet wird, überraschend für die Briten: französische Aufklärungsflugzeuge hatten die Kolonnen durch die Wüste Sinai marschieren sehen. Vom 3. bis zum 10. Februar wurde nördlich von Ismailia gekämpft. Ein einziger osmanischer Zug überbrückte mit Erfolg den Kanal, bevor Cemal den Rückzug befahl; er war enttäuscht, weil die Ägypter keine Anstalten machten, ihre Befreiung durch die Osmanen zu begrüßen. Während sich Cemal nach Beerscheba zurückzog, blieb Oberst Kress mit ein paar Infanterie-Bataillonen und einer Schwadron Kavallerie in der Wüste Sinai, als ständige Bedrohung für Ägypten. Deutsche Pioniere überwachten den Bau einer strategischen Bahnlinie von Jaffa nach Beerscheba. Gelegentlich warfen Kress' Soldaten einige Minen in den Kanal, bis im Spätsommer 1916 ‹Anzac›-Reiter die Wüste räumten. Erst Ende des Jahres beschlossen die Briten, eine neue – und schließlich entscheidende – Front in Palästina zu eröffnen.[26]

Schon im August 1914 gab es Kontakte zwischen dem britischen Geheimdienst in Kairo und arabischen Separatisten, die bei der osmanischen Armee in Mesopotamien dienten. Ihr wichtigster Vertreter war Major Abdul Asis el-Masri, der in Bagdad die Geheimgesellschaft El-Ahd (Der Bund) gegründet hatte, in der irakische Offiziere die arabische Unabhängigkeit von türkischer Herrschaft anstrebten.[27] Mit Beginn des Krieges verstärkten sich die britischen Bemühungen, Revolten in diesen fernen osmanischen Provinzen zu schüren. Es gab hier jedoch Interessenkonflikte zwischen dem Außenministerium und dem Indien-Ministerium in London sowie zwischen Kairo und Simla, dem Hauptquartier der britischen Streitkräfte in Indien: Die vizeköniglichen Behörden lehnten jede Ermutigung zum Aufstand im Osmanischen Reich ab. Sie fürchteten, daß sich die Unruhen auf den indischen Subkontinent ausbreiten könnten, wo es ähnliche Geheimgesellschaften gab wie in den arabischen Ländern.

Zweifellos war die geteilte Verantwortung der Briten im Nahen und Mittleren Osten für das osmanische Oberkommando hilfreich. Während Kairo politischen Kontakt zu den Stämmen des Hedschas und Südsyriens unterhielt, schloß das Indien-Ministerium den Vertrag vom Dezember 1915, in dem der ehrgeizige fünfunddreißigjährige Abd al-Asis Ibn Saud als Herrscher des Nedschd anerkannt wurde.[28] Die vizekönigliche Verwaltung in Bombay sah den Golf, Mesopotamien und die soeben erschlossenen Ölfelder als ihre Interessensphäre an – und ebenso einen großen Teil Südarabiens mit Aden, wo die britische Bunkerstation seit 1839 (und bis 1937) durch militärische Staatsbeamte verwaltet wurde, die von der Regierung Indiens ernannt wurden. Es war denn auch das Hauptquartier in Simla, das mit der Entsendung der ‹Force D› an die Spitze des Persischen Golfs den Mesopotamien-Feldzug begann. Die Expedition landete am zweiten Tag des Krieges in Fao, fegte die örtlichen osmanischen Garnisonen hinweg, nahm vierzehn Tage später ohne großen Widerstand Basra ein und sicherte damit die Ölanlagen im Schatt el-Arab. Aber statt mit rekrutierten arabischen Soldaten die Osmanen zu plagen, behandelten die Briten Südmesopotamien als erobertes Gebiet; bei dieser Gelegenheit wurde der sechsundzwanzigjährige irakisch-arabische Nationalist Nuri es-Said hastig nach Indien deportiert.

Die Feindseligkeit der ‹Force D› gegenüber dem arabischen

Nationalismus einerseits und die Ankunft von Feldmarschall von der Goltz mit einer deutschen Mission in Bagdad andererseits stärkten den osmanischen Widerstand. Schließlich besetzte Ende September 1915 General Townshend die strategisch wichtige Stadt Kut (Kut el-Amarah) 400 Kilometer nordwestlich von Basra, und das Hauptquartier in Simla drängte ihn sogleich, nun auf Bagdad selbst zu marschieren. Townshend tat, was von ihm erwartet wurde, aber ein Vorstoß nach Mesopotamien hinein war ohne arabische Unterstützung ein tollkühnes Unternehmen. Am 22. November schlug die improvisierte Armee des Generals von der Goltz zusammen mit einer anatolischen Elitedivision die Invasoren bei Ktesiphon, keine 30 Kilometer vor Bagdad. Am 3. Dezember wurden Townshends 17000 Mann in Kut belagert, und mit ihnen 6000 Araber, die in die Auseinandersetzung verwickelt worden waren. Vier Anläufe, die Stadt zu befreien, scheiterten. Kitcheners selbstsicherer Versuch, Halil Pascha, dem osmanischen Kommandeur, eine Million Pfund zu bieten, wenn er die Garnison von Kut passieren ließe, wurde zurückgewiesen – und aus Propagandagründen von Enver (der Halils Neffe war) mit großer Verachtung behandelt. Am 29. April 1916 ging die Garnison von Kut in eine bittere Gefangenschaft. Wie nach der Räumung von Gallipoli dreieinhalb Monate zuvor rühmten sich die Osmanen, einen ungläubigen Eindringling zurückgeschlagen zu haben. Vorübergehend stärkte die Behauptung die Kampfmoral daheim.[29]

Wie andere Regierungen 1914 hatten die osmanischen Führer angenommen, daß der Krieg schnell vorbei sein würde. Die Wirtschaft konnte die Belastung langer Feldzüge an verschiedenen Fronten nicht durchstehen. Auch wenn die meisten Städte und Dörfer in den Provinzen sich von jeher selbst versorgt hatten – Konstantinopel war von Getreidelieferungen aus Rußland und in geringerem Umfang aus Frankreich und Italien abhängig. Dementsprechend herrschte in der Hauptstadt schon im ersten Kriegswinter bitterer Mangel an Nahrungsmitteln; die Not wurde noch verschärft durch den Zustrom von Flüchtlingen und durch die Ausbreitung von Typhus. Andere Regionen, die normalerweise autark waren, litten darunter, daß viele Landarbeiter zum Dienst in der Armee eingezogen worden waren, und in Ostanatolien verwüstete eine russische Invasion das Land. Die Hungersnot in Syrien und Libanon war zum Teil von einer langen Dürreperiode hervorgerufen, zum Teil aber auch von der ungerechten Verteilung der Lebensmittel; erschwerend kam die Belegung und Nutzung der Eisenbahn für militärische Zwecke hinzu. Von Oktober 1915 an, als Bulgarien als Verbündeter Deutschlands, Österreich-Ungarns und des Osmanischen Reiches in den Krieg eintrat, gab es wieder eine direkte Bahnverbindung mit Mitteleuropa, das den Türken einen Markt für Baumwolle, Wolle, Leder, Öl aus dem Vilâyet Mosul und andere Bodenschätze bot. Ohne die deutsche Hilfe wäre der Sultan gezwungen gewesen, sich frühzeitig um Frieden zu bemühen. So aber zeigen offizielle Zahlen, daß die Lebenshaltungskosten in der Hauptstadt sich in den ersten fünfundzwanzig Monaten des Krieges vervierfachten. Deutschland unterstützte seinen Verbündeten mit einer Viertelmilliarde Pfund Sterling (etwa fünf Milliarden Mark), um die osmanischen Armeen vier Jahre im Krieg zu halten.[30]

Politisch gab es keine Veränderung, nur Zensur und Polizeikontrollen wurden verschärft. Die Jungtürken bestimmten bis zu den letzten Wochen des Kriegs die Politik.[31] Said Halim blieb bis Februar 1917 Großwesir; dann folgte ihm Talaat, der längst der tatsächlich führende Minister gewesen war, offiziell im Amt. Derweil erfüllte Mehmet V. die Pflichten eines konstitutionellen Sultans. Er empfing Kaiser Wilhelm II. bei seinem dritten Staatsbesuch und gab am 16. Oktober 1917 ein Bankett im Dolmabahçe-Palast für ihn; in der dritten Maiwoche war er der Gastgeber für Karl I., Kaiser von Österreich und König von Ungarn, und seine Gemahlin Zita beim einzigen Staatsbesuch eines habsburgischen Herrschers in der osmanischen Hauptstadt. Der Glanz, der für sie entfaltet wurde, war eine schwere Belastung für das Reich mit seiner starken Inflation. Sieben Wochen später, am 3. Juli, starb Mehmet V. Sein Nachfolger war Abdülmecits jüngster Sohn, der siebenundfünfzigjährige

Mehmet VI. Vahdettin, der letzte der sechsunddreißig osmanischen Sultane. Fünf Monate zuvor war, fast vergessen durch die Anforderungen des Krieges, Abdülhamit gestorben, nicht durch das Messer eines Mörders oder durch Gift, wie er immer gefürchtet hatte, sondern an Herzversagen in seinem Bett in Beylerbey.

Obwohl das in mancher Hinsicht verblüffend erscheint, versuchten die Jungtürken die Dynamik ihrer Revolution die ersten drei Kriegsjahre hindurch zu erhalten. Im April 1913 hatten Verfügungen die Überweisung von Urteilen religiöser Gerichte an weltliche Appellationsgerichte, Mahkeme-i temyiz, erlaubt und damit den Primat der säkularen Justizgewalt über die Ulema bekräftigt; diese schrittweise Schwächung der Autorität der muslimischen Hierarchie erreichte ihren Höhepunkt am Ende des Wesirats von Said Halim. Seit April 1916 war der Şeyhülislâm nicht mehr automatisch Kabinettsmitglied, und in den folgenden Monaten wurde er all seiner vollstreckenden Funktionen auf den Gebieten beraubt, die jetzt als weltliche Angelegenheiten angesehen wurden, wie die Verwaltung religiöser Stiftungen oder Bildungsfragen. Zur Zeit der Thronbesteigung Mehmets VI. Vahdettin wurde der Şeyhülislâm als ausschließlich religiöser Würdenträger angesehen, jemand, der als Deuter der islamischen Lehre gehört und respektiert wurde. Es gab auch eine Reihe von Maßnahmen, die vorsichtig die allgemeine Frauenemanzipation beförderten; so legte 1917 das überarbeitete Familienrecht fest, daß die Ehe ein weltlicher Vertrag sei und eine Ehefrau sich von ihrem Mann scheiden lassen könne, wenn er erwiesenermaßen Ehebruch begangen hatte. Trotzdem blieben viele gesellschaftliche Tabus bestehen, vor allem auf dem Land, und in den Städten mußten Theater, Restaurants und Hörsäle für Frauen durch Vorhänge abgeteilte Ecken bereithalten.

Die Mißbilligung der Säkularisation durch die Konservativen ließ nach, als die Einschränkungen des muslimischen Fanatismus beseitigt wurden, die die Jungtürken erzwungen hatten, solange sie sich um ausländische Gunst bemühten. Es war nicht mehr zu erwarten, daß fremde Generalinspekteure in den

Provinzen tätig wurden, in denen sich christliche Minderheiten über Verfolgung beklagten. Die neuerlichen Aktivitäten der Daschnaks in der Stadt Van – die Russen unterstützten nun offen eine Art armenischer Autonomie auf beiden Seiten der Grenze – riefen bei den Osmanen Befürchtungen hervor, daß die armenischen Untertanen des Sultans die zaristischen Invasoren als Befreier betrachten und ihren Vormarsch unterstützen würden. Deshalb organisierten die Osmanen im Mai 1915 eine Massendeportation von Armeniern aus den Ostprovinzen in bewachte Siedlungen in Nordmesopotamien. Eine halbe Million Armenier starben wahrscheinlich in dieser Zeit an Hunger oder an den Leiden auf langen Märschen durch überwiegend kurdisches Gebiet oder durch Massaker, die die Kurden selbst mit dem stillschweigenden Einverständnis der örtlichen Regierungsvertreter durchführten. Wenig später wurden die armenischen Gemeinden in Nordsyrien und Kilikien auf ähnliche Weise entwurzelt und in Mittelsyrien konzentriert. Niemand weiß, wie viele Armenier während des Krieges umkamen. Die offiziellen türkischen Schätzungen gehen von insgesamt etwa 300 000 Menschen aus; die armenischen sprechen von zwei Millionen Menschen, die während dieses systematischen Völkermords getötet wurden.[32] Tatsächlich gab es wohl mindestens 1,3 Millionen armenische Tote. Wenn diese Zahl stimmt, bedeutet das, daß während des Krieges und danach ebenso viele Armenier starben wie Soldaten, die auf seiten Frankreichs gekämpft hatten.

Der Krieg zog sich länger hin, als man gedacht hatte, und einzelne Persönlichkeiten des Komitees begannen größere Unabhängigkeit von der Pforte zu demonstrieren. Mustafa Rahmi, einer der drei aus der jungtürkischen Abordnung, die Sultan Abdülhamit 1908 empfangen hatte, wurde 1915 zum Vali von Izmir ernannt; er entwickelte sich in seiner Provinz zu einem so mächtigen Warlord, daß er sowohl Armenier als auch Griechen vor dem muslimischen Wüten zu bewahren vermochte. Außerdem streckte er gelegentlich Friedensfühler zu den Vertretern der Alliierten in Athen aus. Etwas später zeigte auch der Militärkommandeur in Syrien, Ahmet Cemal Pascha,

Neigung, gesonderte Bedingungen mit den Entente-Alliierten zu vereinbaren. Aber im Sommer 1915 war er noch eine Säule des herrschenden Triumvirats und überzeugt, daß der Feind bald zur Unterstützung einer arabischen Rebellion irgendwo zwischen Iskenderun und Haifa eine Invasion von See her versuchen würde. Deshalb nahm Cemal seine Zuflucht zu drastischen Unterdrückungsmaßnahmen; er war erpicht darauf, die arabischen Geheimgesellschaften und sonstige Dissidenten zu vernichten. Am 28. August 1915 wurden in Beirut elf Araber gehängt, und Verhaftungen, Hinrichtungen und Deportationen blieben im Libanon achtzehn Monate lang an der Tagesordnung. Das ganze Volk litt. Cemal sah keinen Grund, genauer zwischen Arabern, Juden und Christen zu unterscheiden. Wie Lawrence ein paar Jahre später schrieb, war es Cemal, der ‹alle Klassen und Bekenntnisse Syriens unter dem Druck gemeinsamen Unglücks und gemeinsamer Gefahr einigte und damit die Verbreitung des Aufstands ermöglichte›.[33]

Cemal hatte recht, wenn er annahm, daß ein arabischer Aufstand bevorstand: Er hatte sich seit langem zusammengebraut. Kurz vor Beginn des Krieges hatte Emir Abdullah, der zweite Sohn des Scherifen von Mekka, Hussein ibn Ali el-Aun, zweimal bei den britischen Behörden in Ägypten sondiert, um zu prüfen, ob er Londons Unterstützung für eine Erhebung gegen die osmanische Herrschaft gewinnen könnte. Abdullah war mit dem politischen Leben in Konstantinopel sehr vertraut: Sowohl er als auch sein Bruder, Emir Feisal, gehörten dem osmanischen Parlament an. Lord Kitchener, der Vertreter Großbritanniens und Generalkonsul in Ägypten von 1911 bis zum Beginn des Krieges, lernte Abdullah in Kairo kennen, und die Beweise wachsender arabischer Feindseligkeit gegenüber dem jungtürkischen Regime beeindruckten und überzeugten ihn. Der Vater des Emirs war von Natur aus kein Rebell. Er war ein älterer Konservativer, den die Ankunft eines westlich ausgerichteten osmanischen Gouverneurs im Hedschas beunruhigte. Als Haupt der Haschemiten-Dynastie – er war der 37. der in direkter Linie vom Propheten Abstammenden – verdiente der Scherif von Mekka die Hochachtung, mit der Kitchener ihn und seine Sendboten behandelte. Aber die Briten neigten zu einer Überbewertung der Stellung des Scherifen innerhalb des Islam. Möglicherweise schrieben sie ihm sogar ein Verlangen nach Beseitigung des Osmanischen Reiches zu, das er nie hatte. Nachdem Kitchener im August 1914 britischer Kriegsminister geworden war, hielt er weiter Kontakt zu den Haschemiten-Prinzen. ‹Vielleicht übernimmt ein Araber echter Abstammung in Mekka oder Medina das Kalifat, und so kommt vielleicht mit der Hilfe Gottes Gutes bei all dem Unheil heraus, das sich jetzt ereignet›, schrieb Kitchener an Abdullah sechs Tage bevor Großbritannien dem Sultan den Krieg erklärte.[34]

Die Ausrufung des Dschihad veranlaßte die Briten, den Gedanken des haschemitischen Kalifats wiederzubeleben. Aber inzwischen dachte Hussein an eine Krone. Im Sommer 1915 korrespondierte Hussein mit Sir Henry McMahon, dem britischen Hochkommissar in Ägypten; er suchte Ägyptens Unterstützung für das Kalifat und auch für ein haschemitisches Königreich Arabien. Es sollte sich von Kilikien (ungefähr von der heutigen Grenze zwischen der Türkei und Syrien) südwärts bis zum Jemen und vom Mittelmeer bis zur Ostgrenze Mesopotamiens erstrecken. Schließlich stimmte am 24. Oktober 1915 Sir Henry McMahon in einem Brief an Hussein zu: Großbritannien würde ‹die Unabhängigkeit der Araber in den Ländern innerhalb der vom Scherifen von Mekka vorgeschlagenen Grenzen anerkennen›, ausgenommen jedoch Regionen, die in Zusammensetzung oder Charakter nicht ausschließlich arabisch waren. Im Norden fielen Mersin und Iskenderun in diese Kategorie, ferner ‹Teile von Syrien westlich von Damaskus, Hama, Homs und Aleppo›, kurz: die Ostküste des Mittelmeers. Weitere Vorbehalte betrafen die Zustimmung zu gewissen Kontrollmaßnahmen zur Wahrung britischer Interessen in den Vilâyets Bagdad und Basra, die Einhaltung britischer Zusagen zum Schutz anderer arabischer Herrscher, und eine Mahnung, daß diese Versprechen nur ‹diejenigen Teile der Territorien› beträfen, in denen Großbritannien ohne Schaden für seinen Verbündeten Frankreich ‹uneingeschränkt handlungsfähig ist›.[35]

McMahons Brief bleibt eines der meistdiskutierten Dokumente in der Diplomatie des 20. Jahrhunderts. Die Schwäche dieser Botschaft lag weniger in den genannten Bedingungen, die so ungenau waren, wie die Kriegszeit es erforderte, als in den taktvollen Weglassungen und besonders dem Mangel an jeglicher Bezugnahme auf Palästina, Jerusalem oder die Juden. Scherif Hussein korrespondierte mehrere Monate lang mit McMahon in der Hoffnung, das britische Angebot und die Bedeutung des emotionsbelasteten Wortes ‹Unabhängigkeit› klären zu können. Ohne Erfolg. Aber im Dezember wurde ihm noch einmal ermutigend auf die Schulter geklopft: Außenminister Sir Edward Grey war der ‹arabischen Unabhängigkeit von türkischer Herrschaft› wohlgesinnt – vorausgesetzt natürlich, daß die Araber sie in einer Revolution selbst erreichten.[36]

Es gab gute Gründe für das ausweichende Verhalten des Außenministeriums. Es bestand Ungewißheit über das, was der ‹Verbündete Frankreich› als seinen Interessen abträglich betrachten würde und was nicht. Im November 1915 kam der ehemalige französische Generalkonsul in Beirut, François Georges-Picot, nach London. Den ganzen Dezember hindurch und weit in das neue Jahr hinein sprach er mit dem angesehenen Arabisten Oberst Sir Mark Sykes. Die zwei Nahostexperten arbeiteten Vorschläge zur Aufteilung des Osmanischen Reiches in der Levante aus, die im Mai 1916 als ‹Sykes-Picot-Abkommen› angenommen wurden.[37] Das Abkommen sah die Schaffung von zwei arabischen Staaten vor, einem mit Damaskus als Zentrum unter französischem Protektorat und einem von Bagdad bis Akaba unter britischem Protektorat. Die Franzosen würden den Libanon von nördlich Beiruts bis südlich von Tyrus (Sur) verwalten, die Briten Akka und Haifa kontrollieren, und Palästina sollte in der gemeinsamen Verantwortung Frankreichs, Großbritanniens und (des zaristischen) Rußlands stehen. Das Abkommen ist oft kritisiert worden als mit den Zusagen unvereinbar, die dem Scherifen von Mekka bereits gegeben worden waren. Andererseits könnte man auch anführen, daß das Sykes-Picot-Abkommen McMahons Vorschläge erweiterte, klärte und vervollständigte, statt sie außer Kraft zu setzen, und Ärger entstand auch eher aus den Verpflichtungen, die die Briten 1917 der zionistischen Bewegung gegenüber auf sich genommen hatten. Aber welche Auswirkungen für spätere Jahrzehnte sie auch gehabt haben mögen, im Kontext des Ersten Weltkriegs ist die historische Bedeutung der McMahon-Briefe und der Sykes-Picot-Verhandlungen klar und eindeutig: Sie zeigen, daß sich 1915 die Entente-Verbündeten einig waren über die Zerstückelung des Osmanischen Reiches – unterstützt von einer Eskalation des arabischen Nationalismus.

Am 5. Juni 1916 begann Scherif Hussein die arabische Revolte mit einem symbolischen Gewehrschuß auf die osmanischen Kasernen in Mekka und einer Proklamation, die als arabisches Manifest in der islamischen Welt dienen sollte. Er brandmarkte besonders die Gottlosigkeit der Jungtürken, die die religiösen Hoheitsrechte des Sultans und Kalifen eingeschränkt und ‹die Religion Gottes als einen Zeitvertreib und Sport› betrachtet hätten.[38] Anfangs entsprachen der Rhetorik Taten, jedenfalls im Hedschas. Mekka wurde schnell von Türken geräumt; am 9. Juni wurde der Hafen von Dschidda angegriffen und ging, mit Unterstützung der Royal Navy von See her, eine Woche später in arabische Hände über. Die Stadt Taif, eine Oase 65 Kilometer südöstlich von Mekka, fiel rasch dem Emir Abdullah zu, wenn auch hinter den soliden Mauern der benachbarten Festung türkische Truppen weiterhin Widerstand leisteten. Medina jedoch konnte nicht erobert werden. In dieser Stadt befand sich nicht nur das heilige Grab des Propheten, sondern auch das Hauptquartier des 12. Armeekorps unter dem Kommando des großen und gottesfürchtigen Fakhri ed-din Pascha. Fakhri setzte lieber seine Garnison einer zweieinhalb Jahre dauernden Belagerung aus, als aufständische Araber im Sold der Ungläubigen in Medina einziehen zu sehen. Im Januar 1919, zehn Wochen nachdem jeder andere osmanische Armeekommandeur den Waffenstillstand angenommen hatte, leistete er noch immer Widerstand.

Kitchener, der am ersten Tag der arabischen Revolte auf

dem Weg nach Rußland ertrank, hatte immer die Notwendigkeit unterstrichen, sich auf eine allgemeine Erhebung einzustellen, nicht nur auf einen Aufstand in einem bestimmten Vilâyet. Aber andere arabische Regionen reagierten nur langsam auf den Ruf der Haschemiten, und monatelang war es fraglich, ob die Kämpfe im Hedschas eine echte militärische Herausforderung für das Osmanische Reich darstellen würden. Erst gegen Ende des Jahres begannen Husseins britische Förderer, das ‹Arabische Büro› in Kairo, die Revolte ernsthaft zu koordinieren: Hauptmann T. E. Lawrence sorgte als Chef der britischen Hedschas-Mission für die Anerkennung Emir Feisals als des eigentlichen Führers der Beduinenkämpfer, während der osmanische Veteran Major Asis el-Masri reguläre arabische Truppen in Rabig ausbildete, unterstützt von seinem irakischen Landsmann Nuri es-Said, der aus Indien hatte zurückkehren dürfen.[39] Schon während dieser eher vorbereitenden Monate konnten Enver, Talaat und Cemal eine solche Bedrohung der Südflanke des Reiches nicht ignorieren, zum verständnislosen Verdruß ihrer deutschen Berater. Denn solange die haschemitische Rebellenarmee im Feld stand – oder vielmehr in der Wüste –, waren mindestens 30 000 türkische Soldaten entlang der Hedschas-Bahnlinie und in Medina sowie im Jemen gebunden.

Im Sommer 1917 gingen die Haschemiten zur Offensive über. Am 6. Juli nahmen die Araber den wichtigen Hafen Akaba ein, der – unter britischem Beistand – Emir Feisals Basis für Überfälle auf die Bahn, die gut 100 Kilometer landeinwärts verlief, und für den Vormarsch auf Syrien wurde. Schon bevor Akaba fiel, war die osmanische Selbstzufriedenheit erschüttert worden durch einen Beduinen-Überfall auf Baalbek (Ba'labakk) 80 Kilometer *nördlich* von Damaskus, wo am 11. Juni eine Brücke der strategisch wichtigen Bahn beschädigt worden war, die Syrien mit dem Zentrum des Reiches verband. In einer Bewertung des britischen Geheimdienstes, die London fünf Wochen danach aus der Schweiz erreichte, wird eine türkische Quelle angeführt, die berichtete, daß diese Anzeichen für Unruhe unter den nördlichen Stämmen die sofortige Verlegung von sechs Frontbataillonen nach Baalbek bewirkt habe, um jeden Funken einer Revolte in einer so sensiblen Region auszulöschen.[40]

Die türkische Besorgnis war verständlich, denn der Charakter des Krieges im Nahen Osten änderte sich schnell. Der britische General Maude war, indem er vorsichtig Basra zur Militärbasis ausbaute und den Hafen modernisierte, bis zum Januar 1917 in der Lage, dort eine Armee zusammenzuziehen, die viermal so stark war wie die Streitkräfte seines osmanischen Gegners. Und am 11. März wurde Bagdad eingenommen – zum sicher dreißigsten Mal in der langen Geschichte der Stadt. Enver war jedoch nicht willens, Mesopotamien aufzugeben. Mit deutscher Unterstützung wurde während der Sommermonate eine neue und mächtige Heeresgruppe – Deckname Yıldırım (Blitz) – in Südanatolien aufgestellt. General Erich von Falkenhayn, ehemals Chef des deutschen Generalstabs und vor kurzem Eroberer von Rumänien, kam nach Konstantinopel, um eine Offensive zu planen, mit der Bagdad zurückerobert und die deutsch-osmanische Armee durch Persien und darüber hinaus vorverlegt werden sollte; so wurde das reichlich schlichte strategische Ziel wiederbelebt, ‹England› Indien abzunehmen. Aber der ‹Blitz› war bald gezwungen, sich woanders zu entladen. Während Falkenhayn und Enver in Konstantinopel Pläne für Yıldırım machten, schloß General Allenby – kurz zuvor von der Westfront eingetroffen – seine Vorbereitungen für eine Offensive im Sinai ab, wo im März und April die ersten zwei Gaza-Schlachten noch keine Bresche in das osmanisch-deutsche Verteidigungssystem hatten schlagen können. Bis zum Herbst 1917 mußte Falkenhayn einsehen, daß Palästina das gegebene Operationsgebiet für Yıldırım war, nicht Mesopotamien und Persien.[41]

Falkenhayn konnte Allenby mit vierzehn osmanischen Divisionen und dem Kern des deutschen Asienkorps entgegentreten, rund 6500 militärischen Spezialisten und Stabsoffizieren. Aber Falkenhayns Heeresgruppe war viel weniger gewaltig, als sie auf dem Papier aussah. Mustafa Kemal – am 7. Juli zum Kommandeur der 7. Armee in Syrien ernannt – berichtete im

September, daß in einer seiner Divisionen die Hälfte der Soldaten so schwach sei, daß sie nicht einmal eine Parade durchhalten, geschweige denn gegen den Feind marschieren könnten. Außerdem hatte sich die Ankunft des Asienkorps in Syrien durch einen Sabotageakt in Haydarpaşa verzögert; dort hatte am 6. September eine riesige Explosion auf dem Rangiergelände der Bahn rollendes Material, Lagerhäuser und Munition vernichtet. Außerdem wies die Befehlsstruktur noch einen fundamentalen Fehler auf. Falkenhayn selbst verachtete die Türken und mißtraute ihnen. ‹Sein Charakter hatte etwas Eigenwilliges, Trotziges›, erinnerte sich der bekannteste seiner Stabsoffiziere, Franz von Papen, später.[42] Das Verhalten des Generals war so arrogant, daß Enver nach Damaskus reisen und zwischen Falkenhayn und zwei erfahrenen osmanischen Armeekommandeuren, Cemal und Kemal, vermitteln mußte. Enver scheiterte. Statt zu versuchen, die Schlachtpläne der Deutschen durchzuführen, besorgte sich Mustafa Kemal Anfang Oktober die Bewilligung zu einem langen Krankheitsurlaub. Ahmet Cemal behielt sein Kommando in Syrien, war aber weiterhin zornig auf Falkenhayn.

Allenby, der über doppelt soviel Infanterie und zehnmal soviel Kavallerie verfügte wie seine Gegner, begann am letzten Tag des Oktober 1917 seine Sinai-Offensive und erreichte alle seine unmittelbaren Ziele.[43] Der vorgeschobene Stützpunkt der Osmanen bei Beerscheba fiel bei einem Überraschungsangriff am ersten Tag. Der Einmarsch in Jaffa erfolgte vierzehn Tage später, und am 3. Dezember wurde Jerusalem besetzt: Allenbys Sieg beendete fast 700 Jahre osmanischer Herrschaft über die einzige Stadt der Welt, die Juden, Christen und Muslimen gleichermaßen heilig ist. Der Einbruch des Winters ließ einen weiteren Vormarsch nicht zu, aber Ende des Jahres hatte man in Konstantinopel wie in London den Eindruck, daß die arabischen Länder des Sultans den Osmanen bald für alle Zeiten verloren sein würden. Außer, wenn es gelänge, durch eine neue Welle panislamischen Denkens die arabische Revolte gegen ihre ungläubigen Gönner zu lenken.

Diese von den Briten ganz außer acht gelassene Möglichkeit

weckte die Hoffnungen Ahmet Cemals in Damaskus. Auf die bolschewistische Revolution vom November 1917 war die Veröffentlichung der Kriegs-Geheimverträge gefolgt, die man in den Archiven des russischen Außenministeriums gefunden hatte: Die Untertanen des Sultans erfuhren so erstmals etwas über das Konstantinopel-Abkommen vom März 1915, in dem die osmanische Hauptstadt und die Meerengen dem russischen Reich zugesprochen wurden, während Großbritannien und Frankreich ‹ihre Ziele im Nahen Osten und anderswo› sollten erreichen können. Sie hörten außerdem von einer Zusage der Alliierten, die die italienische Souveränität über die Inseln des Dodekanes bestätigte und den Italienern einen Stützpunkt in Kleinasien durch umfangreiche territoriale Gewinne im Vilâyet von Adana versprach. Aber das meiste Kapital schlugen die osmanischen Behörden aus der Veröffentlichung des Sykes-Picot-Abkommens, die sie als das Mittel ansahen, die Araber für sich zu gewinnen. Der abgesetzte Khedive Abbas II. wurde nach Damaskus geschickt, wo die Deutschen ein ‹Arabisches Büro› etablierten, als Konkurrenz zu der gleichnamigen Institution, die die Briten ein Jahr zuvor in Kairo eingerichtet hatten. Als heimliche Angebote an Hussein keine Reaktion erbrachten, hielt Cemal Pascha am 6. Dezember 1917 in Beirut eine Rede, in der er die bolschewistischen Enthüllungen als Beweis gegenüber der islamischen Welt anführte, daß der Scherif von Mekka mit den christlichen Imperialisten des Westens konspirierte.[44] Einen Monat zuvor – am 2. November, bevor die Bolschewiken Einzelheiten des Sykes-Picot-Abkommens hatten durchsickern lassen – hatte die berühmte Balfour-Erklärung deutlich gemacht, daß die britische Regierung ‹die Errichtung einer nationalen Heimstatt für das jüdische Volk in Palästina› mit Wohlwollen betrachtete. Cemal hatte sich bereits mit Erfolg den Vorschlägen des deutschen Außenministeriums widersetzt, die Unterstützung der Zionisten durch eine gemeinsame deutsch-osmanische Verlautbarung zu gewinnen; er erklärte, daß jedes Eintreten für die Juden die Araber in eine stärkere Abhängigkeit von der Entente zwingen würde. Jetzt konnte Cemal die Sykes-Picot-Gespräche und die Balfour-Erklärung der islamischen Welt als ‹Beweis› dafür anführen, daß Araber in britischem Sold ihr muslimisches Erbe den zionistischen Imperialisten auslieferten.[45]

Während des letzten Kriegswinters war Cemal das einzige Mitglied der grundsätzlich weltlichen Regierung Talaat, das Gefallen fand an dem, was man heute als ‹Wiedergeburt› eines muslimischen Enthusiasmus bezeichnen könnte. Seine Kollegen waren bereit, Rechte in großem Umfang zu übertragen, solange irgendeine Art von osmanischer Oberherrschaft in den arabischen Ländern erhalten blieb; so ließ der Außenminister, ein Verwandter von Enver, die Amerikaner im Februar 1918 wissen, die Pforte lehne den zwölften von Präsident Wilsons vierzehn Punkten nicht ab, der die autonome Entwicklung der nichttürkischen Völker des Osmanischen Reiches empfahl, und der einflußreiche Publizist Ziya Gökalp sprach sich für ein föderalistisches Reich aus, das faktisch unabhängige arabische und türkische Staaten miteinander verbinden sollte.[46] Es konnte nicht ausbleiben, daß sich die Haschemiten von diesem scheinbaren Stimmungsumschwung am Goldenen Horn in Versuchung führen ließen, und es gab weitere, (fast) geheime Gespräche zwischen Emir Feisal und Cemal und tatsächlich noch vertraulichere Kontakte zwischen Feisal und Mustafa Kemal, als letzterer im Sommer an die Palästinafront zurückkehrte.[47] Lawrence könnte Feisal dazu ermuntert haben, in der doppelten Hoffnung, Uneinigkeit unter den jungtürkischen Gruppierungen zu säen und mehr über die osmanischen Pläne und Absichten herauszufinden. Wenn das stimmt, dann war es ein riskantes Spiel. Im Juni 1918 entdeckte das britische Außenministerium, daß Feisal so weit gegangen war, die grundlegenden Forderungen schriftlich zu fixieren, die die Pforte erfüllen müßte, ehe arabische und türkische Armeen wieder ‹Seite an Seite› kämpfen könnten. In den *Sieben Säulen der Weisheit* schreibt Lawrence vorsichtig: ‹Aber schließlich ließen die Ereignisse diese verwickelten Verhandlungen scheitern.›[48]

Enver war nicht mehr besonders interessiert an dem Schicksal der arabischen Länder des Reiches. Turkestan lockte ihn nach Osten. Der Zusammenbruch Rußlands hatte es den osmanischen Armeen möglich gemacht, Erzurum, Ostanatolien und die historischen ‹armenischen› Vilâyets zurückzuerobern, die in drei Kriegsjahren verloren worden waren. Wenn Enver freie Hand bekam, türkische Truppen in Transkaukasien zusammenzuziehen und sich dadurch den Zugang nach Zentralasien zu sichern, war er bereit, Europa und Kleinasien der deutschen Mission zu überlassen, die er so lange unterstützt hatte. Innerhalb weniger Monate hatte sich ein solches Mißtrauen zwischen Enver und den deutschen Einheiten um das Schwarze Meer herum entwickelt, daß sein Stab Landkarten herstellte, auf denen deutsche Vorposten im Kaukasus als ‹vom Feind gehalten› gekennzeichnet waren.[49] Aber im Januar 1918 war er durchaus nicht unzufrieden, daß die deutsche Überlegenheit an den Meerengen so stark war wie immer: Admiral Souchon kommandierte noch immer die Flotte; Chef des osmanischen Generalstabs war der begabte preußische Stratege General Hans von Seeckt, und deutsche Offiziere kommandierten die osmanische 5. Armee (Liman von Sanders), in der Levante die 8. Armee (Kress von Kressenstein) und die Heeresgruppe F (Falkenhayn). Kein osmanischer Kommandeur konnte einträchtig mit Falkenhayn zusammenarbeiten, und die Genugtuung war allgemein, als Seeckt Berlin überredete, ihn zurückzurufen und in Damaskus durch Liman zu ersetzen. Enver betrachtete diese deutschen Spezialisten als Puffer, die den erwarteten Angriff der Alliierten in Palästina aufhalten würden, während er sich auf den Kaukasus konzentrierte. Dank Envers Initiative wehte die Flagge mit dem Halbmond in jenem Herbst über Ländern, die seit mehr als drei Jahrhunderten keinem Sultan mehr gehorcht hatten. Aber während Enver gute türkische Regimenter band und blockierte, um seine kaukasischen Phantasien zu befriedigen, fragten sich seine Kollegen in der Regierung, wie lange sie damit rechnen könnten, daß der Halbmond noch über Stambul selbst wehte.

Inzwischen hatten die Briten ihre strategischen Pläne für einen dreifachen Schlag fertiggestellt, der die Osmanen vor Beginn des Winters aus dem Krieg hinauswerfen würde.[50] Die

Hauptoffensive sollte von Palästina ausgehen: Allenby würde der üblichen Route von Bonaparte und Ibrahim Pascha nach Syrien hinein und notfalls auch noch durch Kilikien und Anatolien folgen. In Aleppo sollte sich ihm die Kavallerie anschließen, die von Ramadi aus den Euphrat hinauf vorgestoßen wäre. Feisals Araber würden im Osten des Jordantals Unterstützung bieten, mit Damaskus als Ziel. Inzwischen würden an der Salonikifront auf dem Balkan die britischen Divisionen, die in General Franchet d'Espéreys multinationaler Streitmacht dienten, helfen, Deutschlands Verbündeten Bulgarien niederzukämpfen, und sich dann nach Osten wenden, um einer weiteren vertrauten Straße nach Konstantinopel zu folgen, durch die Berge Thrakiens. Auf der Balkanhalbinsel hatten die Osmanen ihre schwächsten Truppen; selbst im Frühjahr 1917, auf dem Höhepunkt des Krieges, kämpften nicht mehr als achtzehn osmanische Bataillone an der Seite der Deutschen, Österreicher, Ungarn und Bulgaren gegen die Verbündeten der Entente in Makedonien, und als die Bulgaren am 30. September 1918 ihren separaten Waffenstillstand mit den Alliierten schlossen, war es nicht sehr wahrscheinlich, daß dieser Rest ihrer Truppen in Europa ernsthaft Widerstand leisten würde.

Tatsächlich schien es im Spätsommer 1918, als sei die Herrschaft der Jungtürken dem Zusammenbruch nahe. Bei der politischen Zensur der Presse hatte es im Juni bereits eine Entspannung gegeben, und wenn auch Talaat Großwesir blieb, ernannte er doch im Juli einen liberalen Innenminister. Wenige Wochen später wurden politische Verbannte aufgefordert, in die Hauptstadt zurückzukehren, in der neue politische Parteien und Gesellschaften aus dem Boden schossen, darunter bezeichnenderweise eine türkische ‹Wilson-Liga› liberaler Intellektueller.[51] Da die USA nie gegen den Sultan Krieg geführt hatten, konnten sie nicht als verräterische Gesellschaft angesehen werden. Salonpolitiker in Konstantinopel hofften, daß sie, wenn sie den osmanischen Parlamentarismus wieder aufleben ließen, von dem großen Propheten der Demokratie in Washington mit Verständnis gehört werden würden.

Nur in Palästina – und im fernen Medina – zeigten die osmanischen Kommandeure noch den Willen, dem Ansturm der Alliierten zu widerstehen. Mustafa Kemal war in der zweiten Augustwoche nach Palästina zurückgekehrt, um das Kommando über die 7. Armee zu übernehmen, eines der drei Korps in Liman von Sanders' Heeresgruppe. Er glaubte nicht, daß der Krieg noch lange dauern würde, aber er wollte die türkischen Kernländer vor feindlicher Invasion, Okkupation oder Aufteilung bewahren. Mehr als türkische Nationalisten denn als gute Osmanen widerstanden die Angehörigen der 7. Armee Allenbys Angriffen, als am 18. September der alliierte Vormarsch an der Küste nördlich von Jaffa begann. Der ständige Einsatz von Flugzeugen und die phantasievolle Verteilung der Kavallerie im Gelände machten es den Briten möglich, die zwei osmanischen Armeen westlich des Jordan innerhalb von drei Tagen zu schlagen, während Feisals Araber die Bahnlinie nördlich von Deraa unterbrachen.

Damaskus fiel am 1. Oktober.[52] Die historische Stadt wurde offiziell von den Arabern befreit, die begierig waren, sich die Bestätigung für ihren Anspruch auf die Verwaltung der syrischen Hauptstadt zu sichern, aber in Wirklichkeit waren die ersten Truppen, die das Zentrum von Damaskus erreichten, Australier von der 3. Light Horse Brigade. Die Franzosen waren darauf aus, die Kontrolle über die syrischen Häfen zu bekommen, und trafen am folgenden Tag in Beirut ein, obwohl auch hier Einheiten der indischen 7. Division zuerst zur Stelle gewesen waren. Der Verlust von Damaskus und Beirut hatte dramatische Konsequenzen in Konstantinopel: Die schlechten Nachrichten stürzten endlich die Regierung. Talaat trat am 8. Oktober zurück, aber in der Hauptstadt herrschte ein solches Durcheinander, daß der Sultan sechs Tage brauchte, um einen Nachfolger zu finden, dem er vertrauen konnte. Schließlich bildete General Ahmet Izzet am 14. Oktober ein ‹Friedenskabinett›. Inzwischen rückte in Thrakien General Milnes britische Saloniki-Armee auf Dedeağaç vor, während in Mesopotamien britische und indische Truppen sich entschlossen den

Tigris hinauf vorankämpften; ihr Ziel waren die Ölquellen von Mosul (die aber erst am 3. November erobert wurden).[53]

Die Friedensverhandlungen begannen am 26. Oktober an Bord des Flaggschiffs der englischen Mittelmeerflotte, der *Agamemnon*, die vor Mudros (Limnos) ankerte. Sie dauerten fünf Tage. Es gab Unklarheiten über die Festlegung von Provinzgrenzen, und Admiral Calthorpe, der Leiter der alliierten Delegation, hatte die schwierige Aufgabe, seine eigenen praktischen Bedürfnisse mit den Forderungen einer englisch-indischen Interessengruppe in London und mit denen der politischen Falken in Paris und Rom in Einklang zu bringen.[54] Die osmanische Delegation übersah die verborgene Bedrohung durch Klauseln, die den Alliierten das Recht gaben, ‹im Falle von Unruhen› strategisch wichtige Punkte zu besetzen. Als am 30. Oktober ein Waffenstillstand unterzeichnet wurde, war er nicht so streng, wie die Türken befürchtet hatten: Eine Mandatsbesetzung Konstantinopels war nicht vorgesehen. Die osmanischen Garnisonen in Palästina, Syrien, Mesopotamien und Arabien sollten sich den Alliierten ergeben, die bis zum Abschluß eines Friedensvertrages eine Militärverwaltung errichten wollten. Armenische Internierte sollten entlassen werden; alliierte Truppen würden die Festungen an Dardanellen und Bosporus besetzen; die Meerengen sollten von Minen geräumt werden, damit Kriegsschiffe ins Schwarze Meer fahren konnten, alliierte Kommissare würden die Eisenbahnen kontrollieren; die Armee sollte demobilisieren, mit Ausnahme der Einheiten, die zur Aufrechterhaltung der inneren Ordnung benötigt wurden.

Der Waffenstillstand von Mudros war ein Geschäftspapier, das keine förmlichen Einschränkungen der Souveränität des Sultans enthielt, dennoch sollte Mehmet VI. bald selbst die Niederlage vor Augen haben: Am 13. November zog sich eine Kette von alliierten Kriegsschiffen vom Goldenen Horn 16 Meilen westwärts ins Marmarameer. ‹Ich kann nicht aus dem Fenster schauen! Ich hasse es, sie zu sehen›, soll der Sultan zu einer Abordnung türkischer Parlamentarier gesagt haben, die ihn im Dolmabahçe aufsuchten.[55] Er war sich der Tatsache schmerzlich bewußt, daß er nur noch einen Schatten von Autorität besaß. Das aber war mehr, als Kaiser Wilhelm, Kaiser und König Karl I. oder König Ferdinand von Bulgarien von sich behaupten konnten. Von den vier geschlagenen Herrschern saß Mitte November nur der Sultan noch auf seinem Thron.

KAPITEL 16
Souveränität und Sultanat

Konstantinopel war im Winter 1918/19 eine entsetzlich demo-
ralisierte Stadt. Sie war mit Flüchtlingen überfüllt, die vielfach
von Typhus und anderen Krankheiten geschwächt waren. Es
fehlte überall an Nahrungsmitteln, und Kohlen zum Heizen
waren fast gar nicht zu bekommen. Die Züge fuhren nicht, und
nur wenige Fähren verkehrten zwischen Europa und Asien.
Die Osmanen hatten in den vergangenen anderthalb Jahrhunderten neun Kriege verloren, aber nie zuvor hatte die Bevölkerung der Hauptstadt die Folgen einer Niederlage so zu spüren
bekommen. Die ‹Protektion› der Alliierten war kaum von
einer feindlichen Besetzung zu unterscheiden. Es konnte praktisch nichts ohne die Genehmigung des Alliierten Hochkom-
missars, Admiral Calthorpe, geschehen, der von seinen französischen und italienischen Kollegen unterstützt wurde. Aber
obwohl die Kommissare persönlich gut zusammenarbeiteten,
verhinderte die unterschiedliche Politik ihrer Regierungen eine enge Kooperation oder eine vorausschauende Planung für
das Reich insgesamt. Die von den Alliierten besetzten ‹strategischen Punkte› in den ferneren Provinzen der Nordosttürkei
lagen oft isoliert in dem gebirgigen Gelände. Unsicherheit
wegen der Entwicklung in Rußland verstärkte die faktische
Anarchie in diesen Vilâyets.[1]

Am Goldenen Horn gab es wenigstens noch einen Schein
von geordneter Verwaltung. General Sir Henry Maitland Wilson richtete sein Hauptquartier in Pera ein, während britische,
französische und italienische Abteilungen strategische Stellungen sicherten. Türkische Einheiten trugen aber immer noch
Waffen. Als der siegreiche französische General Franchet
d'Espérey im Februar von Saloniki aus in der im Schnee

351

versinkenden Stadt ankam, schlossen sich ihm osmanische ebenso wie griechische und italienische Offiziere an, als er die britische Ehrengarde inspizierte, und als das Schreckensgerücht sich in Stambul verbreitete, die Griechen seien dabei, in der Moschee Hagia Sophia die christlichen Symbole wiederaufzustellen, waren es osmanische Gardesoldaten, die die muslimischen Demonstranten in Schach hielten. Solche Gerüchte tauchten in diesem Winter immer wieder auf. Von den Alliierten wurde behauptet, sie erlaubten Griechen und Armeniern, Muslime zu ermorden und ihre Häuser in den umstrittenen Vilâyets zu zerstören, christliche Priester sollten muslimische Schulen und Waisenhäuser übernommen haben und Nichttürken in allen Regionen angeblich eine Vorzugsbehandlung durch die alliierte Militärverwaltung genießen. Es gab genügend Beispiele für Diskriminierung, um diese Geschichten glaubwürdig erscheinen zu lassen, wie übertrieben die Berichte in vielen Fällen auch waren. Als er nach den Unterschieden zwischen den Staatsvölkern des Osmanischen Reiches gefragt wurde, meinte Admiral Calthorpe kurzerhand: nach seiner Ansicht seien die Türken die ‹Bösen›. ‹Es ist durchweg unsere Politik gewesen, keinem Türken je irgendeine Gunst zu erweisen›, versicherte er dem Außenminister sieben Monate nachdem er sein Amt übernommen hatte.[2]

Argwohn und Mißtrauen behinderten die Entwicklung der noch in den Kinderschuhen steckenden osmanischen Demokratie. Im November und Anfang Dezember 1918 sah es immerhin so aus, als ob die zehn Jahre zuvor eingeführte parlamentarische Regierungsform das Ende der Jungtürken überleben würde. Da das Triumvirat des Komitees im Exil war, hatte es eine Wiederbelebung der osmanischen Liberalen Union gegeben, die von dem Schwager und guten Freund des Sultans, Damat Ferit Pascha, geleitet wurde. Aber eine starke politische Führung fehlte, deshalb hingen mehr Entscheidungen von den persönlichen Neigungen des Sultans ab, als während der Kriegsjahre zu vermuten gewesen wäre. Mehmet VI. Vahdettin – wie der Sultan offiziell genannt wurde – war kein Autokrat von Natur aus. Er besaß in vollem Maße die unangenehme Halsstarrigkeit eines schwachen Herrschers, war reiz-bar und engstirnig. Eine triviale Auseinandersetzung kurz nach seiner Thronbesteigung war typisch für seinen Charakter. Sultane hatten immer Bärte getragen, und jeder andere glattrasierte Prinz hätte sich eiligst einen Bart wachsen lassen. Nicht so Mehmet VI.; er sah keinen Grund, sich im Alter von siebenundfünfzig Jahren anzupassen. Gegen die Vorstellungen der Ulema war er bereit, einen herausfordernd modernen Ton anzuschlagen; er würde eben als ‹der bartlose Sultan› regieren. Merkwürdigerweise fand man allgemein, daß diese Innovation das Format des Herrschers schmälerte.[3]

Für Mehmet Vahdettin war das Pech, denn er war entschlossen, zu regieren *und* zu herrschen. Der Sultan mochte parlamentarische Einrichtungen nicht und verbarg seine Voreingenommenheit gar nicht erst; er versuchte das politische Spiel so zu spielen, wie es sein älterer Halbbruder nach der Demütigung von San Stefano getan hatte. Aber Mehmet besaß nicht die Listigkeit Abdülhamits, und er hatte auch nicht so gute Karten. Immerhin befanden ihn mehrere Hochkommissare nacheinander für brauchbar, so beschnitten seine Autokratie inzwischen auch war. Äußerlich schienen Sultan und Hochkommissare die gleichen Ziele zu verfolgen: letztere zogen es ebenfalls vor, durch Dekrete zu regieren, statt die Wünsche eines politischen Forums zu respektieren, vor allem eines Forums, in dem sie die Keime eines beginnenden Sozialismus zu entdecken glaubten.

Es gab keine Proteste von den Hohen Kommissaren, als am 21. Dezember Mehmet VI. das Parlament auflöste und zu traditionelleren Formen der Regierung zurückkehrte.[4] Die Autorität des Şeyhülislâm in Fragen der Bildung und des Familienrechts wurde wiederhergestellt. Als in der ersten Märzwoche 1919 Mehmet VI. Damat Ferit zum Großwesir ernannte, brachten einige der treuesten Anhänger des Sultans Zweifel an der Rechtschaffenheit und Ehrlichkeit seines Schwagers zum Ausdruck. Aber Mehmet bestand auf diesem Vorrecht eines Sultans. Er könne, warnte er seine Kritiker, ernennen, wen er wolle – ‹selbst den griechischen oder den armenischen Patriarchen oder den Oberrabbiner›.[5] Bald wurde deutlich, was Damat Ferit unter ‹Liberalismus› verstand. Er fügte sich fast allen Forderungen der Alliierten und betonte den Hochkommissaren gegenüber den Wert der Ulema als der Garanten von Ordnung und Disziplin. Britische Beamte mit Indien-Erfahrung waren geneigt, Damat beizupflichten: Lieber ein Mullah als ein roter Revolutionär, meinten sie.

Keines der osmanischen Ministerien agierte im Winter 1918/19 bedrückend repressiv. Die Zensur hielt sich zurück. ‹Gesellschaften zur Verteidigung der Rechte der Türken› wurden geduldet, trotz der Proteste der Hochkommissare. Vermutlich war Sultan Mehmet auch über die geheime ‹Vorposten-Gesellschaft› informiert, eine Gruppe von Beamten, die Waffen an der Küste des Schwarzen Meeres entlang nach Ostanatolien oder durch die Dardanellen nach Smyrna schmuggelte. Mit ziemlicher Sicherheit wußte er ebenfalls, daß sein berühmtester Exgeneral, Mustafa Kemal, die Verbreitung eines spezifisch türkischen Nationalismus förderte. Aber er unternahm nichts. Er hatte die eigentümliche Gewohnheit, gelegentlich in Anwesenheit der Minister und Offiziere, denen er eine Audienz gewährte, die Augen zu schließen, wie Kemal selbst bemerkte, als ihn der Sultan nach einem Selâmlık[6] ins Gespräch zog. War Vahdettins Geste unbewußt symbolisch? Jedenfalls verband – mit oder ohne des Sultans Einverständnis – eine noch unentwickelte Widerstandsbewegung die wichtigsten türkischen Städte schon vor Mitte Januar 1919, als die Friedenskonferenz in Paris eröffnet wurde. Und Kemal war einer von drei Generälen im Ruhestand, der wußte, wie stark die Freiwilligen-Milizen waren, die nur auf ein Zeichen warteten, um ihre Heimat von ausländischer Herrschaft zu befreien.

Der Gang der Ereignisse wurde bestimmt durch das, was in Paris geschah – oder auch nicht geschah. Die Staatsmänner und Diplomaten und die hinzugezogenen Fachleute räumten dem Friedensschluß mit Deutschland Priorität ein und konzentrierten sich dann auf das Schicksal Österreichs und Ungarns, bevor sie die Bedürfnisse der osmanischen Völker näher in Betracht zogen. Erst am 17. Juni wurde eine osmanische Delegation vom ‹Rat der Zehn›, faktisch dem Exekutivgremium der Pariser Konferenz, empfangen; weitere elf Monate vergingen, bis die endgültigen Friedensbedingungen die Hohe Pforte erreichten. Lange vor diesem Zeitpunkt aber hatte eine Mischung von Stolz, Unmut und Enttäuschung unter den Türken ein neues Gefühl der nationalen Identität entstehen lassen.

Als der Waffenstillstand von Mudros unterzeichnet worden war, hatten echte Liberale in Konstantinopel von den Friedensstiftern erwartet, daß sie die Karte von Europa und Asien neu zeichnen würden, gemäß den Vorstellungen des amerikanischen Präsidenten Woodrow Wilson, wonach die Selbstbestimmung der Völker das Heilmittel für die internationale Malaise sei. Sie glaubten, daß Wilsons kämpferischer Idealismus die Verträge aus der Kriegszeit über die Teilung der Türkei aufheben würden, die Köder, die Italien in den Krieg gelockt hatten, den Schacher, über den Sir Mark Sykes und Georges-Picot handelseinig geworden waren, und all die anderen Entwürfe einer in Verruf geratenen Diplomatie, die die Bolschewiken veröffentlicht hatten. Diese Hoffnungen zerschlugen sich weitgehend. Wilsons Selbstbestimmung begünstigte die Armenier, zum Teil, weil wohlhabende Emigranten eine gut organisierte Kampagne auf beiden Seiten des Atlantik aufgezogen hatten, zum Teil aber auch, weil US-Missionare seit langem in den vorwiegend armenischen Vilâyets tätig gewesen waren. Die Friedenskonferenz empfahl die vorübergehende Abtretung umstrittener osmanischer Gebiete an die siegreichen Großmächte als ‹Mandate› des Völkerbunds. Als der Völkerbund seine Tätigkeit begann, wurden Irak, Palästina und später Transjordanien britische Mandatsgebiete, während nach heftigem Streit zwischen Paris und London Frankreich das Mandat für Syrien und Libanon übernahm. Im Mai 1919 erklärte sich Präsident Wilson in einer Abkehr von den fundamentalen Traditionen der US-Diplomatie einverstanden, die Einwilligung des Kongresses für amerikanische Mandate über Armenien und sogar Konstantinopel selbst zu erreichen.[7]

Nur gegenüber den Bestrebungen einer Regierung blieb Woodrow Wilson so ablehnend, wie es die osmanischen Liberalen erhofft hatten. Er widersetzte sich nachdrücklich italienischen Versuchen, sich einen Stützpunkt in Kleinasien zu sichern, vor allem deshalb, weil es dort noch keine italienischen Gemeinden gab. Doch sogar dabei erwiesen sich Wilsons Prinzipien als für die Türken katastrophal; das Argument, mit dem er die ‹Kolonialisten› in Rom tadelte, wurde von Venizelos, dem griechischen Chefdelegierten, so gewendet, daß es seinen eigenen Bestrebungen nützte. In Smyrna, dem besten osmanischen Hafen an der Ägäis, gab es noch eine große griechische Gemeinde, und Venizelos vermochte Wilson leicht davon zu überzeugen, daß es nötig wäre, den Hafen und sein Hinterland durch griechische Truppen besetzen zu lassen, einerseits, um ihre Landsleute vor den Türken zu schützen, und andererseits, um einem Sprung der Italiener vom Dodekanes auf das asiatische Festland vorzubeugen. Venizelos hatte seit langem die Rückendeckung des britischen Premierministers Lloyd George genossen. Zwei Monate nach der Eröffnung der Pariser Friedenskonferenz konnte er mit der Unterstützung sowohl der britischen als auch der amerikanischen Delegation rechnen. Berichte von gewalttätigen Angriffen türkischer Miliz auf griechische Gemeinden in Westanatolien boten Venizelos die gewünschte Gelegenheit: Am 15. Mai 1919 wurde eine ganze Division der griechischen Armee nach Smyrna verlegt und ihre Landung von britischen, französischen und amerikanischen Kriegsschiffen vor der Küste geschützt.[8]

Auf diesen entscheidenden Schritt folgten drei Wochen, in denen es wahrscheinlich schien, daß die Alliierten bald jeden Hafen und jede nennenswerte Stadt im Osmanischen Reich besetzen würden. In den abgelegenen Provinzen breiteten sich schnell Unruhen aus. Die Hohen Kommissare ließen eine strenge Warnung an den Sultan ergehen: Sie monierten besonders die Anarchie an der Schwarzmeerküste, wo die osmanische 9. Armee unfähig schien, eine turbulente Region zu überwachen.[9] Mehmet VI. Vahdettin versuchte zu beschwichtigen; eine mit besonderen Befugnissen ausgestattete Militärkommission unter der Leitung eines energischen Generalinspekteurs sollte sogleich ausgeschickt werden, um die 9. Armee zu disziplinieren. Und in den letzten Apriltagen versicherte er den britischen Behörden, daß er volles Vertrauen zu den Fähigkeiten des Generals Mustafa Kemal Pascha habe, der diesen Auftrag ausführen sollte. Etwas zögernd nahmen die Briten den Sultan beim Wort. Kemal bekam einen Paß ausgestellt, der ihn ermächtigte, als Generalinspekteur der 9. Armee von Konstantinopel in den kleinen Hafen Samsun zu fahren. So bestieg Kemal am Tag nachdem die Griechen in Smyrna gelandet waren, das in Großbritannien gebaute Küstenschiff *Bandirma* und brach auf mit dem Auftrag, an der Küste des Schwarzen Meeres die Ordnung wiederherzustellen. ‹Pascha, Sie können das Land retten›, hatte der Sultan bei einer Abschiedsaudienz zu ihm gesagt, in jener geheimnisvollen Undeutlichkeit, die ihm angemessener schien als klare Direktiven. Ein paar Stunden später entdeckte ein britischer Offizier Kemals Namen auf einer Liste gefährlicher Unruhestifter. Der britische Militärattaché machte sich sofort auf zur Hohen Pforte; er wollte den Großwesir aufsuchen und dafür sorgen, daß der Generalinspekteur in der Hauptstadt bliebe. ‹Zu spät, Exzellenz›, sagte Damat höflich. ‹Der Vogel ist ausgeflogen.›[10]

In der Türkei wird bis heute der Ankunft Kemals in Samsun jedes Jahr am 19. Mai mit einem Nationalfeiertag gedacht, als sei das der Beginn der Revolution gewesen, die den Sultan und das Sultanat beseitigen sollte. Aber an sich war die Landung in Samsun kein bemerkenswertes Ereignis. Mehr als eine Woche lang hielt sich Kemal vorsichtig zurück. Erst als er zur anatolischen Hochebene aufbrach, offiziell, um in den Städten Ordnung zu schaffen, in denen es Zusammenstöße zwischen Türken und nationalen Minderheiten gegeben hatte, begann er Unabhängigkeit zu zeigen. Den ersten wirklich revolutionären Schritt unternahm er in Amasya, der alten Hethiterfestung über dem Fluß Yeşilirmak. Dort veröffentlichte Kemal am 21. Juni eine Unabhängigkeitserklärung, in der er das türkische Volk aufrief, Delegierte in einen Nationalkongreß zu schicken, der im anatolischen Sıvas zusammentreten sollte, weil der Sultan, seine Hauptstadt und seine Verwaltung unter ausländischer Gewalt stünden. Kategorisch wurde der Generalinspekteur nach Konstantinopel zurückgerufen, aber er weigerte sich zu gehorchen. Am 8. Juli gab er seinen Auftrag zurück.

Es folgten acht Monate politischer Wirrnis. Kemal war nicht der erste Militärkommandeur, der zum Widerstand drängte in dem, was bereits als ‹Unabhängigkeitskrieg› bezeichnet wurde, aber er war sicher der fähigste unter den Generälen, die sich ins Gebirge zurückzogen, und sein Aufstieg wurde sowohl durch einen Kongreß in Erzurum als auch durch das Treffen in Sıvas bestätigt. In mancher Beziehung war Sıvas eine Enttäuschung; nur 39 Männern war es gelungen, dorthin zu reisen. Aber bei beiden Zusammenkünften billigten die Delegierten ein Manifest, dessen Prinzipien später im sogenannten Nationalpakt verdeutlicht und festgelegt wurde.[11] Das Manifest erklärte, daß Angehörige des türkischen Volkes ein Recht auf Selbstbestimmung hätten, daß Anatolien und die europäische Türkei eine unteilbare Einheit darstellten, in der es keinen separaten armenischen oder griechischen Staat geben könne, und daß die Alliierten ihre Pläne zur Aufteilung des Reiches und zur Kontrolle der Regierung in Konstantinopel aufgeben sollten. Aus Sıvas kam außerdem der Ruf nach einem gewählten Parlament, das in einer Stadt zusammentreten sollte, in der die Abgeordneten nicht durch die militärische Präsenz der Alliierten eingeschüchtert würden.

In diesem Programm gab es wenig Punkte, gegen die der Sultan oder sein Großwesir hätten Einspruch erheben können. Auch wenn der Sultan den Befehl zur Festnahme Kemals bekräftigte, riß der Kontakt zwischen Konstantinopel und den Nationalisten nicht ab. Elf Tage nach dem Ende des Kongresses von Sıvas erschien eine US-Untersuchungskommission in der Stadt, die im Auftrag des Präsidenten feststellen sollte, ob ein amerikanisches Mandat sinnvoll sei, und diskutierte mit Mustafa Kemal über die Probleme der Selbstbestimmung. Vier Wochen später empfing der rebellische General den osmanischen Marineminister in Amasya und schickte ihn mit einer Kopie des Nationalpakts in die Hauptstadt zurück. Als Vorsitzender des nationalistischen ‹Repräsentativkomitees› forderte Kemal die Abhaltung von Wahlen zu einem Parlament, das in einer Stadt zusammentreten sollte, die frei wäre von ausländischer Herrschaft, und er verlangte außerdem, daß das Repräsentativkomitee ein Vetorecht bei der Ernennung osmanischer Delegierter für die Friedenskonferenz bekommen müsse. Diese Bedingungen wurden von Ali Riza Pascha, der am 2. Oktober 1919 Nachfolger von Damat Ferit als Großwesir geworden war, abgelehnt.[12] Daß das Parlament in einer Stadt zusammentreten sollte, in der es nicht vom Sultan überwacht werden konnte, war für Mehmet VI. unvorstellbar. Er mochte auch die Bequemlichkeit und Sicherheit seiner Paläste am Bosporus nicht gegen eine abgelegene, improvisierte Hauptstadt in Anatolien tauschen. Die Wahlen fanden statt; Kemals Nationalisten gewannen mehr Sitze im Unterhaus als eine andere Partei, aber als das Parlament in der zweiten Woche des Januar 1920 zusammentrat, geschah das doch noch in Stambul.

Erhaltengebliebene Briefe zeigen, daß die britischen Behörden sich über Kemal nicht recht klarwerden konnten.[13] Für die einen war er ein Bandit, für andere ein Straßenräuber – ein feiner Unterschied. Niemand betrachtete ihn als vertrauenswürdigen Sprecher des türkischen Volkes. Er war als Vertreter Erzurums gewählt worden, blieb aber Konstantinopel fern, weil er dort mit hoher Wahrscheinlichkeit gefangengenommen oder getötet worden wäre. Vielleicht hat er als abwesender Abgeordneter mehr Einfluß auf das Parlament ausgeübt, als wenn er in der Kammer gesprochen hätte. Gleich nach der offiziellen Eröffnungsrede des Sultans wurde den Abgeordneten eine von Kemal aus Ankara (damals Angora) telegraphierte Grußbotschaft vorgelesen, und während der neunwöchigen Sitzungsperiode bestimmten die Nationalisten die tägliche Arbeit der Kammer. Eine Gruppe von Abgeordneten versuchte heimlich, ihn zum Parlamentspräsidenten wählen zu lassen in der Hoffnung, daß der offizielle Status ihm Immunität gegen eine Festnahme verleihen würde. Dieser Vorschlag wurde aber wieder fallengelassen aus der Befürchtung heraus, daß der Sultan dann die Versammlung auflösen würde. Indem sie das Parlament nicht auseinandergehen ließen, konnten die Deputierten Kemals Nationalpakt in der zweiten Woche des Februar bestätigen; damit verschafften sie dem Manifest von Sıvas die verfassungsmäßige Anerkennung.

Die herausfordernde Stimmung im osmanischen Parlament beunruhigte den britischen Hochkommissar, Admiral Sir John de Robeck, der ein paar Monate zuvor Nachfolger von Admiral Calthorpe geworden war. Er war bereits besorgt durch Berichte, daß Kemal erhebliche Mengen von Waffen erhielt, zum Teil aus italienischen und französischen Beständen. Gegen wen würde er sie einsetzen? In London wurde während der Wochen, in denen das osmanische Parlament tagte, die Diskussion über die Friedensbedingungen, die man dem Sultan anbieten wollte, im einzelnen fortgesetzt. Wenn diese Forderungen im Gegensatz zum Nationalpakt standen, sah Sir John de Robeck anhaltenden Widerstand durch die Türken voraus. Er erbat deshalb eine Genehmigung für die Hochkommissare, vorbeugende Schritte zu unternehmen, die die alliierte Kontrolle über den Sultan und die Verwaltung in Konstantinopel stärken sollten.[14]

Diese Forderung brachte peinliche Probleme auf höchster Ebene mit sich. Die Vereinigten Staaten zogen sich schnellstens zurück: Wilsons schwere Krankheit und die Gegnerschaft vieler Demokraten und aller Republikaner gegen den Völkerbund sorgten dafür, daß die vorgeschlagenen amerikanischen Mandate schon als historische Verirrung abgeschrieben wurden, obwohl sie der Kongreß erst im Juni offiziell ablehnte. Die drei alliierten Großmächte hatten Schwierigkeiten, sich auf eine Politik oder auch nur auf bestimmte Ziele zu einigen. Reibungen zwischen Großbritannien und Frankreich über die Levante stammten aus der Zeit vor dem Ersten Weltkrieg. ‹Was Syrien angeht, so heißt der Feind Frankreich, nicht Türkei›, hatte T. E. Lawrence geschrieben (allerdings in einem privaten Brief, nicht in einem offiziellen Bericht).[15] Die Franzosen ihrerseits stießen sich an der Geschwindigkeit, mit der die Briten in den letzten Tagen des Krieges Mosul eingenommen hatten, denn Sykes und Picot waren davon ausgegangen, daß dieses reiche Ölfördergebiet in den französischen Einflußbereich fallen sollte. Die englisch-italienischen Beziehungen waren auch nicht unbeschwerter. Vier Jahre lang hatte sich Italien der britischen Unterstützung Griechenlands unter Venizelos in Makedonien, Albanien und der Ägäis widersetzt, und die Regierung in Rom verübelte Lloyd George seine Begünstigung des griechischen Abenteuers in Anatolien. Das Verhalten ihrer beiden Verbündeten verwirrte die Briten. François Georges-Picot war nach Anatolien gereist und gegen Ende des Jahres 1919 persönlich mit Kemal zusammengetroffen; und obwohl kemalistische Truppen schließlich auf französische Streitkräfte schossen, die die überwiegend armenischen Bezirke um Maraş herum besetzt hatten, war im folgenden Frühling klar, daß sich die Franzosen von ihren vorgeschobenen Linien in Kilikien zurückziehen würden, um ihre Macht über Syrien zu festigen. Die Italiener schienen ebenfalls die Verständigung mit Kemal zu suchen, immer vorausgesetzt natürlich, daß sie den Dodekanes behalten könnten. Doch trotz der Uneinigkeit und des Mißtrauens unter den Alliierten reagierte der Rat der Zehn positiv auf Robecks Forderung: Die Hohen Kommissare durften die Besetzung der osmanischen Hauptstadt vervollständigen, gefährliche Opponenten festnehmen und sie zur Internierung nach Malta schicken.[16]

Die militärische Besetzung Konstantinopels war keine gemeinsame Aktion der Alliierten; weder die Franzosen noch die Italiener unternahmen am ersten Tag etwas. Am frühen Morgen des 16. März 1920 besetzten britische Soldaten, Marinesoldaten und Matrosen die wichtigsten Gebäude in Stambul und Pera, während Panzerfahrzeuge in den Straßen patrouillierten. Das türkische Kriegsministerium wurde von britischen Offizieren durchsucht und dann der gemeinsamen Kontrolle der drei Alliierten unterstellt. 85 Parlamentsabgeordnete und rund 60 Offiziere oder hohe Beamte wurden festgenommen, und das osmanische Parlament am 18. März offiziell aufgelöst. Es trat nie wieder zusammen. Kriegsrecht herrschte in der Hauptstadt des Sultans. Das Odium dieser drastischen Einmischung in die inneren Angelegenheiten der Türkei traf die Briten.

Einige Monate zuvor hatte Lord Curzon, der britische Außenminister, seine Kabinettskollegen gedrängt, ein Ende der osmanischen Herrschaft in Konstantinopel anzustreben und damit ‹ein für allemal ein Problem zu regeln, das stärker als jeder andere Faktor das Leben in Europa fast 500 Jahre lang beeinträchtigt hat›.[17] Sein Memorandum, das mehr als acht engbedruckte Seiten in den veröffentlichten britischen Dokumenten umfaßt, war durch zwei Ereignisse hervorgerufen worden: den Besuch des französischen Premierministers Clemenceau in Downing Street, der für die Erhaltung der osmanischen Herrschaft über Konstantinopel plädierte, und die Behauptung des Indien-Ministers Edwin Montagu, daß die Vertreibung des Sultans und Kalifen aus seinen europäischen Palästen bei den Muslimen des Subkontinents ernste Unruhen hervorrufen könnte. ‹Es hat bis vor zwei oder drei Jahren nie ausgeprägte Gefühle zugunsten Konstantinopels als Sitz des Kalifats oder Hauptstadt des Islam unter den indischen Muslimen gegeben›, erklärte Curzon mit der ganzen Autorität eines angesehenen ehemaligen Vizekönigs. ‹Ich persönlich glaube, daß wir die rassisch-religiösen Animositäten in der asiatischen Türkei mehr anheizen, wenn wir den Türken Smyrna rauben, als wenn wir irgendwelche Schritte im Hinblick auf Konstantinopel unternehmen.›[18] Er empfahl deshalb eine Art internationalen Status für die Stadt und die Meerengen. Aber es gelang Curzon nicht, das Kabinett mitzureißen: Montagus Sorge vor dem, was im muslimischen Indien geschehen könnte, wenn der Kalif einfach über den Bosporus abgeschoben würde, war stärker. Viel besser sei es, so glaubte man, die Stadt vorübergehend zu besetzen und dann einen Karrierediplomaten als Hohen Kommissar zu berufen – jemanden, der den Sultan davon überzeugen würde, daß er die ‹Freundschaft Englands› dringend brauchte. Nachfolger von Admiral de Robeck wurde im November Sir Horace Rumbold.

Die Last, die die britischen Hochkommissare auf sich nahmen, war beträchtlich. Sie waren für die Aufrechterhaltung der Ordnung und für die Verwaltung einer Stadt verantwortlich, die so gut wie bankrott war, und die geplagt wurde von dem ständigen Zustrom von Menschen, die vor der Rache der Bolschewiken über das Schwarze Meer flohen. 60 Schiffe mit

12 000 russischen Flüchtlingen an Bord ankerten im Marmarameer in jener Woche, in der Rumbold in Konstantinopel eintraf. Fast drei Jahre lang befehligte ein britischer Oberst, Colin Ballard, die alliierte Polizeimacht in der Hauptstadt des Sultans, und als die osmanischen Behörden ihre Gendarmerie nicht mehr bezahlen konnten, mußte der Hohe Kommissar für die monatlichen Gehälter sorgen. Über das, was von seinem Reich übriggeblieben war, präsidierte ohne jede Macht Sultan Mehmet VI., der Anfang April 1920 Damat Ferit wieder zum Großwesir ernannt hatte. Ein starker Sultan hätte die Stadt vielleicht verlassen und sich an die Spitze der türkischen Nationalisten in Anatolien gestellt; ein gerissener Sultan hätte eine Politik der passiven Verweigerung betrieben. Aber Mehmet und Damat waren so schwache Persönlichkeiten, daß sie so eng wie möglich mit den Hochkommissaren zusammenarbeiteten. Selbst der kleinmütige Şeyhülislâm erklärte Kemal und sein Repräsentativkomitee zu treulosen Verrätern an der Scharia, die man töten dürfe.[19]

Dieser Bannstrahl beunruhigte Kemal nicht übermäßig. Er etablierte in Ankara eine ‹Große Nationalversammlung›, die die Arbeit des osmanischen Parlaments fortsetzen sollte. Am 23. April bestätigte sie Kemal als Präsidenten des Staatsrats, obwohl sie noch weitere neun Monate auf eine Verfassung warten mußte. ‹Sobald der Sultan-Kalif von jedem Druck und jedem Zwang frei sein wird›, so schlug Kemal zweideutig vor, ‹wird er seinen Platz im Rahmen der gesetzlichen Grundsätze einnehmen›, die die Versammlung bestimmen wird.›[20] Kein Mitglied der Versammlung war anderer Meinung.

Während die Große Nationalversammlung tagte, trafen sich die Alliierten in San Remo, um über die letzten Einzelheiten eines Friedensvertrags zu entscheiden. Er war von britischen, französischen und italienischen Fachleuten entworfen worden, die zum Teil den Nahen Osten gut kannten. Vor allem ging es um Konzessionen der Briten an die Franzosen auf den Ölfeldern von Mosul und um Übereinkünfte, in denen den Franzosen eine Vorzugsbehandlung und das Recht eingeräumt wurde, die Erträge der Ölförderung für die Entwicklung Syriens in

Anspruch zu nehmen. Mehrfach versuchten Lloyd Georges Kabinettskollegen und Fachleute den Premierminister davon abzubringen, die Forderungen von Venizelos nach griechischem Besitz um Smyrna herum zu unterstützen. Das gäbe ‹ein Krebsgeschwür auf Jahre hinaus, ein dauerndes Reizmittel, das das Blutvergießen in Kleinasien wahrscheinlich noch Generationen fortbestehen ließe›, schrieb Admiral de Robeck in der zweiten Märzwoche an Curzon.[21] Der Außenminister war der gleichen Ansicht, obwohl er im Grunde der griechischen Sache Verständnis entgegenbrachte; er hätte es gern gesehen, wenn die Griechen die Halbinsel Gallipoli übernommen und damit die Dardanellen nicht nur zum Kanal, sondern auch zur Grenze zwischen Europa und Asien gemacht hätten. Nichts aber konnte Lloyd George bewegen, seine Politik zu ändern; er blieb ein unerschütterlicher Fürsprecher von Venizelos.

Die Friedensbedingungen wurden den Vertretern des Sultans in der zweiten Juniwoche 1920 präsentiert.[22] Bald darauf waren sie allgemein bekannt – in Athen waren Informationen durchgesickert. Der Vertrag war härter, als die Türken erwartet hatten. Mit dem Verlust der arabischen Länder des Sultans hatten sie sich abgefunden, aber sie waren bestürzt über die vorgeschlagene Grenze in Europa: Die griechische Grenze sollte nach Osten vorgeschoben werden und Edirne und ganz Thrakien bis zur Çatalca-Linie umfassen – das würde gerade 40 Kilometer Hinterland in Europa für Konstantinopel bedeuten. Außerdem sollte Griechenland acht Inseln in der Ägäis bekommen und Smyrna fünf Jahre lang griechischer Kontrolle – bei nomineller osmanischer Souveränität – unterstellt bleiben; danach sollte eine Volksabstimmung entscheiden, ob die Region griechisch oder türkisch werden würde. Rhodos und der Dodekanes wurden Italien überlassen. Ein unabhängiger armenischer Staat mit Zugang zum Schwarzen Meer sollte den größten Teil der sechs umstrittenen Vilâyets einschließen, zusammen mit Rußlands armenischen Provinzen. Woodrow Wilson – beziehungsweise die Amerikaner, die anstelle des kranken Präsidenten handelten – nahmen das Angebot an, nach einer Prüfung die Grenzen des Staates festzulegen, und verblüfften sogar den Türkenhasser Lloyd George damit, daß sie die Festung Erzurum und den Hafen Trapezunt den Armeniern zusprachen. Der Vertrag schlug auch ein autonomes Kurdistan östlich des Euphrat vor; nach zwölf Monaten sollten die Kurden die Unabhängigkeit wählen können. Die Meerengen sollten entmilitarisiert und von einer internationalen Kommission überwacht werden, die osmanische Armee auf 50 000 Mann begrenzt werden und die Marine lediglich Küstenschiffe zur Verteidigung besitzen. Die ‹Kapitulationen› wurden wiederhergestellt, zum Wohle ausländischer Kaufleute. Großbritannien, Frankreich und Italien wollten gemeinsam den osmanischen Staatshaushalt und die öffentlichen Anleihen kontrollieren.

Der französische Marschall Foch hielt den Vertrag für friedensbedrohend. Um einer widerstrebenden Türkei solche Bedingungen aufzuzwingen, würden die Alliierten eine Armee von 27 Divisionen (rund 325 000 Mann) benötigen, warnte er im April.[23] Keine kriegsmüde Regierung würde eine solche Verpflichtung ins Auge fassen wollen. Als ein paar Monate später Sir Charles (‹Tim›) Harington das großartig klingende Amt eines ‹Befehlshabenden Generals der Alliierten Streitkräfte in der Türkei› übernahm, mußte er feststellen, daß er mit nicht mehr als 8000 britischen Soldaten rechnen konnte, um Konstantinopel und die Meerengen zu halten. Nur Venizelos war bereit, einen Feldzug in Anatolien zu genehmigen, um die Nationalisten zu vernichten. Einstweilen hielten die Alliierten ihn zurück; sie wollten die Reaktion der Türken abwarten – die, als sie erfolgte, böse war. Die vorgeschlagenen Grenzen schürten solchen Groll unter denjenigen türkischen Soldaten, die bis dahin dem Sultan loyal gedient hatten, daß sie zu Kemal überliefen, dessen Truppen in Richtung Marmarameer marschierten. Dort wurden sie durch Granatfeuer von den Kriegsschiffen der Alliierten aufgehalten und zogen sich ins Hinterland zurück, außerhalb der Reichweite der Schiffsgeschütze.

In diesem Augenblick hoben die Alliierten ihr Veto gegen einen Feldzug der Griechen auf. Venizelos schlug vor, die griechische Armee sollte nach Thrakien einmarschieren und etwaige in Europa operierende kemalistische Guerillaabteilungen niederschlagen; das eigentliche Expeditionsheer der Griechen aber sollte, mit Smyrna als Basis, Südwestanatolien von Kemals Nationalisten befreien. Am 22. Juni brachen die griechischen Regimenter auf; sie trafen nur vereinzelt auf Widerstand. Innerhalb von zweieinhalb Wochen hatten sie die Kemalisten in die Berge zurückgetrieben und ganz Südwestanatolien von ihnen geräumt. Einen Monat später unterzeichneten die Bevollmächtigten des Sultans, denen es nicht gelungen war, eine Revision des Abkommens durchzusetzen, im Pariser Vorort Sèvres den Friedensvertrag. Dabei protestierten sie aber heftig gegen die von den Alliierten festgelegten harten Bedingungen. Es sollte mehrere Monate dauern, bevor die Pforte den Vertrag ratifizieren und somit in Kraft setzen konnte. Bis dahin hegten die Minister des Sultans noch die Hoffnung, eine Annullierung der härtesten Bedingungen des Vertrags erreichen zu können.

Lange Verhandlungen, ständiges Feilschen, sorgfältig vorbereitete Diskussionen zwischen Wesiren und Botschaftern, das Ausspielen einer Großmacht gegen die andere – all das waren vertraute Merkmale osmanischer Diplomatie. Und die veröffentlichten Dokumente bestätigen, daß Ahmet Tevfik, der letzte Großwesir, und seine Minister in diesem alten Spiel große Erfahrung hatten.[24] Aber die entscheidenden Treffen fanden nicht an den Meerengen statt, sondern in Anatolien, und sie folgten anderen Regeln. Kemal protestierte zum Beispiel nicht bloß gegen die vorgeschlagene Einrichtung eines armenischen Staates. Sieben Wochen nach der Unterzeichnung des Vertrags von Sèvres rückten nationalistische Streitkräfte durch die armenischen Vilâyets vor und nahmen Kars ein; wenig später setzte die sowjetische Rote Armee eine armenische Marionettenregierung in Jerewan (Eriwan) ein. In der ersten Dezemberwoche unterzeichneten die Regierung in Ankara und die sowjetischen Behörden den Vertrag von Gümrü (Leninakan), mit dem sie die russisch-türkische Grenze quer durch die armenischen Gebiete zogen; sie sollte länger erhalten bleiben als die Sowjetunion selbst. Damit sicherte Kemal nicht nur seine Ostflanke, er konnte auch auf russische Waffen und Ausrüstung bei seinem Kampf gegen den ‹westlichen Imperialismus› zählen. Im Januar 1921 war er besser in der Lage, einer griechischen Offensive standzuhalten, als im Sommer davor. In diesem Monat brachen vier griechische Infanteriedivisionen von Bursa aus auf; entlang der wichtigsten anatolischen Bahnlinie, durch schwieriges gebirgiges Gelände, marschierten sie auf den bedeutenden Knotenpunkt Eskişehir zu. Sie wurden bei der kleinen Stadt Inönü aufgehalten, auf dem letzten Höhenzug, bevor Straße und Bahn in die Ebene von Eskişehir führen. Zwei Monate später fand eine zweite Schlacht bei Inönü statt, gleichzeitig mit einem griechischen Vorstoß von Smyrna aus landeinwärts. Abermals hielten die Kemalisten die Stellung, und die Griechen kamen nicht voran.[25]

Die Franzosen und die Italiener hatten sich nie so stark auf die Abmachungen von Sèvres und die Erhaltung der Regierung des Sultans festgelegt wie die Briten, und im März schlossen Frankreich und Italien separate Abkommen mit Kemals Vertretern. Paradoxerweise wurde die Verständigung in London erreicht; dorthin hatte Curzon Vertreter sowohl der Regierung des Sultans als auch der Nationalisten in Ankara eingeladen, damit sie sich mit den Alliierten treffen und mögliche Veränderungen des Vertrags diskutieren könnten. Inzwischen waren die Briten in ihrer Unterstützung der Griechen wankend geworden, denn Venizelos war nicht mehr im Amt, und der plötzliche Tod des jungen griechischen Königs Alexander hatte seinen Vater auf den Thron zurückgebracht, König Konstantin, den die Briten und Franzosen 1917 als angeblichen Sympathisanten der Deutschen ins Exil gezwungen hatten. Aber obwohl Lloyd George Konstantin mißtraute, war er dem anatolischen Unternehmen zu sehr verpflichtet, als daß er dem Beispiel der Franzosen und Italiener hätte folgen können.[26]

Mehr und mehr mußte der Sultan wie eine britische Marionette erscheinen – solche Unterwürfigkeit hatte das Foreign Office nie gewünscht. Ihm wäre es lieber gewesen, wenn er als aufgeklärter Autokrat gegolten hätte. Bald nach seiner Ankunft in Konstantinopel machte sich Sir Horace Rumbold an

die alte Aufgabe, die osmanische Sultanatsregierung zu stärken. Das schloß, wie Rumbold an Curzon telegraphierte, ein,
daß der Sultan als ein ‹Eckstein› betrachtet wurde, dem man
‹eindeutigen, ernsthaften Beistand beim Wiederaufbau der
Verwaltung auf einer gesunden finanziellen Basis› anbieten
sollte.[27] Aber Mehmet VI. Vahdettin verwirrte und enttäuschte
den Hohen Kommissar. ‹Er blieb eine ganze Weile völlig still,
nur sein Mund zuckte nervös›, berichtete Rumbold König
Georg V. eine Woche später.[28]

Es gab Augenblicke, in denen Mehmet ausländische Offizie-
re in seiner Hauptstadt durch das plötzliche Geltendmachen
der ererbten islamischen Souveränität beeindruckte; gegen
Ende seines Lebens erinnerte sich General Tim Harington
daran, wie am heiligsten Abend im Ramasan, dem Leilat al-
Kadir, der Sultan auf einem prächtigen weißen Pferd zur Hagia
Sophia geritten sei, wo sich 10 000 Gläubige unter der riesigen
Kuppel der alten Basilika im Gebet verneigt hätten.[29] Aber
solche Ereignisse waren selten. Die meiste Zeit während des
September 1921, einer kritischen Periode im Krieg zwischen
Kemals Nationalisten und den Griechen, konnte kein ausländi-
scher Diplomat etwas mit dem Sultan besprechen. Am ersten
Tag des Monats, so erinnerte sich Mehmets Freund Scherif Ali
Hayder, ‹hatte er eine neue Frau genommen, die seine Auf-
merksamkeit so beanspruchte, daß er sich weigerte, Besucher
zu empfangen›. Mehmet war sechzig; seine ‹neue Frau›, Nev-
zat, war neunzehn.[30]

Vor diesem Hintergrund überrascht es nicht, daß sich Rum-
bolds Depeschen nach London immer eingehender mit den
Qualitäten der Nationalistenführer befaßten, auch wenn er
nicht nach Ankara reisen konnte, um sie kennenzulernen.
Sowohl der Hohe Kommissar als auch der Militärbefehlshaber
waren beeindruckt von den Berichten über die Türken in
Anatolien. Harington irritierte Lloyd George mit seiner Ansicht, die griechische Armee sei zwar bei einer Offensive
eindrucksvoll, würde aber kaum Widerstand leisten können,
wenn Kemal einmal durch ihre Linien gebrochen sei. Schon in
der ersten Woche des April 1921 gab Harington eine Bewer-

tung der Aussichten ab, die Zugänge nach Üsküdar und dem Marmarameer zu halten, wenn die Kemalisten die Griechen entlang der Eisenbahnlinie von Eskişehir nach Haydarpaşa vor sich her treiben würden.[31]

Vier Monate später kam es zu einer 22 Tage dauernden Schlacht mit langer Front an den Ufern des Flusses Sakarya, gerade 80 Kilometer von Ankara entfernt. Rumbold hoffte, daß Griechen und Kemalisten sich gegenseitig aufreiben und es den Briten und dem Sultan ermöglichen würden, als Vermittler aufzutreten. Die Griechen waren tatsächlich sehr erschöpft, nicht aber die Türken, denen das Gelände und das Klima vertraut waren. Während des folgenden Winters konnte Kemal weitere Reserven und Hilfsmittel mobilisieren und eine starke Armee aus den verwegenen Verteidigern aufbauen, die am Sakarya triumphiert hatten. Am 26. August 1922 führte Kemal persönlich eine überraschende Offensive gegen die griechischen Stellungen in den Bergen 300 Kilometer landeinwärts von Smyrna. General Haringtons Warnungen nach London waren gerechtfertigt gewesen. Innerhalb von vierzehn Tagen hatte Kemal einen glatten Sieg errungen. Am 13. September verzehrte eine Feuerwand von drei Kilometern Länge die griechischen und armenischen Viertel von Smyrna. Fast eine Viertelmillion Christen und Juden suchten Zuflucht an Bord der ausländischen Kriegsschiffe, die vor der brennenden Stadt lagen.[32]

Dieser Sieg legte das Schicksal der Osmanen in Kemals Hände. Seine unmittelbaren Ziele standen fest: die Revision des Vertrags von Sèvres durch ein neues Abkommen, das dem türkischen Volk die Städte zurückgeben würde, die es Istanbul und Edirne nannte. Seine Truppen rückten auf die Dardanellen vor und drangen in die rund 80 Kilometer breite neutrale Zone mit dem Zentrum Çanakkale ein, die im Vertrag von Sèvres festgelegt worden war. Die Flaggen der drei Alliierten – Großbritanniens, Frankreichs und Italiens – wehten über dem Kai von Çanakkale, aber in Wirklichkeit stand nur die Andeutung einer britischen Streitmacht in der Stadt. Ein einziges Infanteriebataillon, eine Schwadron Husaren und eine Batterie schützten den britischen Stützpunkt in Kleinasien, die 20 Kilometer breite ‹Meerengenzone›; allerdings wurde diese magere Garnison von drei Schlachtschiffen unterstützt, die in den Dardanellen lagen. Zehn Tage nach dem großen Feuer in Smyrna standen sich britische und türkische Truppen nicht weit von den Ausgrabungsfeldern des antiken Troja in Schützengräben und hinter Stacheldraht drohend gegenüber. Die ganze dritte und vierte Septemberwoche hindurch erschienen beunruhigende Schlagzeilen in der britischen Presse. Ein Krieg zwischen Großbritannien und der kemalistischen Türkei schien unmittelbar bevorzustehen.[33]

Er wurde vermieden wegen des gesunden Menschenverstands und der gemäßigten Haltung von General Tim Harington und Sir Horace Rumbold. Harington umging das Ultimatum von Lloyd Georges Kabinett, das er den Nationalisten hätte stellen sollen, denn er war überzeugt, daß es zum ‹Zündfunken› in dieser Krise werden könnte. Und Rumbold bewegte türkische Abgeordnete dazu, nach Mudanya zu kommen und dort über die Zukunft der Meerengen und Ostthrakiens zu diskutieren sowie über die Notwendigkeit einer Respektierung der neutralen Zone durch die Kemalisten. Nach zehntägigen Gesprächen in Mudanya wurde am 11. Oktober eine offizielle Konvention unterzeichnet, die den Rückzug der Truppen Kemals aus der neutralen Zone vorsah und den Alliierten weiterhin die Besetzung von Konstantinopel, Çanakkale und der Halbinsel Gallipoli überließ, bis ein neuer Friedensvertrag den von Sèvres ersetzte. Ursprünglich sollten die Verhandlungen in Venedig stattfinden, aber Italien wurde von der politischen Krise geschüttelt, die Ende Oktober Mussolini an die Macht brachte und die Ära der Faschisten einleitete. Man einigte sich auf Lausanne als Tagungsort.[34]

Während der Gespräche in Mudanya gab es noch immer einen kaiserlichen Herrscher über das Osmanische Reich. Aber inzwischen war der Herrschaftsbereich des Sultans auf die Gebiete zusammengeschmolzen, die Mehmet VI. Vahdettin sehen konnte, wenn er durch seinen Park in Yıldız spazierte. Mustafa Kemal – immer Realist – betrachtete das Sultanat als

anachronistische Institution, die mit dem Herbstlaub hinweggefegt werden müßte. Aber auch wenn kein Mitglied des
inneren Kreises der Nationalisten Vahdettin auf dem Thron zu
halten wünschte, gab es doch etliche, die die Traditionen von
Sultanat und Kalifat noch respektierten. Sie fürchteten, daß
eine drastische Veränderung der Verfassung hin zu einer Republik ihnen die Gläubigen entfremden könnte: 1922 kannte die
Welt noch keine islamische Republik. Einstweilen war Kemal
bereit, nichts zu erzwingen. Er ernannte seinen Freund Oberst
Refet Pascha zum Militärgouverneur von Ostthrakien mit
Hauptquartier in Stambul. Am 19. Oktober fuhr Refet von
Mudanya aus mit dem Dampfer *Gülnihal* über das Marmara-
meer und landete am Kai von Eminönü neben der Galatabrük-
ke. Girlanden überspannten die schmaleren Straßen Stambuls,
Flaggen wehten auf den Minaretten, und Transparente verkün-
deten den Ruhm des türkischen Volkes, das durch die Siege der
Armee Gazi Mustafa Kemals wiedergeboren worden sei. Drei
Tage lang wurde der Sieg der türkischen Revolution im ganzen
Land gefeiert.[35]

Außer natürlich in Yıldız. Refet machte deutlich, daß er die
Regierung des Sultans nicht anerkennen würde, auch wenn er
‹das hohe Amt des Kalifats› respektierte. Als er von Meh-
met VI. in Audienz empfangen wurde, drängte er ihn zur
Abdankung. Der Sultan spielte wie immer auf Zeit. Sein
Schicksal wurde besiegelt durch die Hartnäckigkeit der Alliier-
ten bei der Einhaltung des diplomatischen Protokolls; zur
Konferenz in Lausanne luden sie eine Abordnung der Großen
Nationalversammlung in Ankara *und* eine Abordnung der
Hohen Pforte ein. Diese unangebrachte Höflichkeit ärgerte die
Abgeordneten in Ankara so sehr, daß Kemal den Antrag an die
Versammlung stellte, das Sultanat abzuschaffen. Ein osmani-
scher Prinz mochte das Amt des Kalifen übernehmen; der
Freidenker Kemal wollte die ‹heiligen Männer› nicht beleidi-
gen, die ihn unterstützten. Aber künftig sollte die weltliche
Macht beim türkischen Volk liegen.[36]

Die Große Nationalversammlung war keine leichtfertige
Institution. Als am 1. November der Antrag diskutiert wurde,

fühlten sich viele Mitglieder beklommen. Der Bruch mit der Vergangenheit war zu drastisch. Kemal selbst hielt die entscheidende Rede:

‹Meine Herren, die Souveränität und das Recht zu regieren können niemandem durch niemanden infolge einer akademischen Diskussion übertragen werden. Die Souveränität wird durch die Kraft erworben, durch Macht und durch Gewalt. Durch Gewalt haben sich die Söhne Osmans der Macht bemächtigt, haben sie über die türkische Nation geherrscht und haben sie ihre Herrschaft sechs Jahrhunderte hindurch aufrechterhalten. Jetzt ist es die Nation, die sich gegen diese Usurpatoren empört, sie auf ihren Platz weist und tatsächlich selbst die Ausübung ihrer Souveränität übernimmt. Das ist eine vollendete Tatsache. Es handelt sich nicht mehr darum, zu wissen, ob wir diese Souveränität in den Händen der Nation lassen wollen oder nicht. Es handelt sich einfach darum, eine Wirklichkeit festzustellen, die schon eine vollendete Tatsache ist und die unbedingt als solche angesehen werden muß. Und dies wird in jeder Weise geschehen.›

Fünf Jahre später erinnerte sich Kemal daran: ‹Schließlich nahm der Präsident die Abstimmung vor und erklärte: «Einstimmig angenommen!» Man hörte eine einzige Stimme, die rief: «Ich bin dagegen!»... So, meine Herren, spielte sich die letzte Szene der Zeremonie des Sturzes und des Zusammenbruchs der osmanischen Monarchie ab.›[37]

Am 4. November händigte Tevfik dem Sultan und Kalifen die Amtssiegel der letzten Regierung des Osmanischen Reiches aus. Und am folgenden Freitag hörte Mehmet VI. den Muezzin zum Gebet für ihn als Kalifen, aber nicht mehr für ihn als Herrscher aufrufen. Dieses Erlebnis bedrückte ihn; er hatte keine Lust, noch zu einem weiteren Freitags-Selâmlık in Konstantinopel zu verweilen. Da ihn der größte Teil seines persönlichen Gefolges verließ, wandte er sich um Hilfe an General Harington: ‹Ich sehe mein Leben in Konstantinopel bedroht, deshalb suche ich Zuflucht bei der britischen Regierung und erbitte so bald wie möglich meine Verbringung von Konstantinopel an einen anderen Ort›, schrieb er in einer Mitteilung an den General vom 16. November 1922 und unterzeichnete vielsagend mit ‹Mehmet Vahdettin, Kalif der Muselmanen›.[38] Als die telegraphische Zustimmung aus London eingetroffen war, arbeitete Haringtons Stab sorgfältig einen Plan aus, um den letzten der Sultane am Morgen des folgenden Freitags, lange vor dem Selâmlık, unauffällig aus Yıldız verschwinden zu lassen.

Mehmet VI. hatte nie große Chancen gehabt, mit jener Würde abzutreten, wie sie dem Erben einer sechshundertjährigen Herrschaft angestanden hätte. Niemand aber konnte voraussehen, daß sein Abgang sich gleichsam als bittere Komödie vollziehen würde.[39] Die Pläne an sich waren gut durchdacht. Am Donnerstag abend teilte Mehmet seinem Stab mit, daß er im Merasim-Köşk im Yıldız-Komplex schlafen würde, der nahe an einem Tor neben den Kasernen lag, in denen Harington die Grenadiergarde untergebracht hatte. Es war eine feuchte und stürmische Nacht. Wenn sie wach gewesen wären, hätten die von Refet Pascha zur Überwachung des abgesetzten Herrschers eingeteilten Spione es vielleicht eigenartig gefunden, daß mehr als eine Stunde vor der Morgendämmerung eine Abteilung Grenadiere im Regen exerzierte. Auch daß zwei Krankenwagen am Rand des Exerzierplatzes warteten, hätte sie vielleicht erstaunt. Elf Männer kamen durch das Tor aus dem Yıldız-Gelände; nur ein türkischer Marineoffizier unter Refets Befehl sah und erkannte den Mann, dem man in den ersten Krankenwagen half. Der konnte allerdings erst abfahren, als man den Regenschirm seines bemerkenswerten Passagiers aus der Tür befreit hatte, in der er sich verklemmt hatte. Die meisten anderen Männer und einige schwere Kisten folgten in einem zweiten Wagen zehn Minuten später.

Der türkische Marineoffizier warf sich hastig ein paar Kleider über und lief, noch in Pantoffeln, durch die nassen Straßen über die Galatabrücke zu Refets Hauptquartier in Stambul. Er scheint die kleine Gruppe von Männern, unter ihnen General Harington und der britische Chargé d'affaires Nevile Henderson (der bei Beginn des Zweiten Weltkriegs britischer Botschafter in Berlin sein sollte), nicht gesehen zu haben, die nahe dem Dolmabahçe am Kai standen. Der zweite Krankenwagen kam heil an, aber zum Entsetzen der Würdenträger war der erste Wagen mit dem Sultan zunächst verschwunden. Als er schließlich zur Erleichterung aller auftauchte, erklärte der Fahrer, er habe eine Reifenpanne gehabt und im strömenden Regen in einer dunklen Seitenstraße den Reifen wechseln müssen. Eine Barkasse der Marine brachte den Sultan und sein Gefolge etwas würdevoller zur *Malaya* hinaus, die unter Dampf vor dem Goldenen Horn lag. Als die Barkasse sich dem Schlachtschiff näherte, äußerte Mehmet Vahdettin noch eine letzte Bitte an General Harington: Ob er sich um die fünf Ehefrauen, die er in Yıldız zurückgelassen hätte, kümmern und sie ihm nachschicken könne? Gegen neun Uhr morgens, während Refet noch seinen verwirrten Offizier in den Pantoffeln zu beruhigen versuchte, dampfte die *Malaya* ins Marmarameer hinaus. Ob Seine Kaiserliche Majestät mit Malta als Ziel einverstanden sei, hatte Henderson gefragt. Er hatte keinen Einwand vernommen. Als mittags der Muezzin die Gläubigen zum Gebet rief, pflügte das Kriegsschiff durch schwere See auf die Dardanellen zu. Für den Sultan sollte es keine Rückkehr geben.

EPILOG
Die todgeweihten Osmanen

Die kaiserlich-osmanische Souveränität war zu Ende, die in Spuren erhaltene Autorität der Dynastie nicht. Sie bestand noch fünfzehn Monate in einer sich verändernden Welt fort und verzögerte das Entstehen der Türkischen Republik, weil Kemal nach einem Kompromiß suchte, der in dem streng säkularisierten Staat, den er schaffen wollte, ein maßgefertigtes osmanisches Kalifat als Symbol des Zusammenhalts und der geistlichen Einheit erhalten hätte. Das Ziel erwies sich als unerreichbar; es war mit dem Charakter des Islam nicht vereinbar.

Sobald die Nachricht von der Flucht Mehmets VI. in Ankara bestätigt wurde, erließ der Minister für Religiöse Angelegenheiten eine Fetva zur Absetzung: Mehmet wurde beschuldigt, das Kalifat in Absprache mit den Feinden der Türkei am Vorabend der Eröffnung der Konferenz zur Revision des Friedensvertrags in Lausanne im Stich gelassen zu haben.[1] Am folgenden Tag wählte die Große Nationalversammlung den ältesten noch lebenden Sohn von Abdülaziz, Abdülmecit II., zum Nachfolger seines Vetters als Kalif. Der neue Führer der Gläubigen war ein liebenswürdiger Ästhet Mitte Fünfzig. Zweiundzwanzig Jahre zuvor hatte er eine für einen osmanischen Prinzen einzigartige Auszeichnung erfahren, als eins seiner Gemälde im Pariser Salon ausgestellt wurde. An Politik hatte er keinerlei Interesse. Vorsichtige Anfragen von Talaat im Sommer 1918 und von Kemal zwei Jahre später hatte er abgelehnt. Als er am 24. November ins Amt des Kalifen eingesetzt wurde, gab es kein Kılıç kuşanması in Eyüp, keine pompöse Zeremonie des Gürtens mit dem Säbel. George Young, der einzige britische Beobachter bei der Amtseinsetzung im Topkapı Sarayı, empfand die Zeremonie als Travestie: ‹Eine

Delegation von Abgeordneten aus Angora teilte einem älteren Amateur mit, daß er durch Mehrheitswahl gewählt worden sei wie irgendein Gewerkschaftsführer›, schrieb Young. Und in dem neuen Kalifen selbst sah er nur ‹eine behäbige Person in Fez und Gehrock mit grünem Ordensband›. Refet Pascha, Kemals Vertreter bei der Zeremonie, beobachtete Abdülmecit wie ein ‹Sperber›, fand Young: ‹Man hat dem Kalifen den Säbel Osmans verweigert und ihm dafür das Schwert des Damokles gegeben›, lautete sein Kommentar.[2] Vielleicht traf das zu, aber Abdülmecit schien mit Refets Verhalten zufrieden zu sein. Obwohl es für einen Muslim tabu ist, Menschen darzustellen, malte er sogar ein Porträt von ihm.

Diese Amtseinsetzung machte den anachronistischen Charakter des internationalen Status der Türkei bei den Verhandlungen in Lausanne deutlich. Islamische Staaten waren wesentlich theokratisch: Ihren Herrschern wurde zeitliche Macht von Gott verliehen; sie regierten danach als Seine Vertreter auf Erden. Eine Republik dagegen war eine säkulare Einrichtung, die die gottlosen Ungläubigen entwickelt hatten und die in der islamischen Welt noch unbekannt war. Wenn das osmanische Sultanat zu existieren aufgehört hatte, so konnten muslimische Puristen doch argumentieren, daß der Kalif Oberhaupt des Staates war, ein Prinz, der dazu bestimmt war, den Glauben zu verteidigen in einer Gesellschaft, in der die Regierungsgeschäfte anderen überlassen blieben. Und als der neue Kalif einen imperialen Lebensstil zu pflegen begann und mit ‹Abdülmecit bin Abdullah Han› unterzeichnete, als wollte er sein osmanisches Erbe betonen, boten die Ulema ihrem geistlichen Führer alle Unterstützung, auch noch außerhalb der Grenzen der neuen Türkei. Es war üblich, daß der Name des Herrschers jeden Freitag in der Ansprache beim Mittagsgebet beschworen wurde: Ab Ende November 1922 wurde diese fromme Höflichkeit dem Kalifen Abdülmecit II. zuteil, nicht nur in türkischen Moscheen, sondern auch in Bagdad und in allen ehemals osmanischen Vilâyets des Irak. Das Kalifat war eine übernationale Institution, und die konservativen Abgeordneten in der Großen Nationalversammlung behaupteten, daß seine Beibehaltung die neue Türkei weltweit zum Führer des Islam mache. Es abzuschaffen, so erklärten sie, wäre eine mit Vernunft, Loyalität und Nationalgefühl völlig unvereinbare Tat.[3]

Mustafa Kemal hatte durchaus die Absicht, ein Nationalgefühl zu pflegen, aber es sollte patriotisch türkisch sein, weniger islamisch. Seinen Anweisungen entsprechend versuchte Ismet Pascha – der spätere Präsident Ismet Inönü – die britischen, französischen und italienischen Delegierten bei der Konferenz in Lausanne davon zu überzeugen, daß die Regierung in Ankara die Schaffung eines homogen türkischen Nationalstaates anstrebte, ohne jede Einmischung von außen und ohne eigene Neigung zu Abenteuern im Ausland. Diejenigen Abgeordneten in der Nationalversammlung, die sich für das Kalifat einsetzten, drohten Ismets Aufgabe zu erschweren, und es überrascht kaum, daß die türkische Delegation entschlossen war, sich auf rein säkulare Fragen zu konzentrieren. Das wollten die Alliierten inzwischen auch. Die britische Unterstützung eines arabischen Kalifats ging mit Kitchener und HMS *Hampshire* unter, denn besser unterrichtete Fachleute für arabische Angelegenheiten überzeugten Whitehall, daß ein Kalif nie einfach ein geistlicher Führer sein könne, wie etwa der Papst seit den siebziger Jahren des vorigen Jahrhunderts (was Kitchener geglaubt zu haben scheint). Keine imperiale Großmacht, die Souveränität über den indischen Subkontinent beanspruchte, konnte die Vereinigung muslimischer Völker unter einem einzigen Kalifen begrüßen, in welchem Land er auch lebte. Während der siebenmonatigen Verhandlungen in Lausanne zogen es sowohl Ankara als auch London vor, die Existenz des Kalifats zu ignorieren.

Ismets Bemühungen waren schließlich erstaunlich erfolgreich.[4] Die wichtigste Aufgabe bei der Konferenz war, den Vertrag von Sèvres durch ein Abkommen zu ersetzen, das sowohl den Übergang von osmanischer Herrschaft zu nationaler Souveränität im Nahen Osten als auch die Verankerung der neuen Türkei in Europa anerkannte. Der Vertrag von Lausanne – am 24. Juli 1923 unterschrieben – akzeptierte die Teilung Thrakiens. Der Fluß Maritza markierte die Grenze zu

Griechenland, und Edirne wurde als türkische Stadt bestätigt. Die mißglückten Unternehmungen Griechenlands in Kleinasien waren zu Ende; die Türken behielten Smyrna und sein Hinterland in uneingeschränkter Souveränität, ebenso die Inseln Tenedos und Imbros und die Küsten der Dardanellen und des Bosporus, wenngleich es an den Meerengen und an der thrakischen Grenze entmilitarisierte Zonen geben sollte. Auf arabische Länder erhoben die türkischen Delegierten keinen Anspruch, aber es wurde ein Versuch unternommen, die überwiegend kurdischen Bezirke um Mosul zurückzubekommen; erst 1926 entschied der Völkerbund schließlich, daß Mosul zum Irak unter britischem Mandat gehören und die Türkei zehn Prozent der Einnahmen aus den dortigen Ölfeldern, die in britischem Besitz waren, erhalten sollte. Das größte Problem in Lausanne waren die Versuche der Briten und Franzosen und in geringerem Maße der Italiener, ‹Kapitulationen› und andere Arten von finanzieller Kontrolle und wirtschaftlicher Überwachung wieder einzuführen. Die Uneinigkeit über diese Frage reichte so tief, daß die Konferenz in der ersten Februarwoche 1923 abgebrochen werden mußte; erst in der letzten Aprilwoche trat man wieder zusammen. Schließlich setzte sich Ismet mit seinen Wünschen durch. Die Kapitulationen wurden endgültig abgeschafft, und abgesehen von einer vorübergehenden Einschränkung der türkischen Zollsätze wurde es der Regierung in Ankara überlassen, ihre eigenen Wirtschaftspläne zu machen. Im Gegensatz zu Deutschland, Österreich, Ungarn und Bulgarien brauchte Kemals Türkei keine Reparationszahlungen an die siegreichen Alliierten zu leisten.

Einige Fragen wurden in Lausanne nicht gelöst. Gespräche über das zukünftige Schicksal der türkischen und griechischen Minderheiten hatten schon vor der Konferenz begonnen, aber erst nachdem der Vertrag von Lausanne ratifiziert war, schlossen Ankara und Athen bilaterale Abkommen über den Austausch von Bevölkerungsteilen. Mehr als eine Million Griechen verließen Kleinasien; rund 350 000 Türken emigrierten aus Makedonien und versuchten in Anatolien ein neues Leben zu beginnen. Diese entwurzelten Gemeinden litten schwer unter den neuen Grenzziehungen.

Zwei weitere Völker – untereinander verfeindet – hatten in anderer Weise ebenfalls sehr zu leiden: Die Forderungen der Armenier und der Kurden wurden bei der Konferenz schlicht übergangen. Von einem unabhängigen Armenien war nicht mehr die Rede, und von einem autonomen Kurdistan ebensowenig.[5] Es wurden noch Vorschläge zur Schaffung einer armenischen ‹nationalen Heimstatt› gemacht, aber die Türken weigerten sich, darüber zu diskutieren, und die Franzosen und die Briten beharrten nicht darauf. So blieben die Armenier ein geteiltes Volk; viele lebten in der Sowjetunion, andere ließen sich in Syrien und Libanon nieder, und wieder andere zogen den Kopf ein in einer Stadt, die nun Istanbul genannt wurde. Die Kurden dagegen wurden zum ‹Nicht-Volk› in Kemals Nationalstaat; man erklärte sie kurzerhand zu ‹Bergtürken›. Eine kurdische Rebellion zwei Jahre nach Unterzeichnung des Vertrags wurde brutal unterdrückt. 1929 und 1930 gab es weitere Aufstände. 1987 führte der Guerillakrieg, den die PKK (Kurdische Arbeiterpartei) in der Südosttürkei begonnen hatte, dazu, daß in acht von den einundsiebzig Provinzen der heutigen Türkei das Kriegsrecht ausgerufen wurde. Und der schreckliche Teufelskreis von Terrorismus und Unterdrückung setzt sich im letzten Jahrzehnt dieses Jahrhunderts fort. Wie die Armenier waren die Kurden ein von den Grenzen der postosmanischen Landkarte im Nahen Osten zerschlagenes Volk; ihre Leiden wurden verschärft durch ein seit über dreißig Jahre dauerndes Ringen im Irak, wo 1961 die kurdische Minderheit ein Fünftel der Bevölkerung stellte.

In drei Punkten enttäuschten die in Lausanne ausgehandelten Bedingungen die Große Nationalversammlung. Einigen Unmut gab es über die Schaffung einer internationalen Meerengen-Kommission mit Sitz in Istanbul, die die Aufgabe hatte, den freien Schiffsverkehr auf dem großen Wasserweg zwischen dem Schwarzen Meer und dem Mittelmeer zu garantieren. Andere Abgeordnete bedauerten, daß es nicht gelungen war, Mosul zu behalten, und sie kritisierten, daß der Bezirk Hatay mit dem Hafen Iskenderun und der historischen Stadt Antiochia (Antakya) zu dem unter französischem Mandat stehenden Syrien kam. Aber nur 14 von 250 Delegierten in der Nationalversammlung stimmten gegen die Ratifizierung des Vertrags von Lausanne.[6]

Ismets Erfolg in Lausanne machte es Kemal möglich, seine Revolution endlich zu besiegeln. Zehn Wochen nach Unterzeichnung des Vertrags endete die alliierte Besetzung der osmanischen Hauptstadt, und General Tim Harington verließ eine Stadt, in der er erstaunlich populär gewesen war. Am 2. Oktober 1923 hielt ein Bataillon der Coldstream Guards eine Parade auf dem Platz vor der Residenz des Kalifen, dem Dolmabahçe-Palast, ab, bevor es sich auf dem Truppentransporter *Arabic* einschiffte, der im Bosporus ankerte.[7] Vier Tage danach marschierten türkische Truppen wieder in Istanbul ein. Sie wurden jedoch nicht so herzlich empfangen, wie es die Nationalisten erwartet hatten, vielleicht, weil Kemal sein Mißtrauen gegenüber der Hauptstadt des Sultans mit ihrem Ruch der politischen Intrige und Korruption nie verhehlt hatte. Knapp vierzehn Tage später wurde die kaiserliche Stadt entthront. Am 13. Oktober 1923 nahm die Große Nationalversammlung einen Ergänzungsantrag zur Verfassung an, den Ismet Pascha vier Tage zuvor eingebracht hatte; darin hieß es: ‹Der Sitz des türkischen Staates ist die Stadt Angora.› Schließlich beschloß am Abend des 29. Oktober die Nationalversammlung: ‹Die Regierungsform des türkischen Staates ist die Republik.› Innerhalb einer Viertelstunde wählte die Versammlung Mustafa Kemal zum ersten Präsidenten der Türkischen Republik und bestätigte damit die Führungsposition, die er in den vergangenen vier Jahren innegehabt hatte.[8]

Abdülmecit II. hatte sich vielleicht eine duale Staatsform vorgestellt, in der Istanbul Sitz des Kalifen war, während das politische Geschäft in Zentralanatolien erledigt wurde. Wenn es so war, so wurde er schnell ernüchtert. Die Republik war erst elf Wochen alt, als ihm eine strenge Warnung des Präsidenten zuging, ‹nicht das System seiner Vorfahren der Sultane zu verfolgen›. Kemal erklärte: Wir können … ‹die Republik nicht

Erwägungen der Höflichkeit und Sophismen opfern. Der Kalif muß genau wissen, was er ist und was sein Amt vorstellt.›[9] Aber was genau stellte sein Amt vor? Die Frage verwirrte zwei prominente Muslime auf dem indischen Subkontinent, Ameer Ali und den Aga Khan, der an Ismet, inzwischen Premierminister der Türkei, schrieb und empfahl, die Republik solle dem Kalifat einen besonderen internationalen Status geben, denn es besäße ‹das Vertrauen und die Achtung der muslimischen Völker›. Der Brief war schon vor seiner Ankunft in Ankara zur Presse durchgesickert, und der Präsident nutzte ihn für seine Zwecke. Der Nationalversammlung wurde mitgeteilt, daß das Kalifat, wenn es in Istanbul blieb, Außenstehenden die Möglichkeit bieten würde, sich in die inneren Angelegenheiten der Türkei einzumischen. Umgekehrt würde die Abschaffung des Kalifats ‹die islamische Religion bereichern› und die Republik in die Lage versetzen, die Ulema zu säubern. Gehorsam stimmte die Nationalversammlung für den endgültigen Bruch mit der osmanischen Vergangenheit: Am 3. März 1924 wurde das Kalifat abgeschafft, Abdülmecit offiziell abgesetzt und alle Mitglieder der ehemals herrschenden Dynastie Osman aus der Türkischen Republik ausgewiesen.[10]

Abdülmecit wurde früh am nächsten Morgen, bevor die Zeitungen, die über seine Absetzung berichteten, auf den Straßen zum Verkauf angeboten wurden, in aller Eile aus dem Dolmabahçe geholt. Ein Wagen brachte ihn nach Çatalca, weit außerhalb Istanbuls. Dort wartete er den ganzen Dienstag über, während andere Mitglieder der Familie in die kleine Stadt gebracht wurden. Am Abend hielt der berühmteste aller Züge des Balkans kurz in Çatalca, und an Bord des Orientexpress wurden die Osmanen mit Sack und Pack nach Europa abgeschoben.[11]

Keiner der führenden osmanischen Politiker diente der neuen Republik, und auch keine Minister, die unter den Jungtürken mitgearbeitet hatten. Die meisten waren bereits tot. Enver, der sich immer noch an seine Idee von einem unabhängigen Turkestan in Asien klammerte, wurde 1922 bei einem obskuren Reitergefecht mit der Roten Armee getötet; zu dem

Zeitpunkt waren Cemal, Said Halim und Talaat bereits von armenischen Extremisten im Exil ermordet worden, die sich für das Leiden ihrer Landsleute rächen wollten. Zwei prominente Jungtürken der Vorkriegszeit, Mehmet Cavit und Dr. Nazım, blieben in der Republik; sie wurden 1926 mit dem fadenscheinigsten Belastungsmaterial der angeblichen Verschwörung zur Ermordung des Präsidenten Kemal für schuldig befunden und mitten in Ankara öffentlich gehängt. Ein gutes Dutzend weniger wichtiger Angehöriger des alten ‹Komitees für Einheit und Fortschritt› saßen als Abgeordnete in der Großen Nationalversammlung. Abgesehen von Ismet selbst erwarben sie sich keinen besonderen Ruhm in der Kammer.[12]

Doch die Osmanen hinterließen ein stärkeres Vermächtnis im Nahen Osten, als die Republik Türkei oder die anderen Nachfolgestaaten zugeben mochten.[13] Das System des Tanzimat hatte die Entwicklung einer Bürokratie ermöglicht; die Beamten waren in der Mülkiye ausgebildet oder hervorragende Berufsoffiziere, Absolventen der Kriegsakademie, der Harbiye. Das bemerkenswerte Modernisierungsprogramm in Kemals Türkei wäre ohne die Fähigkeiten der Verwaltungsbeamten der Mülkiye nicht erreichbar gewesen, und man könnte auch behaupten, daß die letzte Ehrenrettung der Harbiye noch im November 1950 deutlich wurde, als die türkische Brigade in Korea diszipliniert und geordnet dem ersten Ansturm der chinesischen Armee standhielt. Unter den Osmanen ausgebildete Fachleute verwalteten zwischen den zwei Weltkriegen Syrien, Libanon, Transjordanien und in gewissem Maße auch Irak, oft im Streit mit den Mandatsmächten Frankreich und Großbritannien, und die osmanische Militärtradition blieb bei den Armeen der nahöstlichen Staaten lebendig, sogar beim ‹Komitee der freien Offiziere›, das zum Kern der nationalen Revolution in Ägypten wurde. Die Mecelle, das Anfang der siebziger Jahre des 19. Jahrhunderts zur Modernisierung des Osmanischen Reiches entworfene Gesetzeswerk, lieferte den Rahmen auch für die türkische Republik, selbst wenn das 1926 veröffentlichte Zivilrecht große Anleihen bei der Schweiz machte. Außerhalb der Republik Türkei blieb die Mecelle das

Vorbild für alle Gesellschaften, die die islamischen Traditionen mit westlichen Rechtsauffassungen in Einklang zu bringen versuchten. In vielen Teilen des alten Osmanischen Reiches änderte sich an der lokalen Verwaltung bis zur Mitte dieses Jahrhunderts wenig. Auch nicht dort, wo es um den Einfluß der fernlebenden landbesitzenden politischen Elite ging, die ihre Loyalität einfach von den Osmanen auf die Folgeregierungen übertrug. Diese ‹Notabeln› konnten so zu einer erstaunlichen Stabilität beitragen in einer Region, die auf der Karte sehr zersplittert wirkte; sie erhielten ein delikates Gleichgewicht der Kräfte aufrecht, bis eine neue Generation die Führung in ebenden Jahren übernahm, als die alten europäischen Regierungen aufhörten, die Region zu beherrschen. Der Schatten eines osmanischen Paternalismus überlebte das Reich der Sultane noch lange.

Warum brach dann aber das Osmanische Reich, das so viele Anfechtungen überstanden hatte, in den Nachwehen des Ersten Weltkriegs schließlich doch noch zusammen? Die Kemalisten boten eine deterministische Theorie von Geschichte an, die fast ebenso mechanisch war wie die marxistische Dialektik. Sie rühmten sich der asiatischen Herkunft der Turkvölker und behaupteten, daß die Sultane, nachdem sie einmal nach Europa hinübergewechselt waren und die Rolle der Erben der Kaiser von Byzanz übernommen hatten, sich in ihren Neuerwerbungen verfangen hätten. Das Erbe habe das, was eigentlich ein Kriegerstaat gewesen sei, fatal geschwächt; deshalb sei das Haus Osman dem Untergang geweiht gewesen von dem Augenblick an, als es sich an den Küsten des Bosporus niederließ. Eine gewisse Wahrheit steckt in dieser stark vereinfachenden These. Denn solange das Reich sich ausbreitete und vergrößerte, diente Konstantinopel als natürliche Basis für das Vordringen auf die Balkanhalbinsel und ins Donaubecken, aber als das Reich sich zurückzog, wurde die Stadt zum gefährlich exponierten Stützpunkt auf einem fremden Kontinent. Einige der späteren Sultane, besonders Abdülhamit II., gingen davon aus, daß das Reich noch eine Aufgabe in Asien und vielleicht auch in Nordafrika zu erfüllen habe, aber die Fessel

Rumelien konnten sie nicht abschütteln. Wären diese letzten Sultane nicht von ihrem europäischen Erbe behindert gewesen, hätten sie Anatolien, Mesopotamien und die Levante mit ihren Schätzen zum Wohle des Reiches entwickeln können. Ein aufgeklärter Sultan hätte so denjenigen Regionen im Nahen Osten eine stabile Regierung und wirksame Verwaltung bieten können, in denen auch ohne den Vorteil solch unwahrscheinlich weiser Herrschaft die osmanischen Bräuche und Traditionen fast ein halbes Jahrhundert nach dem Sturz der Dynastie noch lebendig waren.

Derartiges Theoretisieren ist natürlich müßige Spekulation. Von größerer Bedeutung ist die Beziehung zwischen Sultanat und Islam; die wesentlich religiöse Grundlage des osmanischen Staates war sowohl eine Stärke des Reiches als auch seine Schwäche. Das ‹Festhalten an den starken Banden der Gesetze Mohammeds›, von dem Mustafa Koçi Anfang des 17. Jahrhunderts gesprochen hatte[14], versetzte die Sultane in die Lage, in einer Reihe von Kriegen gegen die ungläubigen Christen die religiöse Loyalität ihrer Völker zu nutzen, und solange die Regierung sich offensichtlich auf die Scharia stützte, waren die Ulema unerschütterliche Säulen des Staates. Aber die westeuropäischen Revolutionsjahre Ende des 18. Jahrhunderts ließen neue Auffassungen von einer Zentralregierung in das Osmanische Reich einsickern. Ab da schmälerte die Politik von Laien zunehmend die Privilegien, an denen die religiöse Hierarchie so hartnäckig festhielt, die ihrerseits Zweifel an der Lebensfähigkeit eines osmanischen Staates mit so verwestlichten Institutionen wie einer Wehrpflichtigen-Armee oder einem Parlament äußerte. Aber so wie die Sultane danach gestrebt hatten, sowohl ihre europäischen als auch ihre asiatischen Gebiete zu erhalten, so suchten sie auch das beste in beiden Welten, der weltlichen und der geistlichen. Die Ansprüche des osmanischen Kalifats wurden nie so nachdrücklich geltend gemacht wie im späten 19. und frühen 20. Jahrhundert, obwohl das die Jahrzehnte waren, in denen skeptischer Intellektualismus und allgemeiner türkischer Nationalismus in die überlieferten Denk- und Verhaltensweisen eindrangen. Die unvollkommene jungtürkische Revolution zerstörte die Autokratie des Sultans und vertrat den Gedanken einer Aufhebung der staatskirchlichen Regierungsform, ohne aber adäquate politische oder geistliche Alternativen bieten zu können. Sie stürzte das Reich in einen katastrophalen Krieg, aus dem sich weisere Berater vielleicht herausgehalten hätten, wie Ismet Inönüs Regierung ein Vierteljahrhundert später. Angst vor Mustafa Kemals verhülltem Antiklerikalismus führte im April 1920 zur Ächtung der nationalistischen Bewegung durch den Sultan und Kalifen und den Şeyhülislâm und machte damit deutlich, wie fern der Souverän und der geistliche Führer ihren Völkern waren. Als vier Monate später Mehmet die Unterzeichnung des Vertrags von Sèvres gestattete, entfernte er sich noch weiter von seinen Untertanen.

‹Möge Gott uns vor einem Sultan mit so weichen Knien schützen›, schrieb Ali Hayder, ein der Dynastie ergebener arabischer Prinz, in sein Tagebuch, als er von Mehmets VI. Flucht hörte. Und in einer späteren Eintragung hieß es, die ‹türkische kaiserliche Familie› sei vor allem schuld an der ‹Auflösung› der muslimischen Welt.[15] Auch wenn es unmodern ist, den Einfluß einzelner Herrscher auf große Ereignisse zu betonen: Es gibt keinen Zweifel, daß die Osmanen mit Abdülhamits Nachfolgern schlecht bedient waren. Bezeichnend ist, daß der letzte Sultan, nachdem er nach Malta abgefahren war, ganz zufrieden war, aus dem Rampenlicht der Geschichte abtreten zu können. Er ließ sich in San Remo an der italienischen Riviera nieder und machte keinen Versuch, in der Verbannung hofzuhalten. Nur einmal erregte er noch kurz Interesse, und zwar, als er bald nach seiner Absetzung beschloß, nach Mekka zu pilgern. So würde er eine Verpflichtung erfüllen, die für alle guten Muslime bindend ist und die alle seine fünfunddreißig Vorgänger auf dem Thron sträflich vernachlässigt hatten.

Doch obwohl er nicht mehr als Sultan oder Kalif regierte, blieben seine Knie bejammernswert weich. Mehmet VI. fuhr mit dem Schiff durch den Suezkanal und ging in Dschidda an Land. Er machte die fast 90 Kilometer lange Reise in die öden Täler des Kalksteingebirges und sah die Große Moschee um die heilige Kaaba. Aber er nahm sich nicht die Zeit, die Pilgerfahrt zum Heiligen Haus bis zu Ende durchzuführen, siebenmal die Kaaba zu umschreiten und bußfertig den schwarzen Stein zu küssen. Während er sich in Mekka aufhielt, kam Mehmet nämlich zu Ohren, daß sein aufsässiger einstiger Vasall, König Hussein aus dem Hedschas, wieder den Titel eines Kalifen für sich zu erlangen versuchte. Um nicht in die Machenschaften arabischer Politik verwickelt zu werden, eilte der Exsultan zurück in sein Asyl in Mussolinis Italien. Dort starb er am 15. Mai 1926, drei Monate nach seinem 65. Geburtstag. Er war der erste Sultan seit dem Fall Konstantinopels, der nicht in der Stadt begraben werden konnte, die sein Namensvetter erobert hatte. Aber die französische Mandatsverwaltung ließ sich erweichen und gestattete, daß sein Leichnam in ein Gebiet überführt wurde, über das er kurz geherrscht hatte. Sein Grab liegt in Damaskus.[16]

Ein merkwürdigeres Schicksal war dem letzten osmanischen Kalifen bestimmt. Während Mehmet VI. seine Absetzung nur zweiundvierzig Monate überlebte, hatte Abdülmecit II. mehr als zwanzig Jahre Exil vor sich, als er aus dem Orientexpress stieg. Als Mann von Kultur ließ er sich in Paris nieder, der Stadt, in der seine Kunst einst ausgestellt worden war. Zwischen den Kriegen lebte er still und so gut wie vergessen in der Welt großmäuliger Diktatoren, und er lebte länger als sonst ein Haupt der osmanischen Dynastie. Als er im Alter von sechsundsiebzig Jahren starb, blieb sein Hinscheiden in der großen Welt unbemerkt; nicht einmal in der Londoner *Times* erschien ein Nachruf.[17] Aber das war nicht überraschend: Abdülmecit starb am 23. August 1944 – einem außergewöhnlichen Tag in der Geschichte von Paris, dem Tag, an dem das Grand Palais in Flammen stand und Panzer der Freien Franzosen und amerikanische Truppen auf die Stadt vorrückten, um sie von den Nationalsozialisten zu befreien. Wie zur Sühne für dieses Übertrumpfen von Abdülmecits Ableben gaben die alliierten Behörden die Erlaubnis, seine Leiche in die zweitheiligste Stadt des Islam zu überführen. Als einziger der osmanischen Herrscher wurde der letzte Kalif in Medina begraben.

Sultane seit der Eroberung
Konstantinopels durch die Osmanen

Mehmet II., der Eroberer	1444–1481
Beyazit II.	1481–1512
Selim I., der Gestrenge	1512–1520
Süleyman I., der Prächtige	1520–1566
Selim II., der Trunkenbold	1566–1574
Murat III.	1574–1595
Mehmet III.	1595–1603
Ahmet I.	1603–1617
Mustafa I.	1617–1618 und 1622–1623
Osman II.	1618–1622
Murat IV.	1623–1640
Ibrahim	1640–1648
Mehmed IV., der Jäger	1648–1687
Süleyman II.	1687–1691
Ahmet II.	1691–1695
Mustafa II.	1695–1703
Ahmet III.	1703–1730
Mahmut I.	1730–1754
Osman III.	1754–1757
Mustafa III.	1757–1774
Abdülhamit I.	1774–1788
Selim III.	1788–1807
Mustafa IV.	1807–1808
Mahmut II., der Rätselhafte	1808–1839
Abdülmecit I.	1839–1861
Abdülaziz	1861–1876
Murat V.	1876
Abdülhamit II.	1876–1909
Mehmet V.	1909–1918
Mehmet VI. Vahdettin	1918–1922
Kalif Abdülmecit (II.)	1922–1924

Glossar

Akıncı: Irreguläre Reitertruppen in frühereren osmanischen Armeen.

Babıâli: ‹Hohes Tor›, die ‹Hohe Pforte›; Amtssitz des Großwesirs.

Bailo: Gesandter der Republik Venedig an der Hohen Pforte.

Başıbozuk: Berittene Freischärlertruppe, die im 19. Jahrhundert besonders in den Balkanländern eingesetzt wurde und für ihre Wildheit berüchtigt war.

Çeşme: Zisterne.

Curnalci: Spitzel der Polizei

Devşirme: ‹Knabenlese›; seit dem 15. Jahrhundert regelmäßige Rekrutierung christlicher Jungen aus den Balkanländern, besonders für die Janitscharen-Armee des Sultans.

Diwan: Kaiserlicher Staatsrat und Gerichtshof des Sultans.

Dragoman: Dolmetscher (und kultureller Vermittler) für einen ausländischen Gesandten.

Dschihad: Heiliger Krieg gegen die Ungläubigen.

Efendi: Titel islamischer Geistlicher, später auch der Beamten.

Ethnike Hetairia: Nationalistische griechische Bewegung.

Ferman: Kaiserliche Verfügung, später ersetzt durch *Irade*.

Fetva: Rechtsgutachten, erstellt von hohen Geistlichen (Muftis) nach den Vorschriften der Scharia.

Gazi: Ehrentitel für heldenhafte Glaubenskrieger.

Großwesir: Oberster Minister des Sultans.

Hafiye: Geheimpolizei.

Hamam: Türkisches Bad.

Hamidiye: Von Abdülhamit II. ausgehobene Hilfstruppen, meist Kurden.

Harbiye: Militärakademie in Pera.

Hatt-î hümayun: ‹Großherrliches Handschreiben›, Erlaß.

Hohe Pforte: siehe Babıâli.

Hospodar: Titel der Fürsten der Moldau und der Walachei.

*Iltizam:*Steuerpachtung.

Imam: Vorbeter in der Moschee; Titel für Islamgelehrte.

*Irade:*Kaiserliche Anordnung (siehe *Ferman*).

Janitscharen: *Yeniçeri,*bis 1826 Elitetruppe und Kern des stehenden Heers osmanischer Sultane.

Kafes:‹Käfig›, bewachte Räumlichkeiten im Palast, in denen osmanische Prinzen gefangengehalten wurden.

Kaime:(ungedeckte) Schuldverschreibungen in Form von Papiergeld.

Kalif (arabisch *Chalifa*): ‹Der Nachfolger des Propheten›.

Kapitulationen: Verträge, die den im Osmanischen Reich lebenden Europäern besondere Rechte und Konzessionen einräumten.

*Kaymakam:*Stellvertretender Großwesir.

Khedive: Titel der Vizekönige von Ägypten 1867 bis 1914.

Kılıç kuşanması: Zeremonie, mit der der Sultan mit dem Säbel Osmans gegürtet wurde, entspricht einer Krönung.

Klephten: ‹Räuber›; griechische Freischärler.

Lâle devri: ‹Tulpenzeit› (1718–30).

Mamelucken: Ursprünglich Sklaven, zur Zeit der osmanischen Eroberung die führende Herrscherkaste in Ägypten.

Mecelle: Osmanisches Zivilrecht von 1869.

Meclis-i ayan: Kammer der Notabeln (Senat, Oberhaus des osmanischen Parlaments).

Meclis-i mebusan: Abgeordnetenkammer (Unterhaus des osmanischen Parlaments).

Medrese: Islamische Hochschule.

Mektep-i mülkiye: Schule für den Staatsdienst.

*Millet:*Rechtlicher Status einer anerkannten Religionsgemeinschaft; allgemeiner bezeichnet es auch Nation, Volk.

Mufti (*Müftu*): Rechtsgelehrter des Islam.

Nizam-ı cedit: ‹Neue Ordnung› von Sultan Selim III., betraf besonders die von ihm reformierte Armee.

Philiki Hetairia: ‹Vereinigung von Freunden›, nationalistische griechische Bewegung.

Redif: Militärische Reserve.

Rüstiye: Höhere Schule.

Sancaği şerif: Heiliges Banner des Islam.

Sandschak: Verwaltungseinheit, Provinz.

Sarayı: Palast (‹Serail›).

Scharia (Şeriat): Das Heilige islamische Gesetz, das den muslimischen Verhaltenskodex vorgibt.

Schiiten: Fundamentalistische islamische Gläubige, Anhänger der Schia.

Sekban-i cedit: ‹Hundewärter›, Leibwächter des Sultans.

Selâmlık: Versammlung zum zeremoniellen Freitagsgebet.

Şeyhülislâm: Haupt der islamischen Hierarchie im Osmanischen Reich. Großmufti.

Sunniten: Orthodoxe Muslime, Anhänger der Sunna.

Tanzimat: Neuordnung der Regierung; Reformära im 19. Jahrhundert.

Tımar: Militärlehen, das zum Kriegsdienst verpflichtete.

Türbe: Grabmal.

Ulema: Islamischer Stand der Gottes- und Rechtsgelehrten.

Vakıf: Muslimische fromme Stiftung (Plural Evkaf).

Valide Sultan: Sultanmutter.

Vilâyet: Provinz.

Anmerkungen

Prolog: Die siegreichen Osmanen

1 ‹Das schreckliche Ereignis› – zitiert aus der Chronik des Klosters Agarathos bei S. Runciman: *Die Eroberung von Konstantinopel 1453*. München, 1977, S. 167. Runcimans hervorragendes Werk stellt einen interessanten Gegensatz dar zu E. Gibbons alter Studie *Geschichte des Verfalles und des Unterganges des römisches Weltreiches*. Leipzig 1805–1820 [Leipzig 1788], Kap. 68. Vgl. auch H. Inalcik: ‹The Policy of Mehmed II towards the Greek Population of Istanbul and the Byzantine Buildings of the City› in: *Dumbarton Oaks Papers*, Nr. 23, S. 213–249, sowie seine allgemeine Darstellung *The Ottoman Empire, 1300–1600*. London, 1973.

2 B. Lewis: *The Emergence of Modern Turkey*. Oxford, 1968, S. 317 f. Vgl. auch S. J. Shaw: *History of the Ottoman Empire and Modern Turkey*. Cambridge/Mass., 1977, S. 78.

3 N. Machiavelli: *Der Fürst*. Stuttgart 1968, S. 33.

4 B. Lewis, a. a. O., S. 89–92; S. J. Shaw, a. a. O., S. 159–163. Vgl. auch die Anmerkungen in *EI* i über Timar und Wakf (arabische Schreibweise von Vakïf).

5 S. J. Shaw, a. a. O., S. 132–149.

6 A. D. Alderson: *The Structure of the Ottoman Dynasty*. Oxford, 1956, S. 74–76.

7 R. H. Davison: *Essays on Ottoman and Turkish History*. Austin/Texas, S. 16 f.; H. Inalcik: ‹The Heyday and Decline of the Ottoman Empire› in: *Cambridge History of Islam, I*, S. 324–353. Eine brauchbare Auswahl der Artikel dieses Werks hat M. A. Cooke herausgegeben (*A History of the Ottoman Empire to 1730*. Cambridge, 1976). Eine ausgezeichnete und anregende Einführung in das Gebiet sowie eine vorbildliche Zusammenfassung gibt A. Stiles, *The Ottoman Empire 1450–1700*. London, 1989.

Kapitel 1: Die Blütezeit des Islam

1 Th. M. Barker: *Doppeladler und Halbmond. Entscheidungsjahr 1683.* Graz u. a., 1982, S. 245 f. Barkers Werk ist weniger bekannt als J. Stoyes dramatische Schilderung *Wien 1683* (Wien/Düsseldorf 1967), aber er stellt die Schlacht und ihre Folgen in den allgemeinen historischen Zusammenhang.

2 Ebd., S. 79–81. Eine detaillierte Biographie Kara Mustafas, verfaßt von dem bedeutenden deutschen Historiker Franz Babinger, findet sich in *EI* i.

3 Graf Frosaco, der in vorderster Linie als Offizier diente, gibt in zwei Briefen eine lebendige Beschreibung der Szene; abgedruckt in *Revue de Hongrie*, Bd. III, 1909.

4 J. Stoye, a. a. O.; vgl. auch E. Crankshaw: *Maria Theresia: Die mütterliche Majestät.* München, 1978, S. 129–132.

5 Die beste neuere Darstellung der Schlacht am Kahlenberg gibt Th. M. Barker, a. a. O., S. 303–316.

6 Zu diesem venezianischen Diplomaten (Benetti) und seinem Bericht vgl. N. Barber: *The Lords of the Golden Horn.* London, 1979, S. 105.

7 Die kommentierte Übersetzung des Tagebuchs eines anonymen osmanischen Beamten findet sich bei R. F. Kreutel: *Kara Mustafa vor Wien.* Graz u. a., 1955, S. 121–124 und 184; kritisch dazu Th. M. Barker, a. a. O., S. 385 (vgl. auch S. 346).

Kapitel 2: Bedrohung durch Westeuropa

1 Th. M. Barker: *Doppeladler und Halbmond. Entscheidungsjahr 1683.* Graz u. a., 1982, S. 351 f.; Lord Kinross: *The Ottoman Centuries.* London, 1987, S. 349.

2 M. A. Cooke (Hrsg.): *A History of the Ottoman Empire to 1730.* Cambridge, 1976, S. 190; N. Cheetham: *Mediaeval Greece.* New Haven/Conn., 1981, S. 300 f.

3 S. J. Shaw: *History of the Ottoman Empire and Modern Turkey.* Cambridge/Mass., 1977, S. 219; A. D. Alderson: *The Structure of the Ottoman Dynasty.* Oxford, 1956, S. 65 f.

4 Ebd., S. 32–36.

5 Eine Biographie von Selim II. findet sich in *EI* ii; N. Barber: *The Lords of the Golden Horn.* London, 1973, S. 108.

6 H. Gibb und H. Bowen: *Islamic Society and the West.* Bd. 1. London, 1950, S. 314–328; N. Weissmann: *Les Janissaries.* Paris, 1964, S. 30–48.

7 H. Gibb und H. Bowen, a. a. O., Bd. 2, S. 191f.

8 S. J. Shaw, a. a. O., S. 223; Lord Kinross, a. a. O., S. 353; M. A. Cooke, a. a. O., S. 193.

9 Lord Acton: *Lectures on Modern History*. London, 1906, S. 259.

10 R. Abu El-Haj: ‹Ottoman Diplomacy at Karlowitz› in: *Journal of American Oriental Society*, Bd. 87, 1967, S. 498–512; Th. M. Barker, a. a. O., S. 355f.; R. H. Davison: *Essays on Ottoman and Turkish History*. Austin/Texas 1990, S. 20; S. J. Shaw, a. a. O., S. 223–225; Lord Kinross, a. a. O., S. 356f., 373–376.

11 A. D. Alderson, a. a. O., S. 66; S. J. Shaw, a. a. O., S. 228; vgl. auch H. Bowens Biographie von Ahmet III. in *EI* ii.

12 H. Gibb und H. Bowen, a. a. O., Bd. 2. S. 216, 233f.; C. A. Frazee: *Christians and Sultans*. London, 1980, S. 6f.; G. G. Arnakis: ‹The Greek Church of Constantinople and the Ottoman Empire›, in: *Journal of Modern History*, Bd. 24, September 1952, S. 242–250.

13 A. de la Moutraye: *Travels*. Bd. 1. London, 1723, S. 333.

14 R. H. Davison, a. a. O., S. 20; Lord Kinross, a. a. O., S. 376 und 383. Der Spruch über den Turban scheint von dem byzantinischen Chronisten Michael Dukas zu stammen.

Kapitel 3: Die Tulpenzeit

1 B. Lewis: *The Emergence of Modern Turkey*. Oxford, 1968, S. 437. Zu Koçï Bey vgl. C. H. Imbers Artikel in *EI*, ii, Bd. 5.

2 M. L. Shay: *Ottoman Empire from 1720 to 1734*. Urbana, 1944, S. 17–27; Lord Kinross, *The Ottoman Centuries*. London, 1987, S. 378, 380–382.

3 B. Lewis, a. a. O., S. 45f.; S. J. Shaw: *History of the Ottoman Empire and Modern Turkey*. Cambridge/Mass. 1977, S. 235.

4 M. L. Shay, a. a. O., S. 19.

5 Brief an Lady Bristol, 10. April 1718; Lady Mary Montagu: *Briefe aus dem Orient*. Stuttgart ³1962, S. 169ff. (zitiert nach E. Gallwitz [Hrsg.]: *Istanbul*. Frankfurt, 1981).

6 L. Cassels: *The Struggle for the Ottoman Empire 1717–1740*. London, 1966, 52; L. A. Vandal: *Une Ambassade Française en Orient sous Louis XV*. Paris, 1887, S. 88.

7 Ebd., S. 85.

8 M. L. Shay, a. a. O., S. 22.

9 Lord Kinross, a. a. O., S. 380; S. J. Shaw, a. a. O., S. 234, 293f.

10 Ebd., S. 236f.; N. Berkes: *The Development of Secularization in Turkey*. Montreal, 1967, S. 42–45; B. Lewis, a. a. O., S. 50f.

11 J.-C. Flachat: *Observations*... Lyon, 1766, S. 111.

12 M. L. Shay, a. a. O., S. 22 (14. Januar 1724).

13 Ebd., S. 23.

14 Ebd., S. 27f.; A. Vandal, a. a. O., S. 27f.

15 B. Lewis, a. a. O., S. 47.

16 A. Vandal, a. a. O., S. 116–146. Die folgenden Absätze stützen sich auf H. Benedikt: *Der Pascha-Graf Alexander von Bonneval.* Graz u. a. 1959, S. 82–160.

17 B. Lewis, a. a. O., S. 47.

18 M. S. Anderson, a. a. O., S. XV; P. M. Holt: *Egypt and the Fertile Crescent.* London, 1965, S. 111; A. Hourani: ‹The Changing Face of the Fertile Crescent in the Eighteenth Century› in: *Studia Islamica*, 8, 1953, S. 89–122.

19 Die umfassendste neuere Darstellung zum Vertrag von Küçük-Kaynarca gibt R. H. Davison: *Essays on Ottoman and Turkish History.* Austin/Texas, 1990, S. 29–44. Zu Franz Thuguts Bericht nach Wien vom 17. August 1774 ebd., S. 32, 43f.

20 Die verschiedenen Fassungen des Vertrags behandelt ausführlich R. H. Davison, a. a. O., S. 51–59, dem meine Ausführungen verpflichtet sind. Siehe auch seinen Artikel ‹The Treaty of Kuchuk Kainardji. A Note on the Italian Text› in: *International History Review*, Bd. 10, Nr. 4, 1988, S. 611–621.

Kapitel 4: Annäherung an den Westen

1 L. Cassels: *The Struggle for the Ottoman Empire.* London, 1966, S. 110; L. J. A. Vandal: *Une Ambassade Française en Orient sous Louis XV.* Paris, 1887, S. 197 und 291; Lord Kinross: *The Ottoman Centuries.* London, 1987, S. 396.

2 W. R. Polk: *The Opening of South Lebanon.* Cambridge/Mass., 1963, S. 10–18; P. Holt: *Egypt and the Fertile Crescent 1576–1922.* London, 1965, S. 120–123.

3 Zu Ali Pascha allgemein siehe: D. N. Skiotis: ‹From Bandit to Pasha› in: *International Journal of Middle East Studies*, Bd. 2, 1971, S. 219–244; W. Plomer: *Ali the Lion.* London, 1936; G. Re-merland: *Ali de Tekelen.* Paris, 1928 (basiert weitgehend auf französischem Archivmaterial).

4 Lord Kinross, a. a. O., S. 410–413; G. S. Thomson: *Catherine the Great and the Expansion of Russia.* London, 1950, S. 170–193.

5 M. S. Anderson: *The Eastern Question.* London, 1966, S. 20; S. J. Shaw: *Between Old and New: The Ottoman Empire under Sultan Selim III.* Cambridge/Mass. 1971, S. 64–68.

6 Ebd., S. 14–17, mit dem in voller Länge abgedruckten Brief Ludwigs XIV. (S. 16f.).

7 B. Lewis: ‹The Impact of the French Revolution on Turkey›, in: *Journal of World History*, Bd. 1, 1953, S. 105–125; Zusammenfassung bei B. Lewis: *The Emergence of Modern Turkey*. Oxford, 1968, S. 63.

8 Ebd., S. 65.

9 Ebd., S. 59.

10 A. D. Alderson: *The Structure of the Ottoman Dynasty*. Oxford, 1956, S. 87, der Stammbaum auf S. XLIV. Zu eher romantisierenden Darstellungen siehe N. Barber: *The Lords of the Golden Horn*. London, 1973, S. 118f., sowie Lesley Blanch: *Sie folgten ihrem Stern. Frauenschicksale im Orient*. Frankfurt a. M. u. a., 1984.

11 *Corr. Nap.*, Bd. 1, Nr. 61 und 65.

12 A. F. Miot de Melito: *Mémoires I*. Paris, 1858, S. 235; J. F. Bernard: *Talleyrand*. München, 1979, S. 201–204; C. Herold: *Bonaparte in Egypt*. London, 1963, S. 127–129; D. Chandler: *The Campaigns of Napoleon*. London, 1966, S. 211f.

13 Napoleon I.: *Mein Leben und Werk*. Hrsg. P. und G. Aretz. Wien/Leipzig, 1936, S. 348; S. J. Shaw: *Between Old and New: The Ottoman Empire under Sultan Selim III*. Cambridge/Mass., 1971, S. 258–271.

14 C. Herold, a. a. O., S. 286–299.

15 S. J. Shaw, a. a. O., S. 278–281; M. S. Anderson, a. a. O., S. 33.

Kapitel 5: Sultan Selims sonderbares Schicksal

1 *P. Holt:* Egypt and the Fertile Crescent 1576–1922. *London, 1965, S. 176–192; S. J. Shaw: Between Old and New: The Ottoman Empire under Sultan Selim III*. Cambridge/Mass., 1971, S. 286–291.

2 Ebd., S. 317–327. Zur serbischen Rebellion und ihren Hintergründen M. B. Petrović: *History of Modern Serbia*. Bd. 1. New York, 1976, S. 23–81; H. W. V. Temperley: *History of Serbia*. London, 1917, Kap. 10.

3 V. Puryear: *Napoleon and the Dardanelles*. Berkeley, 1951, S. 2–39.

4 Dies mag eine höhere Zahl gewesen sein, als sonst üblich war; vgl. C. Issawi: *The Economic History of Turkey 1800–1914*. Chicago, 1980, S. 80 und 83f.; sowie M. S. Anderson: *The Eastern Question*. London, 1966.

5 Napoleon an Selim III., 30. Januar 1805, in: *Corr. Nap.*, Bd. 10, Nr. 8298.
6 Napoleon an Talleyrand, 9. Juni 1806, in: *Corr. Nap.*, Bd. 12, Nr. 10339.
7 Napoleon an Caulaincourt, 31. Mai 1808, in L. Lecestre: *Lettres inédites de Napoléon I.*, Bd. 1. Paris, 1897, S. 198; siehe auch A. Palmer: *Alexander I*. London, 1974, S. 143 und 155.
8 M. P. Coquelle: ‹Sébastiani, ambassadeur à Constantinople›, in: *Revue Historique Diplomatique*, Bd. 18, 1904, S. 574–611.
9 P. Mackesy: *The War in the Mediterranean, 1803–1810*. London, 1957, S. 161.
10 Ebd., S. 166 f.
11 Ebd., S. 170–174, ergänzt durch Arbuthnots Bericht in FO 78/55.
12 P. Mackesy, a. a. O., S. 176 f.; C. A. Frazee: *Orthodox Church and Independent Greece*. London, 1969, S. 8.
13 P. Mackesy, a. a. O., S. 186–194.
14 S. J. Shaw, a. a. O., S. 373–375.
15 Ebd., S. 378–395.
16 V. Puryear, a. a. O., S. 207–227; P. Mackesy, a. a. O., S. 206–211.
17 S. J. Shaw, a. a. O., S. 403 f.
18 H. V. W. Temperley, a. a. O., S. 6 und 401.
19 A. Juchereau de St. Denys: *Les Révolutions de Constantinople en 1807–08*. Bd. 2. Paris, 1819, S. 217–392; S. J. und E. K. Shaw: *History of the Ottoman Empire and Modern Turkey*. Cambridge, 1977, S. 2 f.; B. Lewis: *The Emergence of Modern Turkey*. Oxford, 1968, S. 74.
20 A. Juchereau, a. a. O., S. 199–208.

Kapitel 6: Mahmut II., der Rätselhafte

1 C. Macfarlane: *Constantinople in 1828*. London, 1829, S. 111; L. A. Marchand (Hrsg.), *Byrons Letters*. Bd. 1. London, 1973, S. 241–256; J. C. H. Broughton: *Journey through Albania*... Bd. 1. London, 1913, S. 365.
2 H. W. V. Temperley: *History of Serbia*. London, 1917, S. 190 (der entsprechende Absatz des Buches wurde vermutlich während der Balkankriege verfaßt); S. J. und E. K. Shaw: *History of the Ottoman Empire and Modern Turkey*. Cambridge, 1977, S. 6; R. H. Davison: *Essays on Ottoman and Turkish History*. Austin/Texas 1990, S. 23.
3 S. Lane-Poole: *Life of Stratford-Canning*. Bd. 1. London, 1888,

S. 49–53 und 513; A. Slade: *Record of Travels in Turkey, Greece, etc.* London, 1854, Kap. 8 und 9.

4 S. Lane-Poole, a. a. O., S. 49.

5 S. Canning an R. Wellesley, 9. November 1809, in: L. Lane-Poole, a. a. O., S. 71.

6 Ebd., S. 63; C. W. Crawley: *The Question of Greek Independence.* Cambridge, 1930, S. 55 f.

7 Lord Kinross: *The Ottoman Centuries.* London, 1987, S. 443 f., sowie die oben in Kap. 4, Anm. 3 zitierten Werke.

8 H. Holland: *Travels in Ionian Islands, Albania*... Bd. 1. London, 1819, S. 204.

9 Zu den folgenden Absätzen vgl. D. Dakin: *The Unification of Greece 1770–1923.* London, 1972, S. 39–43; C. W. Crawley, a. a. O., S. 18–20; R. Clogg (Hrsg.): *The Movement for Greek Independence.* London, 1976, S. 175–200.

10 Die englische Fassung der ‹Väterlichen Ermahnung› von 1798 findet sich ebd., S. 56–64.

11 A. Palmer: *Alexander I.* London, 1974, S. 377–380; C. M. Woodhouse: *Capodistria.* Oxford, 1973, S. 267–270.

12 Chabert an Strangford, 31. März 1821, Add. MSS 36299, Nr. 59.

13 Chabert an Strangford, 16. April 1821, Add. MSS 36299, Nr. 88; Pisani-Memorandum ebenfalls mit diesem Datum, Add. MSS 36301, Nr. 4.

14 Zum Bannfluch vom März 1821 vgl. R. Clogg, a. a. O., S. 203–206, sowie C. A. Frazee: *Orthodox Church and Independent Greece.* London, 1969, S. 28 f.

15 Zum Tod des Patriarchen: R. Walsh: *A Residence at Constantinople.* London, 1836, S. 314–317 (Augenzeugenbericht); Memorandum Pisanis, 25. April 1821, Add. MSS 36301, Nr. 5; Strangford an Castlereagh, offizielle Eilbotschaft (25.?) April 1821, FO 78/98/27, gefolgt von einem späteren Bericht am 12. Juni 1821, FO 78/99/47; C. A. Frazee, a. a. O., S. 32 f.; C. W. Crawley, a. a. O., S. 17 f.

16 Strangford an Castlereagh, 23. Juli 1821, FO 78/99/71.

17 C. A. Frazee, a. a. O., S. 36–39.

18 R. Walsh, a. a. O., S. 316 f.; Pisani-Memorandum, 1. Juni 1821, Add. MSS 36301, Nr. 54.

19 H. W. V. Temperley, *The Foreign Policy of Canning, 1822–1827.* London, 1925, S. 336–338; zu Ibrahim in Griechenland vgl. C. W. Crawley, a. a. O., S. 38–59.

20 G. Canning an S. Canning, 9. Januar 1826, L-P, Bd. 1, S. 396; A. Palmer: *Glanz und Niedergang der Diplomatie.* Düsseldorf, 1986, S. 89.

21 J. C. H. Broughton, a. a. O., S. 213.

22 Zum türkischen Hofchronisten vgl. H. W. V. Temperley, a. a. O., S. 16 und 402.
23 S. Canning an G. Canning, 19. April 1826, nach S. Lane-Poole, a. a. O., S. 401.
24 Ebd., 417; Stratford verfaßte seinen Bericht vierzig Jahre später.
25 Ebd., S. 418–420; R. Walsh, a. a. O., Bd. 2, S. 264–266 (sowie Anhang VII, S. 505–525). Vgl. auch H. W. V. Temperley, a. a. O., S. 18–22, sowie den französischen Bericht, der in englischer Übersetzung erschienen ist in L. Kelly: *Istanbul*, S. 266–271.
26 S. Canning an G. Canning, 12. August 1821, bei S. Lane-Poole, a. a. O., S. 424.

Kapitel 7: ‹Nach Art der Ägypter›

1 Zu Mahmuts Reformen: B. Lewis: *The Emergence of Modern Turkey*. Oxford, 1968, S. 75–103; S. J. und E. K. Shaw: *History of the Ottoman Empire and Modern Turkey*. Cambridge, 1977, S. 21–29, 35–40, 46–48.
2 B. Lewis, a. a. O., S. 89–92.
3 C. Issawi: *The Economic History of Turkey, 1800–1914*. Chicago, 1980, S. 161.
4 M. S. Anderson: *The Eastern Question*. London, 1966, S. 67–74; C. W. Crawley: *The Question of Greek Independence*. Cambridge, 1930, S. 86–112; A. Palmer: *Glanz und Niedergang der Diplomatie*. Düsseldorf, 1986, S. 91.
5 Zum diplomatischen Hintergrund sowie zu den Ereignissen auf See siehe C. M. Woodhouse, *The Battle of Navarino*. London, 1965.
6 C. W. Crawley, a. a. O., S. 164–175; S. J. und E. K. Shaw, a. a. O., S. 31 f.
7 N. Shilder, *Imperator Nikolaus I.*, Bd. 2. St. Petersburg, 1903, S. 250 f.
8 Palmerston an Granville, 6. November 1832; C. Webster: *The Foreign Policy of Palmerston*. Bd. 1. London, 1951, S. 282 (Websters viertes Kapitel ist eine wertvolle Quelle zur Politik der Großmächte während dieser Krise); P. Holt: *Egypt and the Fertile Crescent 1576–1922*. London, 1965, S. 232–235; P. J. Vatikiotis: *The History of Modern Egypt*. London, 1991, S. 65; H. W. V. Temperley: *Britain and the Near East*. London, 1936, S. 89–136.
9 M. S. Anderson: *The Eastern Question*. London, 1966, S. 81–86; P. E. Moseley: *Russian Diplomacy and the Opening of the Eastern Question in 1838 and 1839*. Cambridge/Mass., 1934, S. 21.

10 A. Palmer, a. a. O., S. 118; J. Norris: *The First Afghan War, 1838–1842.* Cambridge, 1967, S. 214–216.

11 Brief Moltkes vom 12. Juli 1839, in: H. v. Moltke, *Briefe über Zustände und Begebenheiten in der Türkei.* Berlin 1837, S. 397–422.

Kapitel 8: Ein ‹kranker Mann am Bosporus›?

1 H. W. V. Temperley: *Britain and the Near East. The Crimea.* London, 1936, S. 242.

2 S. J. und E. K. Shaw: *History of the Ottoman Empire and Modern Turkey.* Cambridge 1977, S. 58 f.; H. W. V. Temperley, a. a. O., S. 98 f, 157, 163, 243–247; S. Lane-Poole: *Life of Stratford Canning.* Bd. 2. London, 1888, S. 101–114.

3 H. W. V. Temperley, a. a. O., S. 158–161. Die offizielle französische Fassung des Gülhane-Erlasses ist nachzulesen bei G. Young (Hrsg.): *Coup de droit civil Ottoman.* Bd. 1. Umfangreiche Zitate bei S. J. und E. K. Shaw, a. a. O.

4 Diplomaten-Kommentare, bei H. W. V. Temperley, a. a. O., S. 162. Vgl. auch Temperleys Artikel ‹British Policy Towards Parliamentary Reform and Constitutionalism in Turkey› in: *Cambridge Historical Journal.* 1933, S. 150–160.

5 Vgl. die Erörterung bei A. Palmer: *Glanz und Niedergang der Diplomatie.* Düsseldorf, 1986, S. 119–123.

6 M. Hurst: *Key Treaties.* Bd. 1, Newton Abbot, 1972, S. 252–258; C. Webster: *The Foreign Policy of Palmerston.* Bd. 2, London, 1951, S. 644–737; M. S. Anderson: *The Eastern Question.* London, 1966, S. 100–104.

7 M. Hurst, a. a. O., S. 259 f.

8 Zum Besuch von Nikolaus I. in London vgl. A. Palmer: *The Banner of Battle.* London, 1987, S. 1–7.

9 Zu den Tanzimat-Reformen allgemein: B. Lewis: *The Emergence of Modern Turkey.* Oxford, 1968, S. 75–125; S. J. und E. K. Shaw, a. a. O., S. 61–118; R. H. Davison: *Essays on Ottoman and Turkish History.* Austin/Texas, 1990, S. 114–128.

10 H. W. V. Temperley, a. a. O., S. 242 f. Diese Auffassung, die vermutlich aus dem Jahre 1934 stammt, taucht in einem merkwürdigen Absatz auf, der die von Stratford de Redcliffe und T. E. Lawrence angewandten Methoden zur ‹Reformierung der Orientalen› vergleicht.

11 Siehe die Abhandlung ‹The First Ottoman Experiment with Paper Money›, in: R. H. Davison, a. a. O., S. 60–72.

12 Genaue Zahlenangaben, nach Quellen in Istanbul, bei S. J. und E. K. Shaw, a. a. O., S. 107.
13 Stratford de Redcliffe an Palmerston, 5. April 1851, bei: H. W. V. Temperley, a. a. O., S. 242.
14 Ebd., S. 188–197 und S. 446; ergänzend dazu die Aufzeichnungen von Oberst Rose in den Strathnairn Papers, Add. MSS 42834.
15 Zu den libanesischen Maroniten vgl. M. E. Yapp: *The Making of the Modern Near East*. London, 1987, S. 136; P. Holt: *Egypt and the Fertile Crescent 1576–1922*. London, 1965, S. 236–241.
16 Die wichtigste biographische Quelle zu Omar stellen die postum veröffentlichten Erinnerungen seines Leibarztes dar: J. Koetschet: *Erinnerungen aus dem Leben des Serdar Ekrem Omer Pascha*. Sarajewo, 1909.
17 Lord Cowley (in Wien) an Palmerston, 3. Januar 1848, FO 30/122/10, nennt zwei Gelegenheiten; er stützt seinen Bericht auf Gespräche mit Erzherzog Johann. Die andere Gelegenheit ist unten – Anm. 18 – zitiert.
18 Zum Wien-Besuch vom Dezember 1845: T. Schiemann: *Geschichte Rußlands unter Kaiser Nikolaus I.*, Bd. 4. Berlin, 1919, S. 377; A. Palmer: *Metternich. Der Staatsmann Europas*. Düsseldorf, 1977, S. 380.
19 H. W. V. Temperley, a. a. O., S. 259–265. Ein Blaubuch der britischen Regierung (‹Correspondence respecting Refugees within the Turkish Dominions›) wurde 1851 veröffentlicht (Nr. 1324, in Bd. 50 der *Accounts and Papers*).
20 H. W. V. Temperley, a. a. O., S. 265f., 502–506.
21 Ebd., S. 292–295.
22 H. Rose an Clarendon, 28. Dezember 1852, FO 78/894/170.
23 A. A. Zaionchkowskij: *Vostochnaia voina v sviazi s sovremennoi i politeschkoi obstanovki*. Bd. 1. St. Petersburg, 1908, S. 356f.
24 Die ausführlichste Darstellung der Gespräche gibt G. H. Bolsver: ‹Nicholas I and the Partition of Turkey› in: *Slavic and East European Review*, Bd. 27, 1948/49, S. 139–143. Diese Studie muß jedoch ergänzt werden durch Seymours Aufzeichnungen, Add. MSS 60306. Zu diesem Verweis siehe die Eintragung vom 9. Januar 1853.
25 A. Palmer: *The Banner of Battle*. London, 1987, S. 14f.
26 Russell an Seymour, 9. Februar 1853, FO 65/649/38; H. W. V. Temperley, a. a. O., S. 274f.
27 A. Palmer, a. a. O., S. 16.
28 H. Rose an Admiral Dundas, 5. März 1853, Add. MSS 42801; Rose an Clarendon, 6. März, FO 78/930/73.
29 Stratford an Clarendon, 11. April 1853, FO 78/931/12. Vgl. auch J. L. Herkless: ‹Stratford, the Cabinet and the Outbreak of the

Crimean War> in: *Historical Journal* (Cambridge), Bd. 18, H. 3, 1975, S. 497–523.

30 Blakeleys Bericht, 23. April 1853, Stratford de Redcliff Papers, FO 352/36; der Bericht von Slade, 21. Mai, ist wiedergegeben bei Stratford an Clarendon, 28. Mai, FO 78/932/70.
31 J. L. Herkless, a. a. O., S. 498, 501, 522.
32 A. Palmer, a. a. O., S. 20.
33 Stratford an Clarendon, 14. August 1853, FO 78/939/220.
34 A. Palmer, a. a. O., S. 23.
35 P. J. Vatikiotis, *The History of Modern Egypt*. London, 1991, S. 72; H. W. V. Temperley, a. a. O., S. 346.
36 H. W. V. Temperley, a. a. O., S. 475; J. L. Herkless, a. a. O., S. 517.
37 H. W. V. Temperley, a. a. O., S. 363.

Kapitel 9: Dolmabahçe

1 J. Curtiss: *Russia's Crimean War*. Durham/NC., 1979, S. 166–188.
2 A. Palmer, *The Banner of Battle*. London, 1987, S. 30–32.
3 Aufzeichnungen von Rose, 25. Oktober 1854, Add. MSS 42837.
4 Zu Kars: A. J. Barker: *The Vainglorious War*, 1854–1856. London, 1970, S. 274–279.
5 S. J. und E. K. Shaw: *History of the Ottoman Empire and Modern Turkey*. Cambridge, 1977, S. 140; B. Lewis: *The Emergence of Modern Turkey*. Oxford, 1968. Vgl. auch die biographischen Beiträge in *EI* i und ii.
6 Die Vertragstexte finden sich bei M. Hurst: *Key Treaties*. Bd. 1. Newton Abbot, 1972, S. 317–337. Zu Palmerstons Kommentaren siehe seinen Brief an Clarendon, 26. September 1855, Add. MSS 48579. Zur Reaktion vgl. auch S. J. und E. K. Shaw, a. a. O., S. 87, 124 f., 140; B. Lewis, a. a. O., S. 113–115 und 131; R. H. Davison: *Reform in the Ottoman Empire*, *1856–1876*. Princeton, 1963, S. 52–80.
7 M. S. Anderson: *The Eastern Question*. London, 1966, S. 156 f.
8 B. Lewis, a. a. O., S. 339; S. J. und E. K. Shaw, a. a. O., S. 116 und 141.
9 R. G. Richardson: *Nurse Sarah Anne*. London, 1977, S. 80; E. Cook: *Short Life of Florence Nightingale*. London, 1925, S. 85.
10 Charles Gordon an Lord Aberdeen, 10. Mai 1854, Add. MSS 43225.
11 C. Gulbersoys *Dolmabahche* (Istanbul, 1984) ist ein schön ausge-

stattetes Buch, das auch nicht Türkisch sprechenden Lesern ein eindrucksvolles Bild von der Pracht des Palastes gibt.

12 S. J. und E. K. Shaw, a. a. O., S. 63, 82f.

13 Zu den Auswirkungen des Telegraphen für das Osmanische Reich vgl. R. H. Davison: *Essays on Ottoman and Turkish History*. Austin/Texas, 1990, S. 133–165.

14 P. J. Vatikiotis: *The History of Modern Egypt*. London, 1991, S. 71–74, 84.

15 B. H. Sumner: *Russia and the Balkans*, 1870–1880. Oxford, 1937, S. 140.

16 Zum Libanon-Abkommen: P. Holt: *Egypt and the Fertile Crescent 1576–1922*. London, 1965, S. 241; der Text des Libanon-Statuts findet sich bei J. C. Hurewitz, I, S. 165–168.

17 Queen Victoria an die Kronprinzessin von Preußen, 13. Juli 1867, in: R. Fulford (Hrsg.): *Your Dear Letter*. London, 1971, S. 143.

18 S. J. und E. K. Shaw, a. a. O., S. 83–91, 106–111, 119.

19 Ebd., S. 130–133; B. Lewis, a. a. O., S. 145–151.

20 E. Hornby, *Autobiography*, S. 74, zitiert nach R. H. Davison, a. a. O., S. 111.

21 B. H. Sumner, a. a. O., S. 101; H. Feis: *Europe, The World's Banker*. New Haven, 1930, S. 312–314; C. Issawi: *The Economic History of Turkey, 1800–1914*. Chicago, 1980, S. 321–324.

22 Queen Victoria an die Kronprinzessin von Preußen, 20. Juli 1867, in: R. Fulford, a. a. O., S. 145; *The Times*, 19. Juli 1867.

23 B. H. Sumner, a. a. O., S. 103.

24 C. Issawi, *The Economic History of the Middle East, 1800–1914*. Chicago, 1966, S. 90f.

25 S. J. und E. K. Shaw, a. a. O., S. 153.

26 Ebd., S. 154–156; B. H. Sumner, a. a. O., S. 101.

27 R. W. Seton-Watson: *Disraeli, Gladstone and the Eastern Question*. London, 1933, S. 32 und 37; A. P. Vacalopoulos: *History of Thessaloniki*. Thessaloniki, 1963, S. 116–120.

28 H. Elliot: *Some Revolutions and Other Diplomatic Experiences*. London, 1922, S. 231; B. Lewis, a. a. O., S. 156–158; S. J. und E. K. Shaw, S. 163.

29 R. H. Davison: *Reform in the Ottoman Empire, 1856–1876*. Princeton, 1963, S. 330–339; J. Haslip: *Der Sultan*. München, 1968, S. 78–80; A. D. Alderson: *The Structure of the Ottoman Dynasty*. Oxford, 1956, S. 69.

30 R. H. Davison, a. a. O., S. 317–349, während er im Anhang D (S. 418) das Schicksal von Abdülaziz behandelt; zur Affäre Çerkes Hasan siehe auch S. J. und E. K. Shaw, a. a. O., S. 164; B. Lewis, a. a. O., S. 159; A. D. Alderson, a. a. O., S. 70.

31 H. Elliot an Lord Derby, 17. August 1876, FO 78/2462/867; R. W. Seton-Watson, a. a. O., S. 36.

32 Einen Bericht aus Therapia vom 26. Juli bringt *The Times*, 3. August 1876.

33 Elliot an Derby, 25. September 1876, FO 78/2464/1079.

Kapitel 10: *Yıldız*

1 J. Haslip: *Der Sultan*. München 1968, Kap. 10; vgl. den Auszug aus P. Lotis *Aziyade* in L. Kelly (Hrsg.): *Istanbul*. S. 208–210. Siehe auch R. Devereux: *The First Ottoman Constitutional Period*. Baltimore, 1963, S. 41–46.

2 H. Elliot an Derby, 15. September 1876, FO 78/2463/1016.

3 J. Haslip, a. a. O., Kap. 10/11; S. J. und E. K. Shaw: *History of the Ottoman Empire and Modern Turkey*. Cambridge, 1977, S. 172; zu Sir Henry Elliot und dem ‹Engländer› vgl. seine Depesche an Lord Derby, 27. August 1876, FO 78/2462/915.

4 Zur Verfassung von 1876: R. Deveraux, a. a. O., S. 80; R. H. Davison: *Essays on Ottoman and Turkish History*. Austin/Texas, 1990, S. 358–408 sowie der Artikel ‹Dustur› von B. Lewis in *EI* ii. Siehe auch S. J. und E. K. Shaw, a. a. O., S. 174–178.

5 B. H. Sumner, *Russia and the Balkans*, 1870–1880. Oxford, 1937, S. 198–234; R. W. Seton-Watson: *Disraeli, Gladstone and the Eastern Question*. London, 1933, S. 51–105.

6 K. Rose: *The Later Cecils*. London, 1975, S. 62, zitiert aus den Hatfield-Archiven (C51/1–2) einen Privatbrief von Salisbury an Lord Robert Cecil, 25. Dezember 1876.

7 A. L. Kennedy: *Salisbury*. London, 1953, S. 100; R. W. Seton-Watson, a. a. O., S. 133–137; B. H. Sumner, a. a. O., S. 235–251. Siehe auch das Tagebuch, das der deutsche Diplomat C. A. Busch während der Botschafterkonferenz schrieb, und das einer seiner Kollegen, Leopold Raschdau, in der *Deutschen Rundschau*, Bd. 141, Berlin, 1909, veröffentlichte (besonders S. 22–27).

8 A. H. Midhat: *The Life of Midhat Pasha*. London, 1903, S. 145; R. Devereux, a. a. O., S. 110; R. H. Davison: *Reform in the Ottoman Empire, 1856–1876*. Princeton, 1963, S. 400–402.

9 Zu den Wahlen und der Zusammensetzung des Parlaments siehe R. Devereux, a. a. O., S. 123–145; zur Eröffnungsszene ebd., S. 108–113.

10 B. H. Sumner, a. a. O., S. 271; M. S. Anderson: *The Eastern Question*. London, 1966, S. 193.

11 B. H. Sumner, a. a. O., S. 319–333, 339.

12 R. Devereux, a. a. O., S. 186f.

13 Layard an Lord Derby, 30. April und 18. Mai 1877, zitiert aus Add. MSS von R. W. Seton-Watson, a. a. O., S. 207.

14 Layard an Beaconsfield, 5. Februar 1878: ebd., S. 234.

15 R. Devereux, a. a. O., S. 236–248.

16 B. H. Sumner, a. a. O., S. 373; R. W. Seton-Watson, a. a. O., S. 311.

17 Layard an Lord Derby, 15. Februar 1878, Kopie in Add. MSS 39131: vgl. R. W. Seton-Watson, a. a. O., S. 317.

18 Lord Derby an Layard, 14. Februar 1878, Add. MSS 39137: vgl. ebd., S. 331f.

19 E. Corti: *Unter Zaren und gekrönten Frauen*. Graz, 1953, S. 289 u. 290.

20 J. Haslip, a. a. O., Kap. 17.

21 Der Text des Vertrags von San Stefano: B. H. Sumner, a. a. O., S. 627–637; M. Hurst: *Key Treaties*. Bd. 2. Newton Abbot, 1972, S. 528–546.

22 M. S. Anderson, a. a. O., S. 210–216; B. H. Sumner, a. a. O., S. 434–438.

23 Layard an Lord Derby, 13. März 1878, FO 195/1176/343. Zu den ‹Vorschlägen für einen Waffenplatz› siehe Seton-Watson, a. a. O., S. 324f.

24 B. H. Sumner, S. 475–495, 637–651.

25 R. W. Seton-Watson, a. a. O., S. 325 und 423.

26 B. H. Sumner, a. a. O., S. 510, zitiert Hauptmann Dmitri Anuchins Tagebuch aus *Russkaja Starina*, Bd. 150.

27 B. Lewis, *The Emergence of Modern Turkey*. Oxford, 1958, S. 172; S. J. und E. K. Shaw, a. a. O., S. 189.

28 R. W. Seton-Watson, a. a. O., S. 427–429.

29 S. J. und E. K. Shaw, a. a. O., S. 213–225, benutzen die Archive des Yıldız-Palasts; J. Haslip, a. a. O., Kap. 20; Lord Kinross: *The Ottoman Centuries*. London, 1987, S. 533–535.

30 J. Haslip, a. a. O., Kap. 20; Sir Edwin Pears' *Life of Abd-el-Hamid* wurde von einem Diplomaten mit genauer eigener Kenntnis über den Palast geschrieben und ergänzt sein *Forty Years at Constantinople*. G. Dorys, *Abdul Hamid Intime*, und P. Regla, *Les Secrets de Yıldız*, sind Fundgruben für den Forscher und wurden in Abdülhamits späteren Jahren geschrieben.

31 Layard an Sir Henry Elliot, 5. Juli 1878, Add. MSS 39138; siehe auch B. H. Sumner, a. a. O., S. 506, und R. W. Seton-Watson, a. a. O., S. 419f. und 509–512.

32 Der Text des Vertrags von Berlin: B. H. Sumner, a. a. O., S. 658–669; M. Hurst, a. a. O., Bd. 2, S. 551–577.

33 Stratford de Redcliffe: *The Eastern Question*. London, 1881, S. 49.
34 B. Lewis, a. a. O., S. 447; C. Issawi: *The Economic History of Turkey*. Chicago, 1980, S. 361–365; D. C. Blaisdell: *European Financial Control in the Ottoman Empire*. New York, 1929, S. 88–93; S. J. und E. K. Shaw, a. a. O., S. 223 und 225.

Kapitel 11: Das Reich Abdülhamits II.

1 B. H. Sumner, *Russia and the Balkans, 1870–1880*. Oxford, 1937, S. 563–578; M. S. Anderson: *The Eastern Question*. London, 1966, S. 227–231; C. Jelavich: *Tsarist Russia and Balkan Nationalism*. Westport, 1978, S. 215–243; R. Crampton: *Bulgaria 1878–1918: A History*. New York, 1983, S. 85–114.
2 P. J. Vatikiotis: *The History of Modern Egypt*. London, 1991, S. 73.
3 Zu Ismail: P. M. Holt: *Egypt and the Fertile Crescent*, 1576–1922. London, 1965, S. 195–210. Siehe auch M. S. Anderson, a. a. O., S. 242 f., und M. E. Yapp: *The Making of the Modern Near East*. London, 1987, S. 213–232.
4 M. S. Anderson, a. a. O., S. 244–252; B. Lewis: *The Emergence of Modern Turkey*. Oxford, 1968, S. 402; M. E. Yapp, a. a. O., S. 181.
5 Außenministerium an das Schatzamt, 7. November 1898, FO 78/4967, zitiert nach G. Papadopoulos: *England and the Near East, 1896–1898*. Thessaloniki, 1969, S. 27.
6 Layard an Beaconsfield, 1. August 1877, Kopie Add. MSS 39137.
7 E. M. Earle: *Turkey, the Great Powers and the Baghdad Railway*. New York, 1923, S. 107–110.
8 U. Trumpener, in M. Kent (Hrsg.): *The Great Powers and the End of the Ottoman Empire*. London, 1984, S. 115 f.; C. Frhr. v. d. Goltz: *Denkwürdigkeiten*. Berlin, 1929, S. 106–166.
9 Geheimdienstbericht vom 22. Mai 1890, FO 195/2053.
10 S. J. und E. K. Shaw: *History of the Ottoman Empire and Modern Turkey*. Cambridge, 1977, S. 246; W. L. Langer: *The Diplomacy of Imperialism*. New York, 1951, S. 160.
11 Vollständiger Bericht in: C. Eliot: *Turkey in Europe*. London, 1900, S. 115–117; als langer Auszug in: L. Kelly: *Istanbul*. S. 272 f.
12 White an Salisbury, 17. August 1888, FO 78/4102/320, zitiert nach C. L. Smith: *The Embassy of Sir William White*. London, 1957, S. 116; zum Kopfbahnhof vgl. F. Elliots Bericht über die Ankunft des Zuges in: L. Kelly, a. a. O., S. 259 f.

13 H. Nicolson: *Die Verschwörung der Diplomaten*. Frankfurt, 1930, S. 107–109.

Kapitel 12: *Armenien, Kreta und der Dreißig-Tage-Krieg*

1 A.O. Sarkissian: *History of the Armenian Question*. Urbana, 1938, Kap. 1–2.
2 S.H. Longrigg: *Oil of the Middle East*. Oxford, ³1968, S. 13. Zur Lage in Armenien: W.L. Langer: *The Diplomacy of Imperialism*. New York, 1951, Kap. 5; B.H. Sumner: *Russia and the Balkans*, 1870–1880. Oxford, 1937, S. 16f., 513, 547, 572, und L. Arpee: *The Armenian Awakening*. Chicago, 1909.
3 S. Atamian: *The Armenian Community*. New York, 1955, S. 51–130; zum Anwachsen der revolutionären Bewegung siehe L. Nalbandian: *The Armenian Revolutionary Movement*. Berkeley, 1963, S. 80–98, 104–118, 151–163.
4 W.L. Langer, a. a. O., S. 162.
5 Hatzfeld an Holstein, 30. Juli 1895, in: *GP*, Bd. 10, Nr. 2371.
6 Staal an Lobanow, 13. August 1895, in: A. Meyendorff: *Correspondance Diplomatique*. Bd. 2. Paris, 1929, S. 256; Salisburys Telegramm an Curry, 9. Oktober 1895, FO 195/1862/177.
7 S.J. und E.K. Shaw: *History of the Ottoman Empire and Modern Turkey*. Cambridge, 1977, S. 204; W.L. Langer, a. a. O., S. 161.
8 A. Marder: *British Naval Policy, 1890–1905*. London, 1941, S. 245; G. Papadopoulos: *England and the Near East, 1896–1898*. Thessaloniki, 1969, S. 55.
9 Chermsides Bericht ist enthalten in Currie an Salisbury, 29. Januar 1896, FO 78/4884/78, und erreichte London am 10. Februar. Zu seiner Bewertung in London vgl. A. Marder, a. a. O., S. 249f.
10 Goschens Rede vom 11. Februar 1896 in: *The Parliamentary Debates*. 4. Serie, Bd. XXVII. London, 1917.
11 Consul-General Blunt an Salisbury, 20. Januar 1896, FO 78/4734/1. D. Dakin: *The Unification of Greece, 1770–1923*. London, 1972, befaßt sich sowohl mit dem kretischen Problem (S. 149–151) als auch mit den Verwicklungen in Makedonien (S. 159–179).
12 Herbert an Salisbury, 4. Juli 1896, FO 78/4724/263.
13 Salisbury an Sanderson, 25. Juli 1896, FO 7/1240; zur Antwort nach Wien siehe *Queen Victoria's Letters*, Serie 3, Bd. 3, S. 58.
14 G. Papadopoulos, a. a. O., S. 77–79.
15 Einzelheiten darüber telegraphierte Herbert an Salisbury, 30. und 31. August 1896, FO 78/4724/365 und 374. Augenzeugenberichte

stehen in dem nicht namentlich gezeichneten Artikel ‹The Constantinople Massacres› in: *Contemporary Review*, Oktober 1896, S. 457–465.

16 G. Papadopoulos, a. a. O., S. 82f.

17 Die Randbemerkung von Wilhelm II. erscheint als Fußnote in *GP*, Bd. 12, Nr. 2898; vgl. auch J. Haslip: *Der Sultan*, München, 1968, Kap. 27.

18 Herbert an Salisbury, 31. August 1896, FO 78/4724/tel. 374. Zu den anderen Fragen: Telegramme 368 (30. August) und 386 (5. September); Herberts Depesche vom 2. September: FO 78/4714/695.

19 Einzelheiten des Nelidow-Plans wurden enthüllt in V. Khostovs Artikel für *Krasnyi Arkhiv*, Bd. 47, 1931; eine englische Zusammenfassung geben L. M. Boutelle und G. W. Thayer: *A Digest of the Krasnyi Arkhiv*. Bd. 1–40. Cleveland 1947, S. 384. Siehe auch W. L. Langer, a. a. O., S. 337–340. Umfassende Berichte über die Bewegungen der Schwarzmeerflotte sandte der Generalkonsul in Odessa nach London (siehe FO 65/1540; der früheste – Nr. 10 – ist vom 5. Februar 1897 datiert). Zur Konferenz der Botschafter vgl. Curries Telegramm an Salisbury, FO 78/4724 und 4797; vgl. auch G. Papadopoulos, a. a. O., S. 112–120.

20 Zur Kriegserklärung ebd., S. 140–142, sowie in Anhang 3 eine militärische Bewertung des Krieges durch Hauptmann H. A. Lawrence in Pera (ursprünglich in FO 78/4993). W. L. Langer, a. a. O., Kap. 11, gibt einen guten Überblick über den Kriegsverlauf, einschließlich des entsprechenden Kartenmaterials. Zum Optimismus in Athen siehe G. W. E. Russell, *Malcolm MacColl*. London, 1914, S. 195–197. Vgl. auch D. Dakin, a. a. O., S. 152–154.

21 Prince Nicholas of Greece: *My Fifty Years*. London, 1926, S. 157.

22 Salisbury an O'Conor, 15. Mai 1897, FO 65/1535/tel. 244; Antwort O'Conor an Salisbury, 17. Mai, FO 65/1536/tel. 59 und FO 65/1532/Depesche 112.

23 G. Papadopoulos, a. a. O., S. 222.

24 S. J. und E. K. Shaw, a. a. O., S. 207–211. R. J. Crampton: *Bulgaria 1878–1918: A History*. New York, 1983, S. 229–240; D. Dakin, a. a. O., S. 159–179, faßt Material zusammen, das in seiner Studie *The Greek Struggle in Macedonia, 1897–1913*. Thessaloniki, 1966, ausführlicher bewertet ist. S. Pribicevich. *Macedonia. Its People and History*. Pittsburgh, 1982, S. 119–136, vertritt eine (gemäßigt) jugoslawische Betrachtungsweise zu diesem noch immer explosiven Thema.

25 Currie an Salisburg, 2. Juni 1897, FO 78/4802/372; in voller Länge

abgedruckt als Anhang 2 bei G. Papadopoulos, a. a. O.,
S. 245–247.

26 *Punch* vom 18. Januar 1896. Enthalten in einer Sonderbeilage
‹The Unspeakable Turk›, die 24 antiosmanische Cartoons enthielt
und mit der Ausgabe des *Punch* vom 16. Dezember 1914 ausgelie-
fert wurde.

Kapitel 13: Alte Völker und Jungtürken

1 *GP*, Bd. 12, Kap. 83, enthält einschlägige deutsche Dokumente.
Zeitgenössische Berichte in G. Gaulis: *La Ruine d'un Empire.*
Paris, 1913, S. 156–242. Vgl. auch A. Palmer, *Kaiser Wilhelm II.*
Wien u. a., 1982.

2 F. Fischer: *Griff nach der Weltmacht.* Düsseldorf, 1961, S. 23–25;
C. Issawi: *The Economic History of Turkey.* Chicago, 1980,
S. 188–191.

3 J. Haslip: *Der Sultan.* München 1968, S. 244.

4 S. H. Longrigg: *Oil in the Middle East.* Oxford ³1968, S. 27.

5 Diese Kommentare – rund 400 Wörter – schrieb Wilhelm II. 1931
auf S. 120 seines Exemplars von *Die Verschwörung der Diplomaten* (Frankfurt a. M. 1930), der deutschen Übersetzung von H. Nicolsons *Lord Carnock*; das Buch ist in meinem Besitz.

6 B. v. Bülow: *Denkwürdigkeiten.* Berlin, 1930, S. 254.

7 *Briefe und Telegramme Wilhelms II. an Nikolaus II.* (1894–1914),
9. November 1898.

8 B. v. Bülow, a. a. O., S. 258.

9 U. Trumpener, in M. Kent: *The Great Powers and the End of the
Ottoman Empire.* London, 1984, S. 117–120. Zur Hedschasbahn
siehe Lord Kinross: *The Ottoman Centuries.* London, 1987, S. 267,
sowie W. Ochsenwald: *The Hijaz Railroad.* Charlottesville, 1980.

10 Th. Herzl: *Briefe und Tagebücher.* Bd. 2. Frankfurt a. M., 1984,
S. 181, 197, 224. Zu Herzls Treffen mit dem Kaiser siehe I. Fried-
man: *Germany, Turkey and Zionism.* Oxford, 1977, S. 75–81, mit
einer detaillierten Untersuchung über frühere Kontakte zwischen
Herzl und der kaiserlichen Entourage (S. 56–62; 65–74); zu Herzls
Treffen mit dem Sultan: ebd., S. 97 f.

11 Ebd., S. 154–170.

12 D. Wilson: *Die Rothschild-Dynastie.* Wien/Darmstadt, 1989,
S. 289–298.

13 Siehe die oben in Kap. 12, Anm. 25, genannte Depesche Curries,
die sich noch ergänzen ließe durch den Bericht Oberst Chermsides

über andersdenkende Militärs, 30. März 1896, FO 78/4705. Vgl.
auch O'Conor an Salisbury, 21. Dezember 1898, FO 78/4920/659.

14 B. Lewis: *The Emergence of Modern Turkey*. Oxford, 1968,
S. 208–210; Lord Kinross, a. a. O., S. 504–507.

15 F. Ahmad: *The Young Turks*. Oxford, 1957, S. 208–210; E. E.
Ramsaur: *The Young Turks*. Princeton, 1957, S. 55–57, und zu
Sabahettin ebd., S. 65–67, 124–129.

16 J. Swire: *Balkan Conspiracy*. London, 1939, S. 84, 94–97.

17 A. P. Vacalopoulos: *History of Thessaloniki*. Thessaloniki, 1963,
S. 127.

18 D. Porter: *Mutter Teresa*. München u. a., 1988. S. Skendi: *The
Albanian National Awakening*. Princeton, 1967, S. 380–404.

19 B. Jelavich: *History of the Balkans*. Bd. 2. Cambridge, 1983,
S. 89 f.; L. Albertini: *The Origins of the War of 1914*. Oxford, 1951,
S. 132–138.

20 J. Haslip: *Der Sultan*. München, 1968, S. 242; M. Kent, a. a. O.,
S. 122 f.

21 E. E. Ramsaur, a. a. O., S. 94 f.; Lord Kinross: *Atatürk*. London,
1964, S. 24 f., 28.

22 F. Ahmad, a. a. O., S. 12, zitiert FO 371/544/423. Die Arbeiten
von E. E. Ramsaur und F. Ahmad ergänzen B. Lewis, a. a. O.,
S. 206–209.

23 S. J. und E. K. Shaw: *History of the Ottoman Empire and Modern
Turkey*. Cambridge, 1977, S. 267.

Kapitel 14: Das Streben nach Einheit und Fortschritt

1 S. J. und E. K. Shaw: *History of the Ottoman Empire and Modern
Turkey: Reform, Revolution and Republic*. Cambridge, 1977,
S. 273; J. Haslip: *Der Sultan*. München, 1968, Kap. 32.

2 F. Ahmad: *The Young Turks*. Oxford, 1957, S. 20 f., 172, 175.

3 G. Lowther an E. Grey, 4. August 1908, in: *BDD*, Bd. 5, Nr. 205;
vgl. auch Lowthers Privatbrief vom 25. August 1908, in: *BDD*,
Bd. 5, Nr. 209.

4 S. J. und E. K. Shaw, a. a. O., S. 276; B. Lewis: *The Emergence of
Modern Turkey*. Oxford, 1968, S. 226.

5 M. Kent (Hrsg.): *The Great Powers and the End of the Ottoman
Empire*. London, 1984, S. 37–39; A. Palmer: *Glanz und Nieder-
gang der Diplomatie*. Düsseldorf 1986, S. 359–363; L. Albertini:
The Origins of the War of 1914. Bd. 1. Oxford, 1951, S. 206–210.

6 E. Grey an G. Lowther, 13. November 1908, zitiert bei F. Ahmad:

‹Great Britain's Relations with the Young Turks› in: *Middle East Studies*, Bd. 2, Nr. 4, 1966, S. 306 und 309.

7 E. Grey an G. Lowther, 11. August 1908, in: *BDD*, Bd. 5, Nr. 207.

8 B. C. Busch: *Britain and the Persian Gulf 1895–1914*. London, 1976, S. 187–234 und 304–347; S. Longrigg: *Oil in the Middle East*. Oxford, ³1968, S. 18f.

9 M. K. Chapman: *Great Britain and the Baghdad Railway 1888–1914*. Northampton/Mass., 1948, Kap. 4. Zum englisch-russischen Meinungsaustausch vgl. *BDD*, Bd. 5, Nr. 535–541.

10 F. Ahmad, a. a. O., S. 39–42; S. J. und E. K. Shaw, a. a. O., S. 278–281; B. Lewis, a. a. O., S. 211f.; F. McCullagh: ‹The Constantinople Mutiny of April 13th› in: *Fortnightly Review*, Bd. 86, 1908, S. 58–69; ders., *The Fall of Abd-el-Hamid*. London, 1910; Sir A. Ryan, *The Last of the Dragomans*. London, 1951, S. 54–56.

11 F. Ahmad, a. a. O., S. 43–48.

12 S. J. und E. K. Shaw, a. a. O., S. 282; M. S. Anderson: *The Eastern Question*. London, 1966, S. 71. Zur Fetva der Absetzung vgl. G. F. Abbot: *Turkey in Transition*. London, 1909, S. 258.

13 Lord Kinross: *The Ottoman Centuries*. London, 1987, S. 578; J. Haslip, a. a. O., S. 292–295.

14 M. Gilbert: *Winston S. Churchill*. Bd. 3. London, 1982, S. 189 (und Ergänzungsband, London, 1972, Pkt. 1, S. 39). Vgl. auch F. Ahmad, a. a. O., S. 49–51.

15 F. Ahmad, a. a. O., S. 58–61.

16 S. J. und E. K. Shaw, a. a. O., S. 284–286.

17 F. Ahmad, a. a. O., S. 45–48, 106f., 179. F. Ahmad hat auch einen wichtigen Artikel über Şevket in *EI*, ii, verfaßt.

18 S. Skendi: *The Albanian National Awakening, 1878–1912*. Princeton, 1967, S. 388–404; S. J. und E. K. Shaw, a. a. O., S. 288.

19 T. W. Childs: *Italo-Turkish Diplomacy and the War over Libya, 1911–1912*. Leiden, 1990, S. 25. Zu den Ereignissen im Jemen vgl. P. Mansfield: *The Ottoman Empire and its Successors*. London, 1973, S. 30; M. E. Yapp: *The Making of the Modern Near East*. London, 1987, S. 174f.

20 Dazu auch T. W. Childs, a. a. O., Kap. 2 und 3, sowie L. Albertini, a. a. O., Kap. 6.

21 T. W. Childs, a. a. O., S. 70–91. G. F. Abbot: *The Holy War in Tripoli*. London, 1912, ist ein zeitgenössischer Bericht, der Verständnis für die Osmanen zeigt; vgl. auch E. N. Bennett: *With the Turks in Tripoli*. London, 1962.

22 F. Ahmad, a. a. O., S. 94 und 107.

23 T. W. Childs, a. a. O., S. 24; Mallet an E. Grey, 5. Dezember 1913, in: BDD, Bd. 10 (i), Nr. 403, mit Informationen über die britische Marinemission.

24 B. Jelavich: *History of the Balkans*. Bd. 2: *XXth Century*. Cambridge, 1983, S. 95–100; D. Dakin: *The Unification of Greece 1770–1923*. London, 1972, S. 195–200; R. J. Crampton: *A History of Bulgaria, 1878–1918*. New York, 1983, S. 401–428; W. Miller, *The Ottoman Empire and its Successors*. Cambridge, ⁴1936, S. 498–522.

25 F. Ahmad, a. a. O., S. 113–116, 172–173.

26 Der Diplomat war Gerald Fitzmaurice, sein Bericht findet sich in FO 195/2451/340 unter dem Datum 5. Februar 1913; vgl. A. Ryan, a. a. O., S. 80. Zum Überfall auf die Hohe Pforte vgl. F. Ahmad, a. a. O., S. 116–121; S. J. und E. K. Shaw, a. a. O., S. 295 und 299; P. Djemal: *Memoirs of a Turkish Statesman, 1913–1919*. London, 1922, S. 1–3, sowie E. Pears: *Forty Years at Constantinople*. London, 1916, S. 331f.

27 F. Ahmad, a. a. O., S. 128.

28 E. C. Helmreich, *The Diplomacy of the Balkan Wars*. Cambridge/Mass., 1938, S. 324–332; ergänzend dazu Cramptons Studie (Anm. 24) sowie L. Albertini: *The Origins of the War of 1914*. Bd. 1. Oxford, 1951, S. 450–453.

29 Vgl. F. Ahmad, a. a. O., Kap. 7.

30 Wangenheim ans Außenministerium, 17. Mai 1913, in: *GP*, Bd. 38, Nr. 15303.

31 F. Fischer: *Krieg der Illusionen*. Düsseldorf, 1969, S. 333f.

Kapitel 15: Deutschlands Verbündeter

1 S. Longrigg: *Oil in the Middle East*. Oxford, ³1968, S. 30; M. Gilbert, *Winston S. Churchill*. Bd. 3. London, 1982, S. 188–190.

2 F. Fischer: *Krieg der Illusionen*. Düsseldorf, 1969, S. 486f.

3 Wangenheim an das deutsche Außenministerium, 18. Juli 1914, zitiert von H. S. W. Corrigan: ‹German-Turkish Relations and the Outbreak of War in 1914› in: *Past and Present*, Nr. 36, 1967, S. 151. Vgl. auch H. N. Howard: *The Partition of Turkey 1913–1923*. Norman/Oklahoma, 1931, S. 96–102, sowie U. Trumpener: *Germany and the Ottoman Empire 1914–1918*. Princeton, 1968, S. 15–20. Zur Bagdadbahn: M. K. Chapman: *Great Britain and the Baghdad Railway 1888–1914*. Northampton/Mass., 1948, letztes Kapitel.

4 F. Fischer, a. a. O., S. 489.

5 H. S. W. Corrigan, a. a. O., S. 168; Bompard an Doumergue, 27. Mai 1914, in: *DDF*, Serie 3, Bd. 10, Nr. 291.

6 Note de Departement, 13. Juli 1914, in: *DDF*, Serie 3, Bd. 10, Nr. 504. P. Djemal: *Memoirs of a Turkish Statesman, 1913–1919*. London, 1922, S. 106 und 113, ist weniger verläßlich.

7 S. J. und E. K. Shaw: *History of the Ottoman Empire and Modern Turkey*. Cambridge, 1977, S. 311. Zu den türkischen Reaktionen auf den drohenden Krieg: H. Morgenthau: *Secrets of the Bosphorus*. London, 1918; L. Einstein: *Inside Constantinople*. London, 1917 (ein Tagebuch der Jahre 1915 und 1916). Zur Wirkung der Ereignisse auf ein Kind vgl. I. Orgas faszinierendes *Portrait of a Turkish Family* (London, 1988).

8 M. Gilbert, a. a. O., Bd. 3, S. 191–193, sowie Ergänzungsband 3, S. 9, 10 und 19; D. Fromkin, *A Peace to End all Peace*. Oxford, 1977, S. 54–61.

9 A. J. P. Taylor: *Struggle for Mastery in Europe*. Oxford, 1954, S. 533; zum Bündnis vgl. auch H. N. Howard, a. a. O., S. 83–91.

10 M. Gilbert, a. a. O., 3, S. 196.

11 Churchill an Limpus, 9. September 1914, in: M. Gilbert, a. a. O., Bd. 3, S. 105.

12 Churchill an Limpus, 26. August 1914, in: ebd., S. 56–60. Die Beschreibung Souchons stammt von L. Einstein, a. a. O., S. 43.

13 S. J. und E. K. Shaw, a. a. O., S. 312; F. Ahmad: *The Young Turks*. Oxford, 1957, S. 157.

14 Aufklärung darüber bei M. Gilbert, a. a. O., Bd. 3, S. 212f.

15 U. Trumpener, a. a. O., S. 23–57; H. N. Howard, a. a. O., S. 106–115; M. E. Yapp: *The Making of the Modern Near East*. London, 1987, S. 272.

16 P. M. Holt: *Egypt and the Fertile Crescent 1576–1922*. London, 1965, S. 263.

17 Der russische Botschafter an den russischen Außenminister am 13. November 1914, zitiert bei A. J. P. Taylor, a. a. O., S. 541. Vgl. auch M. Ekstein: ‹Russia, Constantinople, and the Straits 1914–15› in: F. H. Hinsley (Hrsg.): *British Foreign Policy under Sir Edward Grey*. Cambridge, 1977, S. 423–435.

18 D. Fromkin, a. a. O., S. 126–137; M. Gilbert, a. a. O., 3, S. 202f., 217–219, 229–235.

19 Ebd., S. 222, findet sich Churchills Aussage vor der Dardanellen-Kommission im September 1916.

20 Zur Strategie des Gallipoli-Feldzugs vgl. M. Gilbert, a. a. O., Bd. 3. Eine erzählende Analyse der Tragödie gibt R. R. James: *Gallipoli*. London, 1965.

21 C. F. Aspinall-Oglander: *Military Operations: Gallipoli.* 2 Bde. London, 1929–1932, S. 485 f.

22 Randbemerkung Kaiser Wilhelms II. vom 30. Juli 1914, zitiert aus deutschen diplomatischen Dokumenten von F. Fischer: *Griff nach der Weltmacht.* Düsseldorf 1961, S. 134.

23 Ebd., S. 113; D. Fromkin, a. a. O., S. 209.

24 P. M. Holt, a. a. O., S. 273, 276, 290.

25 F. Fischer, a. a. O., S. 143. Zu den Problemen hinter der Front in den südlichen Provinzen siehe A. Emin: *Turkey in the World War.* New Haven/Conn., 1930, S. 88.

26 M. Gilbert, a. a. O., Bd. 3, S. 279, 281, 291; P. J. Vatikiotis: *The History of Modern Egypt.* London, 1991, S. 253 f.; S. J. und E. K. Shaw, a. a. O., S. 320; U. Trumpener, a. a. O., S. 111 f.

27 P. M. Holt, a. a. O., S. 260 f.; D. Fromkin, a. a. O., S. 176–178.

28 Ebd., S. 106–110; E. Kedourie: *In the Anglo-Arab Labyrinth.* Cambridge, 1976, S. 47–52.

29 Die Expedition nach Fao war schon 1912 geplant worden, vgl. B. C. Busch: *Britain and the Persian Gulf 1894–1912.* London, 1976, S. 329. Vgl. auch A. T. Wilson: *Mesopotamia: Loyalties 1914–17.* London 1930. Einen Bericht über den Feldzug geben A. J. Barker: *The Neglected War.* London, 1967; M. Fitzherbert: *The Man who was Greenmantle.* London, 1983, S. 169–181; J. Wilson: *Lawrence of Arabia.* London, 1989, S. 253–278 (mit einer Erörterung des Bestechungsversuchs von Lord Kitchener, S. 270), sowie Russell Braddons bewegender Bericht *The Siege* (London, 1969).

30 U. Trumpener, a. a. O., an verschiedenen Stellen; vgl. auch A. Emin, a. a. O., sowie H. Morgenthau: *Secrets of the Bosphorus.* London, 1918.

31 M. Yapp, a. a. O., S. 267–272; A. Hayder: *A Prince of Arabia.* London, 1948, S. 106–109; R. Lorenz, *Kaiser Karl.* Graz, 1959, S. 461–465.

32 R. Hovanissian: *Armenia on the Road to Independence.* Berkeley, 1967, S. 45–56; S. J. und E. K. Shaw, a. a. O., S. 315 f.

33 T. E. Lawrence: *Die sieben Säulen der Weisheit.* München 1979, S. 31; J. Wilson, a. a. O., S. 201.

34 Telegramm des Außenministeriums (mit Kitcheners Botschaft) an M. Cheetham (Kairo) vom 31. Oktober 1914: FO 371/2139/303. Vgl. auch D. Fromkin, a. a. O., S. 96–100, und die ihm widersprechenden Ansichten von E. Kedourie, a. a. O., S. 17–20, und J. Wilson, a. a. O., S. 165 und 1003.

35 Ebd., S. 214–216 und 1014–1016. Es gibt eine kluge Bewertung dieser vieldiskutierten Frage durch Professor Marian Kent in F. H.

Hinsley, a. a. O., S. 444–447. Die Korrespondenz wurde 1939 als Blaubuch der britischen Regierung veröffentlicht (Cmd. 5957). Vgl. auch L. Friedman: ‹The Hussein-McMahon Correspondence an the Question of Palestine› in: *Journal of Contemporary History*, Bd. 5, Nr. 2, 1970, sowie den folgenden Meinungsaustausch zwischen A. J. Toynbee und Friedman in Nr. 4 dieses Jahrgangs.

36 F. H. Hinsley, a. a. O., S. 446.

37 DBF, Serie 1, Bd. 4, S. 241–251; E. Kedourie, a. a. O., S. 4f., 65f., 107–113; B. Feltons Beitrag zu M. Kent, a. a. O., S. 447–451; M. Kents Beitrag zu F. H. Hinsley, a. a. O., S. 447–451; M. E. Yapp, a. a. O., S. 277f.

38 J. Wilson, a. a. O., S. 288; D. Fromkin, a. a. O., S. 207, 218–228.

39 J. Wilson, a. a. O., S. 300.

40 Ebd., S. 412f., 1069f.

41 Lord Kinross: *Atatürk*. London, 1964, S. 104, 108; U. Trumpener, a. a. O., S. 311–333.

42 F. v. Papen: *Der Wahrheit eine Gasse*. München, 1952, S. 92. Die Konzentration auf Papens spätere Karriere hat Historiker dazu verleitet, seine klugen Urteile über die Kommandeure des Asienkorps und ihre Beziehungen zu den Türken zu ignorieren (S. 87–115).

43 D. Fromkin, a. a. O., S. 311–313, gibt darüber den neuesten Bericht.

44 E. Kedourie, a. a. O., S. 107.

45 Zur Balfour-Erklärung vgl. die Studie von L. J. Stein: *The Balfour Declaration*. London, 1961, sowie D. Fromkin, a. a. O., S. 274–300. Zu den deutschen Juden, der deutschen Politik und der Erklärung siehe I. Friedman: *Germany, Turkey and Zionism*. Oxford, 1977, S. 339–341.

46 M. S. Anderson, a. a. O., S. 349.

47 J. Wilson, a. a. O., S. 469f., 558, 1087.

48 T. E. Lawrence, a. a. O., S. 702.

49 U. Trumpener, a. a. O., S. 167–190.

50 Die klarste Darstellung findet sich bei C. Falls: *Armageddon*. London, 1964. Vgl. auch D. Fromkin, a. a. O., S. 332–342. Zur Balkanfront vgl. A. Palmer, *The Gardeners of Salonika*. London, 1965, S. 229–231.

51 Lord Kinross, a. a. O., S. 126; S. J. und E. K. Shaw, a. a. O., S. 332f.; M. S. Anderson, a. a. O., S. 348f.

52 Über die Einnahme von Damaskus gab es eine anhaltende historische Auseinandersetzung, die vor vierzig Jahren mit den Untersuchungen von E. Kedourie begann, der die allgemein akzeptierten Ansichten über die Rolle von Feisals arabischer Armee in Frage

stellte (vgl. E. Kedourie, a. a. O., S. 2, 119–121). Viele seiner Behauptungen widerlegte J. Wilson, a. a. O., S. 559–562, 1103–1108; vgl. dazu auch die Darstellung späterer Beiträge in D. Fromkin, a. a. O., S. 334–347.

53 S. Longrigg, a. a. O., S. 44; A. J. Barker, a. a. O., S. 222.

54 Vgl. den zweiteiligen Beitrag von G. Dyer, ‹The Turkish Armistice of 1918›, in: *Middle East Studies*, Bd. 8, Mai und Oktober 1972. Zum englischen Text des Waffenstillstandsabkommens vgl. E. G. Mears: *Modern Turkey*. New York, 1924, S. 624–626. Vgl. auch Lord Kinross, a. a. O., S. 127–134.

55 Ebd., S. 136.

Kapitel 16: Souveränität und Sultanat

1 A. Ryan: *The Last of the Dragomans*. London, 1951, S. 122–126; B. Lewis: *The Emergence of Modern Turkey*. Oxford, 1968, S. 234f.; R. H. Davison: *Essays on Ottoman and Turkish History*. Austin/Texas 1990, S. 208; H. Edib: *The Turkish Ordeal*. London, 1928, S. 7–20.

2 Calthorpe an Curzon, 6. Juni 1919: FO 406/41/58; S. J. und E. K. Shaw: *History of the Ottoman Empire and Modern Turkey*. Cambridge, 1977, S. 329.

3 Vgl. die Biographie Mehmets VI. in *EI* ii.

4 S. J. und E. K. Shaw, a. a. O., S. 333.

5 Zitiert in Mehmets Biographie, *EI* ii.

6 Lord Kinross: *Atatürk*. London, 1964, S. 137.

7 D. Fromkin: *Peace to End all Peace*. London, 1989, liefert den neuesten und detailliertesten Kommentar zu diesen Ereignissen, die man auch verfolgen kann in: *DBF*, Serie 1, Bd. 4. Zur amerikanischen Seite vgl. H. N. Howard: *Turkey, The Straits and U. S. Policy*. Baltimore, 1974, S. 51–109.

8 M. Llewellyn-Smith: *Ionian Vision*. London, 1973, bietet die beste neuere Darstellung der griechischen Aktivitäten, und A. J. Toynbee: *The Western Question in Greece and Turkey*. London, 1922, lieferte einen zeitgenössischen Versuch, die Ereignisse in einen historischen Rahmen zu stellen.

9 A. Ryan, a. a. O., S. 129–131.

10 Lord Kinross, a. a. O., S. 158. Kemal beschrieb seine Aktivitäten detailliert zu Beginn seiner sechsunddreißigstündigen Rede an die Große Nationalversammlung im Oktober 1927: Kemal Pascha: *Die neue Türkei*. 2 Bde., Leipzig 1928.

11 Zum Nationalpakt vgl. E. G. Mears u. a.: *Modern Turkey*. New York, 1924, S. 629–631. Zusammenfassungen geben Lord Kinross, a. a. O., S. 531 f. und R. H. Davison, a. a. O., S. 211 f.

12 Lord Kinross, a. a. O., Kap. 23; A. Ryan, a. a. O., S. 141.

13 Ebd., S. 142–147; M. Gilbert, *Winston S. Churchill*. Bd. 4. London, 1985, Kap. 27, besonders S. 476 und 487.

14 Vgl. die Briefe von Robeck an Curzon in *DBF*, Bd. 13, bes. Nr. 17 und 32.

15 Der Brief von Lawrence vom Februar 1915 ist zitiert bei E. Kedourie: *England and the Middle East*. London, 1987, S. 98.

16 Vgl. den Bericht über die Konferenzen der Alliierten in *DBF*, Bd. 7, Nr. 36–38, Nr. 50 und 55.

17 Memorandum von Earl Curzon zur Zukunft Konstantinopels in: *DBF*, Bd. 4, Nr. 646; H. Nicholson: *Nachkriegsdiplomatie*. Berlin, 1934, S. 212–215.

18 Curzons Memorandum s. o.

19 M. Gilbert: *Sir Horace Rumbold*. London, 1973, S. 219–224; S. J. und E. K. Shaw, a. a. O., S. 349; B. Lewis, a. a. O., S. 246.

20 Lord Kinross, a. a. O., S. 222; Kemal Pascha, a. a. O., Bd. 2, S. 6.

21 Robeck an Curzon, 9. März 1920, in: *DBF*, Bd. 13, Nr. 17, S. 18.

22 R. H. Davison, a. a. O., S. 215; M. S. Anderson: *The Eastern Question*. London, 1966, S. 267 f.; M. Gilbert, a. a. O. (Anm. 13), S. 600 f.

23 M. S. Anderson, a. a. O., S. 368; Lord Kinross, a. a. O., S. 233.

24 H. Nicolson, a. a. O., S. 160–174; die ergänzenden Dokumente finden sich in: *DBF*, Bd. 12.

25 Lord Kinross, a. a. O., Kap. 32.

26 M. Gilbert, a. a. O. (Anm. 13), S. 600 f.

27 Rumbold an Curzon, 20. Januar 1921; M. Gilbert, a. a. O. (Anm. 19), S. 228–230.

28 Rumbold an Georg V., 13. Dezember 1930, ebd. S. 230.

29 C. Harington: *Tim Harington Looks Back*. London, 1940, S. 90.

30 A. Hayder: *A Prince of Arabia*. London, 1948, S. 242.

31 M. Gilbert, a. a. O. (Anm. 19), S. 238.

32 G. Ward Price: *Extra-Special Correspondent*. London, 1957, S. 129; Lord Kinross, a. a. O., Kap. 40.

33 D. Walder, *The Chanak Affair*. London, 1969, S. 303–318; M. Gilbert, a. a. O. (Anm. 13), Kap. 45; C. Harington, a. a. O., S. 100–128.

34 Zu Mudanya: C. Harington, a. a. O., S. 117–128; R. H. Davison, a. a. O., S. 224.

35 Lord Kinross, a. a. O., S. 344.

36 Ebd., S. 348; S. J. und E. K. Shaw, a. a. O., S. 365.

37 Kemal Pascha, a. a. O., Bd. 2, S. 227 f.

38 Ein Foto des Dokuments findet sich bei C. Harington, a. a. O.

39 Ein großer Teil des lebendigen Berichts von C. Harington, a. a. O., S. 129–131, ist auch bei Lord Kinross, a. a. O., S. 349–351, abgedruckt. Reminiszenzen türkischer Zeitungen wurden von A. D. Alderson: *The Structure of the Ottoman Dynasty*. Oxford, 1956, S. 72, benutzt. Vgl. auch A. Hayder, a. a. O., S. 249 f., und D. Walder, a. a. O., S. 333–335.

Epilog: Die todgeweihten Osmanen

1 A. D. Alderson: *The Structure of the Ottoman Dynasty*. Oxford, 1951, S. 73.

2 G. Young: *Constantinople*. London, 1926, S. 111 f.; abgedruckt in L. Kelly: *Istanbul*. S. 253 f.

3 B. Lewis: *The Emergence of Modern Turkey*. Oxford, 1968, S. 256–258; Kemal Pascha, *Die neue Türkei*. 2 Bde. Leipzig, 1928.

4 R. H. Davison: *Essays on Ottoman and Turkish History*. Austin/Texas 1990, S. 225–231, sowie H. Nicholson: *Nachkriegsdiplomatie*. Berlin 1934, Kap. 10 und 11. Vgl. auch M. Gilbert: *Sir Horace Rumbold*. London, 1973, S. 280–289, sowie A. Ryan: *The Last of the Dragomans*. London, 1951, S. 174–198.

5 B. Lewis, a. a. O., S. 350; M. E. Yapp: *The Near East since the First World War*. London, 1991, S. 78 f., 147, 156 f.

6 Lord Kinross: *Atatürk*. London, 1964, S. 357.

7 C. Harington: *Tim Harington Looks Back*. London, 1940, S. 314; D. Walder: *The Chanak Affair*. London, 1969, S. 349–352.

8 Kemal Pascha, a. a. O., Bd. 2, S. 300 und 306; B. Lewis, a. a. O., S. 254–256; S. J. und E. K. Shaw: *History of the Ottoman Empire and Modern Turkey*. Cambridge, 1977, S. 368.

9 Kemal Pascha, a. a. O., Bd. 2, S. 343 f.

10 B. Lewis, a. a. O., S. 258; A. Hayder: *A Prince of Arabia*. London, 1948, S. 268–270.

11 A. Ryan, a. a. O., S. 213.

12 Zu Envers Schicksal vgl. D. Fromkin: *A Peace to End all Peace*. London, 1989, S. 485–490; zu Cavits und Dr. Nazims Schicksal: Lord Kinross, a. a. O., S. 428–433. Zum weiteren Lebensweg anderer Komitee-Mitglieder: F. Ahmad: *The Young Turks*. Oxford, 1957, S. 166–181.

13 M. E. Yapp, a. a. O., S. 3 f., 37 f., 227–229.

14 B. Lewis, a. a. O., S. 437; vgl. dazu auch oben Kap. 3, S. 59.

15 A. Hayder, a. a. O., S. 250 (‹mit weichen Knien›) und S. 266 (‹Auflösung›).
16 Zur Pilgerreise vgl. A. D. Alderson, a. a. O., S. 126; zu Tod und Begräbnis ebd., S. 109 und 111.
17 A. D. Alderson, a. a. O., S. 109 und 111.

Ausgewählte Bibliographie

Abkürzungen

Add. MSS: Additional Manuscripts in The British Library.

BDD: Gooch, G. P., und H. V. W. Temperley: *British Documents on the Origins of the War, 1898–1914.* London, 1926–1938.

Corr. Nap.: Correspondance de Napoléon I.

DBF: Documents of British Foreign Policy. Serie I.

DDF: Documents Diplomatiques Français (1871–1914). 42 Bde. Paris, 1929–1959.

DDI: I Documenti Diplomatici Italiani. Serie 5, Bd. 1. Hrsg. Augusto Torre. Rom, 1954.

EL i: Kramers, J. H. u. a. (Hrsg.): *The Encyclopaedia of Islam.* Leiden 1913–1938. (Deutsch: *Enzyklopädie des Islam.* Leipzig, 1926–30.)

EL ii: *The Encyclopaedia of Islam.* Leiden 1954– (Neuausgabe).

FO: Foreign Office Papers in the Public Record Office, London.

GP: Johannes Lepsius u. a. (Hrsg.): *Die große Politik der europäischen Kabinette.* Berlin 1922–1927.

PRO: Public Record Office, Kew.

Unveröffentlichte Dokumente aus:

Aberdeen Papers, British Library.

Ardagh Papers, Public Record Office.

Foreign Office Papers (einschließlich der Stratford-Canning-Akten), Public Record Office.

Layard Papers, British Library.

Palmerston Letterbooks, British Library.

Seymour Papers (Sir Hamilton Seymour), British Library.

Smythe Papers (Lord Strangford; François Chabert; Bartolomeo Pisani), British Library.

Strathnairn Papers (Sir Hugh Rose), British Library.

Veröffentliche Sammlungen offizieller Dokumente

Documents Diplomatiques Français 1871–1914. 42 Bde. Paris, 1929–1959.

Gooch, George Peabody, und Harold W. V. Temperley (Hrsg.): *British Documents on the Origins of the War, 1898–1914.* London 1926–1938.

Hurewitz, Jacob C. (Hrsg.): *Diplomacy in the Near and Middle East: A Documentary Record.* 2 Bde. Princeton, 1956.

Hurst, Michael (Hrsg.): *Key Treaties for the Great Powers, 1814–1914.* 2 Bde. Newton Abbot, 1972.

Lepsius, Johannes, u. a. (Hrsg.): *Die große Politik der europäischen Kabinette.* Berlin, 1922–1927.

Woodward, Ernest Llewellyn u. a. (Hrsg.): *Documents on British Foreign Policy, 1919–1939.* Serie 1. London 1947–1972.

Young, George: *Corps de droit civil Ottoman.* 2 Bde. Oxford, 1907–1908.

Bücher

Abbot, George Frederick: *Turkey in Transition.* London, 1909.
– *The Holy War in Tripoli.* London, 1912.
Acton, Lord: *Lectures on Modern History.* London, 1906.
Ahmad, Feroz: *The Young Turks.* Oxford, 1957.
Albertini, Luigi: *The Origins of the War of 1914.* Bd. 1. Oxford, 1951.
Alderson, Anthony Dolphin: *The Structures of the Ottoman Dynasty.* Oxford, 1956.
Anderson, Matthew Smith: *The Eastern Question.* London, 1966.
Andrew, Prince of Greece: *Towards Disaster.* London, 1930.
Antonius, George: *The Arab Awakening.* Philadelphia, 1939.
Arpee, Leon: *The Armenian Awakening. History of the Armenian Church, 1820–1860.* Chicago, 1909.
Aspinall-Oglander, Cecil F.: *Military Operations: Gallipoli.* 2 Bde. London, 1929–1932.
Atamian, Sarkis: *The Armenian Community.* New York, 1955.
Atatürk: siehe Kemal Pascha.
Barber, Noel: *The Lords of the Golden Horn.* London, 1973.
Barker, Arthur James: *The Neglected War. Mesopotamia 1914–1918.* London, 1967
– *The Vainglorious War,* 1854–1856. London, 1970.

Barker, Thomas N.: *Doppeladler und Halbmond. Entscheidungsjahr 1683*. Graz/Wien/Köln, 1982 [*Double Eagle and Crescent*. New York, 1967.]

Benedikt, Heinrich: *Der Pascha-Graf Alexander von Bonneval*. Graz/Köln/Wien, 1959.

Bennett, Ernest: *With the Turks in Tripoli*. London 1962 [1912].

Berkes, Niyazi: *The Development of Secularization in Turkey*. Montreal, 1964.

Bernard, Jack F.: *Talleyrand*. München, 1979.

Blaisdell, Donald C.: *European Financial Control in the Ottoman Empire*. New York, 1929.

Boutelle, L. M. und G. W. Thayer: *A Digest of the Krasnyi Arkhiv Volumes 1–40*. Cleveland, 1947.

Braddon, Russell: *The Siege*. London, 1969.

Broughton, John Cam Hobhouse: *A Journey through Algania and other Provinces of Turkey in Europe and Asia to Constantinople during the Years 1809 and 1810*. London, 1913 [1833]

Bülow, Bernhard Fürst von: *Denkwürdigkeiten*. Bd. 1. Berlin, 1930.

Busch, Briton Cooper: *Britain and the Persian Gulf, 1894–1914*. London, 1976.

Cassels, Lavender: *The Struggle for the Ottoman Empire 1717–1740*. London, 1966.

Cemal: siehe Djemal.

Chandler, David: *The Campaigns of Napoleon*. London, 1966.

Chapman, Maybelle K.: *Great Britain and the Baghdad Railway 1888–1914*. Northampton/Mass., 1948.

Cheetham, Nicholas: *Mediaeval Greece*. New Haven/Conn., 1981.

Childs, Timothy W.: *Italo-Turkish Diplomacy and the War over Libya 1911–1912*. Leiden, 1990.

Clogg, Richard (Hrsg.): *The Struggle for Greek Independence*. Manchester, 1973.

– *The Movement for Greek Independence*, London, 1976.

Cook, Edward: *Short Life of Florence Nightingale*. London, 1925.

Cooke, M. A. (Hrsg.): *A History of the Ottoman Empire to 1730*. Cambridge, 1976.

Corti, Egon Caesar: *Unter Zaren und gekrönten Frauen*. Graz, 1953.

Crampton, Richard J.: *Bulgaria 1878–1918: A History*. New York, 1983.

Crankshaw, Edward: *Maria Theresia: Die mütterliche Majestät*. Wien/München, 1978.

Crawley, Charles W.: *The Question of Greek Independence*. Cambridge, 1930.

Curtiss, John Shelton: *Russia's Crimean War*. Durham/NC., 1979

Dakin, Douglas: *The Greek Struggle in Macedonia, 1897–1913*. Thessaloniki, 1966.
- *The Unification of Greece, 1770–1923*. London, 1972
Davison, Roderic H.: *Reform in the Ottoman Empire, 1856–1876*. Princeton, 1963.
- *Essays in Ottoman and Turkish History*. Austin/Texas, 1990.
Devereux, Robert: *The First Ottoman Constitutional Period*. Baltimore, 1963.
Djemal (Cemal) Pasha: *Memoirs of a Turkish Statesman*, 1913–19. London, 1922.
Djevad Bey, Ahmed: *État militaire ottoman*. Konstantinopel, 1882.
Earle, Edward Mead: *Turkey, the Great Powers, and the Baghdad Railway*. New York, 1923.
Edib, Halide: *The Turkish Ordeal*. London, 1928.
Einstein, Lewis: *Inside Constantinople*. London, 1917.
Eliot, Sir Charles: *Turkey in Europe*. London, 1900.
Elliot, Sir Henry: *Some Revolutions and Other Diplomatic Experiences*. London, 1922.
Emin (Yalman), Ahmed, *Turkey in the World War*. New Haven/ Conn., 1930.
Falls, Cyril: *Armageddon*. London, 1964.
Feis, Herbert: *Europe, the World's Banker*. New Haven/Conn., 1930.
Fischer, Fritz: *Griff nach der Weltmacht. Die Kriegszielpolitik des kaiserlichen Deutschland 1914/18*. Düsseldorf, 1961.
- *Krieg der Illusionen. Die deutsche Politik von 1911 bis 1914*. Düsseldorf, 1969.
Fitzherbert, Margaret: *The Man who was Greenmantle: A Biography of Aubrey Herbert*. London, 1983.
Flachat, Jean-Claude: *Observations sur le Commerce et sur les arts d'une Partie de l'Europe, de l'Asie, de l'Afrique et même des Indes Orientales*. Lyon, 1766.
Frazee, Charles A.: *Orthodox Church and Independent Greece*. London, 1969.
- *Christians and Sultans*. London, 1980.
Friedman, Isaiah: *Germany, Turkey and Zionism*. Oxford, 1977.
Fromkin, David: *A Peace to End all Peace*. London, 1989.
Fulford, Roger (Hrsg.): *Your Dear Letter*. London, 1971.
Gallwitz, Esther (Hrsg.): *Lady Mary Montagu. Briefe aus dem Orient*. Istanbul/Frankfurt a. M., 1981.
Gaulis, George: *La Ruine d'un Empire*. Paris, 1913.
Gibb, Sir Hamilton, und Harold Bowen: *Islamic Society and the West*. 2 Bde., London 1950–1957.

Gilbert, Martin: *Winston S. Churchill*. Bd. 3. London, 1982. [Ergänzung zu Bd. 3, London, 1972, und zu Bd. 4, London, 1985.]
- *Sir Horace Rumbold. Portrait of a Diplomat, 1869–1941*. London, 1973.
Gillard, David: *The Struggle for Asia*. London, 1977.
Goltz, Colmar Freiherr von der: *Der thessalische Krieg und die türkische Armee*. Berlin, 1898.
- *The Turkish Army. Charakteristics and Capabilities*. London, 1898.
- *Denkwürdigkeiten*. (Hrsg. F. v. d. Goltz und W. Förster). Berlin, 1929.
Gulbersoy, Celik: *Dolmabahçe*. Istanbul, 1984 (türkisch).
Harington, Sir Charles: *Tim Harington Looks Back*. London, 1940.
Haslip, Joan: *Der Sultan*. München, 1968.
Hayder, Ali: *A Prince of Arabia*. (Hrsg. G. Stitt). London, 1948.
Helmreich, Ernst C.: *Diplomacy of the Balkan Wars*. Cambridge/Mass., 1938.
Harold, J. Christopher: *Bonaparte in Egypt*. London, 1963.
Herzl, Theodor: *Briefe und Tagebücher*. Bd. 2: *Zionistisches Tagebuch 1895–1899*. Frankfurt a. M., 1985.
Hinsley, Francis Harris (Hrsg.): *British Foreign Policy under Sir Edward Grey*. Cambridge, 1977.
Holland, Sir Henry: *Travels in Ionian Islands, Albania...* Bd. 1. London, 1819.
Holt, Peter Malcolm: *Egypt and the Fertile Crescent, 1576–1922*. London, 1965.
Holt, Peter Malcolm, Ann Katherine S. Lambton und Bernard Lewis (Hrsg.): *The Cambridge History of Islam*. 2 Bde. London, 1970.
Hovanissian, Richard: *Armenia on the Road to Independence*. Berkeley, 1967.
Howard, Harry N.: *The Partition of Turkey, a Diplomatic History, 1913–1923*. Norman/Oklahoma, 1931.
- *An American Enquiry in the Middle East: the King-Crane Commission*. Beirut, 1963.
- *Turkey, the Straits and U. S. Policy*. Baltimore, 1974.
Hurewitz, Jacob C.: *Diplomacy in the Near and Middle East: A Documentary Record*. 2 Bde. Princeton, 1956.
Inalcik, Halil: *The Ottoman Empire, 1300–1600*. London, 1973.
Issawi, Charles: *The Economic History of the Middle East, 1800–1914*. Chicago, 1966.
- *The Economic History of Turkey, 1800–1914*. Chicago, 1980.
James, Robert Rhodes: *Gallipoli*. London, 1965.
Jelavich, Barbara: *History of the Balkans*. Bd. 2: *XXth Century*. Cambridge, 1983.

Jelavich, Charles: *Tsarist Russia and Balkan Nationalism*. Westport/Conn., 1978 [1958].

Juchereau de Saint-Denys, Antoine de: *Révolutions de Constantinople en 1807 et 1808*. Paris, 1819.

Kannengiesser, Hans: *Gallipoli. Bedeutung und Verlauf der Kämpfe 1915*. Berlin, 1927.

Kedourie, Elie: *England and the Middle East. The Destruction of the Ottoman Empire 1914–21*. London, 1956 (überarb. Aufl. 1987).

– *The Chatham House Version*. London, 1970.

– *In the Anglo-Arab Labyrinth*. Cambridge, 1976.

Kelly, Laurence. *Istanbul. A Traveller's Companion*. London, 1987.

Kemal Pascha, Gazi Mustafa (Atatürk): *Die neue Türkei 1919–1927. Rede, gehalten von Gasi Mustafa Kemal Pascha in Angora vom 15. bis 20. Oktober 1927*... 2 Bde. Leipzig, 1928.

Kennedy, Aubrey Leo: *Salisbury, 1830–1903*. London, 1953.

Kent, Marian (Hrsg.): *The Great Powers and the End of the Ottoman Empire*. London, 1984.

Kinross, Lord: *Atatürk. The Rebirth of a Nation*. London, 1964.

– *The Ottoman Centuries: The Rise and Fall of the Turkish Empire*. London, 1987.

Koetschet, Josef: *Osman Pascha, der letzte große Wesier (!) Bosniens und seine Nachfolger* (Hinterlassene Aufzeichnungen, nach dem Tod hrsg. von G. Grassl). Sarajewo, 1909.

– *Aus Bosniens letzter Türkenzeit*. Wien/Leipzig, 1905.

Kramers, Johannes H., Hamilton A. Gibb und Evariste Levi-Provençal (Hrsg.): *The Encyclopaedia of Islam*. 1. Auflage Leiden, 1913–1938 (dt.: *Enzyklopädie des Islam*. Leipzig 1926–1930); 2. überarb. Auflage Leiden 1954–.

Kreutel, Richard: *Kara Mustafa vor Wien*. Graz/Wien/Köln, 1955.

Lane-Poole, Stanley: *Life of Stratford-Canning, Viscount Stratford de Redcliffe*. 2 Bde. London, 1888.

Langer, William L.: *The Diplomacy of Imperialism*. New York, 1951 (überarb. Auflage).

Lawrence, Thomas Edward: *Die sieben Säulen der Weisheit*. München, 1979.

Lecéstre. L.: *Lettres inédites de Napoleon I*. Bd. 1. Paris, 1897.

Lewis, Bernard: *The Emergence of Modern Turkey*. Oxford, 1968.

Liman von Sanders, Otto: *Fünf Jahre Türkei*. Berlin, 1920.

Llewellyn-Smith, Michael: *Ionian Vision: Greece in Asia Minor 1919–22*. London, 1973.

Longrigg, Stephen H.: *Oil in the Middle East*. Oxford, ³1968.

Lorenz, Reinhold: *Kaiser Karl und der Untergang der Donaumonarchie*. Graz, 1959.

Macfarlane, Charles: *Constantinople in 1828*. London, 1829.

Mackesy, Piers: *The War in the Mediterranean. 1803–10*. London, 1957.

MacMunn, Sir George, und Cyril Falls: *Military Operations in Egypt and Palestine*. 2 Bde. London, 1930–1939.

Mansfield, Peter: *The Ottoman Empire and its Successors*. London, 1973.

– *The Arabs*. London ²1985.

Marchand, Leslie A. (Hrsg.): *Byron Letters*. Bd. 1. London, 1973.

Marder, Arthur J.: *British Naval Policy, 1890–1905*. London, 1941.

McCullagh, Francis: *The Fall of Abd-el-Hamid*. London, 1910.

Mears, Eliot Grinnel u. a.: *Modern Turkey*. New York, 1924.

Meyendorff, Alexander E. (Hrsg.): *Correspondance Diplomatique de M. de Staal*. Bd. 2. Paris, 1929.

Midhat, Ali Haydar: *The Life of Midhat Pasha*. London, 1903.

Miot de Melito, André-François: *Mémoires I*. Paris, 1858.

Miller, William: *The Ottoman Empire and its Successors*. Cambridge, ⁴1936.

Moltke, Helmuth von: *Briefe über Zustände und Begebenheiten in der Türkei aus den Jahren 1835 bis 1839*. Berlin, 1873. [*Gesammelte Schriften und Denkwürdigkeiten des Grafen Helmuth von Moltke*, Bd. 8]

Morgenthau, Henry: *Secrets of the Bosphorus*. London, 1918.

Moseley, Philip E.: *Russian Diplomacy and the Opening of the Eastern Question in 1838 and 1839*. Cambridge/Mass., 1934.

Moutraye, Aubrey de la: *Travels*. Bd. 1. London, 1723.

Nalbandian, Louise: *The Armenian Revolutionary Movement*. Berkeley, 1963.

Napoleon I.: *Mein Leben und Werk. Schriften, Briefe, Proklamationen, Bulletins*. Hrsg. v. P. und G. Aretz. Wien/Leipzig, 1936.

Nicholas, Prince of Greece: *My Fifty Years*. London, 1926.

Nicolson, Harold: *Die Verschwörung der Diplomaten*. Frankfurt a. M. 1930.

– *Friedensmacher 1919*. Berlin, 1933.

– *Nachkriegsdiplomatie*. Berlin, 1934.

Norris, James A.: *The First Afghan War, 1838–1842*. Cambridge, 1967.

Ochsenwald, William: *The Hijaz Railroad*. Charlottesville, 1980.

Orga, Irfan: *Portrait of a Turkish Family*. London, 1988.

Palmer, Alan: *The Gardeners of Salonika*. London, 1965.

– *Metternich. Der Staatsmann Europas. Eine Biographie*. Düsseldorf, 1977.

– *Alexander I., Tsar of War and Peace*. London, 1974.

- *Kaiser Wilhelm II*. Wien/München/Zürich, 1982.
- *Glanz und Niedergang der Diplomatie*. Düsseldorf, 1986.
- *The Banner of Battle*. London, 1987.

Papadopoulos, George S.: *England and the Near East, 1896–1898*. Thessaloniki, 1969.

Papen, Franz von: *Der Wahrheit eine Gasse*. München, 1952.

Pears, Sir Edwin: *Forty Years at Constantinople*. London, 1916.
- *Life of Abd ul-Hamid*. London, 1917.

Petrovich, M. Boro: *History of Modern Serbia*. Bd. 1. New York, 1976.

Plomer, William: *Ali the Lion*. London, 1936.

Polk, William R.: *The Opening of the South Lebanon, 1788–1840*. Cambridge/Mass., 1963.

Porter, David: *Mutter Teresa: Von Skopje nach Kalkutta*. München/Zürich/Wien, 1988. [*Mother Teresa. The Early Years*. London, 1986.]

Pribicevich, Stoyan: *Macedonia. Its People and History*. Pittsburgh/Penn., 1982.

Puryear, Vernon J.: *Napoleon and the Dardanelles*. Berkeley, 1951.

Ramsaur, Ernest E.: *The Young Turks: Prelude to the Revolution of 1908*. Princeton, 1957.

Remerland, G.: *Ali de Tekelen. Pasha de Janina*. Paris, 1928.

Rose, Kenneth: *The Later Cecils*. London, 1975.

Runciman, Sir Steven: *Die Eroberung von Konstantinopel 1453*. München, 1977 (*The Fall of Constantinople 1453*. Cambridge, 1965).

Russell, G. W. E.: *Malcolm MacColl*. London, 1914.

Ryan, Sir Andrew: *The Last of the Dragomans*. London, 1951.

Sarkissian, Arshag Ohan: *History of the Armenian Question to 1885*. Urbana, 1938.

Schiemann, Theodor: *Geschichte Rußlands unter Kaiser Nikolaus I*. 4 Bde. Berlin, 1904–1914.

Seton-Watson, Robert William: *Disraeli, Gladstone and the Eastern Question*. London, 1933.
- *History of the Rumanians*. Cambridge, 1934.

Shaw, Stanford Jay: *Between Old and New: The Ottoman Empire under Sultan Selim III, 1789–1807*. Cambridge/Mass., 1971.
- *History of the Ottoman Empire and Modern Turkey: Empire of the Gazis*. Cambridge/Mass., 1977.

Shaw, Stanford Jay und Ezel Kural: *History of the Ottoman Empire and Modern Turkey: Reform, Revolution and Republic*. Cambridge/Mass., 1977.

Shay, Mary Lucille: *Ottoman Empire from 1720 to 1734, as revealed in despatches of the Venetian Bailo*. Urbana, 1944.

Shilder, Nikolai Karlovich: *Imperator Nikolaus I.* St. Petersburg, 1903.

Skendi, Stavro: *The Albanian National Awakening, 1878–1912.* Princeton, 1967.

Slade, Adolphus: *Record of Travels in Turkey, Greece, etc.* London, 1854.

Smith, Colin Leonard: *The Embassy of Sir William White at Constantinople, 1886–1891.* London, 1957.

Stein, Leonard: *The Balfour Declaration.* London, 1961.

Stiles, Andrina: *The Ottoman Empire, 1450–1700.* London, 1989.

Stoye, John: *Wien 1683 oder Die Rettung des Abendlandes.* Wien/Düsseldorf 1967. [*The Siege of Vienna.* London, 1967.]

Stratford de Redcliffe, Lord: *The Eastern Question.* London, 1881.

Sumner, Benedict H.: *Russia and the Balkans, 1870–1880.* Oxford, 1937.

Swire, Joseph: *Balkan Conspiracy.* London, 1939.

Taylor, Alan John Percival: *The Struggle for Mastery in Europe, 1840–1918.* Oxford, 1954.

Temperley, Harold W. V.: *History of Serbia.* London, 1917.

– *The Foreign Policy of Canning, 1822–1827.* London, 1925.

– *England and the Near East. The Crimea.* London, 1936.

Thomson, Gladys Scott: *Catherine the Great and the Expansion of Russia.* London, 1950.

Toynbee, Arnold J.: *The Western Question in Greece and Turkey.* London, 1922.

Trumpener, Ulrich: *Germany and the Ottoman Empire 1914–1918.* Princeton, 1968.

Vacalopoulos, Apostolos P.: *History of Thessaloniki.* Thessaloniki, 1963.

Vandal, Albert: *Une Ambassade Française en Orient sous Louis XV. La Mission du Marquis de Villeneuve 1728–1741.* Paris, 1887.

Vatikiotis, Panayiotis J.: *The History of Modern Egypt.* London, 1991.

Victoria, Queen: *Letters.* Serie 3, Bd. 3. London, 1930.

Volkan, Vanik D., und Norman Itzkowitz: *The Immortal Atatürk: A Psychobiography.* Chicago/London, 1984.

Walder, David: *The Chanak Affair.* London, 1969.

Walsh, Robert: *A Residence at Constantinople, during a Period including the Commencement, Progress and Termination of the Greek and Turkish Revolutions.* London, 1836.

Ward Price, G.: *Extra-Special Correspondent.* London, 1957.

Webster, Sir Charles: *The Foreign Policy of Palmerston.* Bd. 1. London 1951.

Weissman, Nahoum: *Les Janissaries*. Paris, 1964.

Wilhelm II.: *Briefe und Telegramme Wilhelms II. an Nikolaus II. (1894–1914))*. Wien, 1920.

Wilson, Sir Arnold Talbot: *Loyalties: Mesopotamia 1914–1917*. London, 1930.

Wilson, Derek: *Die Rothschild-Dynastie: eine Geschichte von Ruhm und Macht*. Wien/Darmstadt, 1989. [*Rothschild*. London 1988.]

Wilson, Jeremy: *Lawrence of Arabia*. London, 1989.

Wolf, John B.: *The Diplomatic History of the Baghdad Railroad*. Columbia/Mo., 1936.

Woodhouse, Christopher Montague: *The Greek War of Independence*. London, 1952.

– *The Battle of Navarino*. London, 1965.

– *Capodistria*. Oxford, 1973.

Yapp, Malcolm Edward: *The Making of the Modern Near East*. London, 1987.

– *The Near East since the First World War*. London, 1991.

Young, George: *Constantinople*. London, 1926.

Zaionchkovskii, A. A.: *Vostochnaia voina v sviazi s sovremennoi i politeschloi obstanovki*. 2 Bde. St. Petersburg, 1908–1913.

Zeitschriftenartikel

Ahmad, F.: ‹Great Britain's Relations with the Young Turks› in: *Middle East Studies*. Bd. 2, Nr. 4, 1966.

Arnakis, G. G.: ‹The Greek Church of Constantinople and the Ottoman Empire›, in: *Journal of Modern History*. Bd. 24, September 1952.

Bolsover, G. H.: ‹Nicholas I and the Partition of Turkey› in: *Slavic and East European Review*. Bd. 27, 1948/49.

Coquelle, M. P.: ‹Sébastiani, ambassadeur à Constantinople› in: *Revue Historique Diplomatique*. Bd. 18, 1904.

Corrigan, H. S. R.: ‹German-Turkish Relations and the Outbreak of War in 1914. A Re-Assessment› in: *Past and Present*. Bd. 36, 1967.

Davison, R. H.: ‹The Treaty of Kuchuk Kainardji. A Note on the Italian text› in: *International History Review*. Bd. 10, Nr. 4, 1988.

Dyer, G.: ‹The Turkish Armistice of 1918› in: *Middle East Studies*. Bd. 8, Mai und Oktober 1972.

Friedman, I.: ‹The Hussein-McMahon Correspondence and the Question of Palestine› in: *Journal of Contemporary History*. Bd. 5, Nr. 2, 1970 [Korrespondenz in Nr. 4].

Herkless, J. L.: ‹Stratford, the Cabinet and the Crimean War› in: *Historical Journal*. Bd. 18, Nr. 3, 1975.

Hourani, A.: ‹The Changing Face of the Fertile Crescent in the Eighteenth Century› in: *Studia Islamica*. Bd. 8, 1953.

Kedourie, E.: ‹The Surrender of Medina, January 1919› in: *Middle East Studies*, Bd. 13, Nr. 1, 1977.

Lewis, B.: ‹The Impact of the French Revolution on Turkey›, in: *Journal of World History*. Bd. 1, 1953.

McCullagh, F.: ‹The Constantinople Mutiny of April 13th› in: *Fortnightly Review*, Bd. 86, 1908.

Rifat Abou El-Haj: ‹Ottoman Diplomacy at Karlowitz› in: *Journal of American Oriental Society*. Bd. 87, 1967.

Skiotis, D. N.: ‹From Bandit to Pasha› in: *International Journal of Middle East Studies*. Bd. 2, 1971.

Swanson, V. R.: ‹The Military Rising in Istanbul, 1909›, in: *Journal of Contemporary History*. Bd. 5, 1970.

Temperley, H. W. V.: ‹British Policy toward Parliamentary Rule and Constitutionalism in Turkey› in: *Cambridge Historical Journal*, Bd. 4, Nr. 2, Oktober 1933.

Trumpener, U.: ‹Turkey's Entry into World War I› in: *Journal of Modern History*. Bd. 39, 1962.

Bildnachweis

Autor und Verlag danken für die Genehmigung zum Abdruck folgenden Institutionen und Rechteinhabern: The Hulton-Deutsch Collection: Abb. 1, 2, 3, 5, 7, 8, 9, 10 und 14; The Imperial War Museum: Abb. 11, 12, 13, 15, 16 und 17.

Personenregister

433

435

Ortsregister

442

447